清华时间简史

信息技术研究院

李 军 吉吟东 黄春梅
编著

清华大学出版社
北 京

版权所有,侵权必究。举报: 010-62782989, beiqinquan@tup.tsinghua.edu.cn。

图书在版编目(CIP)数据

清华时间简史. 信息技术研究院/李军,吉吟东,黄春梅编著. —北京: 清华大学出版社,2021.4
 ISBN 978-7-302-57740-9

Ⅰ. ①清… Ⅱ. ①李… ②吉… ③黄… Ⅲ. ①清华大学信研院-校史 Ⅳ. ①G649.281

中国版本图书馆 CIP 数据核字(2021)第 050147 号

责任编辑: 王　倩
封面设计: 曲晓华
责任校对: 王淑云
责任印制: 杨　艳

出版发行: 清华大学出版社
  网　　址: http://www.tup.com.cn, http://www.wqbook.com
  地　　址: 北京清华大学学研大厦 A 座　　邮　编: 100084
  社 总 机: 010-62770175　　邮　购: 010-62786544
  投稿与读者服务: 010-62776969, c-service@tup.tsinghua.edu.cn
  质量反馈: 010-62772015, zhiliang@tup.tsinghua.edu.cn
印 装 者: 涿州市京南印刷厂
经　　销: 全国新华书店
开　　本: 155mm×230mm　　印　张: 25.5　　字　数: 388 千字
版　　次: 2021 年 4 月第 1 版　　印　次: 2021 年 4 月第 1 次印刷
定　　价: 98.00 元

产品编号: 092004-01

清华大学校史编辑委员会

主　　任：向波涛
副 主 任：方惠坚　贺美英　张再兴　　庄丽君　胡显章　叶宏开
　　　　　孙道祥　胡东成　韩景阳　　史宗恺　范宝龙　覃　川
委　　员（按姓氏笔画排序）：
　　　　　马　赛　马栩泉　王　岩　　王有强　王孙禺　王赞基
　　　　　方惠坚　邓景康　叶宏开　　叶富贵　田　芊　史宗恺
　　　　　白本锋　白永毅　丛振涛　　朱育和　向波涛　庄丽君
　　　　　刘秀成　刘桂生　许庆红　　孙海涛　孙道祥　杜鹏飞
　　　　　李　越　邴　浩　邱显清　　张　佐　张再兴　陈　刚
　　　　　陈克金　范宝龙　欧阳军喜　金富军　宗俊峰　赵　伟
　　　　　赵　岑　赵庆刚　胡东成　　胡显章　贺美英　袁　桅
　　　　　顾良飞　钱锡康　徐振明　　唐　杰　韩景阳　覃　川
　　　　　裴兆宏

本书编委会

（排名不分先后）

主　　编：李　军　吉吟东　黄春梅　　宋　健　郑　方
委　　员：邢春晓　潘长勇　许希斌　　曹军威　郑　方　尹　浩
　　　　　汪东升　路海明　杨知行　　赵　明　杨维康　鞠大鹏
　　　　　董　炜　李　超　肖立民　　薛永林　周　强　吕勇强
　　　　　赵　黎　客文红　周嫒嫒　　沙　沙　阚淑文　蒋　蕾
　　　　　李　杨　任　远　魏　婷

"清华时间简史"丛书
总　序

清华大学走过了110年的沧桑历程。从一所留美预备学校,到独立培养人才的国立高等学府;从抗战烽火中的西南联大,到新中国成立回到人民的怀抱;从院系调整后的多科性工业大学,到改革开放后逐步发展成综合性、研究型、开放式的世界一流大学,清华见证了中国高等教育的发展壮大,也成为世界高等教育发展的重要组成部分。

在一所大学的历史中,学科与院系的建立、变迁与发展是十分重要的方面。1911年清华学堂建立,1912年更名为清华学校;1925年设立大学部,1926年设立了首批17个学系;1928年更名为国立清华大学,此后相继设立文、理、法、工4个学院,下设16个学系;1937年南迁长沙,与北京大学、南开大学合组长沙临时大学,1938年西迁昆明,成立国立西南联合大学,联大共设有5个学院26个学系;1946年复员后,清华大学设有文、理、法、工、农5个学院26个学系,1948年底清华园解放;20世纪50年代的高校院系调整后,清华大学成为多科性工业大学,设有8个系,至"文革"前发展成12个系;改革开放以来,大力加强学科建设,恢复和新设了许多院系,目前共有按学科设置的21个二级学院,近60个系,以及承担人才培养和学术研究任务的若干研究院、中心等,覆盖理学、工学、文学、艺术学、历史学、哲学、经济学、管理学、法学、教育学和医学等11大学科门类。

清华大学始终非常重视校史研究和编纂,早在1959年就成立了校史编辑委员会,下设校史编写组,现已发展成校史研究室、党史研究室、校史馆"三位一体"从事校史研究和教育的专门机构。几十年来,先后编纂出版了《清华大学校史稿》《清华大学史料选编》《清华人物志》《清华大学志》《清华大学图史》《清华大学一百年》等一系列学校层面的校史系列图书。同时,许多院系和部门也结合院系庆等契机,组织编写了纪念文集、校友访谈录、大事记、人物名录及宣传画册等图书资料，多形式、多侧面、多角度地反映了自身历史的发展。但长期以来，全面系统的院系史研究、编写和出版，还是校史研究编纂工作中的空白。

2015年前后，校史编委会委员、教育研究所原所长王孙禺教授和校史研究室研究人员李珍博士，与相关院系合作，对电机系、人文社会科学学院、教育研究院等院系的历史进行了深入研究，相继编写出版了《清华时间简史：电机工程系》《清华时间简史：人文社会科学学院》《清华时间简史：教育研究院》等图书。这是推进院系史研究的一种有效形式，也是深化校史研究的一个重要途径。经过认真调研和周密筹划，我们提出在全校启动实施"学科院系部门发展史编纂工程"。

这一工程得到学校的充分肯定和大力支持。由校史研究室组织协调，实施"学科院系部门发展史编纂工程"，编写出版"清华时间简史"系列丛书，与档案馆牵头、校史馆参与的"清华史料和名人档案征集工程"，一同被写入清华大学党委颁布的《关于进一步加强和改进新形势下宣传思想工作的实施意见》和《清华大学文化建设"十三五"规划》，2018年还被列为清华大学工作要点的重点工作之一。从2017年起，学校每年拨付专门经费进行资助。校长邱勇、校党委书记陈旭和先后担任校党委副书记分管校史工作的邓卫、向波涛等领导，对这一工作给予了亲切关心和具体指导。

这一工程更是得到各院系、各部门的热烈响应和踊跃参与。2017年工程正式启动，就有40多个院系等单位首批申报。经研究决定，采取"同步启动、滚动支持、校系结合、协力推进"的方式逐步实施。校史编委会多次召开专家会议，对各院系的编纂工作进展情况和经费预算进行评审，校史研究室通过年度检查和专家讲座等加强组织协调和学术指导。许多院系党委书记、院长主任等亲自负责，很多老领导、老同志热情参与，各院系单位都明确了主笔和联络人、成立了编写工作组等，落实编纂任务。档案馆在档案史料查阅等方面提供了积极帮助，出版社对本丛书的编辑出版给予了全力支持。

在大家的共同努力下，"学科院系部门发展史编纂工程"取得初步成效。按计划，首批"清华时间简史"系列丛书于110周年校庆之际出版发行。丛书在翔实、系统地搜集和梳理历史资料的基础上，全面、生动地回顾和总结各院系、学科、部门的发展历程，全方位、多样化地展示了清华的育人成果和办学经验，不仅有助于了解各院系的历史传承，结合各学科专业特点开展优良传统教育，促进各学科院系的长远发展，而且对更好地编纂"清华大学史"有重要帮助，也可为教育工作者和历史工作者研究高等教育史、学科发展史等，提供鲜活、细化的资料。

习近平总书记指出："重视历史、研究历史、借鉴历史，可以给人类带来很多了解昨天、把握今天、开创明天的智慧。"学科院系部门发展史的研究与编纂是一项浩大的学术工程，意义重大、任务艰巨，需要持之以恒、不懈努力。我们要进一步加强组织协调、抓紧落实推进，确保"清华时间简史"丛书分批次、高质量地出版，力争"学科院系部门发展史编纂工程"不断取得新的成果，为清华新百年的发展积累宝贵的历史资源、提供有益的历史借鉴，为建设世界一流大学作出独特的贡献。

2021年4月

（作者系清华大学校史研究室主任、研究员）

目 录

绪论 ·· 1

第1章 信研院历史沿革 ·· 5

1.1 审时度势开新路 ··· 5
- 1.1.1 信研院的筹备和创立 ··· 5
- 1.1.2 信研院的定位与目标 ··· 8
- 1.1.3 第一批科研团队启动 ··· 10
- 1.1.4 组织结构与科研布局 ··· 14
- 1.1.5 信研院首次登台亮相 ··· 16
- 1.1.6 完善组织建设 ·· 19

1.2 聚精会神谋发展 ··· 19
- 1.2.1 开放合作,投身国家科技创新体系建设 ····························· 21
- 1.2.2 海纳百川,创建世界一流科研机构 ···································· 22
- 1.2.3 双管齐下,联合地方院开展技术创新 ································ 24
- 1.2.4 交叉融合,培养新学科、技术增长点 ································ 25
- 1.2.5 管理创新,建立行政管理与服务质量管理体系 ················ 27
- 1.2.6 人文日新,形成 RIIT 文化精神 ·· 31
- 1.2.7 与时俱进,为共创辉煌夯实基础 ······································· 32

1.3 砥砺前行创佳绩 ··· 39
- 1.3.1 学科交叉促发展,技术创新争一流 ··································· 41
- 1.3.2 扩大发展空间,突破发展壁垒 ··· 45
- 1.3.3 凝练科研布局,形成"有进有出"的科研团队管理机制 ·· 50

1.4 继往开来再出发 ··· 52
- 1.4.1 十年磨剑创新路,厚积薄发谱新篇 ··································· 55

VII

        1.4.2 整编进入"国家队",改革创新无止境 ………… 59
    1.5 不忘初心向未来 ……………………………………… 63
        1.5.1 产学研协同创新,探索发展新途径 …………… 64
        1.5.2 秉承"三位一体"教育理念,培养拔尖创新人才 …… 70
        1.5.3 创新管理运行机制,打造一流科研、管理团队 …… 72
    1.6 结语 …………………………………………………… 76

第2章 重点科研团队及研究方向发展史 …………………… 77

    2.1 无线与移动通信技术研究中心 ……………………… 77
        2.1.1 无线中心前传 ……………………………… 77
        2.1.2 4G研发 ……………………………………… 83
        2.1.3 5G研发 ……………………………………… 96
        2.1.4 移动通信基础理论及关键技术 …………… 99
        2.1.5 专网移动通信 ………………………………… 107
        2.1.6 无线通信系统标准化 ………………………… 111
    2.2 数字电视技术研究中心 ……………………………… 139
        2.2.1 针对国家重大需求,奋战国民经济主战场 … 140
        2.2.2 信研院组建研究中心,问鼎中国数字电视标准 … 144
        2.2.3 全球四大标准争得领先,提高中国影响力 … 148
        2.2.4 推动我国数字电视产业化和国际化,荣获
              国家科技进步一等奖 ………………………… 151
        2.2.5 创立新一代国际标准,数字电视再立新功 … 158
        2.2.6 数字电视团队继续前行,信息传输领域
              多方拓展 ……………………………………… 161
    2.3 微处理器与片上系统技术研究中心 ………………… 184
        2.3.1 中心宗旨及研究方向 ………………………… 184
        2.3.2 中心初创背景及团队建设 …………………… 184
        2.3.3 顺应国家战略需求,积极拓展重点研究方向,
              深化学科文化建设 …………………………… 190
        2.3.4 探索多元教学模式,推进教学工作改革 …… 195

2.3.5 校企联合，积极推进产学研合作及成果转化 …… 198
2.4 WEB 与软件技术研究中心 …… 211
　　2.4.1 发展沿革概述 …… 211
　　2.4.2 科研发展历程 …… 217
2.5 语音和语言技术研究中心 …… 235
　　2.5.1 孕育期：1979—2007 年 …… 235
　　2.5.2 探索期：2007—2012 年 …… 238
　　2.5.3 机遇期：2012—2016 年 …… 243
　　2.5.4 腾飞期：2017 年至今 …… 247
2.6 轨道交通控制技术研究中心 …… 251
　　2.6.1 历史沿革 …… 251
　　2.6.2 科技创新 …… 254
　　2.6.3 团队建设与人才培养 …… 265
2.7 FIT 研究中心 …… 270
　　2.7.1 语音和语言技术研究方向 …… 270
　　2.7.2 网络安全研究方向 …… 272
　　2.7.3 轨道交通控制技术研究方向 …… 273
　　2.7.4 网络大数据技术研究方向 …… 273
　　2.7.5 能源互联网技术研究方向 …… 274
2.8 重要科研成果 …… 284
　　2.8.1 获奖情况 …… 284
　　2.8.2 主持及参与标准制、修订颁布情况 …… 287

第 3 章　信研院联合研发机构 …… 295

3.1 清华—国光数字媒体联合研究所 …… 295
3.2 清华—永新数字互动技术联合研究所 …… 296
3.3 清华—天地融应用电子系统联合研究所 …… 297
3.4 清华—天通广应用通信系统联合研究所 …… 298
3.5 清华—威视数据安全联合研究所 …… 299
3.6 清华—通号轨道交通自动化联合研究所 …… 300

3.6.1　CTCS-3级列控系统集成仿真测试系统 ……………… 300
3.6.2　通用安全信号平台 …………………………… 301
3.6.3　轨道电路、转辙机故障诊断技术……………… 301
3.7　清华—多媒体广播与通信联合研究实验室 …………… 301
3.8　清华—环天数据与知识工程联合研究中心 …………… 304
3.9　清华—怡文环境监测技术联合研究所 ………………… 305
3.10　清华—长虹先进视听技术联合实验室 ………………… 306
3.11　清华—新岸线计算机系统芯片联合研究所 …………… 307
3.12　清华—心神信息化系统工程联合研究中心 …………… 308
3.13　清华—赛特斯柔性网络联合研究中心 ………………… 309
3.14　清华—倍肯智慧健康大数据技术联合研究中心 ……… 310
3.15　清华—新北洋感知与加速计算技术联合研究中心 …… 311
3.16　清华—圣盈信行业可信区块链应用技术联合研究
　　　中心 …………………………………………………… 312
3.17　清华—祥兴智能系统联合研究中心 …………………… 313
3.18　清华—得意升声纹处理联合实验室 …………………… 314
3.19　清华—金名创业金融工程联合研究所 ………………… 314
3.20　清华—得意音通声纹处理联合实验室 ………………… 315
3.21　清华—金电联行金融大数据联合研究中心 …………… 316
3.22　清华—连云港机器人与机器人教育联合研究中心 …… 317
3.23　清华—宽带无线城域网联合研究中心 ………………… 318
3.24　清华—数字版权管理联合实验室 ……………………… 319
3.25　清华—数码视讯未来视讯技术联合研究所 …………… 320
3.26　清华—蓝汛内容分发网络联合研究所 ………………… 321

第4章　信研院党支部发展史 …………………………………… 324

4.1　历史沿革 ………………………………………………… 324
4.2　坚持不懈抓好理论武装，加强党员思想教育 ………… 326
　　4.2.1　建设学习型党支部，健全学习制度 ………… 326
　　4.2.2　创新学习形式、增强学习实效 ……………… 333

4.2.3　积极开展教职工党支部调研课题和特色活动 …… *337*

　4.3　切实加强自身组织建设,密切联系群众 …………………… *338*

　　　4.3.1　做好发展党员的工作 ……………………………… *338*

　　　4.3.2　坚持群众路线,做好思想政治工作 ………………… *339*

　4.4　长期定点支教,对口教育帮扶 …………………………… *340*

第5章　信研院分工会发展史 ………………………………… *345*

　5.1　院分工会历史沿革 ………………………………………… *345*

　5.2　院分工会组织架构 ………………………………………… *346*

　5.3　分工会积极推动民主建设 ………………………………… *346*

　5.4　依法维护教职工权益 ……………………………………… *347*

　5.5　积极参加校工会活动、组织多样化分工会活动 ………… *348*

　　　5.5.1　积极参加学校教职工运动会及各项体育活动 …… *348*

　　　5.5.2　积极参加清华大学教职工文艺汇演、手工艺
　　　　　　品展、摄影展等多姿多彩文化活动 ……………… *353*

　　　5.5.3　关心教职工健康,定期组织体检 …………………… *354*

　　　5.5.4　组织教职工春、秋游活动 …………………………… *354*

　　　5.5.5　提高教职工业余生活,参观各种文化艺术展览 … *354*

　　　5.5.6　通过内网意见箱及时了解教职工建议和意见 …… *355*

　　　5.5.7　加强职工队伍建设,关心非事编人员职业发展 … *355*

　5.6　打造有温度的、有特色的教职工之家 …………………… *357*

　5.7　历年获奖及先进工会小组和个人名单 …………………… *358*

　5.8　历届工会委员会名单 ……………………………………… *360*

附录1　信研院历届院务会/党政联席会 ……………………… *361*

附录2　信研院教职工名录 ……………………………………… *363*

附录3　信研院历年教育教学情况 ……………………………… *375*

后记 ……………………………………………………………… *389*

绪 论

信息技术研究院(信研院)的建立是清华大学在建设世界一流大学道路上的重要探索之一。进入21世纪后,根据国家大力推进科技创新和教育创新的需要,清华大学审时度势,主动调整体制机制,将成立信研院作为迎接科技革命新挑战的重要决策。2003年4月16日,清华大学2002—2003学年度第10次校务会议通过了《关于成立信息技术研究院的决定》,正式批准成立信息技术研究院(Research Institute of Information Technology,RIIT)。

信研院由多个技术和工程研究中心以及多个与国内外企业合作成立的联合研发机构组成,是清华大学信息学科群的技术创新基地、人才引进渠道和产业发展源头。作为清华大学信息科学技术学院(信息学院)和北京信息科学与技术国家研究中心(原清华信息科学与技术国家实验室,以下简称信息国家研究中心)的重要组成部分,信研院以世界一流水准为建设目标,面向国家重大需求和产业发展的需要,发挥清华大学在信息领域的多学科综合优势,努力承担重大技术攻关项目,以优秀的创新成果为国家建设发展服务,为科学技术进步服务,为学科建设和人才培养服务。

团队建设

信研院依据开创面向国家需求的重大项目组织平台和面向产业进步需要的技术创新支撑平台的"两个平台"建设定位,坚持以人为本,强化团队组织模式,构建了具有一流技术创新能力的科研团队。

信研院坚持以面向国家需求和产业发展的重大科研项目为驱动,以问题为导向,建立了以技术研究中心为主要组织形式的科研团队,并结合国家重大需求,促进科研团队合理流动,先后组建了12个科研团队。信研院重视高水平人才队伍建设,自建院以来,先后聘任信息学院的5位院士在科研团队兼职,积极从国外引进高水平人才13人,坚持人才引进与培养相结合,促进引进人才与现有团队的融合,推动团队建设与强化竞争机制两手抓,努力形成信息技术领域的人才高地。

经过若干校内调整,截至2019年底,信研院在编人员共计99人。其中,事业编制人员15人,包括正高级专业技术职务人员6人,副高级专业技术职务人员7人;博士后25人;原企业编制和合同制人员59人。另有劳务派遣人员12人,校内兼职人员81人,校外兼职人员111人,非全日制人员26人。

科技创新

信研院在国家创新体系建设中勇担重任,获得了对国民经济发展有重要贡献的科研成果,并积极探索产、学、研深度融合的科研机制创新,先后与行业的龙头企业合作成立了26个联合研发机构,有力地推动了技术创新和科研成果的转化。

信研院在移动通信、广播电视、高速铁路、国防军工等国家重点工程,以及微处理器、大数据智能、生物特征识别、能源互联网等技术领域,共承担国家重大项目119项,重大横向项目30项,实现成果转化79项,获得了以国家科技进步一等奖项目"DTMB系统国际化和产业化的关键技术及应用"为标志的国家级奖励7项、省部级及行业学会等奖励近40项。

在知识产权成果方面,信研院获得授权发明专利372项,并通过多种形式进行了成果转化,其中有50余项发明专利通过专利权或专利实施许可方式转让,获得知识产权收益逾1000万元。

信研院积极参与了一系列行业和国家标准的起草和制订,以第一起草单位或主要起草单位完成并发布了国际、国家及行业标准20项。

教育教学

信研院成立伊始,学校就明确学院不设立学科,教师的学科教学主要归属于信息学院下属的电子工程系(电子系)、计算机科学与技术系(计算机系)、自动化系和微电子学研究所(微电子所)。按照"培养肩负使命,追求卓越的人"的人才培养目标,信研院努力践行"三位一体"的人才培养模式,配合教师学科归属的院系也积极协助信研院完成人才培养和课堂教学等工作。

信研院注重科技创新和教学实践的紧密结合,教师积极承担相关院系的教学任务。截至2019年底,共有35名教师承担了61门课程的教学工作,其中包括国家精品课程4门。在实践教育方面,信研院注重发挥自身优势,加强本科生研究训练计划(Students Research Training,SRT)的实施,教师积极承担本科生SRT计划项目,培养本科生的创新意识和创新能力。信研院教师共承担SRT计划项目267项,获得清华大学SRT计划"优秀项目奖"14项。

信研院充分发挥注重学科交叉的重大项目组织平台和技术创新支撑平台优势,为研究生培养提供了良好的科研环境和广阔的成长空间。自2004年7月以来,信研院培养博士研究生和硕士研究生共计428名,其中11名研究生获得北京市和校系两级的"优秀毕业生"称号。

行政管理

在行政管理团队建设方面,信研院建立了以院务会/党政联席会为决策机构、以院业务主管和院办公室为执行机构的管理团队。2005年,信研院构建了公共行政管理与服务质量管理体系,该体系以服务对象为中心,通过完善管理制度,规范服务流程,实现了闭环管理。2006年7月18日,信研院行政管理与服务质量管理体系通过了ISO 9001质量管理体系认证,成功建立了我国高校第一个充分、适宜、有效、可操作的院系级行政质量管理体系。截至2019年底,该体系为信研院的发展提供了高质量的服务,管理团队的满意度连续多年保持在90%以上。

党建工作

信研院于2003年成立党支部,包含信研院和原清华信息科学与技术国家实验室(筹)的党员。2006年,信研院党支部的隶属关系由信息学院党委改为计算机系党委。党支部在历届支委会的带领下,紧紧围绕学校中心工作,结合信研院的建设目标与改革发展实际情况,通过系列理论学习和教育活动,宣传、执行党的路线、方针、政策和上级党组织的决议,大力加强党组织建设和党员、教师队伍建设,不断强化党的思想、组织、作风和制度建设,有力地推动了核心工作的顺利展开。

截至2019年底,信研院党支部共进行了5次换届改选,发展了7名预备党员,10名预备党员转正。信研院党支部于2013年荣获"计算机系先进党支部"称号,2017年被授予"清华大学先进党支部"称号,2018年入选首批"清华大学党建标兵党支部创建单位"。2019年9月16日,按照计算机党委的要求,信研院将党支部拆分为信研院教工第一党支部和信研院教工第二党支部,共有党员59人。

文化建设

信研院在发展过程中,将整体形象塑造和学术氛围营造一直视为文化建设的重点,形成了"RIIT文化精神",即:Responsibility,责任感、社会责任;Innovation,创新性、创新意识;Improvement,进取心、追求卓越;Teamwork,凝聚力、团队协作。在党支部、行政管理团队和工会的共同努力下,通过年终总结会、春节联欢会、春秋游、组织参加学校各项活动以及院内沟通交流等多种方式,信研院的团队建设取得了丰硕的成果,信研院也成为有凝聚力的"大家庭"。

建院以来,信研院面向国家重大战略需求,肩负科技创新和人才培养的使命,创新机制体制,创造世界一流水平的科技成果,为清华大学的"双一流"建设做出了重要贡献。2018年清华信息科学与技术国家实验室正式更名为北京信息科学与技术国家研究中心,按照学校的统一部署,从2019年开始,信息国家研究中心启动实体化建设,信研院科研团队进入国家研究平台。展望未来,信研院人将不忘初心,勇于担当时代重任,不断开拓进取,继续努力创造世界一流的科研成果,在新时代科技强国建设的征途上继续谱写新的篇章。

第1章
信研院历史沿革

1.1 审时度势开新路

信研院的建立,是清华大学在21世纪初应对科技发展新挑战、新机遇的战略举措之一,是清华大学第十五次科研工作讨论会的重要成果。

1.1.1 信研院的筹备和创立

进入21世纪后,根据国家大力推进"科技创新"和"教育创新"的需要,清华大学于2002年底及时召开为期一年的第十五次科研工作讨论会。在开幕式上,校长王大中说:"科技创新不仅是科技研究过程,也是组织的过程。当前,面对建设世界一流大学的发展目标,我们要在科技创新方面有一个突破性的跨越式发展,就必须与时俱进,进一步推进科研体制的创新。"当时,学校经过九年的不懈努力,调整结构,奠定基础,已经顺利实现了向综合性研究型大学的过渡。王大中校长提出,推进科技创新,首先要从转变观念入手,要解放思想,敢于创新。

清华大学的加速发展,要求在科研体制上大胆探索组织创新,激发学术活力,提高运行效率。经过反复酝酿,特别是在清华大学副校长龚克和信息科学技术学院院长李衍达院士的推动下,学校和信息学院考虑筹建信研院。2002年底,由信息学院提出了《关于筹建信息科学技术研究院的设想》,并由电子系王京教授为主要执笔人形成了《信息科学技术研究院总体规划》初稿。这些文件提出,"信息科学技术研究院的建设是信息学院实体化改革中科技体制改革的重要组成部分",信研院的指导思想是"面向国家重大项目和重大需求,依托学院内已有的学科基地,发挥多学科综合的优势,利用来自海内外各个方面的技术力量,创造承担国家重大项目的条件和环境,最终形成对国家有重大贡献的科研成果"。文件提出的规划是：以微处理器、移动通信、数字电视等为启动项目，以即将落成的信息科学技术大楼的两万平方米为基地，打造一支由300名固定编制人员（100名事业编制兼职教师和200名企业编制研发人员）和每年350名研究生组成的团队。校长王大中等学校领导对此非常重视，多次听取相关汇报。其中一次是2003年春季新学期伊始，学校领导在元宵节当天听取了关于信研院研究中心组成的具体计划汇报。

信研院的筹建工作，与信息学院的体制改革和信息科学技术联合实验室（联合实验室）的规划同步进行。根据2003年初向学校汇报的《信息科学技术学院体制改革方案》，信息学院体制改革的核心是实体化，而实体化的目标是以负责学生培养和学科建设的各系为主体，以联合实验室（即后来的国家实验室）与信研院为侧翼，构建"一体两翼"的矩阵式架构。2003年建议的信息学院组织架构如图1-1所示。

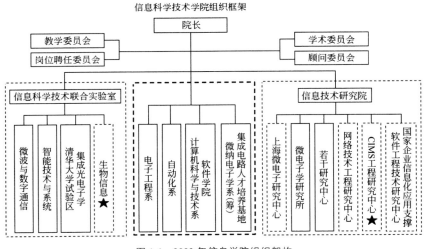

图1-1 2003年信息学院组织架构

根据《信息科学技术学院体制改革方案》，院系由教学—科研系列教师组成，正教授数目减半、副教授数目翻倍，其他教师逐步流动到联合实验室和信研院或其他单位；联合实验室整合国家重点实验室，成为信息学科群的基础研究基地；信研院承担国家重大项目，推动成果转化，成为信息学科群的技术创新基地。2003年3月，信息学院行政领导班子换届，创始院长李衍达院士连任，他多次表明了信息学院实体化的坚定意志，并得到学校的明确支持。信研院的筹备工作也因此加速,并正式向学校提交了筹备建立信研院的报告,将名称确定为"信息技术研究院"。3月30日,吴佑寿院士专门撰写了《关于信息学院机构调整的刍议》提交学校领导层,明确表示"赞成成立研究院",并建议学校"尽早审批"。

信研院的建立也存在过一些争议,主要集中在对信息学院实体化改革目标和方案的反复推敲。当时,国内的一些独立学院纷纷升格为大学,一些系也相继升格为学院。清华内部也有在信息领域成立多个学院的呼声,但学校坚持以信息学院统领信息学科群的多个一级学科,并期望以信息学院实体化的举措,去除学科划分过细、学科交叉壁垒太高的弊端。而信息学院实体化,必然会催生跨学科的实体交叉平台,改变原有组织机构框架、人力资源配置和运行管理机制。筹建信研院和联合实验室,统一学院内各单位财务政策,以及在职称晋升、人才引进、研究生招生名额分配和"985/211项目"等方面的统筹,都是信息学院在实体化进程中的阶段性举措。与此同时,在筹建信研院的过程中,还面临着更深一层的选择:信息学院内原有的各系,是要面向世界一流大学竞争更加突出的基础性学术研究,还是也要在未来保持较多研究系列人员,各自打造产学研平台。

由于种种原因,在信息学院实体化改革过程中,以"教学—科研"系列为本的人事制度改革未能按计划及时推进,原来以院系教学—科研系列教授到信研院兼职带队的设想也未能全部实现。在这样的背景下,为顺应国家重大战略的迫切需求,信研院没有等待观望,而是以成建制团队进入为主、院系和企业兼职为辅的方式,主动推进,奠定了最初的团队基础。这种组织方式并非最初设计的"全局优化"方案,但在当时也只有如此才能打开突破口,并期望随着学院整体改革的推进再逐步调整方案。最初的信息学院实体化和信研院筹建方案,曾经计划将微电子所和三个国家级"工程研究中心"(国家CAD工程研究中心、信息网络工程研究中心、国家CIMS工程技术研究中心)归属到信研院,所以信研院将新成立的下属研究机构统一命名为"技术"研究中心以示区别,同时在名称上也有别于院系的研究所。后期,由于微纳电子系的建立和院系改革等方案的变化,微电子所和三个工程研究中心虽曾出现在信研院早期组织结构图中,并在网站上公布过,但实质上从未与信研院融合运行。

1.1.2　信研院的定位与目标

信研院的建立是学校和信息学院审时度势,主动调整体制机制,迎接科技革命新挑战的重要决策。2003年4月16日,在清华大学2002—2003学年度第10次校务会议上,校长王大中院士等校领导听取了信息学院副院长李军代表信息学院所做的关于建设信息技术研究院的方案汇报,校务会议成员经过与院长李衍达院士等信息学院党政班子成员的沟通和讨论,通过了《关于成立信息技术研究院的决定》,正式批准成立信息技术研究院,校内机构编号915,隶属于信息学院。在图1-2所示的决定中,学校确立了信研院的定位:"希望研究院积极引进国内外优秀人才,瞄准国际先进水平,针对国家发展需要,充分发挥清华大学的学科综合优势,在国家信息化建设中承担重大项目,创造有影响力的科研成果,服务于学科建设和人才培养。"

2003年底,在学校第十五次科技讨论会闭幕式上,校长顾秉林院士在以《审时度势　开拓创新　重点突破　跨越发展》为题的报告中,深入分析了自20世纪后期以来,科学技术发展明显呈现出的多学科相互激荡、相互渗透的大趋势,以及世界一流研究型大学在跨院系的交叉领域大力实施"有组织的研究"(organized research)的动向。他在谈到《清华大学加强科技创新工作若干意见》中提出的一些重要的科研体制和运行管理机制的改革措施时特别指出:"我们要在信息、生命、能源、材料、环境、先进制造、航天航空等领域瞄准国家战略需求,发挥学科优势,凝练主攻方向,组织攻关团队,争取和承担国家重大任务。这些攻关团队是按任务来组织队伍的,需要集成不同学科的人才,需要以任务来带动队伍建设和运行管理机制的建设。这些攻关团队要有强有力的领导机制和一定的规模,少则几十人,可以成立一个实体研究中心;多则几百人,可以成立一个实体研究院。信息技术研究院就是按照这样的目标组建起来的科研实体。"这进一步确立了信研院作为改革学校科研体制和运行管理机制突击队的任务和作用。

秉承学校的决策,信研院从启动之日起进一步梳理和细化了自身定位的"1—2—3":一个目标,两个平台,三个服务。一个目标,是建设世界一流大学的目标,信研院的一切工作,都是为了学校事业的总目标服务,

清华大学校长办公室

关于成立信息技术研究院的决定

— 经 2002～2003 学年度第 10 次校务会议讨论通过 —

经 2002～2003 学年度第 10 次校务会议（2003 年 4 月 16 日）讨论通过，决定成立信息技术研究院（Research Institute of Information Technology），编号 915，隶属于信息科学技术学院。

研究院实行院长负责制，下设若干研究中心。研究院具有培养研究生职能，学位评定工作纳入相关的学位分委员会。研究院实行相对独立的人事管理，财务内部核算。

希望研究院积极引进国内外优秀人才，瞄准国际先进水平，针对国家发展需要，充分发挥清华大学的学科综合优势，在国家信息化建设中承担重大项目，创造有影响力的科研成果，服务于学科建设和人才培养。

二〇〇三年四月十六日

图 1-2 关于成立信息技术研究院的决定

任何时候不能因为自身利益和周边压力而有所偏离；两个平台，即面向国家利益需求的重大项目组织平台和面向产业进步需要的技术创新支撑平台，体现了学校对信研院在项目和成果两方面的明确要求；三个服务，即为国家建设发展服务，为科学技术进步服务，为学科建设和人才培养服务，既突出了为国家利益从事科技研究的自身职责所在，也主动表达了为院系主要任务提供辅助支撑的意愿。信研院作为学校创设的一类打通学科群的新型机构，其运行模式可以通过图 1-3 形象地表示出来。

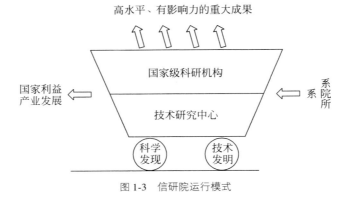

图 1-3　信研院运行模式

这个"小车图"表现的是信研院发展的"动力模型",将信研院的定位表达得一目了然。在十余年的发展历程中,信研院始终如一地坚持这个定位,从未动摇。

1.1.3　第一批科研团队启动

信息技术研究院于 2003 年 4 月挂牌成立,适逢举国上下团结一心共同抗击非典型性肺炎(severe acute respiratory syndrome,SARS)。新生的研究院在管理团队的带领下,一边同 SARS 做斗争,一边投入到紧张繁忙的创业工作中,并形成了"按需布局,因人投入"的"三高"工作思路,即高起点,瞄准国际先进水平,建设国际合作平台;高标准,严格队伍和项目管理,保证重大项目的完成质量;高水平,激励发明创造,鼓励专利申请和研究成果向教学和产业转化。

在信息学院的直接领导下,信研院于 2003 年 2 月开始征集项目团队申报,3 月开始行政运作,最初由信息学院提供周转经费和办公用房,在中央主楼 813 房间办公,大量事务性工作也主要由信息学院办公室承担。编制进入信研院的最早核心人员是参与筹建信研院的李军和王京;2003 年 3 月初,自动化系吉吟东基本全时参加信研院筹备;5 月初,信研院接收的第一位应届毕业生黄春梅进入办公室工作。

2003 年 4 月 16 日,校长顾秉林签发了清华大学干部任免通知,任命龚克为信研院院长(代),李军为常务副院长,吴建平、王京为副院长,如图 1-5 所示。

图1-4　2004年从中央主楼813办公室远眺学校东门

图1-5　信研院首任院长、副院长,从左至右依次为龚克、李军、吴建平和王京

5月6日,信研院召开了第一次院务会议,信息学院院长李衍达院士和校长助理张凤昌应邀参会,并主动提出将信息学院在中央主楼8楼的信息学院网络多媒体与协同工作研究中心交给信研院,以扩充办公用房,给予了信研院坚定而实际的支持。副校长、代院长龚克提出了制订信研院发展规划、优先成立条件成熟的研究中心、积极向学校财经小组提出并落实适合研究院发展的相关政策等具体工作要求。2003年6月和12月,吉吟东、郑方先后担任院长助理,吉吟东兼任办公室主任,信研院院务会为全院行政管理工作的决策机构。

信研院成立之初,学校给予了重点支持。2003年6月12日,常务副校长何建坤专门召集学校财务处、人事处等部门负责人参加会议,研讨落实校务会精神,推动信息学院改革,加速信研院建设。副校长岑章志、校长助理张凤昌以及信息学院、信研院相关负责人参加了会议。会上,校领导和相关部门负责人听取了信研院近期的工作情况汇报,就信研院在人员编制、人才引进、职称聘任和人员待遇等方面的工作现状、面临困难及解决措施等进行了逐项讨论,并提出了具体的实施方案。9月10日,在信研院教师节茶话会上,校党委书记陈希说:"信息学院的改革是我们学校这次改革最重要的内容之一,信息技术研究院是信息学院最有特点的机构。我们学校的科研工作,上天入地这样的大成果还不够多,很多因素是在体制机制上。研究院的体制是新体制,机制是新的运行机制,要培养出一些高素质的人和一批有水平的、有重大影响的成果。"

承载着学校和各界的厚望,信研院筹备、组建了承接国家重大项目的跨学科优势科研团队。当时,第一批申请在信研院成立研究中心的团队,主要有微处理器、移动通信和数字电视三个项目团队,以及数字媒体、企业协同、无线宽带、智能家居和软件等多个项目团队。2003年5月16日,刚刚成立的信息学院新一届学术委员会,在SARS疫情依然十分严峻的情况下,召开了成立大会暨第一次全体会议,学术委员会主任张钹院士主持审议了信研院在微处理器、移动通信和数字电视三个方向成立技术研究中心的建议书。2003年5月底,在信息学院支持下,原信息学院网络多媒体与协同工作研究中心被划入信研院,更名为未来信息技术研究中心(FIT研究中心),成为信研院预研项目和团队孵化器,李军担任中心代主任。2003年6月,信研院院务会审议制订了《信息技术研究院FIT研究中心项目征集办法》,支持了智能家居和网络处理器(NPU)、超宽带(UWB)、智能交通系统(ITS)等项目,之后逐步形成了信研院的项目预研和孵化体系。图1-6为李衍达院士和张钹院士。

图1-6 从左至右依次为信息学院原院长李衍达院士,学术委员会主任张钹院士

2003年6月初,信研院重点研究方向上的第一批三个技术研究中心正式启动。无线与移动通信技术研究中心(无线中心)以移动通信研究为

核心，最初融合了原电子系无线宽带研究团队和展讯通信有限公司（展讯通信）、神州亿品科技有限公司（神州亿品）等企业的研发力量，王京兼中心主任，许希斌、武平（展讯通信）和邵晓风（神州亿品）任中心副主任，陈大同（展讯通信）任中心首席科学家；数字电视技术研究中心（DTV中心）以数字电视地面传输技术研究为主，条件接收和信源编码为辅，龚克兼中心主任，王兴军和董宏（凌讯科技）任中心副主任，杨知行任中心首席科学家；微处理器与片上系统技术研究中心（CPU中心）以 863 项目团队为核心，汪东升任中心主任，郑纬民和周润德任中心共同首席科学家。虽然经过多次沟通，数字媒体和网络处理器的研究人员没能融合到相应的技术研究中心中去，跨一级学科组建团队也只在 CPU 中心初步尝试，但第一批技术研究中心基本上做到了以重点技术创新方向为目标，既没有与原有院系的学科方向重合，也没有简单地借鉴企业中建立产品中心的模式。2003 年信研院组织结构如图 1-7 所示。

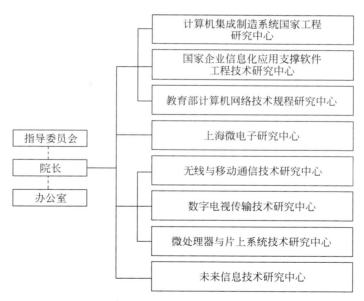

图 1-7 2003 年信研院组织结构

第一批技术研究中心的成立有两个显著特点。首先，是与创业企业合作力度比较大。信研院聚焦于面向国家战略需求的重大项目，把握产业战略发展机遇，离不开政府部门的指导和创新企业的触角。聘请产业前沿创业企业的创始人担任校内研究中心负责人在当时还很少见,是机制上的突破。后来的发展也充分证明,这种校企深度合作的方式对校内团队深入了解和及时响应一线真实技术需求,把握竞争态势和争取国家资助,都起到了很好的作用。无线中心通过与展讯公司的知识产权互换,直接为 TDS-CDMA 产业化做出了贡献;数字电视中心也在地面传输标准之争中与凌讯公司并肩奋战,实现了研究与开发的快速迭代。其次,是技术研究中心主任年轻化力度比较大。当时,为了加速学术梯队的成长,考虑到对外工作的需要,信研院领导班子有一个未成文的意愿,就是所有技术研究中心都由五十岁以下的教授挂帅。据此,在第一批技术研究中心成立时,为了大力推动年轻骨干成长,院主要领导们做了大量细致的沟通和协调工作,三个中心核心团队的原有核心领军人——姚彦、吴佑寿院士、杨知行、郑纬民、周润德等,高风亮节,在顾问或首席科学家的位置上,积极支持年轻的中心主任勇挑重担,为各个新建技术研究中心的磨合与发展提供了有力的支持,也为后续技术研究中心的组建树立了良好的样板。同时,信研院在学校支持下实行了与岗位需要结合的院聘职称制度,充分依靠各种编制人员,形成了以与学科紧密衔接、学术水平较高的少数事业编制人员为核心,以具有较强研发经验和能力的企业编制人员为稳定的研发中坚力量,以合同制人员为工程主力的队伍。

1.1.4 组织结构与科研布局

早在信研院正式成立之前,计算机系软件技术与工程研究中心就已经启动运行,并规划进入信研院。信研院成立后,坚持以重点技术创新方向为目标,不设立与信息学院所属院系学科类似或重复的"长周期"机构,以期在未来形成研究中心的重组机制和研究人员的流动机制。为此,在2003年3—6月,经多次与计算机系领导,计算机系计算机软件研究所(软件所)和软件学院相关领导、院士,信息学院及其学术委员会领导深入沟通、研讨,决定不将软件技术与工程研究中心整体平移进入信研院,而是请计算机系主任周立柱牵头,组成由邢春晓和杨维康负责的两个筹备组,分别以数字奥运和操作系统为核心,完成两个技术研究中心具体方案和发展规划的制订。2003 年 10 月,信研院第二批两个技术研究中心正式启动运行。操作系统与中间件技术研究中心(OS 中心),包括了创业校友、操作系统"清华五剑客"①的团队和原计算机系人员,由从科泰世纪引进的杨维康任中心主任,王小鸽、陈榕(科泰世纪)任中心副主任;WEB与软件技术研究中心(WEB中心)面向数字奥运,整合了校内外数据库和软件测试等方面的研究力量,由邢春晓任中心主任,钱振宇(神州亿品)任中心副主任,周立柱任中心首席科学家。

在这两批5个技术研究中心和FIT研究中心的成立初期,分别有电子系9名教师、计算机系9名教师和自动化系5名教师调入信研院。之后,信研院的人员队伍补充主要以海内外人才引进为主。2003年底,信研院院务会还批准成立了由微电子所代管的电子封装技术研究中心(封装中心),由窦新玉任中心主任,蔡坚(微电子所)任中心副主任,汪政平(Georgia Tech)院士为中心首席科学家。

至此,信研院成立初期的7个技术研究中心,从无到有,格局初定,2004年信研院组织结构如图1-8所示。

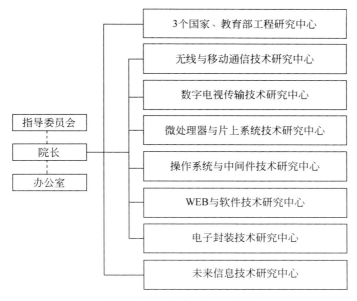

图1-8 2004年信研院组织结构

---

① 指2000年6月成立的北京科泰世纪科技有限公司(科泰世纪)5位创始人,包括陈榕、刘艺平、吴季风、杨维康、马琦,均为清华大学计算机系1977级学生,被称为操作系统"清华五剑客"。

这一科研布局的初步形成,落实了"项目驱动而不是学科驱动"的指导思想,为建立"确保有进有出、有合有分",不形成"钢球"的灵活机制打下了基础。其中,原有工程(技术)研究中心采取挂靠管理形式,技术研究中心的建立根据实际情况采用了多种模式,包括以团队进入方式成立的无线与移动通信技术研究中心,以项目进入加引进方式形成的数字电视技术研究中心和微处理器与片上系统技术研究中心,以拆分转入方式建立的操作系统与中间件技术研究中心和WEB与软件技术研究中心,以及以引进为主、代管方式为辅组成的电子封装技术研究中心。从2003年底起初步形成的科研布局如图1-9所示,在此基础上确立的科研组织结构延续了较长的时间。

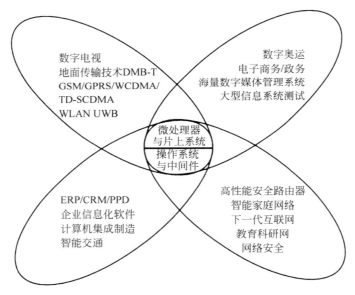

图1-9　2003年信研院科研布局

1.1.5　信研院首次登台亮相

2003年,清华大学"三个九年,分三步走"的世界一流大学建设迈入第二个九年。2003年10月25日上午,信研院首次工作汇报会在主楼接待厅隆重举行。校长顾秉林院士,副校长胡东成、龚克,来自教育部、科学技术部(科技部)、信息产业部(信产部,2008年后划入工业和信息化部)、国家广播电视总局(广电总局)、国家发展和改革委员会(国家发改委)、中国人民解放军总参谋部(总参)、北京市科学技术委员会(科委)的领导,微软亚洲研究院等众多信息行业知名企业的高层研发管理负责人和学校相关部处领导共500多人听取了汇报会。此次工作汇报会既是对前期筹备工作的总结和后续发展前景的展望,也是信研院首次以崭新形象面向社会、学校进行的展示。

会议由常务副院长李军主持,微软亚洲研究院院长、清华大学客座教授张亚勤到会并对信研院的成立表示祝贺,充分肯定了信研院的发展方向。教育部高等教育司司长张尧学和科学技术部高新技术发展及产业化司副司长许倞分别对工作汇报会给予高度评价,并鼓励清华大学在科技创新方面继续发挥国内领先优势,为国家信息化建设服务。校长顾秉林院士在讲话中指出,信息技术研究院是我校在科研体制、办学和人才培养模式上的一个新的尝试,希望信研院能秉承清华的优良传统,发挥整合学校资源的综合优势,锐意进取,以改革促发展,能在信息领域有所创新,做出成绩(见图1-10)。

图1-10　校长顾秉林院士在信研院首次工作汇报会上讲话

副校长、信研院代院长龚克说,从我校建设世界一流大学的需求出发,由于科研体制管理上的不健全,我校具有优势的信息类学科分割过细,综合优势没有发挥出来,这也是目前中国高校普遍存在的问题。2001年学校在做学科发展规划时,决定利用本身在信息领域拥有的先进的科研条件、雄厚的人才资源和良好的学术氛围,把这些优势整合起来组建信息科学研究院,面向国家重大战略需求,立足国际先进水平,发挥我校在科技创新方面的巨大潜力和作用,争取在基础性的、前沿性的研究中进行新的探索,在集合了多学科的系统性的重大科技项目中做出成绩(见图 1-11)。

图 1-11　副校长、信研院代院长龚克在首次工作汇报会上讲话

会上,无线与移动通信技术研究中心、数字电视技术研究中心、微处理器与片上系统技术研究中心、操作系统与中间件技术研究中心和 WEB 与软件技术研究中心的负责人分别介绍了前沿性项目的研究和进展情况。

会后,信息技术研究院第一届指导委员会在副校长、代院长龚克的主持下召开会议,就信研院相关问题及未来发展进行探讨。首任指导委员会主任李衍达院士在接受采访时谈到了成立信研院的目的和目标:"信息学院需要在体制机制的改革上有所突破。清华核研院的成功给了我们很大的启发,经过多次酝酿,产生了成立信息技术研究院的设想。我们考虑,信研院应是国家实验室的一个组成部分,与信息学院的四个系有紧密联系,一部分成员可以聘自院系,也可回到院系;大部分成员来自公开招聘,以合同制方式工作。其运行机制与管理方式可以参照企业的运作机制。希望信研院能建立组织承接国家重大项目的团队;能开展学科交叉,进行技术创新;能作为学院与国内外企业合作的纽带;能成为将学院的研究成果产业化的桥梁。"图 1-12 为李衍达院士作为指导委员会主任参加信研院第一届指导委员会时的现场讲话照片。

图 1-12　李衍达院士参加信研院第一届指导委员会

1.1.6 完善组织建设

在科研团队筹建的过程中,信研院的组织建设也逐步完善。2003年11月,经科技部批准,清华信息科学与技术国家实验室(筹)成立。2005年4月,国家实验室聘请龚克任主任,李军、王京、吴建平、罗毅任副主任,同年11月,信研院成为国家实验室的技术创新与开发部。

2003年12月12日,经信息学院党委2003—2004学年度第2次会议讨论,批准成立信研院党支部,决定由吉吟东、郑方、汪东升、邢春晓、粟欣组成第一届支部委员会,任命吉吟东担任党支部书记,郑方担任党支部副书记。同年12月,经请示校工会同意,在信研院成立部门工会,信息学院机关作为工会小组,挂靠信研院工会。12月30日,信研院部门工会进行第一届部门工会委员选举工作,王娜、郑方、刘志、赵黎和韩明当选第一届工会委员会委员,郑方任工会主席,韩明任工会副主席。

至此,信研院建立了高素质的管理团队,引入灵活的运行机制,面向国家重大战略需求,开启了科研改革的尝试。

1.2 聚精会神谋发展

2004年4月26日,经2003—2004学年度第15次校务会议讨论通过,任命李星、吉吟东、郑方为信研院副院长,如图1-13所示,王京、吴建平不再兼任信研院副院长职务。2004年5月,信研院入驻信息科学技术大楼(FIT楼),如图1-14所示。

图1-13　从左至右依次为副院长李星、吉吟东和郑方

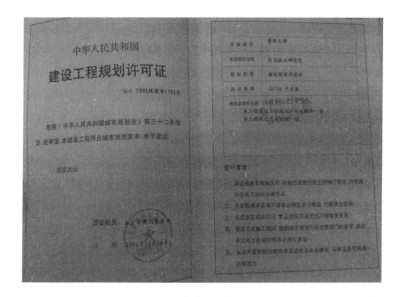

图 1-14 信息科学技术大楼（FIT 楼）

2004 年 12 月 9 日，经 2004—2005 学年度第 6 次校务会议讨论通过，任命李军为信研院院长，龚克不再兼任信研院代院长职务。此后，以李军为院长，吉吟东和郑方为副院长，李星和宋健先后为副院长的信研院行政领导班子，稳定工作了近 12 年，为信研院坚持初心、锐意进取、厚积薄发的持续发展提供了保障。

1.2.1 开放合作,投身国家科技创新体系建设

建院初期,鉴于信息技术从理论到实践链条短、周期快的突出特点,以及自身团队尚在孵化和培育阶段的实际情况,信研院借着国家"深化科技体制改革,建立以企业为主体、市场为导向、产学研深度融合的技术创新体系"的东风,采取了着力打通产学研链条的"草船借箭"战略。2004年,信研院企业合作到账经费占全院科研经费收入的85%。

服务国家战略,引领产业前沿,就必须要"走出去"。除了各中心与共建企业日常密切合作外,信研院经常有计划地组织核心骨干访问企业。2005年1月,主管科研副校长康克军上任伊始,就在院长李军陪同下访问了信研院合作企业展讯通信和科泰世纪两家公司,分别听取了公司负责人陈大同和陈榕两位校友的报告,并深入了解研发状况与合作前景。

2005年12月10日,由院长李军和副院长吉吟东带队,信研院部分技术研究中心主要负责人一行11人参观了深圳德生电器公司的生产线,并与公司创始人毛先海校友热切交流,对典型消费类电子产品的生产过程进行了深入了解。2006年8月29日,由院长李军和副院长吉吟东带队,信研院相关技术研究中心主要负责人等一行10人访问了天津通信广播集团,与公司董事长王宝校友等深入沟通,深化和拓展清华—天通广应用通信系统研究所的研发合作。2007年4月1—4日,院长李军和副院长吉吟东、郑方带队,信研院各技术研究中心骨干一行11人在长三角地区开展了产学研技术创新合作调研,先后拜访了清华科技园昆山分园(昆山启迪科技投资发展有限公司)、中新苏州工业园区和无锡国家高新技术产业开发区,并参观了相关技术公司和投资公司,与昆山市市长管爱国、无锡市新区管理委员会主任稽克俭、昆山启迪科技投资发展有限公司总经理刘万枫等当地政府领导和企业负责人就技术发展方向、企业创新需求和技术合作方式进行了交流。

2010年12月1—5日,由院长李军带队,院务会成员及各技术研究中心主要负责人一行共14人前往湘鄂两省考察学习,围绕国家"十二五"规划,调研国家发展战略性新兴产业需求,访问了武汉邮电科学研究院(简称邮科院,又名烽火科技集团、烽火集团),参观了烽火集团通信设备和光纤线缆的生产线,与邮科院副院长鲁国庆校友、总工程师余少华及相关企

业的负责人就无线移动通信、数字电视、智慧城市、网络电视（IPTV）以及CPU等多个领域潜在的合作机会进行了交流。考察团还访问了中国南车株洲电力机车研究所有限公司（又名时代集团，见图1-15），了解了相关企业在电气系统集成、车载控制与诊断、电力电子器件和新能源等核心技术领域的成果，参观了株洲南车时代电气股份有限公司的制造中心和测试中心，考察了轨道交通列车电力和控制设备的主要生产环节，就科研合作的领域进行了交流。此外，在考察学习期间，院务会成员与各技术研究中心负责人进行了三次专题研讨，围绕信研院人事制度改革、科研发展规划以及技术研究中心管理规定，进行了充分讨论。

图1-15　信研院考察团访问中国南车株洲电力机车研究所有限公司

在投身国家科技创新体系建设的进程中，这些深入了解产业发展状况的调研活动，把信研院核心团队的足迹留在了改革开放的热土上，对骨干教师了解产业发展需求、推进科研成果转化、服务学校学科建设起到了重要的作用，一方面加深和拓宽了信研院与企业合作的具体内容，另一方面也通过精心组织的团队建设和对一线实践与需求的更多了解，强化了骨干教师对产学研合作的认知和重视。

1.2.2　海纳百川，创建世界一流科研机构

信研院领导班子从建院伊始就一直坚信，只有与国内外业界同行保

持良好的开放合作关系,才能促进技术创新支撑平台和重大项目组织平台建设不断稳步前进。因此,信研院始终将国际合作放在重要位置。

初建时期的信研院立足国际一流科研机构发展目标,从海外引进了一批高水平技术人才,投身于国家的科技创新和产业创新中。院长李军曾赴美自费留学,并在完成博士学业后,在硅谷的工业界从事了多年技术创新工作,积累了丰富的管理经验,2003年经清华大学百人计划引进,怀着满腔的"清华情怀"回到母校工作。此后,信研院海纳百川,广聚贤才,先后从美国引进梁利平从事数字电视芯片相关科研攻关,从美国引进王兴军担任数字电视技术研究中心副主任,从日本引进操作系统"清华五剑客"之一的杨维康担任操作系统与中间件技术研究中心主任。随后,窦新玉、宋健、杨吉江、张勇、彭克武、曹军威、夏云庆、刘轶、刘振宇和王东等一批海归人才先后加入信研院的科研团队。此外,信研院还先后于2005年和2006年派出两名年轻教师张悠慧和李兆麟分别赴美国加州伯克利大学和新西兰奥克兰大学进修一年,他们回校后迅速成长为独当一面的科研骨干。

一时间,信研院成为"海归"汇聚创新之地。他们带来了国外学成的专业知识和业内丰富经验,也更加深入地促成了信研院与国际学术组织、科研机构和工业界的交流与互动。国际信息论领域知名专家、美国加州大学圣迭戈分校教授Jack K. Wolf,国际语音界知名专家Lawrence R. Rabiner,国际计算机应用领域知名专家、美国印第安纳大学教授Geoffrey C. Fox等国外学者、工业界领袖纷纷应邀来信研院进行交流、访问,并参与了内容丰富多彩的学术交流活动。通过几年的不断努力,信研院与国外的交流合作日益频繁。据不完全统计,自2003年成立至2008年底,信研院共接待来自美国、日本、法国、奥地利、古巴等世界各地区的代表团组及个人交流访问210多次,邀请国际著名学者举办学术报告会100多场,近190人次短期出访美国、日本、德国、英国、芬兰等世界各国和地区,参加国际学术会议、合作考察和访问参观等活动。这些交流活动对提高信研院在信息技术领域内的国际影响力起到了非常积极的作用。

随着国际合作工作的不断推进,信研院逐渐形成了科研合作及教学方式多元化,走出去与引进来相结合,交流范围广、渠道多、效果好等优势特色。广泛的国际交流在科研领域结出了更多硕果,2007年信研院承担国际合作项目数量和国际合作项目到款额,位居全校首位;2008年国际合作项目到款额占信研院科研经费收入总额的33%,成为继政府项目(纵向)经费、企业合作(横向)经费以外,另一个重要的科研经费来源。

1.2.3 双管齐下,联合地方院开展技术创新

在大胆创新合作机制、大力推进企业合作的同时,信研院以学校派出院为重点渠道,合力促成项目合作和成果转化。

信研院刚刚成立不久,就有幸得到了北京清华工业开发研究院(北研院)的主动支持。2003年9月11日,北研院副院长滕人杰带队访问信研院,与常务副院长李军和相关技术研究中心负责人会谈,深入了解信研院的科研布局和各中心正在开展的主要项目,真诚希望与信研院建立广泛合作,解决北京市地区发展中急需的科技问题。FIT研究中心陆建华牵头的"蜂窝局域网移动多媒体通信系统MAC协议开发"和WEB与软件技术研究中心邢春晓牵头的"政府信息架构(GIA)及若干关键技术研究"两项北京市科技计划项目,就是由北研院根据信研院的推荐,直接通过北京市科委帮助落实的。在此之后,北研院还在汽车电子、数字电视等多个研究和产业化方向上为信研院提供了很多实际的合作支持。

2005年1月,院长李军和副院长吉吟东先后两次带队访问浙江清华长三角研究院(浙江院)总部,与浙江院院长周海梦、秀城区(现为南湖区)区长魏建明、嘉兴科技城管委会主任孙旭阳以及浙江省科技厅厅长蒋泰维等深入探讨了数字电视地面传输技术等重大项目的落地合作。当月底,浙江院、秀城区和嘉兴科技城管委会领导应邀来访,现场考察了信研院重大项目。2006年6月16日,信研院与浙江院基于共建浙江院信息技术研究所的共识,签署了《联合创办浙江清华长三角研究院信息技术研究所协议》,并由副院长吉吟东兼任浙江院信息技术研究所所长。信研院先后推荐并协助浙江院引进了"千人计划"人才沈懂棐等多位归国留学人员,并筹办和支撑了计算机系工程硕士课程进修班和清华信息国家实验室在浙江院设立的工作站。

2005年3月,院长李军、副院长吉吟东和院长助理宋健等院务会成员带队访问河北清华发展研究院,与校务委员会副主任、河北院院长郑燕康及廊坊开发区负责人探讨了双方在科研、产业化和培训等方面的合作。

同年5月,廊坊开发区领导回访信研院,实地考察了信研院重大项目,12月,院长李军和副院长吉吟东带队访问深圳清华大学研究院及其下属的清华(珠海)科技园等,探讨了封装技术产业化等合作。

信研院还与苏州、无锡、南京等城市通过互访寻求合作。2005年上半年,院长李军和副院长郑方先后接待无锡市来访,并与江苏国际技术转移中心互访,签署了相关合作协议。

1.2.4 交叉融合,培养新学科、技术增长点

信研院不但向外发力,打造产学研新机制、新通路,也十分重视协助信息学科群各院系促进学科交叉与融合,发现和培育新的学科、技术生长点。

(1) 整合信息学院力量,培育重点研发方向

2004年6月17日,由信研院组织的信息安全科研讨论会在信息科学技术大楼3-327会议室召开。会议由信研院副院长李星主持,常务副院长李军及自动化系、计算机系、电子系、微电子所、网络中心和软件学院的相关科研人员近20人与会。李星提出,此次以申请国家发改委信息安全项目为契机,召集信息学院内与信息安全相关的研究组共同探讨,目的是形成合力,联合申请国家项目。会上,各研究组分别介绍了各自与信息安全相关的科研成果及设想,李星还介绍了"211工程"重点学科建设项目"网络安全与信息安全研究支持平台"的进展情况。几年后,信研院还曾协助国家实验室,委托计算机系原主任林闯组织了信息学科群内跨院系的信息安全研究交流,再次推动信息安全学科的聚合。

2004年6月1日,由清华大学和北京市发改委联合主办,北研院、清华大学汽车工程系(汽车系)和信研院承办的"机遇与挑战-发展汽车电子,打造北京产业经济新增长"论坛在清华大学主楼接待厅隆重召开。论坛由北研院副院长滕人杰主持,清华大学副秘书长戴猷元致欢迎辞。北京市发改委副主任张工、北京市交通委员会副主任刘小明、清华大学汽车系主任欧阳明高、信研院常务副院长李军、北京汽车控股有限公司总经理董扬等领导和专家先后演讲。7月14日,信研院常务副院长李军与北京工业研究院副院长滕人杰、汽车系学术委员会主任连晓珉等,在北研院与市发改委高技术产业发展处副处长金军座谈,了解北京市汽车电子发展

思路和专项要求,商讨清华大学相关学科整合力量,争取重大项目,发挥主力作用。在前期多方努力的基础上,信研院协助信息学院申报了3个北京市汽车电子专项,其中一项由信研院的相关研究中心牵头。2005年4月,信研院在FIT研究中心成立汽车电子实验室,郑方兼任主任,副主任包括自动化系袁涛、电子系王生进和计算机系徐明星;2011年11月,微电子所乌力吉任实验室常务副主任。2007年11月15日,由清华大学信研院参与主办的2007年第五届(上海)汽车电子论坛暨首届汽车电子沙龙在上海召开,副院长、汽车电子实验室主任郑方率队参加,在论坛和沙龙上介绍了汽车电子实验室的最新研究成果。

2006年9月6日,信研院牵头召开了生物特征识别领域的教师座谈会。会议由信研院副院长郑方主持,来自信息学院各单位从事人脸、声纹、指纹、掌纹、虹膜、笔迹和脑波等生物特征识别研究的教师参加了会议,对建设融合各种生物特征识别技术的综合身份认证演示平台的设想进行了讨论。之后,信研院安排了学科交叉项目征集(FIT基金前身)专项,支持跨院系合作的"高适应性的多生物特征识别技术研究"项目。2007年1月15日,副院长郑方主持召开了生物特征识别项目讨论会,提出了"高适应性的多模态生物特征识别综合演示系统"的设计方案和工作计划。

(2)设立FIT基金和种子基金,培育亮点和重点项目

为落实学校"985工程"二期规划,以科技创新为主题,信研院分别设立了"FIT基金"和"种子基金",鼓励新兴交叉学科和创新型项目的培育,以培育亮点和重点项目。

信研院自2003年起设立FIT基金,促进信息学院内的学科交叉和融合,每年从公共经费中划拨资金,面向信息学院各单位公开征集以技术创新、团队创新、学科交叉与融合等为特点的研究开发项目,并对获选项目给予适当支持,推动跨系(所)和跨学科合作。截至2008年,FIT基金共支持15个项目,其中27%为信研院牵头、信息学院多个单位参加的项目,73%为信息学院其他单位的项目。通过FIT基金的支持,多个项目后续申请到国家自然科学基金项目3项、863计划项目1项等国家项目,在争取重大项目等方面取得突破性进展。例如,2003年支持的"智能交通"和"智能家居"项目分别为成立清华—博康智能交通研究中心和清华—国光数字媒体研究所打下良好基础,2004年支持的"汽车电子"项目催生了

FIT 研究中心汽车电子实验室,2006 年支持的"移动多媒体融合网络关键技术研究"项目获批教育部新世纪优秀人才支持计划,2007 年支持的"高速铁路通信信号系统在线故障诊断与故障预测技术研究"项目成功申请到国家自然科学基金优秀创新群体项目和国家自然科学基金重点项目。

2005 年,信研院以所获 985 计划二期经费设立了种子基金,专门用于支持、培育和酝酿,争取"十一五"及其他国家重点、重大项目,并在国拨经费下达之前,筹集自有资金提前启动以夺先机。种子基金重点支持团队创新,先后批准启动 15 个项目。这些项目后续申请到国家自然科学基金项目 3 项、863 计划项目 6 项、973 计划项目 1 项、重大专项 1 项、科技支撑项目 1 项,还承担了铁道部重大项目 1 项。例如,2005 年支持的"面向普适计算的构件化基础软件平台"项目成功申请到 863 计划项目和 863 计划目标导向项目;"个人媒体服务系统"项目联合申请到 863 计划目标导向类课题。又如,2006 年支持的"宽带电力线通信关键技术和系统研究及芯片开发"项目成功申请到为期三年的美国波音公司的机舱电力线通信项目;"面向主动防护的网流全息过滤新技术和新方法"项目成功申请到 863 计划目标导向项目;"片上多处理器系统结构和编程模型研究"项目成功申请到国家自然科学基金项目 3 项(其中重点基金 1 项),973 子项目 1 项。再如,2007 年种子基金亮点项目"宽带无线通信理论与技术创新"为国家重大专项和 863 计划等国家科技项目的争取起到了重要的促进作用;重点项目"客运专线列控系统综合仿真平台的研究与开发"获得了铁道部重点项目的资助,并联合申请到国家科技支撑计划项目;重点项目"面向领域的海量知识资源组织、管理与服务系统"成功申请到国家 863 计划目标导向项目。

信研院在这些学科交叉方向上的努力,以交流促融合,以项目促合作,在不与各院系主要研究方向重复的前提下,为提升信息学科群在新兴技术研究领域的影响力提供了必要的支持,创造了有利的条件。

1.2.5　管理创新,建立行政管理与服务质量管理体系

科技创新这一中心工作的逐步展开,离不开信研院管理与服务平台的支撑。作为重大项目组织平台和技术创新支撑平台,年轻的信研院需要更加开放地向来自信息学院多个院系以及学校相关机构的师生提供高

水平的管理与服务。建院伊始，院领导班子就明确提出要在打造一流科研创新团队的同时，打造一流的管理服务团队，为师生提供高质量的科学管理，并提出了"工作程序明确要求，业绩考核明确指标"的规范化要求。

　　信研院成立后，逐步制订了一系列既遵守国法校规，又符合自身特点的相关制度。2003年5月13日，信研院第一份管理规定出台，《信研院经费暂行管理办法（试行）》规定了各类科研项目经费收入和支出的管理原则，并于2004年9月20日正式通过《信研院经费管理办法》。2003年7月8日，院务会通过《信研院休假制度管理办法（试行）》，设立了灵活的休假制度，教职员工根据项目实施情况，可选择在非学校寒暑假期间休年假。2003年7月22日，院务会通过《信研院合同制人员聘任及管理办法（试行）》，在当时以事业编制为主的科研团队中，建立了一支适应大项目、大工程组织、以合同制工程师为主力军的年轻队伍。2003年10月14日，通过《申报信研院科研系列正高级专业技术职务资格的必要条件（试行）》《申报信研院科研系列副高级专业技术职务资格的必要条件（试行）》和《信研院院聘高级专业技术资格评聘工作程序的若干规定（试行）》，为科研系列教师评聘机制做出了重要的制度性探索，建立了合理的用人机制。2004年5月11日，通过《信研院科研管理办法》，对科研项目实行了制度化和科学化的管理。2004年9月7日，通过《信研院研究生名额分配办法》，明确了研究生教育管理制度。此外，信研院还大胆建立了兼职研究员制度，聘请工业界翘楚担任兼职研究员，通常聘期两年。

　　2005年12月13日，《信研院校企联合研发机构管理办法》经院务会通过，联合机构管理办法以"清华大学与企业联合建立研发机构申报审批的有关规定"和"关于清华大学与企业联合建立研发机构管理的补充规定"为基础，并遵循清华大学与相关企业共同签署的章程的原则，结合信研院的实际特点进行了必要补充。2007年11月13日，信研院为建设注重学科交叉的技术创新支撑平台和重大项目组织平台，进一步规划管理，制订了《信研院重大项目定义》，该定义对鼓励教师承担具有影响力的重大项目发挥了重要的引导作用。2008年1月11日，为鼓励教师积极投身教学工作，不断提高教学水平和教育质量，充分发挥信研院教师从事教学工作的积极性、主动性和创造性，进一步提高学生培养质量，制订了《信研院辅助教学补贴及奖励办法》。2008年1月29日，为鼓励全体教师在科学研究中不断推出高水平的科研成果,提高信研院教师的积极性,支持学科建设,制订了《信研院科研奖励办法》。这些规章制度的逐步建立,为信研院后期的稳定发展,提供了规范的制度保障。

　　2005年,信研院以"质量年"的方式夯实服务与管理的内在机制,将ISO 9001质量管理体系的科学思想和国际标准引入信研院行政管理与服务的建设。2005年3月15日,副院长吉吟东召开面向公共管理与服务的质量管理体系建设动员会,提出建设公共管理与服务团队的循序渐进方案,以制度化、流程化和规范化为目标,配合科研体制创新,为科技创新提供优质的服务。2006年3月15日,经过为期三个月的试运行,质量体系文件正式发布。第一次顾客满意度测量结果为93.29%,实现了"一年内顾客对公共服务满意度达到90%以上"的质量目标。该公共行政管理与服务质量管理体系以服务对象为中心,完善管理制度,规范服务流程,实现闭环管理,吉吟东任最高管理者,黄春梅任管理者代表。7月18日,该体系通过ISO 9001:2000质量管理体系认证,并成为我国高校第一个通过认证的充分、适宜、有效、可操作的高校院系级质量管理体系,认证证书如图1-16所示。截至2007年底,面向公共服务的质量管理体系共汇编管理文件140份,制订质量文件120份,并能面向一线科研教师,提供重大、纵向课题财务预/决算和经费执行等个性化服务。

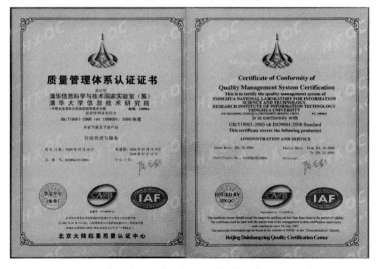

图1-16　信研院行政管理与服务质量管理体系认证证书

从建院之日起，信研院就推行"中心主任负责制"，即技术研究中心主任对科研创新团队的发展负有领导责任，同时也有权独立决定科研创新团队的人事、财务和资源分配等事宜。采取这样的管理模式，是基于信研院聚焦重点方向、承担重大项目、发挥重要影响的特点，也是为了克服多学科（跨院系）交叉融合带来的天然的分散倾向。主任"一支笔"控制全部资源，特别是经费，努力做到技术中心团队"在一个锅里吃饭"，确保能够"集中力量办大事"。信研院要求技术研究中心制订明确的发展规划，包括科研发展规划和人力资源发展规划，对团队骨干、核心人员以及人才培养梯队做出安排，信研院依据发展规划和发展目标对科研团队进行绩效评价，建立"业绩考核制"。经过充分酝酿，信研院于2004年制订了业绩考核标准，设立了人均和地均（后称亩产，即单位面积科研经费收入）、合同额与到款额等多项科研考核指标，并根据绩效评估结果在院内采取竞争性资源分配和激励先进的举措，如研究生名额分配、绩效奖励分配、科研用房分配和先进集体评选等。此外，结合信研院整体发展规划，信研院还会根据绩效评估结果对部分技术研究中心的发展作出战略性调整。由于当时的正、副院长都有企业工作经历，各技术研究中心也通过与企业共建开展了深度合作，使这些公开、公平、公正的考核方法得到了有效的贯彻执行。

信研院在实践中探索建立了科研创新团队绩效管理体系，并与学校现行的个人绩效评估体系共同推进团队和个人的绩效提升，从制度上推动了团队成员与信研院树立共同的绩效目标，也激励和促进了科研团队树立国内领先、世界一流的奋斗目标。通过建立可操作的科研团队绩效评估指标体系，团队和教师明确了工作努力方向，院内科研经费得以增长，也促使信研院承担了多项重大科研项目。

同时，信研院还不断探索、完善人事机制，逐步建立了注重技术创新需求的人才引进和评价体系，充分发挥"院聘"政策优势。"院聘"政策是学校对信研院初期发展给予的特殊政策之一，考虑到教师申请、承担科研项目以及外部交流合作的需要，可由信研院进行专业技术职务评聘，评聘结果报学校人事处备案。院聘职称对信研院早期争取科研项目发挥了重要的推动作用。

1.2.6 人文日新,形成 RIIT 文化精神

文化建设是组织机构长远发展的重要环节。在信研院的发展过程中,整体形象塑造和学术氛围营造一直是文化建设的重点,在党支部、行政和工会的共同努力下,通过年终总结会、春节联欢会、春秋游、组织参加学校各项活动以及院内沟通交流等多种方式,信研院的团队建设取得了丰硕的成果,形成了有凝聚力的"大家庭"般的良好氛围。2004 年,经过充分酝酿,院务会采纳了副院长郑方提出的"RIIT 文化精神"诠释,即

Responsibility,责任感,社会责任、国家利益、产业需求;

Innovation,创新性,创新意识、技术创新、管理创新;

Improvement,进取心,追求卓越、日新月异、不断进取;

Teamwork,凝聚力,团队协作、学科交叉、人尽其才。

这一凝练,精辟地概括和弘扬了信研院目标坚定、锐意创新的团队意志和昂扬向上、朝气蓬勃的集体面貌。

2004 年 6 月 7 日,信研院召开了宣传与信息化建设工作会议。会议由办公室黄春梅主持,常务副院长李军、副院长吉吟东以及院办和各直属单位的相关负责人参加了会议。李军强调了宣传工作的重要性,并指出:信研院已进入成长阶段,需要加大宣传力度,让学校各单位及校外各相关部门更好地了解信研院工作的进展情况;信研院的发展要以服务创建世界一流大学为目标,面向信息产业和国家重大需求,在宣传工作中要体现出机制创新带来的变化,要动员更多的人参与和关心信研院的发展;要注意维护信研院形象,通过相关宣传活动进行工作交流,施行过程中要做到规范化、有水准。吉吟东强调:各中心要高度重视信研院的宣传工作,信息化平台作为信研院的重要宣传窗口,要建立多渠道的信息来源,信息通报做到及时、准确,信息内容要体现出层次性、规范性和维护性。此后,信研院网站第一版于 2004 年 12 月正式上线,至 2006 年,又委托 WEB 与软件技术研究中心开发了网站外网第二版,并建立了信研院内部网站。

在海外人才引进相对集中的 2004 年,信研院及时于 3 月 10 日召开了留学归国人员座谈会,会议由党支部副书记郑方主持,信息学院副院长李艳和、校人才交流办主任朱斌、信研院党支部书记吉吟东出席了会议。常务副院长李军首先转达了代院长龚克对留学归国人员的诚挚问候。李艳

和、朱斌分别表示要将信研院归国人员的意见反馈给学校，帮助留学归国人员解决生活上的困难，鼓励归国人员拧成一股绳，渡过信研院起步阶段的难关，在学校的科研体制改革和机制创新中勇于探索、大胆实践，做出一番事业。

2006年是信研院年轻教师的入职高峰期。2007年1月26日，信研院举办了欢迎新教工的新春茶话会，9位2006年新入职的教师及博士后参加了此次活动。会上，吉吟东副院长介绍了信研院的基本情况，并对新教工关心的个人收入、职称评审、子女入学与住房、科研经费管理办法等问题做了详细的说明。郑方、宋健两位副院长分别与新教工们就信研院在科研、教学方面的工作进行了沟通与交流。办公室主任黄春梅介绍了联合办公室人员分工的情况。李军院长结合信研院的目标与定位，强调了新教师在发展过程中应注意的关键问题，并代表院务会表达了对新教师的新春节日问候。座谈会解答了新教工们参加工作以来遇到的一些问题，增进了新教工们彼此的联系与交流。

2005年10月13日，信研院在信息科学技术大楼举办第一次午餐学术沙龙，操作系统与中间件技术研究中心副主任杨维康作了题为《机会与挑战：无所不在的嵌入式操作系统》的主题报告。这一学术交流形式对活跃学术讨论、激励学科交叉发挥了很好的作用，并一直延续至今。从2005年4月起，信研院开始举办学术报告和讲座，着重开展多学科、多形式的学术交流活动，仅在2007年，就以"信研院系列学术报告"的形式，组织了17场高水平的学术报告，同年各直属技术研究中心也分别举办了10场学术报告活动，对活跃院内学术气氛，开阔师生学术视野起到了积极的促进作用。此后，这些学术活动的组织形式一直延续下来。

1.2.7 与时俱进，为共创辉煌夯实基础

2004—2007年，宋健于2005年1月担任院长助理，并于2007年5月接替李星担任副院长，曹军威于2007年4月开始担任院长助理，如图1-17所示。

（1）不断进取，争取政界、学界和业界的支持

2004年11月20日，信研院工作汇报会及第二次指导委员会会议在信息科学技术大楼召开。教育部、信息产业部、北京市发改委、科学技

图 1-17 从左至右依次为宋健副院长、曹军威院长助理

委员会(科委)、互联网信息办公室(信息办)、海淀区和朝阳区等相关单位的有关领导、清华大学副校长龚克和康克军以及相关部处和院系的负责人出席了会议。副校长康克军在致辞中提到,在实现学校创建世界一流大学目标的进程中,信息学科建设是重中之重,任务艰巨,而国家实验室的建设是一个难得的机遇。希望到会领导、专家对信研院建设提出中肯意见,以利不断改进工作、推进改革。副校长、信研院代院长龚克汇报了信研院一年来的整体发展情况,他说,信研院的发展始终坚持明确一个目标、两个面向、三个作用的目标与定位,积极探索人事、项目、知识产权等方面的有效管理机制,形成能够协作攻关的跨学科创新团队,建设开放的、国际化的研究平台和环境。在未来几年的工作中,信研院将进一步凝练方向、整合力量、推进改革、锻炼队伍、理顺关系,为信息学院改革和国家实验室的建设做出努力,为工程研究体系建设做出贡献。随后,信研院第二次指导委员会在信息科技大楼召开。会议由清华大学副校长、信研院代院长龚克主持,指导委员会主任李衍达院士、委员李志坚院士、吴佑寿院士、张钹院士、陈信祥等专家以及信息产业部电子产品司集成电路处处长关白玉、微软亚洲研究院副院长洪小文、微软亚洲工程院副院长张益肇、联想研究院副院长侯紫峰、海淀区副区长于军就信研院今后的定位及发展方向问题展开了深入讨论。委员们希望信研院加强战略研究和谋划,坚持促进学科交叉集成,在探索研究、开发和产品化产业化之间的关系和理顺相应研发机制方面下更大功夫,并在区域创新方面争取资源、做好示范。

2005 年 11 月 26 日,信研院在信息科学技术大楼多功能厅召开工作汇报会及第三次指导委员会会议,科技部、教育部、信产部、北京市科委、北京市信息办等相关单位的领导以及清华大学相关部处和院系的负责人出席了会议。副校长龚克到会并在致辞中说道:"信研院两年来走对了路子、形成了队伍、做出了成果、开创了局面,信研院全体人员通过艰苦努力,面临着人、财、物各方面的缺乏,一点点起步,发挥了'拓荒牛'的精神,在体制改革、技术创新各方面大胆地向前推进,取得了可喜的成绩,并为信研院进一步前进奠定了坚实的基础。"他还提出:"这两年来,信研院所做的实践、探索,为我们现在建设清华信息科学与技术国家实验室奠定了一个非常重要的基础。信研院作为国家实验室的技术创新与开发部,是国家实验室重要的一部分,对于国家实验室的进一步建设,对于加强国家实验室与企业、市场的联系,也将发挥更大的作用。"他要求信研院在今后的工作中下更大的功夫在体制上形成"合力"、在技术上创新、在队伍建设形成"突击队"。随后,在信研院第三次指导委员会会议上,国家电网公司国电通信中心主任曹汝滨、信息产业部集成电路处处长关白玉、教育部科技司高新处副处长邰忠智、指导委员会委员张钹院士、NEC中国研究院院长薛敏宇、华为技术有限公司研发总部副总裁李宏伟等对信研院的发展提出了建设性意见。

2007年4月28日,信研院在信息科学技术大楼多功能厅以工作汇报会的形式召开了信研院成立4周年的院庆大会和第四次指导委员会会议,信产部、铁道部、北京市和国家电网公司等上级相关主管部门的领导以及我校相关部处、院系和相关合作企业的负责人出席了会议。副校长康克军到会并致辞,对信研院坚持服务于清华大学建设世界一流大学的目标,积极投身国民经济建设主战场所需要的核心技术开发和标准建设,以及在科学研究和成果转化方面努力开展的探索和尝试给予了高度评价。他希望信研院继续努力探索能够集成多学科综合优势、解决重大科技问题的体制和机制;进一步加强与国家各部委以及骨干企业的合作,积极承担重大项目,加快科研成果转化,探索符合产业发展潮流的技术创新和工程实践模式。随后,第四次信研院指导委员会召开,会上,李衍达院士认为,信研院是学校的一支新生力量,体制和机制与院系不同,很好地做到了与产业的结合,不断探索灵活机动的体制。今后,应进一步加强与企业的合作,探索出一条双赢的道路,达到互惠互利的良性局面。张钹院士表示,目前我校信息领域的四个学科都很强,但是学科交叉相对薄弱,应该进一步发挥信研院覆盖面广、团队组织攻关的优势,积极承担重大项目,将各方面的资源综合起来面向国家和产业发展中的重大需求,就可以在竞争中"无往而不胜"。其他与会委员们也对信研院的发展提出了中肯的意见、建议和殷切的希望。当天下午,信研院举办了信息技术前沿校友论坛,科泰世纪科技有限公司CEO陈榕、神州亿品科技有限公司技术总裁邵晓风、展讯通信有限公司副总裁康一、芯技佳易(现兆易创新)微电子科技有限公司总经理朱一明、第29届奥林匹克运动会组织委员会技术部通信项目总监陈兴忠等校友,就各自领域的技术发展趋势和国家、产业需求分别做了主题演讲。此后,校友论坛成为"保留节目",每年校庆期间举办,一直持续到2015年。

(2)健全组织,捋顺学科合作共赢机制

2006—2007年,信研院对各直属单位的负责人进行了调整,王京兼任无线与移动通信技术研究中心主任、汪东升担任微处理器与片上系统技术研究中心主任、宋健担任数字电视技术研究中心主任、计算机系教授史元春兼任操作系统与中间件技术研究中心主任、邢春晓担任WEB与软件技术研究中心主任、窦新玉担任电子封装技术研究中心主任、路海明担任FIT研究中心主任、黄春梅担任办公室主任。

2007年2月6日,信研院成立了语音和语言技术研究中心,成为第一个通过跨学科人才聚合与引进、从FIT研究中心孵化出来的技术研究中心,郑方兼任主任。同年7月31日,信研院与微电子学研究所共建的电子封装技术研究中心建制从信研院转出,改由挂靠微电子学研究所管理。2008年1月,清华大学网络行为研究所由信息科学技术学院改为挂靠信研院管理,该研究所是2005年1月17日受国家安全部的委托,经清华大学2004—2005学年度第9次校务会议讨论通过、批准成立的跨院系共建的校级研究机构,依托信息科学技术学院和法学院共同进行建设,由信息学院党的工作小组组长兼副院长贾培发教授担任所长。2008年4月21日,信研院与微电子学研究所合作成立清华大学移动计算研究中心,微电子学研究所教授魏少军兼任主任。这一时期,信研院组织结构如图1-18所示。

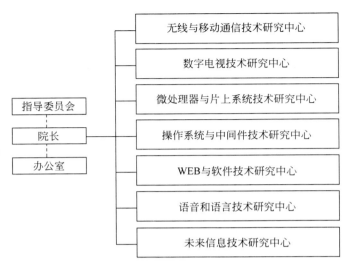

图 1-18 2008 年信研院组织结构

信研院成立伊始,学校就明确不设立学科,教师的学科归属落在信息学院所属的各个一级学科内。经学校批准,研究生院与信息学院共同研究决定,研究生院将各类硕士研究生招生计划统一下达到信息学院,由信息学院将招生计划名额分配到各所属单位:电子系、计算机系、自动化系、微电子所、软件学院,研究生的培养过程管理和学位审查工作仍由相关系(所、院)负责。2003 年 9 月,经信研院 2003—2004 学年度第 3 次院务会讨论,确定了 2003 年研究生分配方案并确立了分配原则:设立辅助教学主管工作,每年直读和考试录取时组成研究生招生临时工作小组,与各相关系(所)协调信研院招生工作。

信研院从 2003 年开始招收硕士研究生,第一批研究生入学前的 2004 年 7 月,在信息学院的支持下,信研院全体副教授以上(含)教师都在四个一级学科所在院系落实了学科归属。同时明确研究生管理和博士生导师评聘依靠学科的运行模式,教师教学和科研成果回馈学科,并依靠、支持各院系的学科建设。信研院积极鼓励教师投入教学工作,为人才培养做贡献。

2004 年 9 月,经信研院院务会讨论通过了《信息技术研究院研究生分配办法》,后于 2008 年 6 月 3 日进行修订。信研院严格按照学校对信研院在教学方面的定位,充分落实"学科归属到系,学籍管理在系"的方针,积极协助、配合学生的学籍管理单位,在推荐免试研究生、本科生在院综合论文训练、研究生开题和答辩等各个环节,对在院学生严格把关,并分别为新生、毕业生和在院生组织不同形式的交流活动,活跃院内学习氛围,增强同学间、师生间的交流,建立健全在院学生档案管理。图 1-19 为部分学生获奖情况。

图 1-19　部分学生获奖情况

2005 年 7 月 7 日,信研院召开第一次应届毕业研究生座谈会。会上同学们高度肯定了信研院在指导学生论文撰写方面配合各系开展的工作,并感谢学校提供了优异的科研环境,开放、自由的研究氛围和学术交流平台,信息学院各单位在信息科学技术大楼内组织的多次内容丰富的高水平学术报告也使同学们受益匪浅。同学们普遍感到参加大的科研项目能够较好地实现学术研究和工程应用的兼顾,并表示积极整合力量争取大的科研项目不但对提高科研效率和影响意义重大,而且在学生培养方面也具有重要意义。

2006 年 9 月 10 日,信研院研究生新生及其导师在信息科学技术大楼的中央庭院举行了一次别开生面的露天午餐交流会。院长李军,副院长吉吟东、郑方、院长助理、辅助教学主管宋健等来自信研院50余位老师和同学参加了交流会。会上，李军介绍了信研院的基本情况，他希望同学们注重发掘来自产业需求的原始问题，努力做出原创成果；发挥自己的主动性，勤于思考，努力创新；在真刀真枪的实践中培养自己的能力。老师和同学们分别作了自我介绍，邬建元同学即兴表演了吉他弹唱。在蓝天白云和勃勃青草的映衬下，同学和老师们的张张笑脸充满了青春和朝气，显示着信研院这支年轻的队伍充满着活力与生机，未来也同样充满着希望。此后，信研院每年都组织学生迎新交流会和毕业生座谈会等活动，高度重视学生的管理和培养，持续加强师生间及学生间的交流和沟通。

（3）产学研结合，践行重大项目自主创新

截至2007年底，信研院从相关院系调入30人，国内引进（含留校）9人，海外引进12人，教职员工稳定在130人左右，其中事业编制人员接近学校的编制控制数目，虽然远未达到原有规划规模，但在当时情况下，已经进入稳定发展和逐步优化阶段。教师的学科分布如图1-20所示。

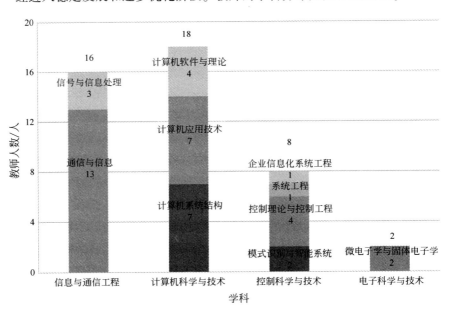

图1-20 2007年信研院教师学科分布

在这几年中，信研院的工作坚持了2004年提出的五个主要努力方向：厚积薄发，争取创新突破；以人为本，打造创新团队；理顺体制，坚持改革创新；根植学校，促进学科建设；人文日新，营造文化氛围。

信研院以重要研究方向及重大研究项目为主，把握国家迫切需要的重大技术方向，抓住产业和学科进步的重大机遇，凝聚团队，向外发力。2003—2007年，事业编制人数增长4倍，到账科研经费增长了8倍，取得了一系列科研成果：数字电视技术研究中心以数字电视传输技术及数字电视相关设备的产业化为应用背景，重点突破地面数字电视传输标准、数模彩电和机卡分离技术，推出一系列具有国际先进水平的创新成果，拥有一整套自主知识产权；无线与移动通信技术研究中心在第三代移动通信系统与终端、无线局域网络系统与技术等领域推出了具有国际先进水平的创新成果；WEB与软件技术研究中心以电子政务和数字奥运为主线，为我国经济和社会可持续发展的重大软件项目和相关产业提供技术支持；微处理器与片上系统技术研究中心致力于研究、开发具有自主知识产权和产业化前景的高性能微处理器及其片上系统应用，出色地完成了32位500 MHz CPU研制工作；操作系统与中间件技术研究中心开展以支持下一代因特网应用的新型网络操作系统与中间件技术为主要方向的研究，在基于构件、中间件技术的新型嵌入式操作系统体系结构研究方面取得了初步的成果；电子封装技术研究中心在电子封装技术的设计、工艺、材料、可靠性及失效分析等方面开展具有世界先进水平的科研项目，积极开发具有国际先进水平、填补国内市场空白、具有自主知识产权的核心技术。

1.3 砥砺前行创佳绩

2008年4月19日，信研院成立五周年庆祝大会在信息科学技术大楼多功能厅隆重举行。院庆的主题是"学科交叉促发展 技术创新争一流"，来自国家科技部、工业与信息化部、铁道部、公安部和北京市等政府部门的领导以及学校相关部处、院系和合作企业的负责人等嘉宾出席了会议。清华大学原校长王大中院士在贺信中写道："深化体制改革，促进学科交叉，加强产学研结合，努力实践重大项目自主创新。"如图1-21所示。

副校长康克军代表校领导到会并致辞，对信研院在科研组织、成果转化、回馈教学以及体制机制探索等方面进行的有益探索和所取得的成绩

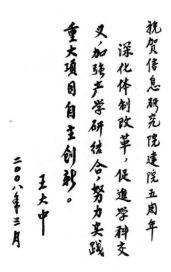

图 1-21　王大中校长为信研院成立五周年题词

给予肯定,并希望信研院继续努力,为清华大学建设世界一流大学的目标做出新的贡献。信研院首任院长、时任天津大学校长龚克在会上回顾了信研院五年来创业的历程,充分肯定了信研院的作用,并希望信研院成为密切联系学科和产业的纽带,沿着促进学科交叉、支撑重大项目、加强校企合作、服务学科建设的改革之路继续前进。

院长李军就信研院五年的成长历程、现状与未来做了汇报。信息产业部综合规划司副司长韦俊、国家信息中心副主任李凯、科技部高技术研究发展中心信息处处长嵇智源校友也分别在会上致辞,在对信研院的成绩给予高度评价的同时,希望信研院未来能够继续坚持自身的定位,更加贴近产业和国家需求,更好地服务于把我国建设成为自主创新型社会的这一战略目标。

随后,指导委员会(指委会)主任张钹院士主持召开了第三届第一次信研院指导委员会会议。与会委员们从多个角度对未来信息技术领域的发展和信研院所应承担的角色提出了自己的看法,更对信研院的发展提出了中肯的意见、积极的建议和殷切的希望。

中国工程院副院长邬贺铨院士、中国工程院汪成为院士和新竹清华大学原校长刘炯朗在下午召开的学术论坛上先后作了主题为"我国通信科技发展战略的思考""验证和确认:一项日趋重要并应协力攻关的信息技术"和"演算之美"的精彩学术报告(见图1-22)。报告内容翔实,报告人妙语连珠,引来与会者热烈的掌声和会心的笑声。百余位师生参加了此次论坛,并就相关热点问题与大师们进行了讨论与交流。

图1-22 从左至右依次为邬贺铨院士、汪成为院士和新竹清华大学原校长刘炯朗做客信研院校庆学术论坛

院庆期间,信研院各中心实验室均对外开放,与会嘉宾和本校师生参观了3G WCDMA网络优化系统、持久数据保护系统、国标接收芯片及接收机、SkyEye嵌入式硬件仿真环境、海量数字资源管理、电子产品用户评价搜索引擎等开放演示项目。

1.3.1 学科交叉促发展,技术创新争一流

至建院五周年时,信研院技术创新导向、学科交叉融合的机制已经显现出旺盛的活力,重点研究布局基本成形、企业合作模式逐步成熟,初步成果也从数字电视、CPU等重大研究进展和标准、专利以及国家科技大奖等方面体现出来。当时,在清华大学参与的首批国家16个重大专项项目中,信研院是第一个牵头承担重大专项项目的单位。

(1) "核高基"[①]成果累累,产业支撑技术纷纷落地

信研院的第一项重要研究成果,是在2004年2月18日通过专家鉴定的32位微处理器THUMP107(见图1-23)。这款以微处理器与片上系统技术研究中心为主做出的CPU,是当时国内拥有自主知识产权的微处理器中工作频率最高的芯片。以张效祥院士、沈绪榜院士、倪光南院士以及国家863计划超大规模集成电路重大专项专家组组长严晓浪教授等专家

---

① 核高基,核心电子器件、高端通用芯片及基础软件产品的简称。

组成的鉴定委员会一致认为,THUMP107总体设计技术达到国际先进、国内领先水平,其中采用面向对象建模方法实现的软硬件协同设计与验证平台以及片上联合调试技术具有重要创新价值。

图1-23　THUMP芯片

2004年11月24—25日,操作系统与中间件技术研究中心和合作企业"科泰世纪"在信息科学技术大楼举办了"2004和欣技术研讨会",发布了具有我国自主知识产权的下一代网络操作系统"和欣"2.0版。信研院相关师生、员工和清华、北大等高校计算机系部分老师和企业同行听取了相关技术报告,对"和欣"2.0的系统架构、网络服务、构件技术等进行了研讨。

2004年,无线与移动通信技术研究中心研发的"Turbo编译码核心技术及其IP核"经展讯公司移植,被成功应用到全球第一颗TD-SCDMA手机基带芯片中,打破了手机核心技术一直被外国公司垄断的局面,使中国无线通信终端技术水平实现了质的飞跃。

同年,在信息产业部电子产品管理司司长张琪校友、副司长肖华等领导的支持下,数字电视技术研究中心代表清华大学,联合国内21家数字电视相关企业和单位组成了数字电视机卡分离机顶盒项目产学研联合体。2005年8月,信研院承担的"机卡分离数字机顶盒:USB方案"项目荣获"电子信息产业发展基金优秀项目";2007年12月,由信研院牵头研制的数字电视UTI机卡分离标准由信息产业部正式批准发布为推荐性电子行业标准;2009年2月19日,信研院"机卡分离数字机顶盒:USB方案"顺利通过工业和信息化部的项目验收。

2008年,信研院与中国最大的专业内容分发网络(CDN)服务提供商蓝汛ChinaCache携手,成立了校企联合研发机构——内容分发网络研究所,发挥产学研用相结合的创新模式,促进了中国 CDN 产业在标准制订、产业应用和核心技术上的新突破,并取得了飞跃式的发展。几年后,信研院青年教师尹浩负责的"面向海量用户的新型视频分发网络"项目获得 2012 年国家技术发明奖二等奖。2008 年,信研院青年教师李兆麟负责承担的信息处理与控制 SoC 课题,是信息学院第一个牵头承担的"核高基"重大专项课题,实现面向多领域产业应用的高性能 SoC 器件的研制,2017 年由李兆麟负责的"多级高速飞行器光纤总线系统集成信息处理技术"获得中国电子学会技术发明奖一等奖。

(2) 数字电视地面传输技术一鸣惊人

信研院在数字电视方面的成果,是创新机制成就产学研合作、成就产业核心技术、成就国际影响力的典范,也是学校建立信研院初衷的成功实践。

数字电视地面传输技术的相关研究源自电子系与凌讯公司的合作,攻关阶段主要在信研院完成。信研院在成立数字电视技术研究中心时,结合了合作校友企业的核心人物进入管理团队,并迅速引进了一批国内外骨干人才,其中包括海外引进人才 5 人(后张彧、宋健的编制先后转到电子系),形成具有凝聚力和战斗力的科研创新团队。

2004 年 10 月 19 日,由信研院数字电视技术研究中心研制的 DMB-T 数字多媒体/电视地面传输系统在中央电视塔成功运行,郊区覆盖半径可达 70 km,在城区实现完全覆盖,接收效果明显优于欧洲 DVB-T 标准。充分证明了此系统的优良性能,为我国数字电视地面广播事业做出了重要贡献。

2005 年 1 月 22 日,基于 DMB-T 方案、由复旦大学和清华大学合作完成的,我国第一块拥有完整自主知识产权并完全在内地设计、制造的数字电视专用芯片"中视一号"通过了教育部鉴定,实现了我国数字电视百万门级专用集成电路自主设计和制造技术的重大突破,达到同类产品的国际先进水平,并获得 2005 年中国电子学会电子信息科学技术奖一等奖。

2005 年 3 月,清华大学向国家发改委、信产部、广电总局、科技部和标委会等五个政府职能部门郑重发函承诺:"在国家未来制订的数字电视地面传输标准中,凡采用清华大学的专利,我校将全部向国家提供。"同时呼吁参加研发的各家单位分别对国家做出上述承诺。

截至 2005 年底,19 个省市的 31 个城市开展运营性试验播出,DMB-T 系统在高清和标清、固定和移动接收、电子政务和村村通等多业务广播方面获得成功应用。

2006 年 1 月,在全国科学技术大会上,电子系教授、信研院数字电视技术研究中心首席科学家杨知行等完成的"时域同步正交频分复用数字传输技术"(TDS-OFDM)项目获国家技术发明奖二等奖。

2006 年 8 月 18 日,国家标准管理委员会发布了以杨知行为第一起草人的"数字电视地面广播传输系统帧结构、信道编码和调制"中华人民共和国国家标准(标准号为 GB 20600—2006,简称 DTMB)。这是我国第一个自主制订的地面数字电视传输标准,也是当时国际领先的标准。香港于 2007 年首先使用此标准,到 2013 年,国内已有 373 个城市开播 DTMB。

2011 年 12 月,中国 DTMB 标准正式成为 ITU 数字电视第四个国际标准,这是我国在数字电视领域取得的历史性突破。标准国际化过程中的相关工作获得国际同行专家的高度评价,清华大学成为 ITU 第一批学术成员,电子系教授、信研院数字电视技术研究中心主任宋健于 2012 年 4 月被选为 ITU-R 6A 工作组副主席。

为了适应 DTMB 国际标准的全球推广和数字电视新业务发展的需要,数字电视技术研究中心师生又成功研发 E-DTMB 系统,创新性地提出一种等效扩展星座映射的嵌入式分级调制技术,在香港进行了成功测试,并通过了专业技术鉴定。同时布局研究新一代传输技术,在帧结构、信道编码和调制、多业务支持和分集等方面取得重大突破,成功研发了地面数字电视传输演进系统(DTMB-A),主要性能指标达到或超越国外最新的数字电视标准,继续占领技术制高点。2012 年 9 月,DTMB-A 系统在香港成功进行了场地测试,并于 2013 年 1 月通过鉴定,鉴定结论为"国内外首创""将进一步确立我国在数字电视传输技术上的国际领先优势"。

2017 年 1 月 9 日,由电子系教授杨知行领衔的信研院数字电视中心团队完成的"DTMB 系统国际化和产业化的关键技术及应用"项目获得国家技术进步奖一等奖。杨知行表示:"应用项目选题首先要瞄准世界科技前沿,其次要紧扣社会需求,第三要集聚优化产学研用协同,第四要有领导支持,第五要有稳定的团队。"这个国家科技进步一等奖的获得,离不开杨知行为首的团队十余年的奋力拼搏,离不开吴佑寿院士和多位校友的倾力奉献,也离不开陈希、龚克、康克军等时任学校领导的鼎力支持。实践充分证明,事关国计民生的重大技术研发与产业化,必须依托学科交叉的实体平台,提供充分的人力和相关资源条件,打通产学研通途,才能最终走向国际化舞台,抢占技术创新的制高点。

1.3.2 扩大发展空间,突破发展壁垒

2007年,信息学院对其组织结构进行调整,将国家实验室各部门交给相应院系主管(见图1-24)。信研院成立之初,建立了独立的业务办公室。2004年5月,信研院同意国家实验室筹备组的决定,与国家实验室共同组建"国家实验室筹备组办公室",又称"联合办公室",由肖立民担任办公室主任,黄春梅担任办公室副主任。2007年7月,根据信息学院和国家实验室要求,信研院恢复独立办公室,黄春梅担任办公室主任。

在这一阶段,由于学校政策的变化和调整,信研院的发展也开始遇到瓶颈。一方面,信研院的事业编制名额从50人减少到实控45人;另一方面,信研院的研究生名额逐年递减。

为了明确机构定位、突破发展壁垒,经院务会集体讨论,院长李军先后于2008年9月和2009年9月向校长顾秉林院士、学校核心组专门汇报工作,争取支持。2010年,为了解决信息学科群各院系与国家实验室、信研院发展中的一些有争议的问题,学校曾提出将信研院归属国家实验室,但当时的国家实验室还在筹建阶段,自身前景不明确,在是否发展在编人员和直属团队问题上几经反复,因此没有采纳这一方案。

在与信息学科群各院系和国家实验室的不断磨合、调整中,信研院坚信建设学科交叉的实体平台是世界一流大学的成功模式和总体趋势,一方面积极与学校领导主动沟通,一方面团结奋进、砥砺前行。面临校内环境的变化和条件的限制,为了在重点方向上深化校企合作,扩大发展空间,汇聚创新资源,信研院结合学校出台的校地合作的新机制,付出了相当的努力,先后尝试在广州和海口建立外派研究院。

2008年1月24日,经李衍达院士介绍,广东省工业和信息化厅(工信厅)副厅长邹生一行4人到访信研院,探讨如何在相关科研领域开展进一步的合作与交流。3月22日,广州市番禺区人民政府常务副区长楼旭逵等一行6人访问信研院,副院长郑方接待了来宾。双方一致认为,清华在

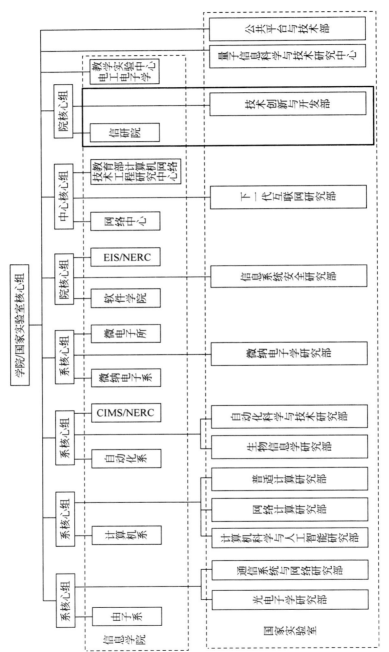

图1-24 2007年信息学院组织结构调整情况

信息领域积累的成果和番禺区信息化发展的技术需求非常吻合,希望在机卡分离、语音和声纹、短信增值服务、高端信息服务等方面开展合作。4月8—11日,信研院代表团一行10人赴广东省进行访问交流,院长李军,副院长郑方、宋健及各中心骨干教师,在李衍达院士的带领下,访问了广东省科学技术厅(科技厅)、广东省信息产业厅(信产厅)、广州市番禺区人民政府和中国移动通信集团广东有限公司广州分公司。访问期间,广东省科技厅副厅长雷朝滋,广东省信产厅厅长温国辉、副厅长邹生、彭平,广东省番禺区人民政府区长骆蔚峰、常务副区长楼旭逵,中国移动通信集团广东有限公司广州分公司数据业务中心总经理徐睿等热情接待了代表团。信研院代表在充分了解广东省的科技发展规划及企业的技术需求之后,分别向当地部门介绍了部分较为成熟的具有自主知识产权的技术成果,并根据当地企业需求进行了重点项目推荐。双方均认为合作空间十分广阔,将进一步加强信研院与广东省政府有关部门及企业之间的交流,为广东省的经济发展和科技进步做出贡献。

2008年7月23—25日,信研院代表团访问广州市科信局和番禺区政府,与当地政府组织的约50家企业开展了项目对接活动,分别在两次对接会上向当地企业介绍了信研院各中心的基本情况和研发重点,并在会后与相关企业建立了联系。信研院、广州市科信局、番禺区政府都一致表示,希望建立长期的合作交流机制,共同打造产学研合作圈。在番禺区政府和番禺区厂商会的安排下,信研院代表团还分别与中山大学、广州大学进行了兼职教授的对接,借此建立"校校"之间的学术交流和合作关系。2008年9月4日,广东省科学技术厅产学研结合处处长刘炜一行到访信研院。双方就省部(广东省与教育部)产学研项目的合作模式进行了深入的交流和探讨,希望今后能建立起清华和广东省省部产学研项目的长期合作机制,加速推进信研院科研成果的转化进程。同年9月27日,信研院与广东省信息产业厅、广州市信息化办公室和广州市番禺区政府等召开合作交流会,参会各方就信研院与广东省建立长期合作机制,及在信息科学技术领域开展促进广东发展并在全国有示范作用的产学研项目等方面,进行了深入的探讨和交流。广东省和信研院一致表示,将充分利用清华科技园广州分园,将有重大影响的省校合作项目落户番禺,在地方信息化建设中发挥作用。

2009年3月10日，广东省省长黄华华一行在副校长康克军、校秘书长王进展、清华控股有限公司董事长宋军、副教务长康飞宇、科研院常务副院长姜培学等的陪同下，参观访问了信研院。副院长郑方介绍了信研院的目标与定位，并详细介绍了2008年信研院在与广东省进行省校产学研合作方面所进行的探讨与交流，以及取得的阶段性成果。信研院相关课题负责人介绍和演示了广东省所关心的高端信息服务、信息安全、汽车电子和轨道交通四个重点领域的研究基础与成果。黄华华认真听取了成果介绍，高度赞扬了信研院在信息领域所取得的科技成果，并表示双方要积极发展合作关系，尽快在四个重点领域形成合作，建立多种形式的合作关系，以带动广东龙头企业的发展。6月22日，广东省人民政府和清华大学在广州举行了全面开展产学研合作协议签约仪式。省委副书记、省长黄华华和清华大学党委书记胡和平出席签约仪式并分别致辞，副省长宋海代表广东省人民政府与清华大学副校长康克军共同签约。院长李军代表信研院就合作共建《现代信息服务业产业化基地》框架协议与广东省信息产业厅、广州市番禺区人民政府签约；副院长郑方代表信研院就《亚运城市名片》合作协议与中国移动通信集团广东有限公司广州分公司签约。另外，根据广州市番禺区、中山大学和信研院三方协议，7位信研院教师被聘为中山大学兼职教授。9月28日，信研院与广东省信息产业厅、广州市番禺区人民政府共建的"广东省现代信息服务业产业化基地"以及"清华大学信研院成果转化广东基地"正式揭牌成立，并展示了已经落户和即将落户广东的技术成果。信研院院长李军、科研院副院长嵇世山、广东省信产厅副厅长邹生、广州市政府副秘书长赵南先等领导致辞并发表讲话，对"产业化基地"给予了高度的肯定和认可。

2010年4月20—22日，副院长郑方、WEB与软件技术研究中心副主任杨吉江、FIT研究中心副主任赵黎及语音与语言技术研究中心副主任邬晓钧一行4人，访问了广东省经济和信息化委员会（经信委）、广州市科技和信息化局（科信局）和中国移动广州移动分公司。2010年9月28日，信研院和广州大学城管理委员会共同主办番禺区产学研合作项目签约仪式暨省部产学研结合成果发布会。番禺区副区长龚汉坤和清华大学科研院项目办曹建国分别代表番禺区和清华大学致辞。副院长吉吟东向来宾介绍了信研院的成果及专利转化模式，以及信研院的部分成果和专利池落户广东省现代信息服务业产业化基地情况,希望通过番禺区科技产学研公共信息服务平台和清华科技园广州创新基地省部产学研公共平台,推动信研院的成果转化,加速使学校的科研成果服务社会。会后,来宾参观了信研院在广东省现代信息服务业产业化基地的科技成果展。2010年10月29日,在广州亚运会召开之际,信研院在清华科技园广州创新基地隆重举办了省部产学研结合成果发布会。会议由清华大学科技开发部副主任张虎主持,广东省副省长宋海、清华控股董事长荣泳霖等参加。院长李军介绍了在过去的一年多时间里,省厅、市局、番禺区和信研院积极探索新的产学研合作模式,以及省校产学研合作平台建设的情况。此后,进行了信研院与广东省相关企业的"现代信息服务业产学研合作基金"及"成果对接合作"签约仪式。基金的设立以及成果对接合作,将进一步促进双方摸索新的机制、扩大产学研合作成果,并逐步丰富产学研合作的内容和形式,以清华大学在信息领域的技术优势,为广东省的发展做出贡献。

2011年8月11—12日,应海南省科技厅邀请,院长李军、院长助理邢春晓、微处理器与片上系统技术研究中心主任汪东升、WEB与软件技术研究中心副主任张勇与校科研院机构办主任甄树宁等一行6人前往海南省进行合作考察。海南省科技厅副厅长杨天梁会见考察组,回顾了海南省与清华大学的合作历史,希望尽快推动双方实质性的合作,促进海南国际旅游岛的建设,充分发挥清华大学在信息科学技术方面的优势,在信息化基础设施建设和现代服务业方面为海南省提供重要支撑。海南省生态软件园投资发展有限公司总经理杨淳至陪同考察组参观了生态软件园,介绍了软件园的发展历史、现有成果、软硬件基础设施以及入园企业的基本情况,并欢迎清华大学与海南省的合作机构能够入驻生态软件园。李军介绍了清华大学在信息技术方面的优势和成果,提出了对双方合作的设想。甄树宁介绍了学校科研机构管理的相关政策。海南省科技厅党组书记林盛梁、海南省澄迈县委书记杨思涛、海南老城经济开发区管委会主任莫仲敏也分别会见了考察组成员。

2012年3月14—18日,由院长李军带队,信研院院务会成员及各技术研究中心主要负责人一行15人,前往广东、海南两省调研国家新兴产业需求,推动省校科研合作,在广东省考察期间,先后考察了清华(广州)

科技园以及落户科技园广州创新基地的部分企业,访问了前期与信研院开展紧密合作的天一众合科技股份有限公司、安凯(广州)微电子技术有限公司,对当地电子信息产业的发展和需求进行了深入讨论和沟通;在海南省考察期间,访问了海南省生态软件园,调研了软件园在软硬件基础设施建设以及入园企业的基本情况,并先后访问了天涯社区网络科技股份有限公司和中兴通讯股份有限公司,就科研合作和产业发展前景进行了座谈和交流。

尽管建立外派院的努力因为学校大局的需要和外部条件的限制无疾而终,但是对信研院的企业合作与成果转化起到了良好的推动作用。2009年5月,经学校批准,信研院与广州市怡文环境科技股份有限公司联合成立环境监测技术联合研究所;2010年11月,经学校批准,信研院与广东新岸线计算机系统芯片有限公司联合成立计算机系统芯片联合研究所。2010年10月,以信研院技术落地形成的"亚运城市名片"项目在广州由宋海副省长等揭幕。在广东省政府与清华大学全面产学研合作大框架下,"亚运城市名片"项目是广东省经信委、番禺区与清华大学信研院共建的广东省现代信息服务业产业化基地的第一个重大成果,也是"清华科技园广州创新基地"首批亮点项目之一。信研院与广州合作产业化基地和产学研基金等的建立,也是与地方合作的大胆尝试。

1.3.3 凝练科研布局,形成"有进有出"的科研团队管理机制

2010年7月,宋健卸任副院长,学校减少了信研院干部职数。后经多次努力,希望考虑院长李军担任国家实验室常务副主任的负担,以及锻炼、培养青年干部的需要,恢复"一正、一常务、二副"的行政干部配置,均未获批。为保证行政工作总投入、切实落实民主集中制,信研院成立由院长、副院长、学术委员会主任、各技术研究中心及院办公室主任组成的院务委员会,对全院重大问题进行集体决策。院务委员会主任由院长李军担任,副主任为副院长吉吟东、副院长郑方,成员还包括学术委员会主任王京、院长助理曹军威和新聘任的院长助理邢春晓、黄春梅,分工负责各项管理工作。在此期间,根据信研院发展的实际情况,院务会讨论修订了一批规章制度,其中包括2012年11月1日修订了《信研院重大项目定

义》,2012年12月13日修订了《信研院辅助教学补贴及奖励办法》,2013年12月31日修订了《信研院校企联合研发机构管理办法》。2013年6月19日,为树立研究生"严谨、勤奋、求实、创新"的学风,鼓励研究生取得出色的研究成果,信研院设立了研究生研究奖,制订了《信研院研究生研究奖评定办法(试行)》。

2011年5月,信研院成立轨道交通控制技术研究中心,自动化系教授叶昊担任中心主任,自动化系教授周东华任中心首席科学家。2014年信研院的组织机构如图1-25所示。

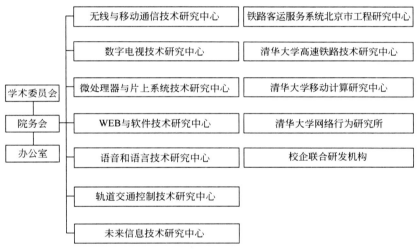

图1-25 2014年信研院组织结构

在信研院最初的建设规划中,信息学院内的国家发改委和科技部授牌的"国家工程(技术)研究中心"将改为挂靠信研院,筹建中的"上海微电子中心"也将隶属信研院,以便统一管理面向产业和工程的研究机构。但这些计划随着信息学院实体化改革推进中的变化,事实上并未发生。2011年5月,信研院决定尝试建立直属的"虚体"工程研究中心,以扶持新兴研究方向的成长。

信研院的第一个"虚体"中心是数字医疗健康工程研究中心,成立于2011年5月,由杨吉江担任主任。作为一个具有跨学科、跨平台机制的项目研发中心,其宗旨是以应用为牵引,以项目为驱动,面向医疗卫生领域的重大应用问题,依托信研院各技术研究中心的科研成果,探索在新的信息技术环境下数字医疗健康服务模式,研制开发具有自主知识产权的医疗健康应用技术、产品和软件,推动以信息技术为核心的医疗健康服务产业。

2012年7月,根据操作系统与中间件技术研究中心的申请,信研院同意其更名为"操作系统与透明计算工程研究中心"并改为虚体化管理,由计算机系教授史元春担任主任。该中心整合了清华大学系统软件和体系结构方向的优势力量,从软硬件体系结构、应用模式理论、核心系统研制和典型应用开发等多个维度入手,面向下一代操作系统,开展具有产业推广和应用价值的研究。

2014年10月,信研院成立网络大数据工程研究中心,由尹浩担任主任。这一按照多学科交叉的模式组织的科研团队,汇聚了信研院和信息学院其他单位的多名学者,以国家实验室重大项目研究为基础,旨在突破大数据驱动的网络架构设计、网络信息平面构建与网络大数据新型计算模式设计等关键技术瓶颈。

在这一发展阶段,除了人事编制控制数和研究生招生名额等方面的紧缩外,信研院的政策环境也发生了一些变化。2013年元月,学校人事处领导按照学校领导要求约见院长李军沟通信研院的院聘制度,根据学校要求,这项特殊政策(借称为"地方粮票")在完成潘长勇(研究员)、杨昉和吕勇强(副研究员)的院聘后停止执行。潘长勇于2014年成为校聘研究员,杨昉、吕勇强相继于2013年和2016年成为校聘副研究员。

1.4 继往开来再出发

2015年3月5日,经2014—2015学年度第17次校务会议讨论通过,郑方不再担任信研院副院长职务。2016年1月14日,经2015—2016学年度第15次校务会议讨论通过,任命吉吟东为信研院院长,邢春晓、曹军威为信研院副院长,李军不再担任信研院院长职务。2016年3月10日,黄春梅、潘长勇担任院长助理,院务会成员如图1-26所示。

2016年4月12日,清华大学校长邱勇院士一行来访信研院,就信研院的发展思路、规划以及改革和发展等问题进行调研。邱勇在认真听取了汇报与发言后表示:信研院自13年前成立以来,面向国家重大战略需

图 1-26 从左至右依次为院长吉吟东,副院长邢春晓、曹军威,院长助理黄春梅、潘长勇

求,积极组织学科交叉科研团队承担重大项目,取得了一系列成绩。并指出,信息学科具有学科发展速度快、与产业联系紧密的特征,既是国际学科前沿热点,更是国家重大战略需求所在。希望信研院以全校一盘棋的思想,在信息学科发展规划框架下,进一步明确未来发展方向。

2016 年 9 月 26 日,经信研院 2016—2017 学年度第 5 次院务(扩大)会议讨论决定,同意成立能源互联网技术研究中心,聘请刘文华研究员(电机工程与应用电子技术系)兼任中心主任;同意成立网络大数据技术研究中心,任命尹浩研究员为中心主任,同时,撤销网络大数据工程研究中心。这时的信研院组织结构如图 1-27 所示。

2016 年 11 月 14 日,信研院 2016—2017 学年度第 8 次院务会议讨论通过《信研院事业发展"十三五"规划(2016—2020)》。围绕着学校"双一流"建设,规划提出了信研院的发展目标和发展途径,标志着信研院进入新的发展阶段。在此期间,2016 年 3 月 21 日,信研院 2015—2016 学年度第 15 次院务(扩大)会议讨论通过《清华大学信息技术研究院周转科研用房使用和管理办法(试行)》。2016 年 12 月 5 日,院务会修订了《清华大

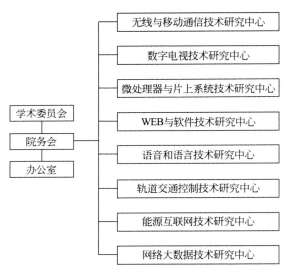

图 1-27 2016 年信研院组织结构

学信息技术研究院博士后中期考核办法(试行)》。2017 年 3 月 10 日,为明确信研院党政例行会议的议事范围、决策程序和日常工作程序,坚持党的领导,提高科学决策、民主决策、依法决策水平和日常管理水平,服务好清华大学"双一流"建设目标,院务会制订了《信研院院务会工作程序细则(试行)》,并于 2018 年 5 月 7 日讨论进行了修订。2017 年 11 月 14 日,院务会修订了《信研院科研奖励办法》。2018 年 12 月 3 日,为维护学术诚信,规范学术行为,促进学术研究活动的持续健康发展,制订了《信研院预防与处理学术不端行为办法(试行)》。

2019 年底,信研院提前一年完成了《信研院事业发展"十三五"规划(2016—2020)》的目标要求,承担了国家、行业、企业的重大项目 20 项,获国家科技进步一等奖 1 项、国家科技进步二等奖 1 项,尹浩入选国家"万人计划"科技创新领军人才,潘长勇入选英国 IET Fellow,合作建立了引力波国际联合研究中心北京市国际科技合作基地和地面数字电视标准—北京市国际科技合作基地,有 34 项知识产权实现了科研成果转化。

回顾十几年来的发展,尽管面临着机制体制方面的一系列不确定性因素,信研院始终不忘初心,坚定自身定位和目标,围绕着国家战略新兴产业,主动布局了新的重点发展方向,并持续取得一系列有影响力的成果,为未来的发展奠定了基础。

1.4.1 十年磨剑创新路,厚积薄发谱新篇

(1) 引力波探测与声纹识别

2016年2月11日,美国国家科学基金和欧洲引力天文台召开对外新闻发布会,正式宣布有史以来,科学家第一次直接观测到了来自遥远宇宙的剧变事件所产生的时空涟漪——引力波。这一探测证实了阿尔伯特·爱因斯坦1915年发表的广义相对论的一个重要预言,并开启了一扇前所未有的探索宇宙的新窗口。2009年,清华大学被LIGO科学合作组织(LSC)接受为正式成员,也是目前中国大陆唯一一个LSC成员,清华大学LSC研究团队由信研院教师、清华大学天体物理中心兼职研究员、LSC理事会成员曹军威负责,研究团队还包括清华大学计算机系都志辉和王小鸽等成员。曹军威带领的清华大学LIGO科学合作组织工作组着重采用先进计算技术提高引力波数据分析的速度和效率,参与了LSC引力波暴和数据分析软件等工作组相关研究,与麻省理工学院、加州理工学院、西澳大利亚大学、英国格拉斯哥大学等LIGO科学合作组织成员开展国际合作与交流。2018年4月,信研院获批成立引力波国际联合研究中心北京市国际科技合作基地,着力打造集引力波科学基础研究、探测技术开发、成果产业转化、应用示范和人才培养等于一体的国际领先的引力波国际联合研究中心。

2018年10月,信研院语音和语言技术研究中心参与起草的《移动金融基于声纹识别的安全应用技术规范》(JR/T 0164—2018)金融行业标准由中国人民银行正式发布。该标准全面规定了移动金融服务场景中基于声纹识别的安全应用技术要求,适用于手机银行等移动金融服务中基于声纹识别的开发、检测与应用,并重点在以下几个方面做出了规范:功能方面,明确了声纹注册、验证、变更、注销等环节的基本需求;性能方面,提出了采样、抗噪声、防攻击、抗时变等技术要求;安全方面,对声纹信息采集、传输、存储、处理、删除等全生命周期进行了规范。此外,考虑安全性的防攻击要求和考虑用户体验的防时变要求等也被写进了标准,作为声纹识别认证系统的必备要求。该标准的颁布,标志着以声纹识别为代表的生物特征识别技术首次得到金融监管部门的认可,开辟了无监督情

形下一种全新的"声纹+"身份认证方式的广阔道路。

（2）高速铁路控制与客服信息系统

信研院在高速铁路相关技术方面研究的开展，是抓住产业升级的重大历史机遇，长期开展校企合作，密切集合实际需求和学术成果的典型。

2005年4月6日，副院长吉吟东应邀访问了中国铁路通信信号集团北京全路通信信号研究设计院，与研究设计院院长张海丰、总工程师张苑、副院长宋晓风和黄卫中会谈。双方就我国高速铁路发展中通信信号系统的难点等问题进行了讨论，并就进一步的合作模式进行了探讨，开启了两院长达10余年的紧密合作。

2006年，针对我国CTCS-3级列车运行控制系统（C3列控系统）的自主创新中的一些关键技术问题，信研院深入开展了大规模半实物实时仿真、复杂工程系统建模、大规模自动测试等关键技术研究，2009年研制完成了我国第一个高速铁路列控系统的半实物仿真平台，实现了《C3列控系统总体技术方案》的仿真验证。在此基础上，研制了C3列控系统自动测试环境（C3-ATE），构建了C3列控系统集成测试系统，完成了安全核心设备功能测试和实验室条件下C3列控系统全线路规模的集成测试。该系统成功应用于武广、沪宁、沪杭、京沪高速铁路等国家重点工程，应用成果表明，C3列控系统集成测试系统的能力和技术水平远远优于国外同类系统。2012年，由轨道交通中心吉吟东、董炜、孙新亚为主要完成人的"CTCS-3级列控系统仿真测试系统"项目获得中国铁道学会科学技术二等奖。

面向国家铁路技术发展的重大需求，信研院联合相关院系开展"客运服务电子客票及收益管理的应用研究"，攻克了大规模高并发交易处理体系架构方面的关键技术，解决了高负载下电子客票服务质量问题；与相关企业合作研发了京津城际铁路快通卡系统并得到应用；联合校内外相关单位共同承担"高速列车运行控制系统技术及装备研制"，组织攻关时速350公里以上的高速列车及相关配套系统的关键技术。2009年6月，信研院作为发起单位之一的清华大学高速铁路技术研究中心成立，院长李军被聘为中心副主任，副院长吉吟东被聘为高速铁路控制技术研究所所长。

与此同时，通过和神州亿品、易程等企业的密切合作，信研院在高速铁路旅客服务信息化方面也取得了优异成绩。2005年8月和2006年7月,副校长康克军与铁道部副部长胡亚东等在北京西站两次共同听取了清华大学(信研院)—神州亿品媒体信息技术研究所的"铁路站车综合无线网络系统"项目成果汇报,以及清华大学与北京铁路局联合项目组的"铁路旅客信息服务系统"研制成果汇报,并实地观摩和考察了相关系统的演示和使用情况。2012年3月,信研院参与成立了铁路客运服务系统北京市工程研究中心。

(3) 健康医疗大数据

健康医疗大数据研究,与轨道交通相关研究一样,是信研院瞄准国家战略新兴产业主动布局的又一重点发展方向。

2016年9月24日,贵州省副省长陈鸣明一行8人来访信研院,考察大数据应用情况。院长吉吟东介绍了信研院整体科研情况和重点研究方向,双方重点就大数据的应用进行了讨论。来宾先后参观了与大数据技术应用相关的实验室,尹浩、杨吉江分别介绍健康医疗大数据应用成果,邬晓钧就将在贵州省社保系统上线运行的社保生存认证系统进行了演示。

2016年10月14日,国家卫计委副主任金小桃与清华大学党委书记陈旭在清华大学工字厅东厅举行座谈,金小桃主任首先介绍了国家关于健康医疗大数据的总体规划,以及国务院关于健康医疗大数据47号文的要点,并就未来健康医疗大数据中心的使用,提出国家拟规划在全国建立2~3个国家级研究院,希望清华是第一家落地单位。陈旭书记对成立研究院表达支持,并提出将充分发挥清华大学综合优势。随后,学校明确由姜胜耀常务副书记牵头此事。2016年12月23日,厦门市卫计委副主任孙卫一行5人来访信研院,考察大数据科研成果及项目应用情况。院长吉吟东会见来宾,介绍了清华大学与国家卫计委的合作交流情况,以及信研院在智慧健康医疗大数据领域的科研整体情况。网络大数据技术研究中心主任尹浩介绍了医疗健康大数据平台,数字医疗健康工程研究中心王青介绍了健康医疗大数据的应用成果,语音中心邬晓钧演示了社保远程声纹生存认证系统科研成果。

2017年3月8—9日,信研院院长吉吟东带队前往厦门考察了健康医疗大数据应用情况,并赴厦门信息集团了解健康医疗大数据中心建设规划。厦门市副市长卢江介绍了厦门市落实国办发【2016】47号文的基本情况和厦门市健康医疗大数据中心的工作进展,厦门市卫计委副主任孙卫介绍了厦门市医疗信息平台建设情况和现有数据情况。吉吟东介绍了清华大学前期参与筹建国家健康医疗大数据研究院的工作进展和主要任务,提出将借助海峡研究院在厦门的科技创新载体作用,进一步加强与厦门市在健康医疗大数据应用领域的交流与合作。2017年3月29日,经请示学校相关领导,由清华大学向国家卫计委提交了《关于共同发起成立"国家健康医疗大数据研究院"有关事宜的函》和国家健康医疗大数据研究院机构成立筹备方案(建议)。吉吟东院长与卫计委相关领导讨论了研究院人事安排、成立时间以及厦门智慧健康医疗项目演示等事宜。

2017年4月14日,北京市医管局科研学科教育处处长潘军华携北京市儿童医院、北京友谊医院友和清华长庚医院科研工作负责人一行来访信研院。信研院院长吉吟东接待了来宾,数字医疗健康工程研究中心主任杨吉江、信息学院生物信息学部主任张学工、金隅启迪孵化器负责人徐延等相关技术人员参加研讨会。会上,吉吟东介绍了信研院在医工结合、健康医疗大数据方面的工作及未来规划。杨吉江、张学工、徐延分别就各自的研究领域及成果进行了介绍。随后,双方就信息工程与医学科学的结合及后续的成果转化、项目孵化等内容进行了交流研讨。潘军华表示希望与信研院加强接触,寻求更多的合作机会。

5月10日,南京市副市长黄澜一行来访信研院,考察健康医疗大数据及应用情况。院长吉吟东介绍了信研院整体情况和科研布局,着重介绍了在健康医疗大数据方向的科研进展以及清华大学与国家卫计委合作筹建国家健康医疗大数据研究院的情况。双方探讨了在健康医疗大数据领域的合作模式。来宾随后重点考察了网络大数据中心、WEB与软件中心在数字健康医疗和大数据管理方面的科研成果。6月28日,信研院院长吉吟东一行应邀前往南京推进健康医疗大数据领域合作,南京市副市长黄澜接待信研院一行。双方就健康医疗大数据领域的合作进行了深入的讨论。数字医疗健康工程研究中心主任杨吉江重点介绍了我校参与筹建国家健康医疗大数据研究院的背景和主要任务。南京市江北新区管委会副主任陈潨嵋介绍了江北新区在健康医疗领域的建设规划及国家健康医疗大数据中心的筹建情况。吉吟东表示,在南京市政府的支持下,信研院将进一步与江北新区管委会交流,密切结合当地需求,积极探索科研合作平台,努力推进国家健康医疗大数据领域的事业发展。双方一致同意,建立联合工作组,推进相关工作。

1.4.2 整编进入"国家队",改革创新无止境

进入国家科技创新基地,成为国家科技创新体系中的"国家队",是信研院建院以来始终不渝的努力方向。

2017年底,科技部批准在国家实验室基础上建设北京信息科学与技术国家研究中心;按学校整体部署,2018年,信息国家研究中心实体化建设开始启动,信研院逐步虚体化。按照信息国家研究中心的要求,从2018年12月开始,信研院先后重组成6个科研团队开始向信息国家研究中心过渡,截至2019年底,过渡工作基本完成。至此,信研院完成了学校赋予的历史使命,源自信研院的6个科研团队将在国家科技创新体系中承担更大的责任,发挥更重要的作用,创造更有国际影响力的科技创新成果,为"双一流"建设做出更大的贡献。

(1) 精心准备,平稳过渡

2016年10月,信息学院在中央主楼11层召开会议,信息学院院长陆建华介绍了学校关于信研院、宇航中心与清华信息科学与技术国家实验室(筹)合并的想法,并征求意见。信息学院党的工作领导小组组长张小平、国家实验室(筹)常务副主任李军,信研院院长吉吟东、宇航中心匡麟玲和葛宁参加了本次会议。会上,吉吟东认为,目前合并的时机还不成熟,主要原因是国家实验室(筹)经过十几年的建设,至今"筹"字未摘,在运行机制体制上尚有不确定性。

2017年8月23日,王希勤副校长到国家实验室(筹)调研。校人事处田静,发展规划处孙炘,研究生院高彦芳,国家实验室(筹)陆建华、李军、吴建平、罗毅、张小平,信研院吉吟东,宇航中心匡麟玲等参加了本次调研会。会上,王希勤介绍了学校安排本次调研的目的,主要是希望进一步捋清信研院和国家实验室(筹)的关系,并希望通过一定的组织架构调整,促进两个单位的共同发展。李军认为,目前国家实验室(筹)的建设正在变动之中,科技部对未来信息国家研究中心的定位和衡量指标还不清楚,目前进行两单位的合并存在很大的风险,不如建立校内稳定架构,实现统一

管理目标，支撑信息国家研究中心。吉吟东希望在信息国家研究中心的目标定位和组织机制明确之前，信研院暂不合并至信息国家研究中心，希望学校先启动信研院的人事改革，并具体提出了教研系列过渡名额需求、科研团队建设办法和总体队伍建设规模等建议。陆建华对国家实验室（筹）的建设谈了自己的理解，他觉得不管国家的政策和办法怎么变化，清华信息学科想交叉求发展是关键、是初心也是内在动力；国家实验室（筹）的建设完全依靠学校的体制还很不够，需要有所突破，需要建立新的组织机制，需要鼓励和推动从外部争取资源；希望国家实验室（筹）或信息国家研究中心今后的队伍建设与人员配备能够按需组合。

2017年12月21日，科技部发布了《科技部关于批准组建北京分子科学等6个国家研究中心的通知》，通知提出："国家研究中心是适应大科学时代基础研究特点的学科交叉型国家科技创新基地，是国家科技创新体系的重要组成部分。为深入学习贯彻党的十九大精神，加强基础研究和创新能力建设，依据《国家科技创新基地优化整合方案》的任务要求，科技部会同有关部门启动国家研究中心组建工作。根据专家论证意见和研究结果，决定批准组建北京分子科学等6个国家研究中心。"科技部在认真总结试点国家实验室（包括清华信息科学与技术国家实验室）工作的基础上，批准北京信息科学与技术国家研究中心作为第一批6个国家研究中心之一投入建设。2018年3月6日，经科技部组织的专家论证会讨论，通过了信息国家研究中心建设运行方案。信息国家研究中心启动实体化建设，同时，信研院向虚体化过渡。

2018年5月28日，信研院召开院务扩大会，首次讨论信研院向信息国家研究中心过渡实施方案，吉吟东、王京、邢春晓、曹军威、黄春梅、潘长勇、汪东升、郑方、尹浩参加了本次会议。经认真讨论，与会人员希望信研院调整建制向信息国家研究中心过渡，信研院人员主要根据聘期分批进入信息国家研究中心，并根据信息国家研究中心的要求同步进行人事制度改革，即"边进边改"。会后，吉吟东与信息国家研究中心主要领导进行了沟通，就"边进边改"方式达成初步共识。

（2）凝心聚力，共谋发展

从2018年9月开始，信研院按照信息国家研究中心建设规划，成立了未来网络理论与应用、智能科学、先进电子与光电子科学技术、可信软件与大数据、空天信息基础、生物信息学6个研究部,每个研究部下设若干研究团队。为此,信研院所属的8个技术研究中心,重新凝练研究方向,协调组织教师队伍,形成了具有国际一流研究水平的6个科研团队。

2018年12月5日,经信息国家研究中心组织的专家论证会讨论,通过了由信研院组织申报的4个信息国家研究中心科研团队立项申请评审。这4个信息国家研究中心科研团队分别为赵明负责的无线信息网络与传输技术科研团队、宋健负责的宽带多媒体传输技术科研团队、汪东升负责的感知与加速计算技术科研团队和吉吟东负责的轨道交通智能控制与决策科研团队。

2019年6月5日,经信息国家研究中心组织的专家论证会讨论,通过了由信研院组织申报的两个信息国家研究中心科研团队立项申请评审。这两个信息国家研究中心科研团队为郑方负责的语音与语言技术科研团队和邢春晓负责的大数据驱动的知识管理和决策科研团队。

至此,由信研院8个技术研究中心重组而成的6个科研团队全部通过了信息国家研究中心首批研究团队建设立项。

(3)以改革促发展,加强教师队伍建设

在逐步融入信息国家研究中心的同时,信研院按照学校的总体部署和要求,循序渐进地推进人事制度改革。重点开展并完成了团队建设、信研院教师向相关院系教研系列过渡、教师人事制度改革和职工人事制度改革。

在团队建设方面,通过与FIT研究中心的各课题组协商,经2016年9月26日2016—2017学年度第5次信研院院务(扩大)会讨论通过,组建了尹浩负责的网络大数据技术研究中心和清华大学电机工程与应用电子技术系(电机系)刘文华兼职负责的能源互联网技术研究中心。同时,撤销了FIT研究中心。信研院初步建立了符合人事制度改革方案基本要求的科研团队。

在信研院教师向相关院系教研系列过渡方面,考虑到信研院教师人事制度改革方案中不再设置教研系列岗位,2017年8月,信研院向学校提交了《信研院教师向相关院系教研系列过渡方案申请报告》及《信研院教师向相关院系教研系列过渡办法》。该报告提出,为了配合学校人事制度改革,加快信研院人事制度改革的进程,解决信研院未入系列教师申请教研系列岗位的过渡问题,经信研院院务扩大会讨论通过了《信研院教师向相关院系教研系列过渡办法》。针对该办法的基本原则,在信研院分别与电子系、计算机系、自动化系和微纳电子系进行沟通的基础上,特向学校申请信研院教师向相关院系教研系列岗位过渡的"戴帽"名额。2017年8月31日,该报告被批准。按照相关院系人事制度改革方案,2018年8月,王京被聘为电子系教研系列长聘教授,杨昉被聘为电子系教研系列准聘副教授,两人同时调入电子系。2019年6月,汪东升、李兆麟被评为计算机系长聘教授,同时调入计算机系。至此,信研院教师向相关院系教研系列过渡工作全部完成。

在教师人事制度改革方面,2018年5月,接学校人事处通知,信研院将统一采用信息国家研究中心的人事制度改革方案。2018年12月,学校通过了《北京信息科学与技术国家研究中心教师聘任管理办法》。按照该办法,2019年7月起,赵明、李云洲、潘长勇、曹军威、邢春晓、郑方、尹浩被聘任为信息国家研究中心研究员,肖立民、彭克武、董炜、路海明、王海霞、吕勇强、刘振宇、张勇、李超、赵黎、王东被聘任为信息国家研究中心副研究员。至此,原属于信研院教师的人事制度改革工作全部完成。团队情况如表1-1所示。

表1-1 信研院组建信息国家研究中心科研团队情况

科研团队名称	团队负责人	团队主要成员
无线信息网络与传输技术	赵明*	许希斌、粟欣、李云洲*、肖立民*、周世东、钟晓峰
宽带多媒体传输技术	宋健	潘长勇*、薛永林、彭克武*、阳辉、王军、王劲涛、张彧、张洪明、张超
感知与加速计算技术	汪东升	李军、鞠大鹏、薛一波、王海霞*、吕勇强*
轨道交通智能控制与决策	吉吟东	曹军威*、孙新亚、董炜*、叶昊、赵千川、何潇
语音与语言技术	郑方*	周强、王东*、赵黎*、肖熙
大数据驱动的知识管理和决策	邢春晓*	尹浩*、张勇*、杨吉江、戴桂兰、李超*

注:标注*人员为原信研院教师在信息国家研究中心完成人事制度改革。

在职工人事队伍改革方面,2018年6月,学校发布《清华大学关于深化人事制度改革 加强职工队伍建设的若干意见》。提出努力建设中国特色现代大学制度,需要大力提升职工队伍建设整体水平,建立一支适应国际化办学需要,与中国特色世界一流大学建设相匹配的专业化、职业化的职工队伍。2018年11月26日,经信研院2018—2019学年度第8次院务会议讨论决定,成立信研院职工人事制度改革工作组,由邢春晓担任组长。工作组梳理了机构职能和队伍情况,测算了各中心科研项目经费,调研了各中心职工聘用情况,分别于2019年4月8日和4月15日召开院务(扩大)会,通报了职工队伍人事制度改革相关政策和各直属单位摸底情况。2019年11月11日和11月25日,信研院分别召开了2019—2020学年度第8、第9次院党政联席(扩大)会议,介绍了职工人事制度改革的基本原则和主要标准条件,并进一步明确了信研院职工人事队伍改革的覆盖范围。

2019年12月12日,在校人事处召开了信研院职工队伍人事制度改革方案的讨论会,校人事处王建武、张丹,信息学院张佐、冯建玲,信研院吉吟东、黄春梅出席会议,经讨论决定,信研院职工队伍人事制度改革方案以《信息技术研究院职工队伍人事制度改革过渡办法》"内挂"于信息学院、北京信息科学与技术国家研究中心《职工队伍人事制度改革设岗方案》,并由信研院独立组织实施。在该办法中,信研院共设置了71个岗位,包括院系机关8个岗位,科研团队试验发展55个岗位,团队行政助理8个岗位。

人事制度改革是清华大学"双一流"建设的主要举措,也是信研院参与"国家队"的一次洗礼,由此,科研团队的研究方向更加聚焦,科研目标更加明确。

1.5 不忘初心向未来

信研院的建立和发展,是清华大学面向全球科学研究发展态势和世界一流大学建设目标,主动进行科研组织转型的重要发展战略部署之一。

世界著名高等教育专家伯顿·克拉克曾提出,大学科研组织正在发生微妙的变革,大学的科研组织,历史地被固定在系的结构,在当代,这一模式的主要的、持久的例外是有组织的科研单位,由此确立了大学某些核心任务深层次结构的改变,这种科研组织模式在大科学时代扮演了重要角色并提升了学校已有的科研优势和声誉。

学校为信研院提供创新的制度和政策环境,以及信研院内部对学科交叉的科研创新平台的积极探索,共同促进了信研院完成科技创新国家队的重要使命。

1.5.1 产学研协同创新,探索发展新途径

信研院从建院起就注重与企业合作,以有利于产品研发和产业发展为主旨,根据不同情况,采取不同模式,探索灵活方式,开辟多种渠道,与信息产业界以顶尖高新技术作为主要竞争优势的企业建立密切的合作关系,不仅有效地实施了成果转化,而且在这一过程中,深入世界信息技术的前沿领域,进一步发现新的研究方向和原始问题,促进了原创技术的研发和对学科建设、人才培养的贡献。

(1) 打通产学研合作通衢

在信研院的发展历程中,与企业合作打通产学研通衢是贯穿始终的一大特色。在信研院成立前后,2003 年 3 月 18 日和 4 月 17 日,信息学院院长李衍达院士两次带领信息学院领导班子成员,就信研院的成立先后走访了微软亚洲研究院和联想研究院,分别与微软亚洲研究院副院长沈向洋、张宏江和联想研究院院长贺志强、首席研究员侯紫峰等,就研究方向确定和调整方法、研究人员评估和激励措施等话题,进行了深入探讨。

信研院在建设初期,研究了台湾工研院的发展历史,并将之作为参考之一。常务副院长李军不但组织调研 MIT Media Lab,还先后与原台湾工研院院长史钦泰、香港应科院(Hong Kong Applied Science and Technology Research Institute,ASTRI)CEO 杨日昌等单独交流,学习相关经验。信研院曾连续多年在人均项目经费和专利与技术转移产出等方面与香港应科院对标,并在 2008 年就实现主要科研指标与之持平。

信研院自 2003 年起成立指导委员会,邀请部分学术界(信息学院 8 名院士)和工业界领军人物担任委员,每年邀请指导委员会专家听取信研院工作汇报会,对信研院的工作给出指导意见,来自工业界的指委会委员均受邀在信研院进行学术报告或讲座。

(2) 建立联合研发机构

信研院创建初期,几个主要的技术研究中心采取了与创新企业团队

共建的模式,之后逐步过渡到以技术中心为校内团队组织形式,与企业共建联合研发机构的模式。最早的联合机构是2003年7月成立的由吉吟东牵头的清华大学(信息学院)数字媒体研究所,当时因为信研院管理机制尚在梳理之中,联合研发机构挂靠在了信息学院。首个国际合作的联合研发机构是2005年1月成立的由王兴军牵头的清华—瑞萨集成电路设计研究所。第一批联合机构的成果,包括2005年3月在信息科学技术大楼通过技术鉴定的"北斗一号"实用型手持和车载用户机。

2007年1月30日,信研院举行院属联合研发机构负责人茶话会,院长李军,副院长吉吟东、郑方,院长助理宋健以及办公室主任黄春梅参加了会议,会议由郑方主持,充分听取了各联合研发机构的意见。2009年12月9日,信研院召开了联合研发机构总结交流会,会议由副院长郑方主持,校科研院副院长王治强、校机构办主任刘嘉等参加了会议。郑方介绍了近期联合研发机构总体运行情况,各联合研发机构负责人分别介绍了近期联合研发机构的运行、管理、项目研发成果及产业化等方面进展及收获。与会人员就如何在校企合作方面更好地发挥联合研发机构的作用,更好地进行科研成果转化,为企业赢得更多的经济效益等展开了积极的讨论。此后,2010年12月29日和2011年12月6日,信研院分别召开了联合研发机构总结交流会,邀请学校科研院机构办的相关领导出席。会上,各联合研发机构负责人就机构的技术研发、科研成果、日常管理等方面分别进行了详细介绍。各联合研发机构在成果转化、校企联合申请国家重大、重点科技项目、向企业输送优秀人才等方面都已有显著成绩,有些联合研发机构在国家重大事件中还发挥了重要作用。与会代表就联合研发机构的合作经验、存在问题等展开了积极的讨论和交流。院长李军在2011年的总结会上表示,信研院充分发挥校内平台作用,规范管理联合机构,为信息学院相关系所提供服务,并鼓励联合研发机构在人才培养方面发挥更大作用,促进学生在校期间接触工程实践,将合作成果反馈在教学中。

2003—2018年的15年间,信研院共与企业建立联合研发机构39个,共54期(通常每期为3年),其中外企联合机构5个5期(见表1-2)。合作时间最长的是2006年成立的清华大学(信研院)—北京全路通信信号研究设计院有限公司轨道交通自动化联合研究所,至2018年6月续签第

5期合作协议,持续合作已进入第13年。

表 1-2 联合机构研发机构

序号	名称	负责人	起止日期/年	合同额/(期/万元)
1	清华大学(信研院)—中国华录集团有限公司中国华录信息技术研究所	陆建华	2000—2007	1200
2	清华大学(信研院)—国光电器股份有限公司数字媒体研究所	吉吟东	2003—2007	500
3	清华大学(信研院)—北京永新视博数字电视技术有限公司数字互动技术联合研究所	卢增祥 路海明	2003—2016	500
4	清华大学(信研院)—北京天地融科技有限公司应用电子系统研究所	李军	2004—2007	500
5	清华大学(信研院)—北京数字太和科技有限责任公司数字电视机卡分离研究所	王兴军	2004—2007	500
6	清华大学—瑞萨集成电路设计研究中心	王兴军	2004—2009	800
7	清华大学(信息技术研究院)—天津七一二通信广播有限公司应用通信系统研究所	李军	2004—2015	500
8	清华大学(信研院)—神州亿品科技有限公司媒体信息技术研究所	陆建华	2005—2009	500
9	清华大学(信研院)—北京得意升技术有限公司声纹处理联合实验室	郑方	2005—2009	500
10	清华大学(信研院)—北京威视数据系统有限公司数据安全研究所	汪东升	2005—2011	500
11	清华大学(信研院)—北京全路通信信号研究设计院有限公司轨道交通自动化联合研究所	吉吟东	2006—2021	500 1500
12	清华大学(信研院)—Intertrust 数字版权管理联合实验室	赵黎	2007—2009	900

续表

序号	名称	负责人	起止日期/年	合同额/(期/万元)
13	清华大学（信研院）—天津（新技术产业园区）宽带无线城域网研究中心	王京	2007—2011	1000
14	清华大学（信研院）—香港应用科技研究院多媒体广播与通信联合研究实验室	宋健	2007—2011	900
15	清华大学（信研院）—北京蓝汛通信技术有限责任公司内容分发网络研究所	尹浩	2008—2011	900
16	清华大学（信研院）—广东环天电子技术发展有限公司数据与知识工程研究中心	邢春晓	2009—2013	1500
17	清华大学（信研院）—广州市怡文环境科技股份有限公司环境监测技术联合研究所	吉吟东	2009—2018	900
18	清华大学（信研院）—四川长虹电器股份有限公司先进试听技术联合实验室	薛永林	2010—2017	900
19	清华大学（信研院）—广东新岸线计算机系统芯片有限公司计算机系统芯片联合研究所	汪东升	2011—2014	900
20	清华大学（信研院）—北京数码视讯科技股份有限公司未来视讯技术联合研究所	赵黎	2011—2014	900
21	清华大学（信研院）—北京金名创业信息技术有限责任公司金融工程联合研究所	郑方	2012—2014	500
22	清华大学—河北心神信息技术有限公司信息化系统工程联合研究中心	邢春晓	2013—2018	3000
23	清华大学（信研院）—赛特斯信息科技股份有限公司柔性网络研究中心	李军	2014—2017	1200
24	清华大学—祥兴（福建）箱包集团有限公司智能系统联合研究中心	张钹	2014—2019	3000

续表

序号	名称	负责人	起止日期/年	合同额/（期/万元）
25	清华大学（信研院）—北京倍肯恒业科技发展有限公司智慧健康大数据技术联合研究中心	邢春晓 张勇 李超	2015—2018	1200
26	清华大学（信研院）—北京得意音通技术有限责任公司声纹处理联合实验室	郑方	2015—2018	1200
27	清华大学（信研院）—金电联行（北京）信息技术有限公司金融大数据联合研究中心	郑方	2016—2019	1200
28	清华大学（信研院）—山东新北洋信息技术股份有限公司感知与加速计算技术联合研究中心	汪东升	2016—2019	1200
29	清华大学—连云港市教育机器人与机器人教育联合研究中心	郑方	2017—2020	3000
30	清华大学（信研院）—圣盈信（北京）管理咨询有限公司行业可信区块链应用技术联合研究中心	张勇	2018—2020	1500

在成立联合研发机构、推动与企业全程深入合作的过程中，信研院注重精心指导，及时总结经验，在学校科研院等管理部门指导下，广泛征求合作企业的意见，与联合研发机构管委会和行政班子逐个座谈，于2005年12月制订了《联合研发机构管理办法》，保证了联合研发机构的科学管理和健康发展。

联合研发机构主要有三种类型。最常见的是以与信研院某个中心或FIT研究中心某个课题组合作为主，聚焦一个研发领域，持续深入开展"串行"项目合作。少数联合研发机构以信研院为基地，与校内多个院系和院内多个中心开展"并行"项目合作，如清华大学（信研院）—四川长虹电器股份有限公司先进试听技术联合实验室，涉及信息、材料、机械等多个学科群。也有联合研发机构专注于一个项目的，如清华大学（信研院）—瑞萨集成电路设计研究中心，为期3年的1期合作，目标非常明确，就是基于中国行业标准和瑞萨IP核的UTI芯片研制。

联合研发机构因为合作周期相对较长，在研究生培养和就业方面有明显的优势,因而成为信研院重点开拓和扶持的企业合作方式。由于领导重视、管理规范,信研院的联合研发机构总体上在校内外获得了很好的评价和认可,为学校的人才培养和企业的技术创新做出了突出贡献。当然,信研院与企业合作的方式还有大量的项目合作与成果转化。在信研院发展前期,横向(企业合作)科研项目经费占比很高,多年在50%以上,最高曾达到80%,海外(外企合作)科研项目经费也曾数年位居全校前几名,2007年位居全校首位。

十几年来,信研院与Samsung、NEC、Actuate、Sony、Intel、IBM、ASTRI、Agilent等国外企业以及国内数十家重点企业进行了相关领域的合作研究,在无线移动通信、数字电视技术、微处理器技术、海量信息处理技术等方面开展了紧密合作关系。教师们有机会知道最新的市场技术需求,来引导他们的研究,并可以给学生指出正确的研究方向,学生可以在从事可转化为商业应用的尖端技术研究中获益,企业有机会招募到能力出色的学生,形成了多方共赢的局面。

(3) 创新知识产权成果转化

在成果转化方面,信研院勇于突破,探索出专利共享、交换、授权、转让等多种模式。2004年,对已有的自主知识产权在数字电视地面传输标准方案的研发中,自主创新的TDS-OFDM技术逐步成熟,创新实施专利处置与实现技术分离操作的机制,将全部专利处置权贡献给国家的同时,实现技术和算法代码转让至展讯、东芝、联发科等20多家企业。首次成功合作后,校企双方有了充分的相互了解和充裕的处理时间,2006年5月,在TD-SCDMA基带芯片研发过程中,与合作方展讯公司互有技术成果需求,将用于降低乘积码所需存储量和复杂度的方法等14项专利进行了知识产权交换。2007年,赵黎等教师的4项发明专利以实施许可形式10万元转让给网格在线;2012年,王京、赵明、邢春晓、李军、李云洲等12名教师的22项发明专利以340万元转让给易程科技股份有限公司;2015年,郑方、邬晓钧的1项专利和3项软件著作权评估作价225.13万元(10%股份)入股北京得意音通技术有限责任公司;2016年,李军、汪东升等5名教师在网络安全及云存储等技术领域的8项发明专利以200万元转让给赛特斯信息科技股份有限公司;曹军威在能源互联网领域的1项发明专利作价49万元入股(2%股份)北京智中能源互联网研究院,在A轮融资完成后增值到285万元;2017年,李军、薛一波、汪东升等6名教师在网络安全及云存储等技术领域的12项发明专利以300万元转让给赛特斯信息科技股份有限公司;2018年,尹浩等教师在数据处理及信息交互等技术领域的12项发明专利以753万元作价入股投资成立湖南岳麓山数据科学与技术研究院有限公司;李兆麟1项专利和1项集成电路布图设计作价80万元入股(35.88%股权)联合投资成立无锡太昊慧芯微电子技术有限公司。

截至2019年底,信研院转让专利共计79项。虽然国家和学校都大力提倡包括专利转让在内的知识产权和科技成果商业化,但早期国内的相关规定和流程还不成熟和完善,信研院最初的专利转让操作复杂、耗时很长。2017年以后,学校的科技成果处置有了明确的规范,成果转化终于变得途径清晰,随之数量大增。

1.5.2 秉承"三位一体"教育理念,培养拔尖创新人才

人才培养是学校的根本任务,信研院作为面向国家利益需求的重大项目组织平台和面向产业进步需要的技术创新支撑平台,十分重视创新和实践教育的人才培养特色,依托重大项目和校企合作,在真刀真枪的创新实践中帮助学生提升创新能力、开阔创新视野。建院至今,信研院教师指导毕业研究生512名,448名本科生在信研院进行了毕业设计工作,入学研究生428名(其中博士研究生108名、硕士研究生320名)。推荐免试研究生370名。4名博士研究生获得"清华大学优秀学位论文二等奖",6名研究生获得"清华大学优秀毕业论文",11名研究生获得北京市、校级和系级"优秀毕业生"称号。

(1)培育教育教学成果

在承担大量科研工作的同时,信研院鼓励在院教师到所在学科授课,将信研院在科研工作中凝练的成果回馈学科,为学科建设和人才培养做贡献,并重点鼓励年轻骨干教师面向本科生开课(特别是大课)。为鼓励教师积极投身教学工作,不断提高教学水平和教育质量,充分发挥信研院教师从事教学工作的积极性、主动性和创造性,进一步提高学生培养质量,2008年1月16日,经信研院院务会讨论通过《信息技术研究院辅助教学补贴及奖励办法》。此后,开课教师获得清华大学教学成果一等奖两

项,二等奖1项,国家精品课程两门,清华大学精品课程1门,国家精品在线开放课程1门。发挥与实际应用结合密切的优势,信研院教师利用实验室设备积极承担"实验室科研探究课"部分单元,2009年"实验室科研探究课"获得"教育部国家级精品课程"。2018—2019年,信研院继续加强与基础训练中心合作,开设本科生实验类课程4门。自2008年起,信研院教师邬晓钧担任教练的清华大学代表队,参加被誉为大学生信息学奥林匹克的"ACM国际大学生程序设计竞赛",屡获佳绩,2009年获得全球总决赛第二名,夺得金牌。

(2)搭建创新实践平台

信研院长期重视面向国家重大战略需求的研究成果与课堂教学的紧密结合,以助力相关学科建设和发展。2008年,王京教授与展讯公司合作,利用展讯有限公司提供的设备,开设"移动通信终端设计"本科生选修课程;同年,安凯(广州)软件技术有限公司向信研院捐赠了价值30万元的实验室设备用于教学工作。重基础、强实践是信研院倡导的人才培养模式。在"网络安全基础"课程教学过程中,信研院教师李军不仅将最新的研究成果用于教学,而且积极创造条件为学生提供优质教学实验资源。经多方努力,2018年,山石网科通信技术股份有限公司一次性捐赠了20台E1100-W下一代防火墙(每台价值人民币3万多元),保证了实验条件,提高了教学质量,创新了网络安全领域的教学方法。

信研院积极参与学校SRT计划,充分发挥本院重视创新和实践教育的人才培养特色,依托高质量重大项目和校企合作项目帮助学生提升能力、开阔视野,形成了创新和实践并举的人才培养新模式。自2005年以来,共组织立项SRT计划276项。2008年信研院作为学校非教学单位,得到允许开始申请SRT计划优秀项目奖和组织奖,至今共获得"优秀组织奖"6次(2008年、2010年、2011年、2012年、2014年、2017年),"优秀项目奖"一等奖5项,二等奖9项。2014年,信研院还积极鼓励参与SRT项目的同学申报清华大学"大学生创新创业训练计划"项目,至今共获批16项。

(3)支持学生创新创业

2013年,为了树立研究生"严谨、勤奋、求实、创新"的学风,鼓励研究生取得出色研究成果,信研院设立了"研究生研究奖",并经院务会讨论通过制订《信息技术研究院研究生研究奖评定办法(试行)》。截至2019

年,院内共有 25 名博士研究生和 29 名硕士研究生获奖,奖金共计 23.95 万元。

信研院积极鼓励毕业生投身"大众创新,万众创业",据不完全统计,有多名优秀毕业生作为创始人设立了科技创新公司,并取得了突出的成就。例如,2011 年博士研究生毕业的亓亚烜,师从李军教授,读研期间带领中国首支 SDN 科研团队与斯坦福同步开展 SDN 研究,毕业后即与合伙人共同创办了云杉网络,成为中国第一个 SDN 创业公司,团队的主要成员来自清华大学、Juniper、思科、华为等国内外著名网络厂商的核心团队,先后为金融、电信、能源、运输等多个行业的近百家企业客户带来云数据中心网络方案的创新与新技术的赋能。2018 年 9 月,云杉网络完成千万美金 B+轮融资,成为国内估值最高的 SDN 企业。2007 年硕士研究生毕业的张昊,师从无线与移动通信技术研究中心主任王京教授,于 2014 年 8 月创立了昊青资产管理有限公司(Hao Capital),担任首席投资官(chief investment officer),公司在成立不到一年的时间里,市值约 1 亿美元。此外,还有周晋和唐力、刘俊达、刘川意、何飞、徐嘉祥、袁振龙和王翔、秦永强等多名毕业生,在智慧医疗、智能安防等多个领域成为创新科技公司的创始人或联合创始人。

(4) 助力学科评估

教育部学位与研究生教育发展中心按照教育部和国务院学位委员会颁布的《学位授予和人才培养学科目录》,对具有研究生培养和学位授予资格的一级学科进行整体水平评估(学科评估),并根据评估结果进行聚类排位。此项工作于 2002 年首次在全国开展,至今已完成四轮评估。

信研院协助电子系、计算机系和自动化系完成 2012 年和 2016 年两轮学科评估,2017 年组织全院教师参加清华大学本科教学工作审核评估,并于 2018 年协助计算机系完成学科学位授予点评估,协助电子系完成电子工程学科国际评估。

1.5.3 创新管理运行机制,打造一流科研、管理团队

信研院围绕着整体发展目标和"两个平台"建设的定位,坚持以人为本,强化团队组织模式,努力建设具有一流技术创新能力的科研队伍和一流质量服务水平的管理队伍。在人才队伍建设方面,信研院坚持以面向

国家需求和产业发展的重大科研项目为驱动,以技术研究中心为依托,进行团队建设,结合各单位自身的长期发展要求,充分重视制订队伍建设的规划,强化岗位意识,进一步促进人员的流动,合理配置各种编制人力资源。

(1) 进一步健全规章制度

2010年12月12日,为了促进学科交叉科研攻关团队的建设,规范信研院所属技术研究中心的管理,经院务会讨论通过《信研院技术研究中心管理规定(试行)》,由院务会负责指导和协调中心的发展,决定其设立、评估、终止等事项,并详细规定了中心建立的基本条件、院务会可决定撤销中心的几种情况等。根据学校深化人事制度改革和加强教师队伍建设的有关精神文件,2017年2月22日,信研院2016—2017学年度第15次院务会讨论修订了《信研院经费管理办法》。为加强公共经费的管理,根据《清华大学经济管理办法》和《信研院经费管理办法》等文件规定,结合公共经费实际使用情况,2017年2月22日召开的2016—2017学年度第15次院务会和2018年1月15日召开的2017—2018学年度第12次院务会,先后两次修订了《信研院经费管理办法》。为了严格遵守国家和学校关于收入分配、兼职兼薪、成果转化等各项规章制度,规范信研院事业编制人员薪酬管理,2017年2月22日,信研院2016—2017学年度第15次院务会讨论通过了《信研院事业编制人员薪酬管理暂行办法》。

(2) 建立科研创新团队绩效管理体系

科学有效的科研创新团队绩效管理体系,有利于合理认定教师和科研创新团队的劳动价值,引导激励和督促团队发展,为高等学校赢得竞争优势。根据信研院的发展定位和目标,从2004年开始建立的科研团队绩效考核评估体系,于2007年进行了一次调整,并从2009—2010年度考核开始,强化了综合业绩评估的作用,适当弱化了科研业绩量化考核的作用。经过十余年不断探索和尝试,信研院在实践中逐步建立完善了一套卓有成效的科研创新团队绩效管理体系,该体系评估的内容主要包括如下方面:社会影响力,包括标志性成果、社会经济效益和科研规划;团队建设,包括学术带头人、核心人员、梯队和结构、人才培养质量以及管理模式;创新能力,包括科研获奖、在研项目、知识产权、高水平论著和学术交流;可持续发展,包括科研总量、科研效率、成果转化和发展潜力。上述评价指标根据信研院导向需求赋予了不同的权重,力图发挥不同的引导作用。科研创新团队绩效评估指标包括量化考核指标和质性评估指标，科研成果等主要以量化考核方式进行，其结果用于调整竞争性资源和激励先进；质性评估是对科研创新团队的全局发展和未来规划作出的柔性评价，旨在进一步提高科研质量，促进重大科研成果的形成。信研院每年组织一次科研团队绩效评估，评估程序为：科研团队负责人按照绩效评估的评价指标，全面介绍团队发展规划、研究进程、研究结果、梯队建设等情况，校内外同行专家参考科研业绩评估指标，综合考虑团队的社会影响力、发展潜力等，对各项指标进行打分。信研院将绩效评估结果反馈至团队负责人，并根据绩效评估结果在院内进行竞争性资源分配和激励先进，如研究生名额分配、绩效奖励分配和先进集体评选等，此外，还结合信研院发展规划对部分技术研究中心的发展作出战略性调整。

（3）有效运行行政管理与服务质量管理体系

信研院于2006年8月通过ISO 9001:2000质量管理体系认证,行政管理与服务质量管理体系以院务会为指导、办公室为主体,各直属单位为支撑。院办公室以全院中心工作为主体配置岗位,形成纵向在主管院长领导下,由业务助理独立承担相关业务工作；横向由办公室统一协调、考核评价的管理运作模式。

在质量管理体系的框架下,办公室面向全体师生和科研人员,提供了高效、即时、个性化的全面服务,建立了制度化、规范化、程序化的工作体系。实现了信研院确定的质量方针——"真诚为顾客着想,用过硬的质量、完善的服务,赢得顾客的满意"。

完善管理制度,健全运行机制。为确保行政管理与服务过程的顺利策划和有效运行,办公室按照国际标准编制了《质量手册》1份,各项业务工作规范12份,形成了质量记录88份,编印了《科研与学科建设管理文件汇编》等包含国家、地方和校级相关法规及政策的文件共140份,解决了管理中制度不健全的问题,为工作流程的制度化、规范化奠定了坚实基础。在职责、权限和沟通上,对各岗位的职责进行了明确规定,制订了《办公室岗位职责一览表》,明确了人员服务范围；制订了《公共服务接收标准》,明确了服务标准和质量要求。

院内各项主要业务建立例行报表和例外报表制度,重大活动制订工作计划,时间跨度较长的单项工作按照程序进行质量策划。质量管理体系的建立,解决了内部分工矛盾、服务标准不一致的问题,从安排工作具有较强的随意性转变为严谨的工作规范与流程,从只注重结果转变为同时注重结果与实现过程。

以顾客为核心,提供一线教师满意的服务。质量管理体系树立了"以顾客(教职员工)为中心"的质量方针和质量目标,通过多种形式指导员工在与顾客交往的过程中提供令教职员工感到满意的管理和服务,并将此作为顾客满意度调查以及机关工作人员业绩考核的基础。建立了月服务检查、顾客满意度调查、数据分析等多种监视测量方法,采用了顾客抱怨、问卷调查、开座谈会、拜访顾客、收集各类第三方报告和数据等方式了解顾客满意的信息,保证了质量管理体系的适宜性和有效性。其中,顾客满意度调查是质量管理体系中用于测量和分析最重要的根据。

体系持续改进,促进管理服务团队建设。质量管理体系通过管理评审程序评价质量管理体系的适宜性、充分性和有效性,并验证质量方针和目标得到满足的效果,来评价质量管理体系改进的机会和变更的需要。满意度调查的结果和分析作为管理评审的输入信息,用于改进质量管理体系的有效性,通过管理决策提高管理服务提供的过程和输出服务的效果,对行政管理服务质量的改进建议作出决策,通过闭环管理的思路查找填补管理的漏洞,实现了行政管理服务工作的不断改进。

办公室团队的工作质量整体得到极大提升,在岗人员经过培训获得内审员资格证书,各司其职、分工协作、有效沟通,构建了团结、和谐的团队工作氛围。规范的工作赢得了广大教职员工的好评和肯定,通过顾客满意度调查,信研院质量管理体系的满意度连续 14 年保持在 90% 以上。办公室先后获得校/院级先进集体、校工会先进小组等集体荣誉 14 次,办公室人员获得年度校级先进工作者(提名)、院级先进个人和校级工会积极分子荣誉称号 28 人次;获得校级各部处科研管理先进工作者、资产管理优秀工作者等荣誉称号 7 人次,同时办公室人员有 4 人完成了中、高级专业技术职务晋升。员工的工作积极性和工作热情得到较好的调动,所建立的荣誉感和对工作的自信心,使他们有更加强烈的改进提升意愿。

2014 年 12 月,信研院办公室主任黄春梅在清华大学办公室主任会议上介绍了"信研院行政管理与服务质量管理体系探索与实践"的案例。2018 年,结合信研院行政管理与服务质量管理体系的多年实践,由黄春梅作为课题负责人承担的"行政管理服务团队评价机制研究",获得清华大学办公室业务课题研究优秀成果。

将 ISO 9001 国际标准的方法和经验用于高等学校院系行政管理,是信研院在管理体制方面进行的创新尝试,经过质量管理体系的持续改进,行政管理服务工作将为科研、教学等教育的根本目标提供更好的服务。

1.6 结　　语

信研院自建院以来,面向国家重大战略需求,肩负科技创新和人才培养的使命,创新机制体制,创造世界一流水平的科技成果,为科技强国做出贡献,始终是信研院的初心。

十几年来,在机制体制创新方面,信研院建立了以团队科研攻关为主体的科研组织体制和评价机制,建立了高校第一个以 ISO 9001 行政质量管理体系为标准的管理服务体制,建立了以校企联合机构为主体的产学研合作平台,建立、健全了知识产权共享、交换、授权、转让等科研成果转化模式。在科技创新方面,信研院在移动通信、广播电视、高速铁路、国防军工等国家重点工程,以及微处理器、大数据智能、生物特征识别、能源互联网等技术领域,共承担国家重大项目 119 项,重大横向项目 30 项,实现成果转化 79 项,获国家科技进步一等奖 1 项,获国家科技进步奖二等奖 4 项,获国家发明二等奖两项,获国家自然科学二等奖 1 项。在人才培养方面,坚持强基础重实践,注重加强研究生全面培养的软环境建设,营造了激励学生崇尚科学、勇于创新、追求卓越的教育氛围,培养博士研究生和硕士研究生共计 428 名,其中,11 名研究生获得北京市、校级和系级"优秀毕业生"。信研院在科技创新和人才培养方面,为清华大学的"双一流"建设做出了重要贡献。

奋进的清华不断呈现新气象,变革的清华持续展现新作为,开放的清华主动拓展新视野。展望未来,信研院人将在新一代移动通信、超高速轨道交通、健康医疗、数字身份识别等研究领域,在清华大学扎根中国大地建设世界一流大学的道路上,进一步围绕国家重大战略需求,担当起时代的责任,不断开拓进取,努力创造世界一流的科研成果,在新时代科技强国建设的征途上继续谱写新的篇章。

第2章
重点科研团队及研究方向发展史

2.1 无线与移动通信技术研究中心

2.1.1 无线中心前传

（1）成立背景

自20世纪50年代开始，通信技术经历了从模拟通信到数字通信，从有线通信到无线通信，从固定通信到移动通信的天翻地覆的变化，极大地改变了社会和人们的生活，具有划时代的意义。清华大学在吴佑寿院士率领下，在上述通信领域一直处于国内领先、追赶国际前沿的水平。

从20世纪50年代开始的15年，吴佑寿、冯重熙等人带领团队开展了以语音编码和数据传输为标志的数字通信研究，对通信的应用及后续发展产生了重大的影响。

从20世纪70年代开始的15年，冯重熙、姚彦等人带领团队开展了以数字微波和数字复接为标志的无线通信研究，在通信与微波两个学科密切结合的基础上，建立了微波与数字通信国家重点实验室，对学科发展和人才培养都起到十分重要的作用。

从20世纪90年代开始的10余年，姚彦、王京等人带领团队开展了以3G、4G、5G移动系统为标志的移动通信研究，对我国在该领域的技术发展、人才培养、标准形成做出重大贡献。

在此期间，清华大学电子工程系微波与数字通信国家重点实验室所属宽带无线通信研究室（931研究室，该名称以无线双工移动项目1993年1月启动命名），在民用无绳电话、军用双工移动、软件无线电等领域的研究及承担项目形成的技术积累了大量成功经验，完成了从无线固定通信到无线移动通信的战略转移。1998年1月初，王京代表清华大学参加了国家科委和邮电部在北京香山共同组织的第三代移动通信标准建议研讨会,提出了基于分布式无线通信系统的第三代移动通信系统架构。1998年底,科技部、发改委和工信部共同启动了国家高技术研究发展计划(863计划)项目——中国第三代移动通信系统研究开发项目(C3G项目)。1999年1月,王京入选成为863计划C3G项目专家组成员,同年C3G项目启动。在此阶段,许希斌(1992年硕士研究生)、李刚(1994年硕士研究生)、周世东(1997年博士研究生)、赵明(1998年博士研究生)等年轻教师相继留校任教,揭开了无线中心团队组建的序幕。

(2)团队初建——C3G项目研发

1999年1月C3G(中国第三代移动通信系统研发)项目启动,王京统筹安排课题组积极筹备项目申请,由刚刚完成863计划项目"软件无线电技术"的许希斌牵头,课题组成功申请到C3G一期项目"WCDMA BTS基带发送单元"和"WCDMA MS基带接收单元",项目经费240万元,合作单位上海贝尔有限公司配套经费240万元;由周世东牵头,成功申请到项目"第三代移动通信创新研究与单元技术开发WCDMA单片高速信道译码器",项目经费40万元。

20世纪末,中国在移动通信领域的力量十分薄弱,几乎没有第一代和第二代移动通信的基础,人才相当缺乏,清华大学方面也面临同样的问题。课题组虽然申请到了项目,但项目也采用欧洲已经相对成熟的WCDMA标准。在人员相当缺乏的情况下,既要在欧洲标准基础上完成系统实现,又希望有所超越,课题组承受巨大的压力。在当时的情况下,容不得多想,课题组只有一条路,发动所有人不分昼夜加班干。课题组成员20余人,其中来自清华大学的老师和学生加在一起不到10人,合作单位10余人,全部放弃节假日,不定期进行全封闭式工作,同吃同住、随时交流、争分夺秒做科研,不足一年便奇迹般地超额完成课题任务。项目主要完成人包括教师王京、许希斌、李刚、周世东、赵明、韩明等,学生周春晖、孟琳等。

以上任务于2000年7月18日完成验收,获Aa评价,课题组顺利完成C3G一期项目研发。验收专家组给出如下验收结论:①"课题组按时完成了合同规定的全部任务,各项技术指标达到了合同的要求。为支持WCDMA系统互联,课题组还超额完成了SCU单盘的开发及多媒体演示业务的开发,为完成系统整体目标做出了重要贡献。完成了基于WCDMA标准要求的基带发送单元,支持WCDMA标准所建议的公共信道及专用物理信道,最高传输速率达到144 kbps,符合系统总体设计规范。完成了与BTS平台的联试联调工作,及下行链路的对偶无线收发互联工作,经测试,系统工作正常。希望课题组以实用化为目标,进一步完善硬件设计的优化工作。"②"课题组按时完成了合同规定的全部任务,各项技术指标达到合同的要求,并根据系统总体互联要求,超额完成了144 kbps多媒体演示业务的开发,在时间紧、联试难度大、业务要求高的条件下,为完成系统整体目标做出了重要贡献。完成了基于WCDMA标准的移动终端平台的研制与开发,能够对WCDMA BTS发送的下行链路进行解调,最高传输速率达到144 kbps。经测试系统工作正常,符合系统总体设计规范。完成了与移动终端平台其他单元的联调工作,包括上行发送链路单元及信道译码单元联测等,并成功地进行了BTS与MT之间的环回测试,支持最高速率达144 kbps的多媒体业务传输。希望课题组以实用化为目标,在移动环境下对系统性能进一步优化与检验,并加强应用软件的开发。"

第一期C3G项目的顺利完成带给课题组极大信心。在积极准备第二期项目申请的同时,课题组开始思考未来项目组织管理和团队建设问题。此时由于人员规模较小,整个清华大学的管理模式基本都是以项目为中心,项目负责人负责项目实施和经费管理。

2000年初,C3G项目第二期启动,许希斌带领课题组成功申请到项目"WCDMA MT试验分系统研制与ASIC设计",项目经费400万元,合作单位上海贝尔有限公司配套经费400万元,增加上海贝岭股份有限公司为项目合作单位。

随着项目规模和难度大幅增加,课题组科研经费首次超过1000万元,研究队伍也开始壮大,新增留校人员肖立民。项目技术有了第一期研究基础,具有较大把握,因此如何组织好项目有效实施便成为当前团队管理的重要课题。此时课题组有9位老师(姚彦、王京、许希斌、韩明、李刚、周世东、赵明、肖立民、王有政),姚彦、王京作为课题组负责人开始思考科研体制中存在的一些问题,思考机制体制改革。体制问题在项目进入关键阶段的2001年开始暴露。参加过一期项目的有基础的同学多数马上要毕业离校,而后续参加的同学需要时间训练才能担当大任,这样的新老交替严重影响了项目进展。2001年,931研究室新增三位同志(粟欣、周春晖、孟琳),教师人数增加到12人(姚彦、王京、许希斌、韩明、李刚、周世东、赵明、肖立民、王有政、粟欣、周春晖、孟琳),此时科研队伍共有学生和外协人员超过60人,算是一支庞大的队伍。课题组的科研项目继续保持良好的发展趋势,全年科研经费超过1000万元。

2001年7月暑假在北戴河召开的团队会议上,针对团队出现的问题,大家充分讨论交流,确定了课题组的发展宗旨和精神,即目标一致、分工合作、立足创新、共同发展;制订了管理条例,成立了核心组、技术总体组、教学管理组、项目管理组、后勤秘书组;在加强内部管理的基础上,着重研究了如何继续保持在国家重大项目方面的领先优势以及如何促进高科技产业化的问题。

此次会议给予团队成员很大激励,并作为宗旨和精神,在后来团队建设中发挥着十分重要的作用。

2001年课题组承担的C3G项目取得丰硕成果,已经圆满完成,等待国家验收。姚彦主持的国家自然科学基金重点项目"软件无线电理论与技术及其在个人通信中的应用",历时三年,硕果累累,进入备结题验收阶段。同时团队教师翻译出版了三本学术专著:《无线数据传输网络——蓝牙、WAP和WLAN》(粟欣和王艺,译)、《CDMA系统工程手册》(许希斌、周世东、赵明和李刚,译)、《蜂窝及个人通信系统中的CDMA IS-95技术运营和业务》(粟欣和肖立民,译),广受业内好评,其中有的甚至被选为高级研讨班及技术培训班教材。

2002年2月8日,课题组圆满通过C3G二期验收,获Aa评价。验收结论为:"课题组按照合同要求开发了基于3GPP Release99标准的WCDMA MT试验系统8套,开发了相应的高层协议,并在此基础上探索了System On Chip的设计方法。该试验分系统通过了系统测试,同时通过系统互联,测试了协议指标和完成了业务功能演示,进行了移动上网、视频点播和视频会议等功能表演。通过测试和演示表明:系统指标和功能达到了设计要求,在数字调制滤波、多径搜索与跟踪方案、信道编译码器和移动条件下功率控制方案等方面均有创新,申请国家发明专利13项。课题组在第三代移动通信传输平台上对研制的MT分系统进行了系统实验和传输。结果表明,该MT分系统的性能和功能均能满足合同规定的要求。课题组已按要求圆满出色地完成了合同中规定的各项研究内容,验收专家组一致同意通过验收。建议课题组与有关方面继续合作,实现研究成果的产业化。"项目主要完成人有教师王京、许希斌、李刚、赵明、周世东、韩明、肖立民、粟欣、周春晖、孟琳等,学生李云洲、张秀军、杨海斌、赵熠飞等。

2002年,课题组配合C3G总体组圆满完成了中国第三代移动通信系统研究开发项目(C3G)的验收工作,项目获得Aa评价。清华大学作为第二完成单位、王京作为第三完成人、许希斌作为第十三完成人获得了国家科技进步二等奖。因在C3G项目中表现杰出,赵明获得863计划15周年成果全国优秀个人荣誉。C3G项目的研发成果对我国移动通信产业的发展起到了极大的推动作用,在项目研发过程中,清华大学率先将研发成功的Turbo码译码模块提供给国内多家系统研发单位使用;中兴与华为等企业也先后来到清华,与课题组进行WCDMA系统的对通联测。

2002年2月8号C3G项目组举办了项目验收及成果展示大会,王京教授代表C3G项目组做了WCDMA项目成果汇报,C3G项目研发成果得到了业界权威人士的高度评价,最终由我国两院院士评选出的2002年中国十大科技进展中,"我国第三代移动通信系统研制成功"名列第五。课题组在C3G研究工作的出色表现为后期在国家Beyond 3G(B3G)、5G以及6G研究工作中打下了坚实的基础,奠定了清华大学在无线移动通信领域的领先地位,同时为无线中心团队组建确定了方向和目标。

2002年,课题组承担的国家863计划项目"中国第三代移动通信WCDMA系统"顺利通过验收,评价为Aa,所得评分名列全国榜首;国家自然科学基金重点项目"软件无线电理论与技术及其在个人通信中的应用"也顺利通过国家验收,评价为Ba,表明按计划完成,研究工作取得较好进展。课题组成功申请两项"十五"国家重点项目:周世东牵头申请的国家863计划通信主题的重点项目"新一代蜂窝移动通信系统无线传输技术及实验系统研制",项目经费200万元;许希斌牵头申请的国家自然科学基金重点项目"分布式无线接入的理论与关键技术",项目经费200万元。项目主要参加人员有许希斌、姚彦、周世东、赵明、粟欣、肖立民、周春晖、田宝玉和陈相宁。课题组积极开展国际合作项目,包括与日本SHIBASOKU公司合作项目(WCDMA测试终端研制),与高通(Qualcomm)

公司合作项目(信道特性及体制比较),以及与韩国 ETRI 合作项目(采用分布式天线的无线通信系统容量研究)等。

2002 年,根据学校改革精神,信息学院筹建研究院及相关研究中心。课题组作为无线及移动通信研究中心的候选对象积极支持和参与。

2002 年,931 研究室人员队伍进一步壮大,包括教师、博士后、博士研究生、硕士研究生、本科生、公司人员和外聘人员等在内,总人数已达 100 人,其中在职教师 11 人(姚彦、王京、许希斌、韩明、周世东、赵明、肖立民、粟欣、周春晖、孟琳和王有政,李刚同志正式调离清华)。本年度有 3 名博士后(陈国安、王艺、张忠培)出站,共有两名工学博士研究生(代琳、苏英俊)、6 名工学硕士研究生、11 名工程硕士研究生以及 12 名学士毕业,其中代琳荣获清华大学特等奖学金。

2002 年 12 月 29 日,931 研究室全体教师召开重要会议,针对团队科研经费降至 400 万元这一情况,总结回顾 2002 年工作,展望部署 2003 年任务。课题组人员认为,2002 年是第一个发展高潮以后的调整、巩固时期,也是下一个发展高潮之前的准备、启动时期。课题组面临着十分有利的发展形势:天时(学校和信息学院的改革,SOC 项目的启动)、地利(面向市场、面向产业化)、人和(931 研究室的齐心协力团队、更多同志即将加盟,以及和美国展讯公司的合作)都将是千载难逢的好时机。931 研究室要进一步发扬"目标一致、分工合作、立足创新、共同发展"的精神,统一思想、做好规划、组织队伍、奋力拼搏,迎接第二个发展高潮的到来,为我国的无线及移动通信事业、为清华大学创办世界一流大学做出应有的贡献。

无线中心(原 931 研究室)的发展还将继往开来,无论是关键技术的储备,系统架构的建立,还是研究队伍的集结,都是在数字通信、无线通信、移动通信的基础上逐步形成的,也是电子工程系和通信教研组老、中、青教师队伍一脉相承的结果。

(3)无线中心成立

2003 年,清华大学信息技术研究院成立。931 研究室科研团队进入信研院,成立了无线与移动通信技术研究中心(无线中心),王京任中心主任,姚彦任中心顾问,许希斌任中心常务副主任,赵明、粟欣任中心副主任,周世东任中心首席科学家,中心设立基础理论、平台技术、软件与协议、射频技术四个研究室。

此时B3G、4G主战场的序幕已经拉开,周世东勇挑重任,主持863计划的B3G项目"FDD方式下OFDM下行链路设计与实现"。

2.1.2　4G研发

（1）创新路程和技术储备

3G之前,团队成员已在相关论文和项目研究中积累了直接序列扩频定时同步与跟踪、极低过采样率、RAKE接收机等关键技术,快速掌握了FPGA与DSP的协作处理任务。这些关键技术的积累使得3G项目在申请之初,就拥有一套几乎完整的可行解决方案,从而在众多申请单位竞争中脱颖而出,争取到了三个课题,其中编译码还是唯一的总体单位。

3G以后,从Turbo码研究,课题组认识到编码已能逼近容量极限,并意识到只要设法提高容量极限,就有相应的编码能逼近它。因此,通信系统设计的重心或突破口需要前移到拓展容量极限。通过对各种场景下的容量进行系统分析,从点到点走向点到多点、多点到单点、多点到多点,分别发现了相当大的可扩展空间。其中在分析多点到多点的容量过程中,独立推导出相应的多点到多点进行联合发送/接收下的容量极限,并提出了多小区联合处理的概念,证明了此时小区间的干扰反而可以被利用为有用信号,从而提升系统容量。这个时间基本上与国际上最早的MIMO概念提出时期重叠。不过,此后课题组并没有把这个概念用在提高点到点的峰值速率上,而是重点关注了小区间的联合处理。

为了支持这种小区间联合处理的架构,需要将各基站收到的信号集中处理,研发团队当时就意识到从基站到处理单元的连接是一个关键问题(即后来的Fronthaul)。为此,大约在1998年,姚彦号召电子系多学科老师参加讨论,形成了光纤互联的思路。

另一方面,自国际上第一篇软件无线电文章出现后,姚彦就非常关注这个方向,并开始了技术调研和储备,1997年承接了863计划的软件无线电项目。同时,赵明也开始不断地用PC设计无线通信各种模块,尝试利用其并行指令提升运算速度,逐渐形成了基于通用处理器和以太网的软件无线电技术路线,并成功获得自然科学基金项目一项。

上述多基站协作与分布式处理相结合的思路,逐步演进到分布式无线通信系统架构 DWCS，并成功立项为自然科学基金重点项目（2003—2006）。其核心思想就是分布式天线和分布式处理构成的网络无线电。

这个架构由于具有协作和开发便利上的优势，成为我国超 3G 移动通信技术与示范系统中的核心架构和主要创新点之一，并在上海试验场成功实现了 4 个分布式节点、两个虚拟小区的多用户移动通信试验，为后续进一步启动我国的 4G 研究打下了坚实基础，也成为后来 973 项目"多域协同"的主要创新之一。

在 4G 标准化过程中，分布式无线通信系统架构被以协作多点 CoMP 的形式提入标准化讨论。虽然由于技术不完全成熟，并没有大幅度被落实到标准当中，但它仍会作为后续版本标准中的基本架构思路。中国移动此后倡导的 CRAN 就是这种架构的一个延伸，又被赋予了绿色节能的重任，成为在 4G 标准化完成而 5G 标准化尚未启动这一间隙期间的重点研究话题之一，起到了承上启下的作用。

这一条以 DWCS 为主的线，是一个起源于容量理论分析，并进而与实际实现相结合的典型路线。

除此（源于多点到多点的容量研究）之外，在点到多点容量研究的基础上，研发团队发现了在下行场景中，远近效应可能带来的容量域的增益，从而提出了星座交迭的技术思路，也是 B3G 项目的关键技术创新点之一。由于技术相对复杂，它的增益在 B3G 和 4G 时代相对其他技术而言没有那么明显，因此在标准化过程中被搁置。然而，当人们在 10 年后开始 5G 技术研究时，它又重新受到重视，化身为下行 NOMA 技术被热炒了一段时间，最后还是因为不够成熟和增益有限，再次被搁置。

2001—2002 年，团队从多点到单点的容量分析出发，认识到同时同频的接入可以获得尽可能大的容量域。在前期的 Turbo 码研究基础上，团队提出了基于符号级交织的用交织图案区分不同用户的交织多址技术，并将其用于小区内多址和小区间多址与软切换，实现了技术与 OFDM 的结合，可逼近多址容量。受限于复杂度等原因，交织多址技术的标准化过程也不顺利，没能成为 4G 标准的必选技术，被 3GPP 列在技术报告（technical report）中进行研究评估；虽然在 IEEE 802.16m 中被采纳，但 802.16m 标准的产业化以失败告终。不过这种与时频编码区分的多址技术，在 10 年后同样成为 5G 研究中的 NOMA 研究热点。

在坚持以理论与实际相结合的方式推进各项技术发展的过程中,团队通过承接不同的项目,形成了多个实际的无线移动通信系统、设备与平台,在完成相应的项目任务的同时,也积累了相当多的测试手段。

在3G系统实现后形成的路测仪产品,为场强规划发挥了重要作用。在4G系统实现过程中得到的通信系统平台,经过一定的改装,形成信道测量系统,对移动宽带信道进行实际的数据采集与分析,进而发现信道与环境信息之间的密切关系,从而提出基于学习的信道预测理论和方法,后续进一步发展成层析信道模型。

(2) 4G一期项目(863计划)研发

C3G项目完成之后,863计划开始了B3G的项目组织。

清华大学B3G研究是国家863计划重点支持的B3G的重大项目"中国未来通用无线环境计划"(FuTURE计划)的一部分,其目的是在B3G移动通信发展初期着手开展相关的研究与开发,与国际同步发展,获取具有自主知识产权的核心技术专利,对形成新一代无线与移动通信知识产权和体制标准做出较大贡献,为国家培养一支有一定规模的具有国际竞争力的超前研究队伍,为实现我国未来无线通信产业的跨越式发展创造条件。2001年9月开始准备开展4G系统空口设计的工作,选定OFDM、交织多址、星座交迭、自适应调制等为核心技术,开展全面的系统方案设计。

2001年底,863计划发布信息技术领域通信技术主题的重点课题"新一代蜂窝移动通信系统无线传输链路技术研究"的招标,研究目标为"以新一代蜂窝移动通信系统为目标,重点研究新型高效无线传输技术,实现高效分组数据传输,峰值传输速率达到20 Mbps,用户容量是3G系统的3~5倍,提交实验验证系统和技术规范",预期时间为两年。

依靠先前的积累,以OFDM/交织多址/星座交迭为关键技术,团队提出了创新性的研究思路,一举中标。科技部决定分一期和二期两阶段开展,先由6家(其他单位还有东南大学、北京邮电大学、中国科学技术大学、华中科技大学、电子科技大学等)分别提方案,进行为期1年的研究,再决定淘汰或合并。

在4G一期中,主要的研究任务就是把方案落实到细节,包括链路级仿真系统、无线资源管理算法、硬件平台的开发准备等,即使可能面临二期的很大变数,团队也义无反顾开展研究。为了能对各家方案进行客观的对比,总体组另设了一个新的第三方仿真课题。清华与第三方进行了良好的合作,积极提供仿真方案和方法,协助制定了仿真接口等。

第一年(2002.07—2003.06)时间非常紧张,工作全面铺开,包括算法细化、仿真调试等,特别是期间还遇到了非典疫情,所幸没有受到太大影响。在全面评比后,清华提出的"基于前向时域同步的OFDM和反向多载波频域均衡等"为4个FDD方案中的第一名,与TDD方案第一名、硬件准备更充分的东南大学分数接近。

(3) 4G 二期项目研发

在FuTURE计划一期课题的支持下,中国科学技术大学、清华大学、电子科技大学、华中科技大学、东南大学、北京邮电大学等国内6所高校,分别与华为、上海贝尔、中兴通讯、汉网、西门子、三星等国内外企业开展合作,经过1年多的艰苦努力,完成了6种无线传输链路方案的设计、浮点与定点仿真以及第三方链路性能测试,并初步研究了无线资源管理方案和上层协议;进行了物理层电路设计和验证,基本完成了基带电路核心硬件和软件的设计和测试,并完成了支持分布式多天线接入的射频系统的设计;取得了一些创新性研究成果。

863计划总体组在此基础上开始进行组织与整合,保留了TDD和FDD两个方案,启动试验系统研发。其中,由清华大学、东南大学、中国科学技术大学合作开展FDD系统方案设计与实验系统开发与测试研究工作,具体分工为清华大学负责下行链路,东南大学负责上行链路,中科大负责高层协议,在东南大学进行系统集成,初步联调成功后,转移到上海试验场,开展分布式、多小区覆盖的现场联试与示范。

关键技术的研究贯穿着整个过程,重点包括OFDM传输方式下MIMO多天线的发送与接收技术、分布式无线通信系统相关理论与技术、支持多小区多用户容量增强的交织多址技术、星座交迭技术等。

在前期关键技术研究的基础上,研发团队于2004年初提出了一个基于时域同步的MIMO-OFDM前向链路传输方案,支持多用户、多业务、多小区的资源共享,并开始搭建仿真系统进行仿真验证,6月完成初步的可供第三方评估的仿真模块,7月由西安交通大学进行了第一轮的第三方仿真评估。在此基础上,对发送和接收模块的算法进行了进一步的改进,10月又进行了一轮第三方仿真评估,内容包括单用户、多用户、多小区、高低速业务等,指标包括频谱效率、误码性能、发送信号峰均比等。评估结果表明,性能指标全面达到要求。

在试验系统开发方面,2003 年 11 月试验系统启动时,团队就在一期的系统方案基础上,提出二期的基本实现方案,然后开始与东南大学承担的反向链路方案进行融合和系统参数的统一,并于 12 月完成第一次汇总。同时针对一些算法模块,研究团队也在一期的基础上开始了模块代码设计、硬件设计试验及下载试验。2004 年 2 月,经与东南大学协调,团队基本确定了前向链路方案及主要参数,2004 年中协助东南大学一起确定了系统的整体硬件框架设计,采用由 RoF 连接天线单元和处理单元的方式,处理单元采用 ATCA 结构,FPGA 与 DSP 结合的方式。为了保证联调的效率,经东南大学建议,各子课题单位协商,采用了委托华为公司统一开发硬件平台的模式,于 2004 年底在东南大学的组织下,团队开始与华为接触,并与其共同进行硬件平台的顶层设计。同时也按相应的硬件架构开发相应的功能模块单元,在华为提供电路板之前进行充分的模块级试验,并于 2005 年 3 月协助形成委托华为开发硬件电路板的功能及接口设计定义。随后,为便于接收华为的电路板,受东南大学委派,团队派出相关人员参与华为的硬件接口单元的部分开发工作。2005 年 7—8 月,硬件开发工作基本完成,但由于发货流程的因素,由清华大学采购的电路板直到年底才以借用的形式得到落实,而且也仅是得到其中的一小部分,但是团队终于可以开始真正在硬件平台上的算法调试。得益于事先充分利用自行设计的局部电路板进行了基本上所有功能模块的联调试验,团队得到硬件平台以后经过 1 个多月的试验,于 2006 年初基本完成内部联调,随后前往东南大学参与在总体平台上的联调。至 2006 年 5 月下行链路子系统联调完毕,以不到 20 MHz 带宽达到了 100 Mbps 的峰值传输速率。接着开展了与上行子系统和高层业务子系统的联调,并于 2006 年 6 月通过了分系统验收。

紧接着,团队将所有试验环境在上海试验场进行了复现,与 TDD 分系统一起,开始了四节点、每节点 4 天线的分布式移动试验环境的建设。通过 4 个月的艰苦努力,顺利完成首个完整的分布式移动通信系统示范,支持移动条件下的分布式协作传输和 100 Mbps 的传输速率,及多用户多小区移动覆盖和宽带视频业务演示,顺利通过项目验收。

示范系统中的 FDD 子系统的前向链路由清华大学完成,反向链路由东南大学完成,主控及业务由中国科学技术大学完成。在南京和上海的现场试验结果表明,团队提出的基于分布式无线通信系统的宽带移动通信系统可以用不到 20 MHz 的带宽支持高达 100 Mbps 的业务。

其中在南京的现场试验系统体现了由两个分布式接入点(每个接入点 4 根天线)的分布式无线虚拟小区覆盖,下行采用自适应 MIMO 传输,峰值速率达到 100 Mbps,在测试区域中的平均数据率达到 80 Mbps,测试时的移动速度达到 50 kmph。

在上海的现场试验系统体现了由 4 个分布式接入点(每个接入点 4 根天线)的两个上述虚拟小区的覆盖,下行 MIMO 自适应传输的峰值速率也达到 100 Mbps。此外,还做了由两个分布式接入点构成的高架路传输试验,在 3 km 范围内提供了 25~50 Mbps 的传输速率,移动速度受路况影响最高达 50 km/h。

项目所取得的主要关键技术突破包括以下几个方面。

① 分布式无线通信系统体系结构和概念创新。针对现有蜂窝通信系统结构尺寸无法进一步缩小的问题(即随着蜂窝变小,邻区间干扰会严重到容量密度无法继续增加),提出了通过分布天线之间的联合发送及联合接收,解决了多用户频率重用问题,由于可以很好地控制用户间的干扰,因此使系统容量仍随天线密度的增加而增加。在此基础上还提出了虚拟小区及自适应分布式 MIMO 的概念,减少了频繁的越区切换,从而大幅提高系统容量,同时由于天线密度可以做得很大,也减少了平均接入距离。同时解决了未来移动通信系统中的两个关键问题:频谱效率和功率效率问题。两篇相关论文发表在通信领域最具影响力的期刊 *IEEE Communication Magazine* 上。在分布式天线的联合信号处理和信号发送技术上进行了广泛的研究,并在宽带移动通信试验系统中成功应用,解决了宽带无线覆盖问题。

② 分布式无线通信系统框架。提出了基于分布式天线和分布式联合处理的无线通信系统新型体系结构,以及虚拟小区、虚拟基站等新概念。

③ 多天线收发技术,即 MIMO 技术。引入 MIMO 作为标准配置,其作用是通过多根收发天线提供了信息的多条传输通道,当需要高速率传输

时,可以提供多路空间复用,从而成倍地提高频谱效率,如试验系统中采用的4发4收,在有相当大的其他系统开销情况下,仍提供了约5.8 bit/(s·Hz)的频谱效率。在不到18 M的带宽内可传超过100 M的业务速率。而在要求高可靠性时,MIMO又提供了多路空间分集的作用,大大提高了传输可靠性。在国际范围内,移动条件下如此高的频谱效率及MIMO技术的采用也是很不多见的。

④ OFDM的系统同步技术。提出了基于时域插入少量同步序列的方式实现系统同步的方法,实现了OFDM的快速同步,通过对同步序列的精心设计,使接收机可以在一帧时间内同时完成时隙同步、帧同步和OFDM符号初同步,同时还可以识别出信号所在的小区位置,该项技术已申请了相关专利。

⑤ OFDM系统基于导频的精定时同步和频偏估计。采用了最为精简的导频结构,以减少系统开销,提高频率资源的利用率,通过少量的验证符号及相应的算法,实现了对定时的精确跟踪,同时还提出了一种利用信道估计所需的导频进行系统粗频偏估计的简便方法,实现了系统的快速频偏校正。在这些技术方面也提交了一些专利申请。

⑥ 自适应MIMO。针对室外移动条件下,多天线信道情况复杂多变的特点,为确保系统方案稳定可靠,提出了根据信道条件的变化自适应地采用不同的MIMO传输方式和传输参数的方法,以充分利用信道的传输能力,这对前向信道尤为重要。设计了多种预编码和自适应的方式,其中基于容量估计的发送方式选择的方案已应用于前向链路方案和试验系统。

⑦ 交织多址技术。不同用户在各处的编码调制后经过不同的交织图发送,允许不同用户占用相同的时间和频率资源,从而实现频率高效重利用。其优点是在解决多址信号的白化问题的同时提供了多用户的编码增益,使多用户联合译码接收机可以达到接近多用户容量的性能,其多址性能远优于目前的直接序列扩频码分多址,从最优接收的角度看甚至优于正交多址方案(TDMA/FDMA)。该方法由于只用用户定义的交织器替代一般系统常用的信道交织器,复杂度并没有增加,因此适用范围很广,得到FuTURE计划的认可和应用,同时也得到爱立信等国际大公司的认同,并向3GPP提出相应的标准建议提案。交织多址突破了传统OFDM

技术不能支持同频复用的难点,同时又克服了 CDMA 技术在容量上的损失,具有很好的先进性。

⑧ 星座交迭技术。用于蜂窝前向链路增强的星座交迭技术,充分利用蜂窝环境中不同用户之间的远近效应,利用编码多用户联合发送结合最优功率分配和速率分配,在保证公平性的前提下显著提高了前向总吞吐量。并对此提出了一套相应的自适应用户分组及功率、速率分配方法,取得性能和复杂度的良好折中。

在 B3G 项目中,无线中心全面积极参与了 FuTURE 计划有关的标准化活动,派出专人作为 FuTURE 计划与中国通信标准化组织 CCSA 之间的接口,并担任 CCSA 相关工作组副组长,积极组织向 CCSA 提供的技术报告和提案,同时积极参与有关 FuTURE 计划的国际交流活动,包括中日交流,及在各种多边国际会议上宣传 FuTURE 计划及相关的技术,2004 年 5 月还前往英国代表 FuTURE 计划参加第四代移动通信国际研讨会并作大会特邀报告。2005 年初开始,国际上的标准化活动出现了在第三代系统中引入第四代技术的增强型三代的新趋势,并通过以 3GPP 的增强(LTE)和 3GPP2 的增强(AIE)为代表的新型标准化活动,无线中心积极推动并参与到我国的 LTE 和 AIE 提案活动当中,其中的主要贡献包括在 LTE 中积极推动新型多址技术——交织多址(IDMA),这种在小区内部和小区间实现资源共享的关键技术,通过传输所提交了包括基本概念、原理、性能仿真对比与评估、相关的系统设计等多份相关提案,并积极参与到与国际大公司的技术沟通中。除此之外,在后期比较晚启动的 3GPP2 AIE 标准化活动中,无线中心也以 B3G 项目的主要技术框架为基础,通过传输所向 3GPP2 提出了一个前向链路的基本框架的提案。

(4) 分布式无线通信系统项目

2000 年 5 月,在北京邮电大学举行的国家基金委重点项目立项会上,清华大学和北京邮电大学联合提出的项目立项建议被国家自然科学基金采用,并作为重点项目发布。2002 年清华大学与北京邮电大学提出了本项目的研究资助申请,并获得重点项目支持,项目负责人是清华大学的许希斌和北京邮电大学的吴伟陵。

在 2003—2008 年的项目执行期间,研究团队获得了基于分布式天线的无线通信系统体系结构、非正交传输多址技术、DWCS 的容量分析与发送接收算法、DWCS 动态仿真平台构建、DWCS 无线资源管理算法研究等五项理论成果；在应用方面，获得了 FuTURE 计划试验系统、DWCS 演示试验平台、无线射频模型及无线覆盖方案研究三项成果；共发表论文 131 篇，包括期刊 91 篇，其中被 SCI 收录 27 篇。

2009 年 3 月，由自然科学基金委组织的"基于分布式天线的无线通信系统理论及关键技术"重点项目验收会在清华大学召开。验收意见认为："基于分布式天线的无线通信系统架构是解决未来宽带无线通信大容量覆盖的重要途径，课题对未来无线通信系统发展具有重要的理论意义和指导价值；该课题已圆满完成项目计划，突破了传统的蜂窝无线通信系统概念，突破了分布式无线通信系统关键技术，在新型无线通信系统中得到较广泛的采纳和应用，达到国际先进水平。"

（5）"Gbit"课题（863 计划）研发

2006 年，863 计划在组织上有一定的改革，将专题课题分为探索导向类和目标导向类两类。面向未来更高数据率的移动通信课题为 2006 年设立的目标导向类课题"Gbps 无线传输关键技术与试验系统研究开发"，要求突破基础性的 Gbps 无线传输硬件与软件关键技术，研制出无线数据传输能力达到 1 Gbps 以上的试验验证系统，并进行相关试验和典型业务传输演示。无线中心代表清华大学联合上海贝尔有限公司申请到了该项目，后于 2009 年 12 月验收。验收意见认为："该课题研究并掌握了高频谱效率、低复杂度 Gbps 传输的关键技术，研制完成了一套基于软件无线电平台的宽带视距 MIMO-OFDM 高速传输试验系统，系统由多带聚合的射频模块、天线阵列、高效调制解调、信道编译码、GE 交换网络和业务演示终端等组成；课题组还实现了 5.8 GHz 2X2MIMO 和 3.5 GHz 7X7MIMO 信道测量平台，完成了对宽带 MIMO 信道的测量与建模工作。"

该课题完成的 MIMO 传输系统采用的多带聚合传输系统架构可支持不连续频谱使用，优化的天线阵列设计可支持视距 MIMO 传输，线性预编码技术可有效降低接收机的复杂度，基于 GE 交换的软件无线电平台具有很强的可扩展性和灵活性，试验系统技术指标达到任务书要求，能实现 3D 高清视频传输、FTP 文件传输、电视会议等功能，在关键技术和系统结构上的创新成果具有很好的应用推广价值；课题组提出的基于环境学习的信道估计与预测方法具有独特的创新思路，并通过实测数据得到验证，可以大幅降低导频开销,提高预测精度,在未来移动通信系统中具有重要的应用前景。

(6) 高频段项目(863计划)

863计划重点项目"高频段无线通信基础技术研究开发与示范系统",立项工作从2008年上半年开始,10月发布指南,12月答辩。无线中心代表清华大学牵头,参加单位包括东南大学、北京邮电大学、中国科学技术大学、解放军信息工程大学、上海交通大学、西安交通大学、天津大学、上海无线通信研究中心和普天研究院。项目分6个课题:高频段信道测量与建模(北京邮电大学)、高频段射频与天线(东南大学)、高频段无线传输关键技术(解放军信息工程大学)、高频段无线组网关键技术(中国科学技术大学)、高频段示范数据业务平台(天津大学)和高频段集成示范系统(清华大学)。项目于2009年3月启动,2012年8月验收。

集成示范中,研发团队在FIT楼搭建了一个完整的基于RoF的分布式天线系统,共4个节点,每个节点有两个天线和两个RF通道。采用了基于以太网交换的FPGA数字中频与通用处理器的软件无线电结构,利用自行设计的几十块标准的数字中频板,结合东南大学开发的6~6.5 GHz射频模块,使FIT楼下广场的移动覆盖峰值速率超过1 Gbps。验收意见认为:"该课题突破并验证了高频段(6.15 GHz)传输和组网的关键技术,研制完成了一套Gbps大容量、低速移动及静止环境下的高频段无线移动通信验证系统,系统由高频段高速业务传输与覆盖示范子系统(6 GHz)、高低频段协作传输示范子系统(14 GHz和400 MHz)、高频段基站互联及LTE高频化试验(6 GHz)子系统组成。能实现峰值Gbps无线移动传输、多视点裸眼3D视频传输、多种组网覆盖和高低频段协作的功能。"课题组还进行了高频段单载波传输(8 GHz)试验的工作。

该课题研制完成的高频段无线移动通信验证系统能够可支持分布式覆盖、中继传输、协作传输等多种组网方式,信号带宽100 MHz,可支持峰值速率1 Gbps以上的数据传输、自由立体视频业务传输及50~100 m的移动覆盖,验证了在高频段实现宽带(1 Gbps)低速移动通信的可行性,并验证了分布式组网、中继和协作传输技术,可以有效地解决高频段所带来的传播损耗大和视距条件下的MIMO传输等难题,结台系统级仿真首次验证了分布式组网在高频段覆盖中的重要性,以及高频段和跨频段联合覆盖在未来移动通信中提供更大容量、更高平均速率、更高峰值速率以及更高小区边界速率上的潜力,并验证了高低频段相互协作的优势和应用前景。

(7) IMT-A(支撑计划)

随着863计划"B3G项目FuTURE计划"的实施,国际上受WiMax向蜂窝应用快速推进的影响,3GPP关于LTE和4G标准化的步伐也在加快。国内移动通信业界意识到这是一个在标准化上赶超国外先进技术,在主流标准中占有更大话语权的很好的机会,在2006—2007年就开始了面向4G的研究准备工作,成立了IMA-Advanced推进组,同时也在积极酝酿宽带移动通信重大专项。不过由于各种原因,该专项的启动不断地推迟。为了抓住这个机会,在863计划支持下,作为重大专项启动前的预启动,相关项目开始在科技部体系下的支撑计划项目立项。"IMT-Advanced技术方案研究和关键技术研发"项目在2008年3月正式立项发表指南,并立即开始申报。该项目包含14个课题,其中"面向IMT-Advanced标准化无线接口关键技术研究",是一个正面对应4G标准化的空中接口技术的课题,要为后续开展的重大专项提供先期的、预研的技术支撑。在此之前清华大学已在FuTURE计划研究成果的基础上,积极地推进在IMT-Advanced推进组里的技术标准研讨,因此无线中心作为牵头单位联合了国内17家单位承担了这一课题,合作单位包括清华大学、东南大学、北京邮电大学、中国科学技术大学、上海交通大学、电子科技大学、华中科技大学、北京大学、上海无线通信研究中心、中国科学院计算技术研究所、中国移动通信有限公司、中兴通讯股份有限公司、华为技术有限公司、上海贝尔阿尔卡特、大唐移动通信设备有限公司、中国普天信息产业集团公司、信息产业部电信研究院及北京清深技术开发中心有限公司等。该项目作为紧急发布的项目,要求2008年7月即刻启动,然而由于相关配套的主管机制等因素,正式批复时间已到了2010年。不过所有单位并没有等待,研究工作从项目启动前就一直在开展,并顺利延续到宽带移动通信重大专项启动后,本课题的大部分参与单位不仅直接参与到了由无线中心代表清华大学牵头的后续的第一批重大专项课题中,更是通过这两个课题的研究形成的成果,逐步衍生出后续的一系列的重大专项课题。

该课题在涉及的编码调制技术、分布式天线技术、中继传输技术、

MAC 与链路层技术等方面形成了 44 项国内专利和 3 项国际专利,其中大部分关键技术被写入工信部 IMT-advanced 推进组的中国 IMT-Advnced 关键技术研究白皮书中,为国家的 IMT-Advanced 技术推进做出了贡献。课题成果形成了 39 个 IMT-A 技术组提案。在后续的研究工作中,这些关键技术陆续地被国内各大企业认领,并以标准化提案的方式提交到 IMT-A 标准组(包括 IEEE 子组和 LTE 子组),共 27 篇;进一步融合到向国际标准化组织提交的技术提案当中,形成 IEEE 和 3GPP 提案共 11 篇。对提升我国科研技术创新能力和国内、国际市场竞争力起到了重要的推动作用。

（8）IMT-A 重大专项

2008 年 8 月,随着支撑计划课题的开展以及 IMT-Advanced 推进的进程,重大专项终于进入实质启动阶段,专项第一批课题开始进入相关组织工作阶段。在支撑计划课题基础上,由无线中心代表清华大学牵头,联合东南大学、北京邮电大学、中国科学技术大学、上海交通大学、电子科技大学、华中科技大学、北京大学、上海无线通信研究中心、中国科学院计算技术研究所、中国移动通信有限公司、中兴通讯股份有限公司、华为技术有限公司、上海贝尔阿尔卡特、大唐移动通信设备有限公司、中国普天信息产业集团公司团和信息产业部电信研究院,开始申报国家科技重大专项 03 专项"新一代宽带无线移动通信网"(以下简称 03 专项)第一批课题之一"IMT-Advanced 新型无线传输技术研发",并于 2009 年 2 月得到主管部门的批复。

课题集中了国内从事 IMT-A 前期研究,来自通信高技术研究的高校、研究机构和企业的研发力量,在传输和多址技术、上下行 MIMO 技术、小区间干扰抑制技术、分布式天线技术、中继传输技术、导频设计与反馈技术、控制信令技术、广播多播技术和调制编码技术等方面形成了 35 项关键技术研究成果,申请了 63 项国家专利和 8 项国际专利,向 IMT-A 技术组和标准组等国内标准化组织提交提案 117 篇,获得采纳 37 篇,向 3GPP、IEEE 等国际标准化组织提案 29 篇,获得采纳 6 篇。为 4G 标准化做出了直接的贡献。

移动通信的标准化有两个显著特点,一是由于市场的紧迫需求,有严格的时间节点要求,在预期时间节点还来不及成熟的技术不会被纳入当前版本的标准中,甚至不被接纳参与讨论;另一个特点是它又是开放的,允许版本的不断更新,在前一版本节点中来不及成熟的技术往往会在进一步演进后影响后续版本。在本课题中输出的关键技术及相应文稿,除已被之前版本接受的外,大部分超前于当时的标准化进度,因此还将继续在未来的 4G 后的标准化工作中得到应用,为我国在不断持续的移动通信标准化进程中实现可持续发展打下良好基础。

通过课题组参加单位的共同努力,本课题涉及的先进的基本传输和多址技术,先进的 MIMO、波束赋形和空分多址技术,先进的调制编码技术,先进的调度链路自适应技术,先进的小区间干扰抑制技术,中继和分布式无线通信传输技术,高效的控制信令设计,高效的同步、小区搜索、随机接入、寻呼和切换技术,高效的广播多播系统传输技术,IMT-Advanced 无线接口 MAC 层、链路层技术,先进高效的 MAC 层、链路层结构和信道结构,先进高效的 QoS 机制,先进高效的调度和 RRM 机制,先进高效的安全性管理等多项关键技术研究成果,共同形成了工信部 IMT-advanced 推进组的中国 IMT-Advnced 关键技术研究白皮书。

在本课题中,17 个参加单位共有 200 余名博士研究生和硕士研究生从事相关的研究工作,目前已毕业 29 名博士研究生和 69 名硕士研究生,两名博士后出站,为我国未来 10 年的无线移动通信关键技术研究开发与应用提供了大量的技术人才。

本课题的实施调动了国内在无线通信领域研究前沿的各大高等院校、研究机构和大通信企业开展面向 IMT-A 的无线传输关键技术研究的积极性和热情,在本课题的研究工作基础上,课题组进一步深入开展相关研究,形成各自的研究重点和研究团队,先后形成了一系列有关 IMT-A 单项技术的 20 余项重大专项课题,如 TDD 特定技术研发、IMT-Advanced 频谱聚合技术研发、协作多点传输技术研发、中继技术研发、增强 MIMO 技术研发、多址技术研发、新型无线资源管理研究及验证、关键技术仿真平台、关键技术试验平台开发、开放性关键技术研究、跨层优化技术、多小区多用户干扰抑制和抵消技术、协作中继的网络编码技术、增强多媒体多播技术等以及 802.16 m 技术方案研发与评估。本课题的调研结果、研究经验与方法、研究成果、标准化活动经验等,为这些课题的顺利开展打下了良好的基础。

2.1.3 5G 研发

（1）超蜂窝架构（973）

2010 年起，随着 4G 的相关研究和标准化的全面展开，并走向落地和产业化，无线中心的目光开始转向 4G 以后的移动通信关键技术，为未来可能的更新一代移动通信做储备。当时一个重要的关注点就是移动通信的绿色节能问题。特别是随着速率需求的增加而带来的基站密度增高，导致运营成本，特别是能耗的大幅增加。同时受到当时的绿色节能的国际和国内政策发展趋势的影响，有必要发展绿色节能的移动通信。为此，无线中心与国内多个单位一起，开始了一些相应的前期准备。

无线中心在分布式无线通信系统架构的基础上，进一步引入动态的基站关断以适应业务的空间、时间动态变化，提出了控制覆盖与业务覆盖分离的超蜂窝网络架构。2011 年，由清华大学牵头，立项申请并获资助的 973 项目"能效与资源优化的超蜂窝移动通信系统基础研究"，由牛志升为首席科学家，执行期为 2012—2016 年，下设 6 个课题，其中的课题 2"超蜂窝网络的柔性覆盖与控制理论"，和课题 6"业务特征认知与高能效差异化服务方法"，均由无线中心教师担任课题负责人。这两个课题的核心创新点分别是控制与业务覆盖分离的柔性覆盖和基于业务需求特征的软实时服务。

其中课题 2 由无线中心牵头，华为公司参加，主要贡献为：

所提出的新型柔性覆盖架构，通过无处不在的永远在线的控制覆盖与按需开启的动态业务覆盖相结合，解决了传统蜂窝架构无法通过关闭大量低业务或无业务基站以实现绿色可持续发展的问题。提出的覆盖层与设备解耦及上下行覆盖解耦的概念，使系统设计的灵活性可以大大提高，成为 5G 开放网络架构的主要特点之一。

通过基于 SCMA 的非授权接入和基于部分测量的信道预测技术，有效解决了大部分业务在大部分时间关闭情况下的新业务在时间和空间上的感知问题。使业务基站可以摆脱原先必须提供控制服务的束缚，可以通过包括休眠在内的多种动态方式提供按需的柔性覆盖。其中非授权接入技术为未来 IoT 类业务的大容量、高可靠、低延时接入提供了可靠有效的手段。

课题研究成果中的大规模 MIMO 导频重用技术以及分布式协作传输技术为业务覆盖的峰值能力的提升提供了有效途径;课题中所提出的结合给定空间业务分布进行业务基站开关图案优化设计的方法,可使业务覆盖真正做到与业务空间的动态分布实现匹配。

课题 6 由无线中心牵头,浙江大学参加。主要贡献为:

无线蜂窝网络中相同的数据内容被大量重复传输,造成了网络能耗的增加和无线资源的浪费。然而,现有无线蜂窝网络并不关注所传输数据的实质内容,并对所有移动用户提供无差别服务,因此无法缓解这一传输冗余。本课题在对移动用户行为进行大数据分析的基础上,结合无线蜂窝网络和数字广播系统两方面的优势,提出了以用户为中心、具有数据业务内容动态感知能力的软实时服务机制,试图在提升移动用户体验的同时,降低无线蜂窝网络的传输能耗和无线资源消耗。

本课题研究通过对信息内容的热门度预测、内容对应的目标用户集合的预测,利用无线广播推送技术,设计了软实时信息服务机制,并建立了系统的性能模型,揭示了各个系统参数与系统性能之间的内在关联。算法设计包括业务内容流行度预测、用户信息访问行为预测、动态多播小区构建与内容推送算法等;使用大数据分析手段,通过精确的业务预测,结合多播推送传输手段,提高无线网络的能量效率及用户体验的服务质量。

经过公共网络新闻类信息访问的实测数据模拟验证,在理想的预测算法下,广播排名前 10% 的热门网络内容,可将蜂窝网络中的数据传输能效提升约两倍;经过校园网络在线学习场景的两个数据集模拟验证,在理想预测算法下,可将网络数据传输能效提高 50 倍。

本项成果提出了软实时信息服务机制,给出了用户行为预测、内容流行度预测、信息推送与缓存机制等算法设计。这一成果思想是挖掘通信业务在内容维度上的特征,优化设计通信服务模式与信息传输方式,不仅获得能效与谱效的增益,同时获得用户可体验的服务质量提升。本课题开发的智能路由接入节点演示了软实时信息服务系统的原型,是推动超蜂窝网络架构向未来移动通信系统演进的重要组成部分。

信息是通信系统承载传递的对象,信息源以及信息的发送与接收者之间内在属性的区别,决定了通信网络所需传递的信息可以通过用户和业务两个维度进行刻画。用户决定了对信息的需求,包括信息的内容、信息传递的发生时刻、传递质量的主观要求等;业务则是信息的具体表达形式,业务体现了对信息内容的抽象、涵盖对信息传递过程和传递质量的量化表示。传统移动通信网络是在语音通信需求的驱动下,进行服务机制与网络技术的设计与优化的;随着信息社会的不断发展,用户产生了多种多样的信息需求,映射为各类不同的业务。以此为基础,在信息的传输与服务方式上,本项成果利用用户行为的统计趋同性和业务需求差异性的特点,结合单播、多播与广播,以及点播与预测推送等多种手段,设计面向不同类别业务的差异化服务机制,实现通信网络的高能效优化和资源利用优化。

（2）5G 一期项目

2014 年,无线中心承担了国家 863 计划课题"5G 超蜂窝无线网络架构与关键技术研发",清华大学作为牵头单位负责总体工作,合作单位有中国科学院计算技术研究所、普天信息技术有限公司、联发博动科技（北京）有限公司、北京三星通信技术研究有限公司、西安邮电大学、上海贝尔股份有限公司、北京航空航天大学、工业和信息化部电信传输研究所、中国科学技术大学、中国移动通信有限公司、电子科技大学、东南大学、中国电子科技集团公司第五十四研究所等 13 家。

课题完成了超蜂窝无线组网、以用户为中心的超蜂窝接入网处理以及平台化和虚拟化技术的研究,形成数据与控制平面可分离、接入网处理资源与处理逻辑可分离、接入网处理与小区构成可分离的完整超蜂窝移动通信网络体系构架;搭建了一套包括 19 个小区和 60 根天线的原型验证网络,将超蜂窝无线组网、超蜂窝虚拟化平台、超氛围覆盖子系统和面向用户的接入网与核心网融合架构这 4 个试验系统有效集成。一个虚拟小区总体支持的数据业务吞吐量超过 10 Gbps;通过超蜂窝架构支持的弹性密集覆盖、柔性频谱聚合以及终端直通等技术,其网络覆盖的单位面积吞吐率较 4G 提升了 25 倍。

2018 年 1 月 6 日,项目通过了科技部高技术研究发展中心（高技术中心）的验收,验收意见认为:提出的基于容器技术的兼具统一编排与准实时迁移的虚拟化平台架构、基于通用以太技术的分布式前传网架构、基于超蜂窝无线组网的以用户为中心的接入网与核心网统一架构技术,在 5G

标准化中发挥了积极作用,研究成果具有创新性。

(3) 5G 二期项目

2015 年,无线中心承担了国家 863 计划课题"5G 无线网络非栈协议虚拟化关键技术研究开发",清华大学作为牵头单位,负责总体工作,合作单位有上海贝尔股份有限公司、北京理工大学、电信科学技术研究院、中国移动通信有限公司、武汉虹信通信技术有限责任公司、中国科学院信息工程研究所、重庆大学、北京信息科技大学、中国科学技术大学、东南大学、北京邮电大学、中国人民解放军信息工程大学和天津大学共 13 家单位。

课题针对异构无线网络信令开销较大、网络间业务响应时间较长等问题,完成了非栈式协议框架、全局网络视图、智能编排器和按需网络切片这 4 个方面的研究,通过用户面、控制面和管理面的解耦与互动,用户面的平坦化和控制面与管理面的跨层多域协同,形成以非栈式协议框架为核心的异构无线网络虚拟化关键技术,将非栈式协议框架、全局网络视图和智能编排器有机结合,以满足无线网络按需切片的需求。

课题开发了基于非栈式协议框架的低时延与高并发网络架构的验证平台,实现了用户面平坦化和全局化控制处理、全局网络状况报告和多域会话互动、动态网络编排器和半静态网络设施编排、空口和接入网网络切片以及虚拟网络映射与资源分配等关键技术的实验验证。第三方测试表明,与现有 4G 系统异构方案相比,信令开销降低 20%,业务相应时间降低 80%,系统吞吐率提升 10% 以上。

2018 年 2 月 2 日,项目通过了科技部高技术中心组织的验收,验收意见认为:项目提出了低开销高效率的非栈式协议框架、用户面平坦化和全局控制处理、实例化动态网络编排和半静态网络设施编排、按需编排的接入网网络切片、虚拟网络映射与资源分配等技术,研究成果具有创新性。

2.1.4 移动通信基础理论及关键技术

(1) 分布式无线通信系统及理论体系

蜂窝通信系统是当前移动通信的最基本结构。随着用户数量和通信速率需求的不断增加,蜂窝小区的密度越来越小,而随之也带来了小区间干扰不断增加,切换频繁、频率规划复杂和成本提高等问题。传统蜂窝结构严重制约了系统容量的进一步提高。

针对这个未来宽带信息系统的瓶颈问题,无线中心首次提出了基于分布式天线的分布式无线通信系统概念与方法,提出通过光纤等高速互联和宽带交换连接的分布式天线及处理节点,实现分布天线之间的联合发送及联合接收。将天线节点与无线信号处理解耦,为解决用户间的干扰控制和联合收发,进一步提高接入点密度、降低接入功率以及发掘与拓展无线多址信道容量奠定了体系结构上的基础。

由于分布式无线通信系统(DWCS)不仅符合当前电信系统网络结构扁平化的思想,还同时解决了未来移动通信系统中的两个关键问题——频谱效率和功率效率问题,针对该体系结构及相应的虚拟小区、虚拟基站、适应分布式 MIMO 等概念,课题组先后有两篇论文在通信领域最具影响力的期刊 *IEEE Communication Magazine* 上发表。

DWCS 体系结构受到国内外学术界和产业界的广泛关注。当时第三代移动通信刚刚完成标准化,4G 还未提上议事日程,FuTURE 计划将其采纳为未来移动通信系统的基本架构,并在我国第一个超三代宽带移动通信试验系统中实现了其中部分结构与概念。该试验演示系统于 2006 年 11 月正式验收并对外开放以后,受到国内外电信界极度关注。在项目验收中,分布式无线架构被评价为该项目的最重要创新项目。

随着 4G 标准化的进展,DWCS 的系统架构特征逐渐以 CoMP(协作多点传输)、C-RAN 等形式进入大量的标准化提案,以及未来演进架构中。

在 DWCS 研究基础上,无线中心结合未来可持续发展需求,提出了一种基于三种不同层次分离的未来系统架构,包括基站天线与信号信息处理的分离、控制覆盖与业务覆盖的分离、上下行基站覆盖分离。可有效解决未来高用户密度、高峰值速率、大动态业务的高能效支持,实现在能耗和频谱严格受限情况下的无线传输能力高速可持续发展。

(2)非正交多址

在蜂窝移动通信系统中,传统的正交多址方式由于人为的正交划分限制了多用户信道容量的充分发挥。即使是 3G 中广泛采用的码分多址技术,也只部分解决了低速业务条件下的多小区频率重用问题,而未来高速业务条件下的多址问题等仍难以得到很好的解决。

在 3G 系统刚刚完成标准化的时期,无线中心就针对这个限制整体系统谱效率发展的问题开展研究,突破了以往的以正交技术为基础的多址技术,提出了一套在正交分割基础上的非正交传输多址技术,大大提高了小区内部的前向多址容量、反向多址容量,同时为小区间的频率重用提供了一种具有更高频谱效率的传输方式。其中包括充分利用小区内的远近效应解决在一定公平性前提下前向信道容量突破问题的星座交迭技术,和解决小区间的干扰协调与容量增强问题的交织多址技术等。相关论文也发表在通信领域最具影响力的期刊 *IEEE Communications Magazine* 上。

以星座交迭和交织多址为主的非正交多址技术的提出也受到国内外的广泛关注,这两项技术都被列入 FuTURE 计划当中作为主要关键技术进行突破。其中交织多址技术由于研究得相对成熟,与现有体制兼容性更好,被 FuTURE 计划作为一种未来无线通信的主要技术向国际标准化组织 3GPP 推荐,作为其长期演进(LTE,后称为 4G)中解决小区间干扰的建议。由于 4G 标准化的时间进度非常紧,这些提案当时只能作为后续方案。随着 4G 标准化结束,5G 兴起,非正交多址成为 5G 的热门核心技术被世界各国的学术和产业界广泛研究,并将继续在 6G 的技术演进中得到发展。

(3) 基于环境学习的信道估计与预测方法

移动通信系统必须随时掌握信道特性,然而为得到复杂时变环境下的信道,普遍依赖当时的导频插入及实时测量反馈,特别是在移动及多天线条件下导致严重的导频和反馈开销及反馈不及时导致的信道信息过时。

为解决这个问题,课题组提出了一种建立在环境先验信息条件下的信道估计与预测方法,通过平时的环境信息感知和学习,可大幅降低导频反馈开销,并实现长期的信道预测。在前述信道测量平台的支持下,通过实际信道测量初步验证了该方法的有效性。

在该研究思路基础上,正进一步开展用于信道估计与预测的环境信息学习参数的分析与提取,通过建立环境数据库及学习机制,形成一个开放研究方向,并成为 973 项目"智能协同宽带无线网络理论基础研究"中"多变参数无线传播环境模型及建模方法"课题的核心思路。

(4）用户通信行为分析与智能信息服务机制

为满足用户信息通信的需求,在无线通信网络中,网络协议与算法的优化是在链路传输能力约束下,提高网络资源利用效率、提高业务服务质量的重要研究领域。

无线中心自2005年开始加强开展通信网络协议与算法的研究。与NEC、DoCoMo、Intel、华为、中兴、中国移动等工业界国际知名企业合作,在MAC接入算法、异构网络路由算法、多用户多小区的干扰抑制与抵消、无线自组织网络、无线认知网络等专题上开展科学研究与工程实践。在多小区、异构分层、多通信体制网络共存的应用场景下,提出MAC层频谱接入和物理层资源分配的联合优化算法、智能网络资源感知的路由管理算法、多体制网络的干扰避免与协同算法等。理论研究成果发表于国际顶级期刊,获得发明专利授权8项,其中4项专利与工业界合作完成产业转化。网络协议算法与无线中心自主研制的无线通信硬件平台,完成了多跳自组织MESH通信终端的完整解决方案,经过产业转化,已在警用和军用领域服务于实际工作。

从2010年开始,以网络协议研究为基础,开展了无线通信的用户行为和信息服务机制的研究。研究发现业务内容访问特征的趋同性(即少量的热门内容被频繁访问)、业务内容访问特征在时间、空间上的聚集性和迁徙性。进而从内容的时空分布特征出发,将用户业务内容的趋同性与无线通信的广播特性相结合、将业务的时空聚集和迁徙性与动态小区规划接入相结合,提出了软实时业务服务机制。作为核心概念之一,在2012年支撑了绿色通信领域第一个973项目"能效与资源优化的超蜂窝移动通信系统基础研究"的研究工作,验收成绩为A。研究以移动用户的需求特征为导向,在对移动用户数据业务请求进行准确预测的基础上,动态调整数据内容的传输方式,实现对数据业务内容高效、精准的提前推送。这一机制打破了传统单一优化通信网络的思路,实现了计算资源、传输资源和存储资源的协同优化。与现有的CDN网络或其他类似技术相比,软实时业务服务机制更加适应移动互联网的新架构,也能够更深入地利用信息内容在产生、传播过程中的固有特征。其所提出的具有一定缓存、分析能力的智能接入节点,代表了从用户和实质信息内容角度对通信系统进行优化的思路,有可能对未来通信网络的新结构和服务方式的变革产生一定的影响。

无线蜂窝网络中相同的数据内容被大量重复传输,造成了网络能耗的增加和无线资源的浪费。然而,现有无线蜂窝网络并不关注所传输数据的实质内容,而且对所有移动用户提供的是无差别服务,因此无法缓解这一传输冗余现象。在对移动用户行为进行大数据分析的基础上,结合无线蜂窝网络和数字广播系统两方面的优势,提出了以用户为中心、具有数据业务内容动态感知能力的软实时服务机制,试图在提升移动用户体验的同时,降低无线蜂窝网络的传输能耗和无线资源消耗。

(5) 基于无线大数据的信道建模与改进传输技术

随着移动互联网和物联网的深入普及,尤其是新一代信息技术与先进制造等工业领域深度结合、相互渗透,无线通信的业务量正在以每年增长 1 倍左右的速度迅速激增。而这些无线传输的业务数据与为了传输、中继、交换而产生的控制信息数据和管理信息数据一起构成了无线大数据。显然,无线大数据在规模与复杂度上的快速增长对现有 IT 架构的处理和计算能力构成了挑战。尤其在无线频谱日益紧张的今天,无线大数据带来的严峻挑战,将极有可能使无线通信成为信息通信产业下一步发展的瓶颈环节,从而成为重大发展需求。

无线大数据的一个突出特点是它在类型、复杂度、数据量上的快速增长已超过无线通信网络线性扩展规模所能提供的处理能力极限。我国和美欧的主要发达国家正在部署的 5G 研发工作,意图就是通过天线的规模扩展(即 Massive MIMO,大规模天线)、频谱资源的规模扩展(使用毫米波频段)和小区密度的规模扩展(即超密集组网)等技术手段来应对挑战。但目前的研究发现,大规模天线、超密集组网等技术都存在限制因素,即小区内和小区间干扰的存在限制了规模的继续增加。此外,近些年学者们提出的基站联合发送、多用户 MIMO 预编码、干扰管理等多项传输和组网的先进技术,本来可以取得较高的频谱效率,但在实际使用中却发挥不出应有的效用。这其中核心的原因是缺乏精确的信道状态信息(CSI)。以 LTE 的下行传输为例,通信模式是:①终端测量 CSI;②终端计算并反馈简化的 CSI;③基站根据反馈信息进行调度和预编码;④基站发送下行预编码数据包。这里的简化 CSI,是系统在完整 CSI 所需开销与简化导致的性能损失之间取了折中的结果。因此,未来无线通信的一个关键问题是，如何以很低的开销获得精确的信道状态信息，以支持先进技术的使用，缓解小区间和小区内干扰对大规模天线、超密集组网等技术的规模扩展带来的限制影响。

针对这个核心问题，无线中心开展了基于无线大数据的信道建模与改进传输技术研究，核心思想是通过无线大数据挖掘和智能学习的方法提取有效的无线传播环境参数，从而大幅降低信道状态信息的不确定性，提出高精度、低开销的信道状态信息获取和使用机制。这个研究思路与当前各国部署的5G研发战略是一种互补关系，侧重基础理论与方法的研究，尤其是深入挖掘无线大数据的"额外价值"并加以利用，进而在更深的层次产生原始创新技术，推动无线通信的信号处理方法和网络体系架构进一步优化和革新。

这一研究方向是前期"基于环境学习的信道估计与预测方法"的深化，采用了大数据方法和机器学习方法。事实上，随着研究的开展，本研究方向与定位技术、雷达技术之间存在交叉支撑。无线中心在国际上率先开展了一系列基于无线大数据的信道建模方法的研究，首先针对校园热点区域信道场景、郊区宏蜂窝信道场景、高人口密度建筑信道场景、酒店大堂信道场景等10种典型场景进行大规模信道测量；其次，运用大数据处理方法进行信道参数提取计算方法研究，开展了基于大数据的信道建模方法研究，在研究了信道状态信息的时变性基础上提出了层析信道模型，即将信号传播环境中的因素划分为静态环境信息、动态环境信息和扰动信息三部分，研究得到了三种信息的划分准则和提取方法，提出了基于高斯混合模型的静态环境信息建模方法，在一个典型路段，根据测量结果，计算得到了电磁地图；针对车联网、毫米波传输、高速铁路、密集组网等当前5G的研究热点和难点，提出了运用大数据计算信道状态信息的方法研究和应用方案。本团队已经进一步开展了新频段（39 GHz 和 73 GHz）、新场景（无人机的空地通信）和新思路的信道建模工作。

中心牵头申报了由无线大数据方面的研究观点和研究思路形成的重点基金项目"无线大数据建模方法"，通过了国家自然科学基金委的评审和支持并获立项。在此方向上发表10余篇论文、2件专利，参加了中科大与中国移动、华为、爱立信共同负责的无线大数据白皮书（中、英文）的撰写工作。

(6) 开放网络架构理论与技术

无线中心从成立之初起,在以 DWCS 为代表的一系列科研项目中自觉探索软件无线电技术路线,且在无线移动通信网络的各个层与域的系统构架都有深入思考与探索,在 DWCS 项目中第一次汇总形成了三个分离的技术理念。在此后 10 年间,无线中心继续在无线网络系统构架的方方面面进行探索与实践。其中"控制/业务覆盖分离的超蜂窝架构"与"面向基带集中化的 C-RAN 方案"两个技术方向在学术界和产业界产生了较为重大的影响。

"控制/业务覆盖分离的超蜂窝架构"构成了 973 项目"能效与资源优化的超蜂窝移动通信系统"的重要支撑。该项目面向国家建设资源节约型、环境友好型社会的战略需求,针对无线数据与视频业务的飞速发展及通信业务量的指数增长所带来的频谱与能耗瓶颈,大幅提高移动通信系统能量效率,提出了面向高能效的超蜂窝网络的体系架构,通过控制信道覆盖与业务信道覆盖,适度地分离引入网络的柔性覆盖、资源的弹性匹配及业务的适度服务机制,实现能效与资源的联合优化。控制覆盖与业务覆盖的分离,一方面,解决了传统基站动态开关实现节能与用户控制远在线需求之间的矛盾;另一方面,也将软件定义网络中的控制面/数据面分离,从核心网扩展到接入网甚至电磁波的无线覆盖中的控制与业务的分离。

在 C-RAN 技术方向上,无线中心在"基于 GE 交换的 GPP SDR Gbps 传输平台"项目中积累了 GPP SDR 相关研发经验,并与 IBM 在无线接入网云-Wireless Network Cound、与 Intel 在 LTE SDR 终端协议开发以及与 Microsoft 在 DWCS over Sora 这三大 IT 产商的合作中进一步深化,上述技术探索在 C-RAN 技术发展早期鼎力支持中国移动与 Intel,促成了 C-RAN 技术的燎原之势。在后续的 C-RAN 技术产业界发展,2012 年重大专项课题"支持基带集中处理的 RAN 构架研究"中承担了基于 GPP 架构的基带处理协议栈的研究工作;在 2013 年重大专项课题"基站资源池虚拟化关键技术研究"中承担外场实验验证的工作;在 2014 年重大专项课题"面向 C-RAN 的低功耗通用处理器平台研发"中承担实时虚拟化技术的动态载波迁移和扩展研究工作。

上述各个技术方向的探索在 2015 年再次迎来一个全面交汇的节点,以国家 863 计划 5G 预研为契机,无线中心将十数年来无线系统架构方面的技术经验加以总结和升华,全面提出了"开放网络架构"的理念与设想,在 IMT-2020 推进组、5G 峰会、863 计划项目、海峡两岸协作中持续倡导和推介开放网络架构与开源社区协作。在 863 计划项目"第五代移动通信(5G)系统前期研究开发(一期)"中承担"5G 超蜂窝无线网络构架与关键技术研发"课题,课题研究面向 5G 的无线组网、接入网处理以及平台化、虚拟化构架以及组成技术,分别产生 5G 超蜂窝无线组网仿真平台和 5G 超蜂窝接入网处理仿真平台,并最终产生统一的原型验证系统。在 863 计划项目"第五代移动通信系统(5G)研究开发先期研究(二期)"中牵头"5G 无线网络非栈协议虚拟化关键技术研究开发"课题,针对未来 5G 业务和网络最主要的特色——异构,重构传统网络协议栈的紧耦合模式,定义业务面、控制面、管理面和网络视图相解耦的非栈协议框架,并最终产生统一的原型验证系统。

整个开放网络架构的研究,进程横跨 2013—2018 年,获得多方支持,包括科技部的两个 863 计划课题支持,分别是超蜂窝开放网络架构和非栈协议架构,这是科技部支持 5 个架构类课题中的两个。同时此架构研究还获得了华为、中兴、英特尔、中国移动、海峡交流中心等支持,衍生 6 个大型项目,主要以万物互联为目标场景,大幅提高无线通信频谱和能量效率,有效降低信令开销和网络延迟。2018 年以上述课题的结题验收为契机,对长达 5 年的开放网络架构进行了系统性总结,并将大型原型系统 FIT Testbed 的研发与建设作为技术验证支持平台,还通过无线开源运动的推动对上述关键技术的产业推广进行了有益尝试。课题验收中建设的大型原型验证系统 FIT Testbed 成为国内重要的开放平台。无线中心于 2015 年首倡并发起成立 Open5G 开源社区,已经成为学术界的重要合作组织。清华大学 open5G 开放网络架构测试床 FIT Testbed 从 2014 年开始建设,包含 19 个小区 60 根天线的大型验证系统,部署在清华大学 FIT 楼 4-510 房间的 3、4、5 层楼道、楼顶以及楼内竖井中。可进行 5G 完整网络演示与测试,包括终端、射频、前传网、基站池、核心网以及业务切片网络。开放网络架构的研究影响了 5G 核心网 SBA/eSBA 标准化、5G 前传网 xRAN 接口标准化,YaRAN 所实践的云原生虚拟化技术也成为 NFV-I 技术新趋势,而无线组网 HCA 双连接技术是各国 5G 网络早期建设 NSA 方案的支持技术。

2.1.5 专网移动通信

(1) 无线移动多媒体系统(动中通)研制

21世纪初,很多领域都要求现场的多媒体信息(图像、图片、语音、指令、数据等)可以及时和指挥中心通信,特别是在部队、公安、交管、消防、城管、工商执法、安全反恐等领域。当时基于集群或基于电台的系统都无法提供如此宽带的业务,专用多媒体移动通信在国际上是一个空白。对专用多媒体移动通信的需求日益迫切,专用的移动通信系统有非常广阔的应用前景。

届时,国内、国外专用移动通信系统的技术水平还仅相当于民用移动通信系统20年前的水平,有很大的潜在机遇。国际上尚无非常成熟的、支持多种业务接入的、面向专用网应用的宽带无线通信系统,通常采用的数字集群系统落后公众网技术发展20年以上。国内一些厂家提出如GOTA、GT800等系统都是在民用移动通信系统上增加调度功能,其技术也是在GSM和CDMA技术的基础上的升级,各方面技术仍较落后同时也不能完全满足专用网的需求。由于所采用的多是二代或二代半的技术体制,完全套用民用的技术体制,没有很好结合专用移动通信的需求,因此推广情况并不乐观。

2005年,无线中心和北京久华信信息技术有限公司联合研制无线多媒体传输系统(动中通)。在公安部门的密切配合下,以专用网的具体需求为出发点,在完成国家863计划(C3G、B3G)和自然科学重点基金(软件无线电、分布式无线通信系统)的基础上,将公众网的研究成果应用于专用网,采用分布式天线技术、软件无线电技术、单载波频域均衡技术及高性能纠错技术等前沿技术,提出了针对专用无线移动图像传输的拥有一批核心的自主知识产权的全新技术方案和技术体制。

2007年初完成系统研制,该系统的部分指标达到或超过了3G LTE以及WiMax,同时又兼顾大范围覆盖、配置灵活、支持多种业务、接续快捷、运维简单等专用网的具体需求,当年就开始现场试验和初步商用推广,在公安、武警、边防、部队、消防、林业、安全等200多用户及工程中使用,两年共创产值4600万元。特别在山西省公安厅建设了全省无线移动视频监视系统,受到公安部的高度重视。

2008年,在北京奥运会火炬传递的过程中,新疆、福建、山西、湖南、吉林、辽宁、浙江等省(自治区)都采用了无线移动多媒体系统(动中通),为火炬传递的顺利进行提供了强有力的支持;在火炬登顶珠峰的过程中,国家边防总局、西藏边防总队也使用了该系统,取得了良好的效果。

2008年,"5·12"大地震发生后,国家地震局、省公安厅使用该系统传回了大量第一手资料,为抗震救灾中的指挥调度工作提供了有力的保障。

2008年5月31日,项目通过了教育部组织的科技成果鉴定。孙玉院士任鉴定专家组组长,鉴定意见认为:该项目整体技术达到国际领先水平,有明显的经济效益和社会效益,在我国专用通信网的宽带移动视频传输方面有推广应用价值。

2009年1月,成果获中国电子学会电子信息科学技术二等奖,获奖证书如图2-1所示。成果完成人有:王京、赵明、许希斌、曹鹏志、刘于昕、郭兵、许光定、韩明、赵熠飞、孟琳、杨海斌、周春晖、丁国鹏、钟晓峰、成功。

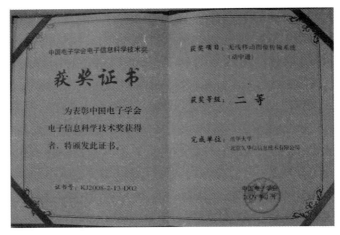

图2-1 中国电子学会电子信息科学技术二等奖

(2)宽带多媒体集群系统

2010年5月,在国家发布的《"新一代宽带无线移动通信网"国家科技重大专项2011年度课题申报指南》中,将"宽带多媒体集群系统技术验证"作为课题列入"宽带无线接入与短距离互联研发和产业化"项目中。

2010年6月,许希斌带领清华团队参加公安部第一研究牵头的课题可行性论证,完成申请书的编制工作。同年该课题获国家批准立项。"新一代宽带无线移动通信网"总体组设立了"宽带多媒体集群"总体技术组,电子科技大学李少谦担任组长,许希斌代表清华大学参加技术总体组工作,任副组长。"宽带多媒体集群系统技术验证"课题分为超高速、高速、中速三种模式并分别进行研制,中速模式由公安部第一研究所牵头组织实施。许希斌作为清华大学课题负责人参加"宽带多媒体集群系统技术验证(中速)"课题,承担了"无线接入子系统开发"和"终端设备的研制"两个任务,项目经费达1600万元。

中速宽带多媒体集群系统需要向行业用户提供高效的指挥控制能力、实时的系统响应能力、高度的安全防护能力、灵活的机动重组能力、按需的资源共享能力、多种业务应用能力、多场景的使用能力、模块化的配置能力和架构的可扩展能力,同时要向下兼容窄带集群系统,充分利用现有专网基础设施。为满足上述要求,中速宽带多媒体集群系统的研制需要技术创新,解决重大问题。接入子系统是中速集群系统的关键设备,为保证用户请求的快速响应,支持多媒体业务的传输,解决了大区制组网、载波与频谱聚合技术、基站自组网、随机接入碰撞避免算法、动态频率资源管理、基于软件无线电的可重构基站、基于感知的动态频率复用等重大问题。在终端侧解决了终端脱网直通、终端节能、多模终端的可配置性及垂直切换算法研究、终端多点协作技术、音视频编码技术等重大问题。

2013年8月,课题组完成研制系统的外场测试;2013年10月,通过了公安部第一研究所组织的验收,各项指标满足任务书要求;2014年8月,"宽带多媒体集群系统技术验证"通过了国家最终技术验收。

(3) 新一代无线局域网

03专项研发和产业化的重点是以新一代宽带蜂窝移动通信网为主,宽带无线接入系统为辅,短距离无线互联为补充。无线中心以突破高吞吐量无线局域网和面向物联网的无线局域网核心技术为目标,开展了IEEE 802.11ac、802.11ah、802.11ax技术研发。

在物理层和MAC层的增强技术,包括链路自适应子载波调制编码技术、物理层超帧、OFDMA和多用户MIMO、频谱感知、干扰协调、信道聚合、多信道并传、信令机制、增强型LDPC等方面形成了多项关键技术研究成果,申请32项国家专利,向IEEE 802.11标准化组织提交提案32篇,修改意见46项,为IEEE 802.11ac标准化做出了直接的贡献。

面向IEEE 802.11ax(即IEEE 802.11ac的演进技术),课题组提出若干大幅改进效率的方法。在面向物联网应用、提高吞吐量、克服邻网干扰等无线局域网演进方向上,提出了邻AP协作传输、动态认知信道绑定技术、全双工组网、群映射等多项大幅提高WLAN性能的技术方法,发表直接相关的论文11篇,撰写专利9件,已经提交IEEE标准化文稿24篇,已成为国内WLAN创新技术研究的重要力量,获得了2010年、2012年、2013年和2016年四期重大专项的支持,并担任了2010年项目负责人。2013年研发出了IEEE 802.11ac的原型系统,实测最高空口速率达到1.755 Gbps、频谱效率为21.9 bps/Hz,为当时国内报道的最高水平。2016年3月在NWGN大会上首次展示了全双工WiFi组网技术。

(4)卫星移动通信

研发周期短、使用寿命长、灵活可靠的卫星通信平台是新一代卫星通信技术的发展趋势。

针对卫星通信平台的特点,课题组引入软件定义无线电的概念,研究适合星上使用的可重构通信技术,可以在很大程度上缩短卫星的研制周期,显著提高系统的性能可靠性和使用寿命。

如前所述,无线中心的前身931研究室自1995年以来在软件无线电(SDR)领域开展研究工作。1997年,承担了863计划支持的软件无线电的研究,完成了一个基于FPGA、DSP的软件无线电平台,支持4种工作模式。1999年,又在自然科学基金的支持下完成了国内第一个全软件化的软件无线电平台,并在平台上实现了IS95基站的部分功能,演示验证可下载、可重构、可扩展等软件无线电设计思想。2000年,在SDR论坛的研究报告中,清华大学被评为亚洲从事软件无线电Test bed研究的5个主要单位之一。经过近10年的研究,无线中心在软件无线电领域掌握了一批有自主知识产权的关键技术,打下了深厚的基础。

2007—2016年,无线中心分别主持完成了863计划"十一五"课题"可重构卫星通信平台"和"十二五"课题"星上××××"。

在卫星移动通信领域,课题组解决了天通体制和新一代卫星移动通信体制以及新一代卫星移动通信不同带宽的子载波级别处理兼容难题,同时为星上处理提高可靠性、降低体积功耗提供了新优化维度;提出可重构无线通信处理平台参考模型，通过覆盖解耦、处理解耦和计算解耦，将无线通信系统和网络分解为三个维度，独立设计优化，通过重构从支持不同的体制、不同的带宽，网元可以灵活地部署在不同位置，使得不同硬件平台的实现可以级联工作或互为备份，提出了 SDR over SDR 的开发模式，支持卫星平台研制和通信体制开发并行进行，C/U/M 面在不同研制阶段灵活部署，在不明显损失性能的情况下，降低卫星的体积功耗，缩短了开发周期。

2010 年 5 月，863 计划"十一五"课题"可重构卫星通信平台"通过科技部验收，被评价为"研究成果具有创新性和应用前景"。

2016 年 6 月，863 计划"十二五"课题"星上××××"通过了科技部验收，评价为"相关研究成果为我国新一代卫星移动通信系统的研制建设提供了技术支撑"。

项目成果支撑了新一代卫星移动通信系统设计，目前已经开展型号设计，未来将沿"一带一路"走出国门，使我国从一个没有自主卫星移动通信技术产权的国家提升为能提供区域卫星移动通信的国家。项目中提出的软件定义的协议栈将重构、编排、软件定义有机结合理论和方法，成为 5G 开放无线网络主要理论和技术支撑；6G 时代地面移动和天基移动进一步融合，一种灵活的可重构的网络架构将成为必然选择，本项目前期研究成果将发挥巨大作用。

2.1.6 无线通信系统标准化

长期以来，移动通信产业的竞争集中体现在核心知识产权与标准的竞争上，通信标准的制订已经成为实施国家标准化战略的具体步骤之一。我国从 3G 开始就面临着无线通信系统的核心知识产权与标准的国际竞争，不仅要在技术领域不断开拓创新，而且要提高无线通信标准中的自主知识产权含量，把具有我国自主知识产权的技术写进国内标准，继而争取写进国际标准，为我国无线通信行业开拓国内市场和国际市场服务，加快我国移动通信产业的发展，以使我国的移动通信产业在国内外拥有最大的市场份额。

（1）主持全国移动通信标准化的技术工作

2004 年 3 月，为了在新技术、新体制、新标准的创立初期形成研究优势,使研究课题直接与国际技术的发展与标准化进程衔接,把核心技术的超前研究与标准化工作密切结合,掌握未来移动通信技术的核心知识产权,对国际主流移动通信技术和标准的发展形成主导性影响,中国863计划的FuTURE计划项目总体组在东南大学尤肖虎教授、信息产业部电信研究院曹淑敏副院长和清华大学王京教授的安排下,启动了B3G(Beyond 3G)标准化工作,成立了FuTURE_B3G标准化工作组。该工作组的参加成员为FuTURE计划项目内从事B3G研究的所有高校和科研机构。工作组在参与FuTURE计划项目的高校和研究机构设有专人,形成了完整的组织架构,负责在FuTURE计划项目中全面推进B3G标准化工作。

2005年4月,随着FuTURE计划项目与中国通信标准化协会(CCSA)在B3G领域的合作不断加深,在双方联合召开了多次有关B3G的研讨会之后,中国FuTURE计划项目总体组指派FuTURE_B3G标准化工作负责人、清华大学信息技术研究院无线中心副主任粟欣,直接参与筹建中国通信标准化协会CCSA_TC5_WG6(B3G)工作组,并通过正式选举担任了该组副组长,FuTURE计划项目成员也全部加入了该工作组,分别成为CCSA正式会员单位。

无线中心拥有"清华信息科学与技术国家实验室(筹)""微波与数字通信技术国家重点实验室"和"国家211无线通信技术实验平台"等优秀的研究环境和资源,聚集了清华大学在无线移动通信、宽带无线接入技术领域的重要研究人才队伍,在第三代/第四代/第五代移动通信系统与终端、无线局域网和无线城域网系统与技术等领域已经取得多项具有国际先进水平和自主知识产权的创新成果。从我国第一套数传机开始,在我国数字微波通信、大容量数字微波、个人无线通信、无线通信网络、第三代/第四代/第五代移动通信等各个发展阶段都做出了重要贡献。

20世纪90年代,无线中心以主任王京为核心的团队在国内外无线通信学术界和工业界获得认可,其无线通信研发实力得到一系列国家纵向和企业横向研究项目,以及系统实际应用的验证,在国内高校研究队伍中独树一帜。作为中国863计划FuTURE计划项目的主要高校成员和后来的FuTURE Forum发起单位,无线中心成为3G移动通信规模商用前,4G及后续移动通信研发和标准化的国内技术协调单位,实至名归。2005年伊始,无线中心代表清华大学和全国高校,开始主持全国移动通信标准化的技术工作,推动了我国 B3G、4G 及以后的无线通信研究领域技术研发与标准化活动的不断结合,为我国在无线通信领域取得更大的成绩做出了积极贡献,奠定了发展的基础。

(2)组织中国第四代移动通信系统技术标准化

从 2004 年 3 月起,在无线中心的积极组织、协调与推动下,FuTURE 计划标准化工作组与 CCSA_TC5_WG6 工作组密切合作,结合国际电信联盟(ITU,简称国际电联)的研究进展和时间表,在新一代无线通信系统的远景规划、业务和市场、频谱研究和技术趋势方面,开展无线新技术攻关和标准化工作。同时,关注蜂窝、WLAN、WMAN 等多种无线技术的发展和相互之间的协作,并研究全 IP 网络的发展方向。在跟踪和参与 ITU 关于新一代无线移动通信研究的同时,FuTURE 计划标准化工作组通过 CCSA 积极向 3GPP、3GPP2、IEEE 和 ITU 等国际标准化组织提交了中国的多项 4G 候选技术。

2007 年 3 月 8 日信息产业部在北京召开会议,科技司在会议上宣布中国 4G 推进组——IMT-Advanced 推进工作组(4G 推进组)正式成立。4G 推进组由 16 名专家组成,工信部电信研究院副院长曹淑敏任组长,东南大学尤肖虎教授和中国移动集团研究院副院长王晓云任副组长。清华大学信息技术研究院无线中心主任王京教授任专家组专家,副主任粟欣任技术工作组组长。科技司领导在成立会议上做了重要发言,介绍了 4G 推进组成立的背景和重要意义,强调了 4G 推进组应在宽带无线移动通信专家组已取得的成果基础上开展推进工作,希望 4G 推进组每位专家不仅要充分反映本单位的意见和建议,也应把握好国家和集体利益的关系,既要直言不讳,又善于求同存异,为我国参与 IMT-Advanced 活动做好各项准备。随后,4G 推进组组长曹淑敏主持召开了 4G 推进组第一次会议,讨论确定了 4G 推进组的具体工作职责并落实了相关事宜。

2007 年 3 月 18 日,王京代表清华大学向 4G 推进组书面提出"关于我国如何开展 IMT-Advanced(4G)标准化工作的建议"。认为 IMT-Advanced 的标准化工作是为未来 10 年无线移动通信产业化做准备,标准中包含的自主知识产权决定了未来产业发展的主动权。我国在 3G 发展中比较艰难地将 TD-SCDMA 发展成了 IMT-2000 的系列标准之一,并独立支撑了 TD-SCDMA 的整个产业发展过程。TD-SCDMA 的最大成功就是向国际社会展示了中国在 3G 产业发展中是认真和负责的。中国可以在 IMT-Advanced 标准制订中同样发挥重要的作用,特别是在知识产权方面,中国应该将更多的具有自主知识产权的成果放在标准中。从中国内部环境看,在国家重视的程度、产业界的实力、科研开发的能力、掌握的核心技术、参与国际标准化的经验等各个方面都好于当年提出 TD-SCDMA 标准的时候。此前,国家从各个层面已经为 IMT-Advanced 标准制订做了大量的准备工作,应该说是参与 IMT-Advanced 标准工作的大好时机。同时也应该看到,当时的国际环境比八年前恶化了很多。正是由于 TD-SCDMA 的标准建立和系统商用成功,也使国际社会在制订 IMT-Advanced 的标准中不会再轻视中国的力量,而且可能会通过各种方式阻碍中国的发展。王京明确指出,从标准制订的发展来看,虽然准备提出标准的国家和集团也是很多的,但最终就像 2G 和 3G 一样,通过市场的选择走向统一或者收敛到两三个标准上,而运营商组织 NGMN 对全球统一的标准呼声很高,也许这会引起 ITU 和其他标准化组织的重视。针对这样的情况,我国应该制订严密的发展策略,利用各种力量,最终达到我们的标准化目标。

王京预计 IMT-Advanced 标准仍将会是 FDD 与 TDD 共存,以适应不同的应用场合,后来得到 4G 移动通信网络规模商用的证实。我国的标准化策略应该首先在 TDD 标准上,以 TD-SCDMA 后续演进为基点,提出完整的技术解决方案;在 FDD 标准上,以 863 FuTURE 计划项目为基础,提出完整的技术解决方案。其次,在提交 ITU 之前将这两个方案与国际公司沟通协调,争取进行融合,将尽可能多的自主技术放入融合方案。最后,如果融合不成功,可以直接提交 ITU,在大环境下再争取融合。为此,中国在发展 IMT-Advanced 标准中,应尽可能多地将具有自主知识产权的成果放到国际主流标准中。具体包括:

① 符合 IMT-Advanced 移动通信需求的新型系统构造方法和全新的移动通信小区与网络拓扑结构,包括分布式无线通信系统(DWCS)结构、分布式无线电(DR)结构和簇小区(GC)结构等,以有效克服 2 GHz 以上频段的无线电波衰减瓶颈。

② 在 IMT-Advanced 移动通信环境下的 MIMO 信道模型、基本理论与信号处理技术等方面的系列研究成果,包括适应 MIMO 的导频插入方案,

并提供在提高频谱利用率10倍以上、逼近香农信道容量方面已经获得的验证结果。

③ 针对IMT-Advanced移动通信业务模型的无线传输技术方面的研究成果,包括TDS-OFDM、GMC、IDMA、星座交迭等核心技术,以适应未来移动通信大动态数据、高频谱效率的需求。

④ 以逼近香农限为目标的新的纠错技术与无线资源管理方面的研究成果,包括在AMC、HARQ等方面的技术研究成果。

⑤ 多天线理论与IMT-Advanced移动通信信道结合方面的研究成果,包括2 GHz以上频段的高速无线传输信道模型、测量研究、终端天线等。

2007年4月24日,中国4G推进组技术工作组第一次会议在北京召开,参会的22名代表来自工信部电信研究院、中国移动、中国电信、清华大学、北京邮电大学、电子54所、大唐、华为、中兴、上海贝尔等单位。会议由技术工作组组长粟欣主持,讨论通过了技术工作组的工作方法和计划,明确了贯彻4G推进组所制订的技术工作组职责的重要性,确立了技术工作组的目标,细化了今后会议讨论的方式,包括文稿讨论的方式、通过文稿的方式以及协调的方式等。讨论并通过了技术工作组的技术征集通函,分别从网络、系统构造、多天线理论、多址等方面对所提技术进行定义。讨论并通过了技术框架报告结构以及技术评估准则和方法等。

2007年5月24日,4G推进组向在新一代无线移动通信(IMT-Advanced)技术上有一定积累的国内企业、高校和科研机构正式发出了"IMT-Advanced技术征集通函"。截至2008年8月31日,共发出4轮国内技术征集通函,各企业、高校和科研机构纷纷响应,积极提交提案,为我国深度参与面向IMT-Advanced的国际标准化工作奠定了基础。

2008年9月20—21日,工业和信息化部科技司在北京友谊宾馆召开"新一代宽带无线移动通信网"重大科技专项2009年课题指南讨论会,开启了历时十年的国家经费大力支持中国4G技术研发、标准化和产业化进程。会议由工信部科技司张新生副司长主持,参加会议的有重大专项管理办公室、4G推进组专家,技术和标准工作组组长、副组长,科技部、国资委、财政部和发改委领导等。技术工作组组长粟欣在会上详细介绍了IMT-Advanced技术工作组征集技术建议和评估情况,以及后续工作思路和重点考虑,为国家科技重大专项在新一代无线移动通信技术和系统的研发、标准化和产业化方向上合理布局,提供了重要参考。

截至2012年底,技术工作组共召开全国性会议24次,主持规模技术测试评估多次,收到国内企业、高校和科研单位提交文稿700余篇,经过全体会议认真讨论,会后开展定向互评,共接受技术文稿270余篇,完成《IMT-Advanced空中接口技术框架》报告和《IMT-Advanced技术征集评估报告》,发布了《中国IMT-Advanced关键技术研究白皮书》。主要内容涉及:

① 宽带无线个人通信新体制和新模式,适应未来移动通信以数据业务为主的无线接入网络技术;

② 符合IMT-Advanced移动通信需求的新型系统构造方法和全新的移动通信小区与网络拓扑结构;

③ 在IMT-Advanced移动通信环境下的多天线理论与实现技术;

④ 针对IMT-Advanced移动通信业务模型,适应未来移动通信大动态数据、高频谱效率需求的,适用于大规模、广域覆盖的多址接入传输技术;

⑤ 新型的编码与调制方法,包括高效的自适应链路编码与调制的中国技术,以及逼近香农限的新技术方面的研究成果;

⑥ 用于评估IMT-Advanced传输技术的无线信道模型、新型测量方法等;

⑦ 满足IMT-Advanced系统需求的无线资源管理技术,如灵活的频谱资源分配和多无线接入技术的资源协调。

在中国4G技术研发和标准化阶段,无线中心全程主持工信部组织的中国IMT-Advanced(4G)技术征集和评估工作,参与3GPP、IEEE、ITU等与4G相关的国际标准制订,参加中国通信标准化协会(CCSA)、未来移动通信论坛(FuTURE Forum)、中日韩4G合作(CJK B3G)等标准化组织,提交了4G标准化提案52篇,包括工信部4G推进组10篇,CCSA 17篇,FuTURE Forum 4篇,CJK B3G 2篇,其他19篇,主持制订中国通信行业标准1项,取得了可喜的成绩。

(3) 组织中国第五代移动通信系统技术标准化

随着4G的产业化和规模商用,基于4G的移动互联网面对未来爆炸性的移动数据流量增长、海量的设备连接、不断涌现的各类新业务和应用场景,开始显得力不从心。来自移动互联网和物联网迅速增长的需求,成为下一代移动通信发展的两大主要驱动力。

面向2020年及未来,基于5G的移动互联网将推动人类社会信息交互方式的进一步升级,为用户提供增强现实、虚拟现实、超高清(3D)视频、移动云等更加身临其境的极致业务体验。移动互联网的进一步发展将带来未来移动流量超千倍增长,推动移动通信技术和产业的新一轮变革。基于5G的物联网扩展了移动通信的服务范围,从人与人通信延伸到物与物、人与物智能互联,使移动通信技术渗透至更加广阔的行业和领域。基于5G的移动医疗、车联网、智能家居、工业控制、环境监测等将会推动物联网应用爆发式增长,数以千亿的设备将接入网络,实现真正的"万物互联",并缔造出规模空前的新兴产业,为移动通信带来无限生机。同时,海量的设备连接和多样化的物联网业务也会给移动通信带来新的技术挑战。

2012年7月,ITU启动了未来技术趋势(IMT.Future Technology Trends)研究工作,旨在研究移动通信的频谱效率提升、更大和更灵活带宽使用、多样化业务支持、用户体验改善、能效提升、网络、终端、运营部署、安全等方面技术的未来发展趋势。随后,ITU启动5G标准化前期研究,凝聚全球共识,规划标准化进程:

第一个阶段是到2015年底,也就是2015年世界无线电大会召开之前。重点是完成5G宏观描述,包括5G的愿景(IMT.Vision)、5G的技术趋势(IMT.Future Technology Trends)、5G的候选频段(IMT.ABOVE 6 GHz)和ITU的相关决议,并在2015年世界无线电大会上获得必要的频率资源。

第二个阶段是2016—2017年底,这是技术准备阶段。ITU主要完成技术要求,技术评估方法和提交候选技术所需要的模板等内容。最后正式向全世界发出征集5G候选技术的通函。在这段时间内,业界应该积极开展5G技术研究,做好向ITU提交候选技术的准备。

第三个阶段是收集候选技术的阶段。从2017年底开始,各个国家和国际组织就可以向ITU提交候选技术。ITU将组织对收到的候选技术进行评估,组织技术讨论,并力争在世界范围内达成一致。2020年底,ITU将发布正式的5G标准。故此,5G也应该被称为IMT-2020。

面对新一轮移动通信技术更迭的重大机遇,全世界主要国家及相关企业纷纷提前加大5G研发投入,积极引导技术发展,争夺5G发展主导权,争取在新一轮的国际竞争中占据优势地位。

2013年2月19日,由工信部、科技部和发改委联合成立了中国5G推进组:IMT-2020(5G)推进组(IMT-2020 Promotion Group,IMT-2020 PG),先于其他国家大刀阔斧地向前推进5G研发工作。同年4月19日,5G推进组第一次会议在北京召开。工信部部长苗圩出席会议并发表重要讲话,他指出,随着ICT产业的进一步融合,移动通信产业将对经济社会的发展带来重要影响。我国在移动通信技术经历了2G追赶、3G突破之后,已经开始部署4G网络。面对5G新的发展机遇,应当及早谋划与布局,5G推进组第一次会议标志着我国移动通信第五代技术研究的开始。苗部长强调,面对新一轮的技术变革与挑战,5G推进组责任重大,专家组要放宽视野、开阔思路、敢于突破。要注重技术创新和体制机制的创新;既要注重自主研发,也要广泛开展国际合作。希望各位专家以强烈的责任感和使命感,积极为5G事业做出贡献。苗部长最后指出,在3G和4G的发展过程中,科技部、发改委和工信部紧密配合、共同推动,取得了很好的成果。希望在5G工作中能够一如既往,既分工明确又通力协作,依托5G推进组,充分发挥产学研用各方优势,采取市场经济下的举国体制,合力推进5G研究工作。

国际5G技术研发和标准化进展也很快。欧盟不断加大5G研发支持力度,依托第七框架计划(the Seventh Framework Programme,FP7)启动了5G-PPP等多个重大项目,研发经费超过14亿欧元。英国凭借萨里大学在信息通信领域的权威影响,创建了5G创新中心(5G Innovation Center,5GIC)。韩国成立了5G Forum,设立"GIGA Korea"重大科研项目,并于2014年6月与欧盟签署5G战略合作协议,共同推动高频段通信等5G技术。日本依托标准化组织ARIB组建了5G特设工作组"2020 & Beyond Ad Hoc",积极推动日本5G技术研究和标准化。爱立信(Ericsson)、诺基亚西门子网络公司(NSN)等欧洲公司发布5G白皮书,表明其对5G需求及概念的理解,并开展5G关键技术演示。韩国三星(Samsung)公司开展高频段通信的演示,期望通过高频段的更大带宽来提升业务速率。日本NTT DoCoMo联手爱立信、三星、NEC等6家国外设备制造企业在2015年开展5G技术验证实验。同时,由这些公司组成的国际论坛联盟如NGMN、WWRF多次组织5G研讨会,积极推动5G发展。世界三大主流标准化组织ITU、3GPP、IEEE先后启动了面向5G的概念及技术研究工作,旨在加速推动5G标准化进程。

中国5G推进组在组织架构上基本继承4G推进组IMT-Advanced的架构,共设有7个工作组:需求、技术、频谱、IPR、3GPP、IEEE、ITU,通过秘书处和IMT-2020论坛沟通国内外组织。先期开展工作的有3个工作组,分别是:需求工作组(中国移动胡臻平任组长),5G需求集中在高性能、低成本、低能耗、网络融合、频谱有效、用户体验好,组织研讨会对5G需求进行讨论以达成共识;技术工作组(清华大学粟欣任组长),采取技术征集—技术评估—技术白皮书(技术池)工作流程,对国内技术方案进行协调组织,形成5G技术概要和5G技术池;频谱工作组(国家无线监测中心黄标任组长),围绕WRC15开展频谱研究,为5G频谱需求服务。

2013年5月31日和6月25日,由无线中心主持的技术工作组分别召开第一次和第二次工作组会议,全国近30家知名设备制造、电信运营、科研单位和高校参会(其中有高校14所),达到156人次。共收到会议文稿117篇。参会单位多,投稿积极,收到的会议文稿多,文稿涉及的关键技术覆盖面广。内容涉及多天线传输、信号处理、高频通信、频谱共享、低时延高可靠通信、密集网络、M2M、与WiFi融合组网、D2D、网络架构和网络智能化等。

与此同时,技术工作组基于业界提出的潜在技术方向,分析各项技术的发展潜力和应用前景,调研我国5G技术领域的技术积累情况,进一步明确后续研究内容和工作计划,依托IMT-2020(5G)技术组,向成员单位广泛征集最新研究成果,基于各成员单位提交的技术文稿,进行研究、分析和梳理,组织成员单位分工撰写《5G关键技术框架报告》,形成了报告初稿。报告涉及的研究领域分别是:新型多天线传输、新型信号处理、高频段传输、频谱共享、密集网络、多制式/模式融合组网、新型网络架构、网络智能化、M2M、终端直通和低时延高可靠等,每个研究领域包含多个关键技术方向,通过从技术原理及优势,国内技术积累情况,技术成熟度及应用难点和关键研究内容四个维度分析各技术方向的发展潜力和应用前景。其中,清华大学信研院与英特尔中国研究院、中国移动共同研发的集中式 RAN 无线接入方案，进行能效与资源优化的超蜂窝移动通信系统基础研究，形成的能量效率与频谱效率作联合优化项目成果，以及后续提出的 Open 5G 网络架构和基于 NO Stack 的虚拟化无线接入网方案，为需求工作组、频谱工作组、863 计划和国家科技重大专项后续课题的布局提供了可靠的技术依据和参考。

2014 年 5 月 29 日，5G 推进组在北京召开首次峰会，发布《5G 愿景和需求》白皮书。这是由无线中心主持的技术工作组与需求、频谱工作组密切合作的成果。其中，中国首次提出的 5G 之花成为了全球瞩目的焦点，集中体现了中国的学术和工业界对 5G 的正确理解和描述。5G 之花非常巧妙地将描述 5G 的 6 个性能指标和 3 个效率指标，分别通过花瓣和绿叶的方式表达出来，在与 4G 的性能指标进行对比的同时，突出了 5G 希望强调的用户体验速率和单位面积连接数量两项指标，一目了然并充满技术美感。由中国提出的 5G 这一图形表述和将 5G 标准命名为 IMT-2020，一起得到了 ITU 的批准和成员国的普遍认可。2015 年 2 月，5G 推进组又进一步发布了《5G 概念白皮书》，全面描述了 5G，包括 5G 技术场景、5G 关键技术、5G 概念和 5G 技术路线等。

2015 年 5 月 28 日，5G 推进组在北京召开年度峰会，无线中心主任王京作了题为"开放（开源）5G（网络）——可持续发展的移动网络开放架构"的主题报告。从 5G 开放的背景、意义和途径，到 5G 开放网络架构、开放硬件、开放软件和无线接入虚拟化等，进行了高屋建瓴的阐述和分析。该报告也是无线中心牵头承担的两个国家 863 计划 5G 先期研究（5G 超蜂窝无线网络构架与关键技术研发和 5G 无线网络非栈协议虚拟化关键技术研究开发）在国内外具有重要影响力的项目研究思路和初步成果的集中体现。由无线中心代表清华大学提出的非栈式协议框架 NO Stack(Not Only Stack)与清华大学之前提出的超蜂窝无线网络架构一样，获得大会高度关注。在本次峰会上，5G 推进组发布了《5G 无线技术架构》白皮书和《5G 网络技术架构》白皮书，分别从 5G 场景与技术需求、5G 无线技术路线、5G 空口技术框架、5G 无线关键技术、5G 网络总体设计、5G 网络功能设计和关键技术等，展示了中国 5G 技术研究、标准化和产业化思路。

2016 年 5 月 31 日，5G 推进组在北京召开年度峰会。这是由 IMT-

2020(5G)推进组联合欧盟 5G PPP、韩国 5G 论坛、日本 5GMF 和美国 5G Americas 共同主办的第一届全球 5G 大会。5G 推进组组长曹淑敏院长介绍了推进组的工作情况,正式宣布推进组将加强国际合作,支持国际成员参加工作。在本次峰会上,5G 推进组发布了《5G 网络架构设计》白皮书,从 5G 网络架构设计、5G 网络代表性服务能力、5G 网络标准化建议等方面,阐述了中国研究和开发 5G 网络的方案设计。其中,以用户为中心的无线接入网设计具体展现了清华大学提出的分布式无线通信系统(DWCS)的设计思想,突出了"网随人动"的新要求,使所设计的 5G 无线接入网具有灵活的无线控制、无线智能感知和业务优化、接入网协议定制化部署等能力。

2017 年 6 月 12 日,5G 推进组在北京召开年度峰会,发布《5G 网络安全需求与架构白皮书》和《5G 经济社会影响白皮书》。技术工作组主要成员单位全程参与撰写工作,并为两本白皮书的形成提供了大量背景支撑材料。《5G 网络安全需求与架构白皮书》针对 5G 面临的新业务场景、新技术和新特征、新商业模式、各种接入技术和设备,以及增长的隐私关注的挑战,从联合鉴权架构、多层切片安全、按需安全保护、安全能力展示、各种安全证书管理和灵活的隐私保护角度,阐述了 5G 网络安全架构。《5G 经济社会影响白皮书》提出第五代移动通信技术(5G)正在阔步前行,它将以全新的网络架构,提供至少 10 倍于 4G 的峰值速率、毫秒级的传输时延和千亿级的连接能力,开启万物广泛互联、人机深度交互的新时代。作为通用目的技术,5G 将全面构筑经济社会数字化转型的关键基础设施,从线上到线下、从消费到生产、从平台到生态,推动我国数字经济发展迈上新台阶。工作组分析了 5G 经济社会影响的传导机制和测算框架,展望了 5G 对经济社会发展的贡献及前景,提出了充分释放 5G 发展潜能的相关举措建议,引起了国内外广泛关注。

2018 年 6 月 21—22 日,5G 推进组在深圳召开年度峰会。举办了 5G 技术产业创新论坛暨 5G 应用大赛颁奖典礼、5G 应用创新论坛,发布了推进组最新 5G 研究和试验成果。技术工作组积极组织主要成员单位全程参加会议,与国内外移动通信产业链上下游企业和车联网、工业互联网等相关垂直行业应用单位一起,深入讨论了 5G 经济和社会价值,共同探讨 5G 技术、标准、研发、试验、产业、融合应用等方面的发展现状、未来趋势、关键问题和解决方案,在中国5G技术普及和系统试商用与规模商用进程中发挥了基础支撑作用。

(4) 牵头制订中国通信行业专网标准

专用移动通信网络简称专网,是为特定的行业或群体提供安全可靠服务的专业网络。全球专用移动通信技术已经开始数字化,模拟设备逐渐被替代,数字专用移动通信系统成为主流。随着专用移动通信网络的不断建设,专网用户的数量在不断激增,所服务的行业也由传统的公共安全扩展到目前的交通运输、石油化工、能源、金融以及物流等众多关系民生的领域,尤其在应对突发事件和自然灾害的过程中发挥优势。专网用户种类多元化的发展,用户对自身所使用的窄带专网功能也提出了新的应用需求。专用移动通信网络需求从"听得见"向"看得清"发展成为趋势,面向行业应用的集群系统的宽带业务需求日益显著。

与此同时,世界上许多国家或地区都在信息化城市建设方面做出努力,通过建设宽带无线城域网等信息平台,把整个城市的经济、政治和文化等方面的信息资源有机地整合起来,以提升城市综合经济环境,加快区域经济合作,降低企业运作成本,改善市民生活质量,提高政府职能的透明度和监管能力。信息化城市建设可为城市带来无穷的发展活力,不仅在提升城市的综合竞争力和管理、服务效率,改善市民的生活质量和城市的投资环境,提高城市的知名度和科技含量,以及改善城市的形象——Hi-Tech City 方面有独到之处,而且在推进城市的经济转型、产业升级,带动传统产业的改造与提升,增强产业链的系统竞争力,吸引追求高效率的现代制造业,带动传统服务业的发展(旅游、商贸、餐饮、娱乐),以及现代服务业的发展(物流、金融、房地产、IT服务)都有着十分巨大的推动作用。

此外,随着现代信息技术特别是移动通信技术的飞速发展,电信网、计算机网和广播电视网都在寻找更大的发展空间,趋于相互渗透和相互融合,正逐步形成"三网合一"的局面。在我国通信、计算机信息和广播电视产业领域中,"三网合一"存在的主要难点之一是接入网问题,接入网问题又被称为"最后一公里问题"。宽带无线接入正成为解决"三网合一"接入网问题的有效手段之一。

2006年12月,无线中心在多年研究宽带无线移动通信、宽带无线接入和数字多媒体广播技术的基础上,面向高速移动、高速数据、低成本和低价格的市场需求,提出了具有完全自主知识产权的宽带无线接入系统——BRadio(Broadband Radio)。基于 BRadio 的专用宽带无线接入系统着重解决了在专网通信领域的"统一指挥,协同作战"问题,尤其在系统调度方面进行了大规模的优化,提高了系统的总体数据吞吐量,使系统能够支持更多的宽带业务模式。该系统可以灵活配置无线资源,支持多种典型信道环境下的语音、数据及其他多媒体业务,也支持高速移动、广域覆盖场景下的应用,可供相关单位设计、规划、运营和管理设备时使用。同时,该系统支持广播、组播和单播三种呼叫方式,支持多终端和指挥中心实现视频会议系统,支持高优先级业务强拆和强建信道,支持业务接入时间较短等。

相对于广域覆盖的移动通信网,基于 BRadio 的专用宽带无线接入系统着眼于区域性或行业性覆盖,能更快地将新技术推向市场,符合国家中长期发展纲要提出的战略:支持研发满足城乡和行业近期应用需求的低成本宽带无线接入,使之与国家当前的国情和各个领域的需求更好地吻合,以简便灵活的宽带无线接入与广域覆盖的蜂窝移动通信相辅相成,以技术创新、集成创新带动产业发展,使我国的无线移动通信产业从"中国制造"向"中国创造"转型。该系统的主要技术创新为:

① 下行采用的时频域联合的正交频分多址(TFU-OFDMA)技术。

此技术经历了多次系统测试,已经在 20 多个省(市)建立实验网,其时间同步性能优于在 4G 中广泛应用的 CP-OFDM。

② 上行采用的时频域联合的单载波调制时分多址(TFU-SCMA)技术。

BRadio 上行关键技术 TFU-SCMA 所支持的系列产品,已在公安、消防等专用宽带无线接入领域得到成熟应用。

③ 交织多址(IDMA)同频组网技术。

在多小区组网时将 IDMA 应用于 BRadio 系统上行链路,根据不同的交织器区分用户,并在接收端采用多用户迭代译码消除用户间的干扰。

④ 灵活的无线资源配置。

BRadio 系统可以支持高速移动环境下的广域覆盖,终端移动速度可在 250 km/h 以上,最高信息传输速率达 20 Mbps,并可以通过 MIMO 技术扩展到 100 Mbps,从而充分满足宽带专网用户的高移动性和高传输率需求。在随后的几年时间里,无线中心组织了精干团队,将该系统投入应用和产业化,取得了较好的社会和经济效益。

2010 年 11 月 30 日,无线中心牵头工业和信息化部电信研究院、京信通信系统控股有限公司、中国普天信息产业股份有限公司和上海贝尔股份有限公司等单位,向中国通信标准化协会 CCSA TC5 WG3 第 41 次会议提交"基于 BRadio 的专用宽带无线接入系统物理层和 MAC 层技术要求"初稿。会议代表热烈讨论了初稿,对 TFU-OFDMA 技术、TFU-SCMA 技术、Preamble 等问题进行了集中质询。会议建议起草单位继续完善标准,在后续会议提交征求意见稿进行讨论。

2011 年 4 月 20 日,无线中心以牵头撰写的"基于 BRadio 的专用宽带无线接入系统物理层和 MAC 层技术要求"征求意见稿,提交中国通信标准化协会 CCSA TC5 WG3 第 42 次会议讨论。与会代表对标准文本进行了逐章逐条审查,提出了许多修改意见,并决定下次会议继续讨论。

2011 年 8 月 10 日,中国通信标准化协会 CCSA TC5 WG3 第 44 次会议继续讨论"基于 BRadio 的专用宽带无线接入系统物理层和 MAC 层技术要求"征求意见稿。会后无线中心积极组织规范参加单位,针对修改意见,逐条进行整改落实,形成了送审稿。

2011 年 11 月 13 日,中国通信标准化协会 CCSA TC5 WG3 第 45 次会议审查"基于 BRadio 的专用宽带无线接入系统物理层和 MAC 层技术要求"送审稿。会后无线中心组织规范参加单位对传输所、三星等单位提出的合理意见,及时进行采纳和修改。

2012 年 1 月 9 日,无线中心代表清华大学向中国通信标准化协会递交了清科文【2012】286 号"关于报批《基于 BRadio 的专用宽带无线接入系统:物理层和 IAC 层技术要求》通信标准类技术报告的函",提请中国通信标准化协会根据 2010 年"关于印发中国通信标准化协会 2010 年第二批通信标准类技术报告制定项目计划的函"的要求,就标准化项目组完成的通信标准类技术报告《基于 BRadio 的专用宽带无线接入系统:物理层和 MAC 层技术要求》,进行审批、编号和发布。

2012 年 3 月 25 日,无线中心牵头制订的《YDB 082-201 基于 BRadio 的专用宽带无线接入系统:物理层和 IAC 层技术要求》通信标准类技术报告由中国通信标准化协会发布并实施。主要撰写人为粟欣、许希斌、曾捷、赵明、王京和肖立民等,参加单位为工业和信息化部电信研究院、京信通信系统控股有限公司、中国普天信息产业股份有限公司和上海贝尔股份有限公司。

2012 年 4 月 11 日,无线中心牵头工业和信息化部电信研究院、京信通信系统控股有限公司、中国普天信息产业股份有限公司和上海贝尔股份有限公司等单位,向中国通信标准化协会 CCSA TC5 WG3 第 48 次会议提交"基于 BRadio 的专用宽带无线接入系统物理层和 MAC 层技术要求"行业标准立项申请。经过参会单位认真讨论,一致同意推荐该项目立项。

2012 年 11 月 15 日,工信部科技司召开标准立项专家评审答辩会,无线中心提交《基于 BRadio 的专用宽带无线接入系统:物理层和 MAC 层技术要求》行业标准立项申请,阐述了拟立标准项目在体系表中的位置(成套、成体系地提出标准立项)、是否属于重点项目、对产业发展的作用和意义,与国际标准(国外先进标准)的对比分析情况,与现有标准的协调配套情况等。该项目经过专家质询,顺利通过立项答辩,进入标准制订的后续流程。

2013 年 12 月 31 日,工信部正式发布"YD/T 2677—2013 基于 BRadio 的专用宽带无线接入系统物理层和 MAC 层技术要求",主要撰写人为粟欣、许希斌、曾捷、赵明、王京和肖立民等,并宣布于 2014 年 4 月 1 日开始实施。这是全国首次由高校牵头制订的宽带无线接入行业标准,并在实施过程中得到工业界的广泛认同。该系统通过技术创新、集成创新带动产业发展,成为我国宽带无线通信标准的核心支撑之一。

在无线通信专网领域,由无线中心团队牵头制订的这一标准的参与单位是国内一流的通信企业、科研单位和高校,拥有国家授权专利 35 项,软件著作权两项,发表 SCI 论文 19 篇,正式发布的行业标准引领了国内专网规范制订、产品研发和市场推广,研制的系统及系列产品在多个行业和领域得到了广泛应用,实现了自主知识产权的国内专用宽带无线接入系统的产业化,为信息与通信工程学科建设做出了突出贡献。

2016 年 2 月 19 日,北京市委、市政府在北京会议中心召开"北京市科学技术奖励大会暨 2016 年北京市科技工作会议"。无线中心牵头的"基于 BRadio 的专用宽带无线接入系统的研发及应用"项目荣获北京市科学技术奖(见图 2-2)。本次获奖与无线中心长期在无线与移动通信技术领域的深耕研究密不可分。"基于 BRadio 的专用宽带无线接入系统的研发及应用"项目的实施,也取得了可观的经济及社会效益,项目成果在北京产业化,上缴利税,吸纳就业,培养了一大批专用无线通信技术人才,在推动首都无线通信产业结构优化升级、服务首都城市建设和社会管理等方面发挥了较好的作用。

图 2-2 北京市科学技术奖

自成立以来,无线中心发挥清华大学的综合学科优势,以求解无线通信领域的问题为立足点,以国家需求为导向,坚持创新,发展方向专注于无线通信基础理论的研究、无线传输技术的创新与开发以及无线网络架构的研究和应用,致力于实现以无线移动通信网络为基础设施的万物互联的新型信息社会;在第三代移动通信系统研究开发、第四代移动通信关键技术研究、第五代移动通信前期研究开发和宽带无线接入系统开发等方面取得了一系列具有自主知识产权的创新成果;自 2003 年以来,在无线传输、系统与网络、标准化及技术转化等科研方向上,将无线传输与网络共性技术的研究成果与创新点进行积累,逐步形成各种无线通信系统的创新框架;通过参与各种标准化组织工作、应用产品开发以及无线开源社区活动,体现技术创新的成果及其价值,支持和推动了我国无线通信产业的发展。

附无线与移动通信技术研究中心发明专利授权与软件著作权登记情况:

表 2-1 发明专利授权情况

序号	名称	发明人	专利号	授权公告日
1	自适应门限 W-CDMA 时隙同步方法与装置	周春晖、赵明、许希斌	ZL01134460.1	2003.10.29
2	构建网络稳定性自适应的自组织网络终端的方法	钟晓峰、王有政	CN03158155	2005.10.05
3	有效降低子载波间干扰(ICI)的分段解调算法	周世东、许希斌、肖立民、姚彦	ZL03157388.6	2006.03.22
4	非正交分割和时分分割相结合的复用方法	周世东、王京、刘柳	ZL03137566.9	2006.03.22
5	非正交分割的功率和速率分配方法	周世东、王京、刘柳、姚彦	ZL03137567.7	2006.06.07
6	用于正交频分复用下差错敏感型业务的资源调度方法	周世东、肖亮、王京、周春晖、粟欣	ZL03137573.1	2006.06.07
7	利用 PN 码同步信道获得 OFDM 系统粗同步的方法	周世东、许希斌、周春晖、陈翔、周慧强、肖立民、姚彦	ZL03157053.4	2006.11.01
8	利用频域 PN 序列导频获得粗频偏估计的方法	周世东、周春晖、王京、陈翔、孟琳	ZL03157387.8	2006.12.20
9	用于 OFDM 下保障实时业务服务质量的调度方法	周世东、肖亮、姚彦、肖立民、粟欣	ZL03137574.X	2007.02.07
10	一种和 RS 码等效的编码以及其快速编译码的算法	赵明、张秀军、赵熠飞、周世东、王京、姚彦	ZL03121939.X	2007.03.07
11	无线通信中提高蜂窝小区下行频率复用效率的方法	周世东、李云洲、王京、姚彦	ZL200310117187.5	2007.03.14

续表

序号	名称	发明人	专利号	授权公告日
12	用于正交频分复用系统的数据自适应混合自动重传方法	程锦霞、周世东、李云洲、姚彦、王京、粟欣、肖立民、许希斌	ZL200510067959.8	2007.05.02
13	基于最远信道搜索的动态信道分配和使用方法	许希斌、叶晓辉、周世东、肖立民、夏亮、吴伟陵	ZL200510011384.8	2007.09.05
14	用于OFDM精同步的频域导频与验证符号算法	周世东、赵明、陈翔、许希斌、王京、周慧强	ZL03157056.9	2007.11.07
15	用于异步码分多址系统的分组单次干扰抵消方法	周世东、任晓东、周春晖	ZL2003137557.X	2007.11.14
16	一种Turbo码与多维调制级联的系统编译码方案	齐心、周世东、赵明、王京、许希斌、肖立民	ZL200510011229.6	2008.01.23
17	用于OFDM中的子带自适应Turbo编码调制的方法	周世东、余小明、周春晖、姚彦、肖立民、粟欣	ZL200310103049.1	2008.01.23
18	基于可用信道搜索的动态信道接入方法	许希斌、叶晓辉、李云洲、周世东、肖立民、吴伟陵	ZL200510086293.0	2008.09.10
19	基于中断概率的空时分组码下行发送功率分配方法	王京、周世东、韩双锋、赵明、李云洲、许希斌、甘剑松	ZL200610112768.3	2008.10.22
20	一种正交频分复用系统信号发送及接收方法	周世东、陈翔、李云洲、许希斌、姚彦、王京、粟欣、肖立民	ZL200510109174.2	2009.04.22

续表

序号	名称	发明人	专利号	授权公告日
21	OFDM 中固定吞吐下子带自适应 Turbo 编码调制法	周世东、王京、佘小明、赵明、许希斌、粟欣	ZL200310113528.1	2009.04.29
22	利用旋转技术解决 OFDM 截取位置跳变的信道估计方法	周世东、高群毅、张秀军、赵明、李云洲、王京	ZL200610113038.5	2009.05.27
23	带时域包络加权的正交频分复用系统的频域信道估计方法	高群毅、周世东	ZL200610112442.0	2009.05.27
24	离散多音频调制系统最优功率分配的综合比特位加载方法	朱丽平、姚彦、周世东、朱义胜	ZL200610089630.6	2009.05.27
25	OFDM 系统用的高效的迭代编码多用户检测方法	周世东、李云洲、姚彦、王京	ZL200310117186.0	2009.07.01
26	提高 Turbo 码译码速度的并行译码方法及译码装置	郑银香、张秀军、周世东、许希斌、粟欣、肖立民、赵明、王京	ZL200510115776.9	2009.07.01
27	基于误符号率的空时分组码下行发送功率分配方法	王京、周世东、韩双锋、粟欣、肖立民、钟晓锋、甘剑松	ZL200610112767.9	2009.07.29
28	宽带无线多媒体系统的物理层下行链路帧的发射方法	夏亮、粟欣、许希斌、周世东、赵明	ZL200610112440.1	2009.07.29
29	在正交频分复用系统中插入恒定导频的精频偏估计方法	周世东、高群毅、许希斌、赵明、张秀军、王京	ZL200610113031.3	2009.10.21
30	宽带无线接入系统中基于测量和 QoS 的接纳控制方法	辛艳、粟欣、许希斌、肖立民、赵熠飞、丁国鹏	ZL200610112775.3	2009.10.21

续表

序号	名称	发明人	专利号	授权公告日
31	迫零波束赋形算法中的用户选择方法	王京、郑海波、周永行、李建军、金成珍	ZL200610093521.1	2009.11.18
32	一种应用于GSM基站的节能方法	钟晓峰、周世东、赵明、张新亮、王京、许希斌、粟欣、肖立民	ZL200710117714.0	2010.01.20
33	自适应多输入多输出发送接收系统及其方法	王京、甘剑松、周世东、周永行、李建军、金映秀	ZL200610011613.0	2010.04.07
34	DMT系统最优功率分配的多子信道并行比特位加载方法	朱丽平、姚彦、周世东、朱义胜	ZL200510135477.1	2010.05.05
35	通过容量进行多输入多输出OFDM链路自适应的方法	周世东、高群毅、张秀军、王京、许希斌、李云洲	ZL200610113036.6	2010.05.12
36	克服OFDM截取位置漂移的空频分组码相位补偿方法	周世东、高群毅、周春晖、张秀军、王京、李云洲	ZL200610113037.0	2010.05.12
37	基于快速开关的解决相噪问题的多天线测量信号发送方法	周世东、陈翔、张焱、张秀军、肖立民、周春晖、杨海斌	ZL200910077974.9	2010.11.03
38	一种多域协同多模兼容的无线通信方法	粟欣、王海军、颜宇、邓博韬、刘莉莉、李朝峰、王宽、徐翼	ZL200910083975.4	2010.11.03
39	一种采用时频域联合的正交频分复用的多天线信号传输方法	粟欣、许希斌、曾捷、张汉毅、肖立民、周春晖、丁国鹏	ZL200810227379.4	2010.12.01

续表

序号	名称	发明人	专利号	授权公告日
40	一种用于移动自组织网络的移动性管理方法及装置	杨帆、钟晓峰、王有政	ZL200610006326.0	2010.12.08
41	一种基于随机波束成形的数据传输方法和系统	夏明华、金洙畅、王京、冯伟	ZL200810126597.9	2011.03.03
42	正交频分复用系统中利用带外导频的相位噪声校正方法	张秀军、赵明、彭万里、高群毅、肖立民、周春晖、赵熠飞	ZL200910077819.7	2011.03.30
43	基于虚拟小区的基站间协作的资源分配方法及其系统	李云洲、周世东、冯伟、陈翔、肖立民、贺静	ZL200910086704.4	2011.05.11
44	一种终端大范围移动下可靠的通信方法	丁宗睿、张秀军、朱正航、许希斌、肖立民、高群毅、丁国鹏、赵熠飞	ZL200810106172.1	2011.05.11
45	适合于MIMO-OFDM预编码的相位噪声纠正方法	周世东、张秀军、陈翔、赵明、肖元章、肖立民、丁国鹏	ZL200910078579.2	2011.06.29
46	一种多用户分布式天线系统上行链路接收方法	丁宗睿、赵明、丁国鹏、高群毅、肖立民、张秀军、孟琳、周春晖	ZL200810106173.6	2011.08.25
47	可灵活配置的移动通信方法	徐征、李亮、钟晓峰、赵明、王京、李云洲、周世东、许希斌、粟欣	ZL200810104208.2	2011.12.28

续表

序号	名称	发明人	专利号	授权公告日
48	一种利用多个异频射频模块实现相关宽带发送信号的方法	周世东、陈翔、张焱、许希斌、王京、张秀军、周春晖、赵熠飞	ZL200910078508.2	2012.02.08
49	一种正交频分复用同步方法	粟欣、赵明、周世东、许鹏、杨海斌、韩明、高群毅	ZL200910078067.6	2012.05.09
50	一种动态配置、自适应和策略驱动的反射式软件管理方法	粟欣、王海军、颜宇、曾捷、刘莉莉、王宽、李朝峰	ZL200810226406.6	2012.05.23
51	一种无线通信中基于簇的分布式天线时间频率同步方法	曾捷、高晖、薛光达、王海军、粟欣	ZL201010185688.7	2012.11.14
52	抑制小区间干扰的方法	李云洲、冯伟、王京、周世东、肖利民	ZL201010152949.5	2012.11.14
53	一种适用于多基站协作的自适应联合线性预编码方法	曾捷、吴佳、张长、高晖、粟欣、王海军	ZL201010606003.1	2012.12.12
54	一种用于物理层网络编码的空间复用方法	粟欣、高晖、王海军、吴佳、张长、曾捷	ZL201010606047.4	2012.12.12
55	一种用于通信系统中物理层网络编码的空间分集方法	粟欣、高晖、吴佳、张长、曾捷、程青燕	ZL201010606060.X	2012.12.12
56	一种Turbo码译码器中状态度量溢出控制方法	周世东、关安福、张秀军、孙引、陈翔、肖立民、李云洲	ZL201110078199.6	2013.03.06
57	增强802.11分布式协调功能性能的限制发送方法	钟晓峰、王果、赵熠飞、周世东、李云洲、王京、梅顺良	ZL201010554963.8	2013.03.06

续表

序号	名称	发明人	专利号	授权公告日
58	一种用于宽带无线通信系统的频分双工传输方法	粟欣、曾捷、黎靖宇、徐翼、高晖、张长、王海军、赵玉瑶	ZL201010543941.1	2013.04.03
59	一种无线通信中多点协作下的基站分簇方法	曾捷、高晖、白云、胡莉丽、粟欣	ZL201110004777.1	2013.05.01
60	一种用于宽带无线通信系统的时分双工传输方法	粟欣、徐翼、王海军、黎靖宇、张长、高晖、曾捷、康登榜	ZL201010543952.X	2013.05.01
61	一种适用于卫星通信系统的异频时分信号传输方法	赵明、陈翔、周世东、王京、何飞、秦浩浩	ZL201010118147.2	2013.06.12
62	一种基于物理层网络编码的联合天线选择空间复用方法	粟欣、曾捷、高晖、吴佳	ZL201110025197.0	2013.07.24
63	一种宽带协作多点传输的自适应比特装载和功率分配方法	粟欣、曾捷、吴佳、张长、高晖	ZL201110025382.X	2013.07.24
64	无线通信中基于簇的两阶段分布式天线的频率同步方法	曾捷、薛光达、粟欣、高晖	ZL201110025367.5	2013.12.11
65	一种基于优先级和多参数的信道抢占切换方法	粟欣、犹园、刘力、曾捷	ZL201110425449.9	2013.12.11
66	一种基于余数校验的容错滤波处理中的多采样判决方法	高镇、周世东、赵明、杨文慧、陈翔、王京	ZL201210003941.1	2014.01.01
67	一种异构网络信道抢占向上垂直切换方法	粟欣、曾捷、刘力、犹园	ZL201110424871.2	2014.01.29
68	一种改进集中分簇式自组织网络的自优化方法	曾捷、粟欣、罗伟、黎靖宇	ZL201110428378.8	2014.05.28

续表

序号	名称	发明人	专利号	授权公告日
69	一种多点协作传输系统中导频的处理方法及装置	张秀军、陈翔、许希斌、赵熠飞、周世东、王京	ZL201210004679.2	2014.06.04
70	一种正交频分复用系统中时域人造噪声的设计方法和系统	赵明、秦浩浩、许希斌、杨海斌、陈翔、王京	ZL201210019082.5	2014.07.23
71	基于 SSE 的咬尾卷积码 Viterbi 译码方法	肖若贵、赵熠飞、李云洲、王京、肖立民、钟晓锋	ZL201210147267.4	2014.07.30
72	基于子带预编码的多点协作 OFDM 系统中时延差补偿方法	张秀军、赵熠飞、周春晖、许祥祥、周世东	ZL201210148382.3	2014.08.20
73	基于逐径干扰消除的多小区信道估计方法	黄敏、张润福、周春晖、赵明、许希斌、张秀军	ZL201110282302.9	2014.09.21
74	基于子带预编码的多点协作 OFDM 系统中定时对齐方法	张秀军、赵熠飞、周春晖、许祥祥、周世东	ZL201210097928.7	2015.05.20
75	基于输入微调的余数校验容错低通滤波处理方法	高镇、赵明、王京、潘文	ZL201310042828.9	2015.06.24
76	基于输入微调的余数校验容错高通/带通滤波处理方法	高镇、王京、赵明、潘文	ZL201310035424.7	2015.07.29
77	一种随机数生成方法和装置	李云洲、丁国鹏、张艳、赵熠飞、肖立民、许希斌	ZL201110136989.5	2015.08.19
78	一种分布式地基波束成形传输系统及方法	高镇、赵明、潘文、王京	ZL201310146731.2	2015.10.28
79	MIMO 上行多用户信号检测方法、检测装置及接收系统	李云洲、赵明、王京、许希斌、王生楚	ZL201310245200.9	2015.10.28

续表

序号	名称	发明人	专利号	授权公告日
80	天线阵列配置方法及天线阵列	李云洲、肖立民、兰驰、张艳	ZL201310231339.8	2015.10.28
81	一种用于自组织网络中的小区中断补偿方法	粟欣、曾捷、何丽、郑强、刘杰群	ZL201210331124.9	2016.02.10
82	基于频谱重心的粗频偏估计方法	周春晖、董元亮、付延超、肖立民、许希斌、王京	ZL201310201694.0	2016.03.23
83	基于多径能量指纹的室内定位方法	张焱、李佳徽、张秀军、赵熠飞、周世东、肖立民	ZL201310475854.0	2016.03.30
84	一种适用于低速移动中继的物理小区标识分配方法	粟欣、曾捷、方娜燕、肖驰洋、张琛、李泽娇	ZL201310506898.5	2016.04.06
85	基于用户移动状态感知的车载移动中继切换方法	曾捷、粟欣、张琛、李泽娇、方娜燕、肖驰洋	ZL201310506876.9	2016.04.06
86	一种用于无线信道绝对时延测试的收发同步方法	周世东、肖立民、张焱、许希斌、高群毅、钟晓峰、丁国鹏、韩明	ZL200910078510.X	2016.05.11
87	适用于无定形节点网络中干扰抑制的半静态频率复用方法	粟欣、曾捷、李泽娇、张琛、肖驰洋、方娜燕	ZL201310471165.2	2016.05.25
88	提高接收端天线动态范围的采样数据传输方法	肖立民、陈国峰、赵明、李云洲、李忻、潘文	ZL201310415504.5	2016.06.01
89	基于空间插值法的信道大尺度衰落估计方法及基站	张鑫、张秀军、肖立民、赵熠飞、许希斌、王京	ZL201310456565.6	2016.06.29

续表

序号	名称	发明人	专利号	授权公告日
90	一种基于渐进贪心行为探索的小区中断补偿方法	曾捷、粟欣、肖驰洋、李泽娇、张琛、方娜燕	ZL201310473951.6	2016.06.29
91	基于邻居小区参考信号接收功率列表的小区中断检测方法	粟欣、曾捷、肖驰洋、李泽娇、方娜燕、张琛	ZL201310473504.0	2016.08.17
92	基于LTE的卫星通信系统T2T架构	丁国鹏、张秀丽、高镇、赵明、肖立民、潘文	ZL201310384465.7	2016.09.21
93	支持上行MU-MIMO的增强RTS-增强CTS协议的方法及装置	李云洲、张知薇、张艳、许希斌、王京、扈俊刚	ZL201310681370.1	2016.11.30
94	基于LTE R8用户专用导频的多点协作传输方法及系统	赵明、齐心、许祥祥、张秀军、赵熠飞、徐湛	ZL201310325855.7	2016.12.28
95	时分双工多天线系统中基于放大转发的中继信道校准方法	粟欣、刘强、王韬、曾捷	ZL201410591847.1	2017.01.04
96	一种支持跨用户的块确认方法及装置	李云洲、张艳、梁晨、许希斌、王京、扈俊刚	ZL201310683677.5	2017.02.08
97	基于空间相关性的联合信道大尺度衰落估计方法及基站	张鑫、张秀军、肖立民、赵熠飞、许希斌、王京	ZL201310456428.2	2017.04.05
98	时分双工多天线系统中基于叠加转发的中继信道校准方法	曾捷、粟欣、刘强、容丽萍	ZL201410592026.X	2017.11.28
99	一种用于分时长期演进基站的窄带集群业务的融合方法	粟欣、曾捷、陈红、容丽萍、许希斌、王京	ZL201510036691.5	2017.11.28
100	一种大规模多天线系统中多用户信号的检测方法	粟欣、曾捷、肖驰洋、肖立民、赵明、王京	ZL201510044838.5	2017.11.28

续表

序号	名称	发明人	专利号	授权公告日
101	用于无线通信中OpenFlow交换机的报文处理方法	粟欣、许希斌、卢莹、曾捷、赵明、王京	ZL201510134677.9	2017.11.28
102	大规模天线小区中基于用户地理位置信息的导频分配方法	曾捷、粟欣、张超、容丽萍、刘莉莉、肖立民、许希斌	ZL201510504799.2	2017.11.28
103	同频多小区联合信道估计方法	周菁、齐心、粟欣、赵明、陈国峰、肖立民	ZL201410307401.1	2017.12.19
104	一种低复杂度的基于认知的家庭基站频谱资源分配方法	粟欣、曾捷、邢荣荣、刘莉莉	ZL201410591834.4	2017.12.26
105	用于大规模多输入多输出时分双工系统的信道校准方法	粟欣、容丽萍、曾捷、刘强、许希斌、王京	ZL201510047935.X	2017.12.26
106	宽窄带融合的多连接集群系统及其传输信道分配方法	粟欣、许希斌、林小枫、肖驰洋、曾捷、赵明	ZL201510053536.4	2017.12.26
107	认知双向中继网络的自适应优化方法及系统	王京、洪浩、张秀军、肖立民、粟欣、田志刚	ZL201410069622.X	2018.01.16
108	大数据辅助的信道估计方法及装置	李云洲、张知薇、张艳、许希斌、王京、扈俊刚	ZL201410830243.8	2018.02.09
109	一种基于软件定义网络南向接口协议的用户请求处理方法	曾捷、粟欣、张黎、刘莉莉、赵明、许希斌	ZL201510134864.7	2018.05.29
110	WLAN系统中实现同频同时全双工通信的方法及节点	李云洲、扈俊刚、张艳、王京	ZL201510400839.9	2018.06.15
111	一种超密集组网移动负载的均衡方法	粟欣、曾捷、张琪、肖驰洋、容丽萍、许希斌、赵明、王京	ZL201510504751.1	2018.08.28

续表

序号	名称	发明人	专利号	授权公告日
112	一种基于软件定义网络与名字路由技术的内容分发方法	曾捷、粟欣、贺文成、肖驰洋、张琪、张黎、赵明、许希斌	ZL201610282133.1	2018.08.28
113	基于指纹数据库的动态基站开关控制方法及装置	陈国峰、周世东、肖立民、李佳徽、周来	ZL201510245884.1	2018.10.02
114	基于指纹的室内定位方法及定位装置	陈国峰、肖立民、周世东、李佳徽、周来	ZL201510267091.X	2018.11.09
115	一种基于虚拟接入点实现用户服务细分的方法和装置	李云洲、张艳、梁晨、许希斌、王京、扈俊	ZL201410827213.1	2018.12.11
116	一种基于模式搜索的超密集组网传输模式的选择方法	粟欣、曾捷、张琪、肖驰洋、林小枫、容丽萍、许希斌、王京	ZL201610240418.9	2018.12.11
117	睡眠模式的小基站激活方法及系统	张秀军、闫阳、肖立民、周世东、邢春晓、王京	ZL201510369843.3	2018.12.28
118	一种基于用户定位的超密集组网虚拟小区切换方法	曾捷、粟欣、朱小鹏、肖驰洋、刘莉莉、许希斌、赵明、王京	ZL201510883249.6	2019.01.15
119	一种基于禁忌搜索的小基站容量与覆盖优化方法	曾捷、粟欣、林小枫、朱晓鹏、肖驰洋、张黎、肖立民、许希斌	ZL201610204356.6	2019.03.29
120	一种基于非正交多址接入的上行多用户干扰的抑制方法	粟欣、曾捷、孔丹、容丽萍、肖驰洋、许希斌	ZL201610267214.4	2019.05.21
121	一种基于大尺度信息的大规模MIMO系统动态导频分配方法	李佳徽、肖立民、周世东	ZL201610647470.6	2019.06.05

续表

序号	名称	发明人	专利号	授权公告日
122	一种基于 SDN 的异构专网及其无缝切换方法	粟欣、曾捷、张露、张琪、朱小鹏、容丽萍、赵明、肖立民、王京	ZL201610368001.0	2019.06.18
123	一种基于端到端网络切片的用户服务请求选择方法	粟欣、张黎、龚金金、曾捷、容丽萍、葛璐、贺文成、赵明、王京	ZL201610540058.4	2019.06.18
124	一种网络切片管理器及其管理方法	粟欣、曾捷、容丽萍、龚金金、赵明、许希斌、王京	ZL201610949216.1	2019.06.18

表 2-2 软件著作权登记情况

序号	名称	登记号	开发人
1	高铁通信仿真平台软件 V1.0	2012SR014319	王生楚、肖若贵、高原、李云洲、张艳、周世东、王京
2	宽带无线传输新技术开放实验系统 V1.0	2013SR020445	粟欣、曾捷、犹园、刘昊朋、郑强
3	宽带无线接入创新技术半实物仿真评估系统 V1.0	2013SR020387	曾捷、粟欣、刘莉莉、黎靖宇、杨雪莲、许希斌
4	宽带无线接入创新技术公仿真评估系统 V1.0	2013SR020399	粟欣、黎靖宇、曾捷、徐希斌、刘莉莉
5	TD-LTE-CR 上行干扰 DTMB 用户仿真评估平台 V1.0	2014SR086802	粟欣
6	DTMB 编码调制仿真软件 V2.0	2015SR058085	粟欣

2.2 数字电视技术研究中心

中国数字电视自 1992 年在北京邮电大学叶培大院士、清华大学吴佑寿院士、王贻良教授的倡导下,北京邮电大学、清华大学、天津大学、浙江大学等高校开展高清晰度数字电视的科技跟踪和研究以来,已经走过了26个年头。在党、政、产、学、研、用各方协同努力下,我国广播电视行业实现了数字电视的跨越式发展,现已跻身世界前列。其中清华大学信息技术研究院数字电视研究中心成果丰硕,贡献卓著。

2.2.1 针对国家重大需求,奋战国民经济主战场

1999年10月,国务院批准设立"数字电视研究开发及产业化专项工程",由原国家计划委员会(计委,现国家发展和改革委员会)牵头,国家经济贸易委员会(经贸委)、科学技术部(科技部)、信息产业部(现工业和信息化部)、国家质量技术监督局(现国家质检总局)和国家广播电视总局(广电总局,现国家新闻出版广电总局)共同组成国家数字电视研发及产业化领导小组(国家领导小组),国务院副总理、国家计委主任曾培炎任组长。第一次领导小组会议决定:自主制订我国数字电视国家标准(而不是选用国外标准)。这一决定奠定了我国数字电视的发展方向。

1999年初,在时任信息产业部科技司司长徐顺成的支持下,美国凌讯科技公司(Legend Silicon Inc.)携带《蜂窝数字电视网络传输协议》初步方案与我国数字电视国家重大专项总体组合作,三个月后《蜂窝数字电视网络传输协议》初步方案被总体组否定。

凌讯科技公司三位创始人杨林、董弘与乔鹏求助他们在清华电子系上学时的导师吴佑寿院士,吴院士认为,数字电视是关系国家产业的大事,结合电子系在无线宽带数字通信领域的雄厚基础,可能在地面数字电视广播方面有所创新,带动整个学科建设。得到电子系冯正和主任与清华大学龚克副校长的大力支持,决定由微波与数字通信国家重点实验室与凌讯科技公司合作组建清华大学数字电视传输技术研发中心。

1999年7月,清华大学数字电视传输技术研发中心(研发中心)成立。重点实验室常务副主任杨知行教授任研发中心主任,吴佑寿院士任顾问组组长。研发中心的研究工作实行统一番号、统一指挥、统一战线的"三统一、一体化"管理原则。研究成果规定:双方人员都以清华大学为专利权人申报中国职务发明专利,发明人属于专利技术原始创造者。

从1999年底开始,研发中心开始全时、全天候地开展研发工作。在

搭建数字电视测试系统时,白天研发中心北京团队研发硬件系统,验证测试,提出改进方案,下班前聚集技术问题反馈研发中心硅谷团队;夜晚研发中心硅谷团队修改算法代码,形成新方案于北京上班时间发回研发中心北京团队。如此夜以继日,天梯式地爬山不止,很快形成了地面数字电视广播传输实验样机系统和关键技术解决方案。例如,《蜂窝数字电视网络传输协议》的支撑技术 TDS-CP-OFDM 信号帧结构被中国专利局否定了专利申请,研发中心杨知行主任主持研究团队提出用时频协同处理算法对抗 PN 序列和数据之间的相互干扰,取消保护间隔(CP),形成时域同步的正交频分复用传输体制 TDS-OFDM。

2000 年 5 月,在清华大学"创世界一流大学"学科建设重点项目经费的支持下,在一批前瞻性研究课题成果的基础上,研发中心成功研发了一套地面数字电视广播传输的 FPGA 实验系统,提出了多媒体电视地面广播的概念,同时考虑了与通信和计算机的结合,这也正是其前瞻性所在。研发中心主任杨知行教授将该系统命名为地面数字多媒体/电视广播传输系统(DMB-T)。该方案在 VHF 和 UHF 频段和我国模拟电视频道兼容,能提供地面多媒体业务。同时具有高频谱利用率,低接收信噪比门限,快速系统同步,很强的抗突发脉冲干扰和多径干扰能力,支持固定、步行、移动接收和低功耗便携终端等技术特点。和国际现有的同类数字电视地面广播传输标准比较,具有多项鲜明的技术和应用特点以及整体性能的领先水平:①首次提出一种时域同步的正交频分复用方式(TDS-OFDM),通过时域和频域混合处理,简单方便地实现了快速码字捕获和稳健的同步跟踪,形成了与欧、日多载波技术不同的自主核心技术,在宽带传输领域的调制技术上取得了一次重大突破;②首次提出了用时频域协同处理算法消除多径干扰,取消传统多载波体制的保护间隔,使系统的频谱利用效率提高 10% 并有 20 dB 以上同步保护增益,这是学术上的一个重大突破;③发明了新的 TDS-OFDM 信道估计技术,通过正交相关和傅里叶变换实现快速信道估计,使系统信号捕获和信道估计时间由其他标准的约 200 ms 和 1 ms 分别降到 5 ms 和 0.6 ms 左右,提高了系统移动接收性能,支持高清电视移动接收的性能达到国际领先水平;④发明了一种新的系统级联纠错内码和最小欧氏距离最大化映射技术,使采用多载波技术的系统信噪比门限获得 10%以上的改善。

2000年8月,研发中心申请"数字信息传输方法及其地面数字多媒体电视广播系统"发明专利,权利要求60条,发明人为杨林和杨知行,2003年8月13日获得授权。国家知识产权评估为基础性发明,2005年获得中国专利金奖(见图2-3)。

图2-3 中国专利金奖奖状

研发中心在2000年5月研制成功DMB-T实验系统。为了高效率地在北京进行DMB-T的开路测试工作以及便在适当的时候邀请有关领导、技术专家和业内同行参观指导DMB-T系统,研究中心经各级管理部门批准,在清华大学主楼顶上建立了一个测试发射点,能覆盖清华大学6 km半径范围内的周边地区。该测试平台为DMB-T标准方案的修改和完善发挥了巨大作用,从刚开始的接收成功率不到10%,经测试-改进-再测试-再改进,不断循环递进,最终达到100%的接收成功率。一辆金杯牌测试车就这样在清华园周边地区跑了数十万公里,阳辉老师的驾驶证由C本换成了B本,既当司机又当研究测试员,成了研究中心不可或缺的骨干人才。

2000年底,信息产业部和广电总局经过详细考察,专家评审后联合决定,把清华DMB-T方案以《中国的地面数字多媒体电视广播的发展》信息文稿的形式通报到国际电联,此举及时阻止了国际电联不再接受新标准提案的动议。我国代表团(包括信息产业部和广电总局有关领导,吴佑寿院士,龚克副校长等)于2001年3月在国际电信联盟例会上正式报告了DMB-T方案,国际电联ITU-R第六研究组(SG6广播业务)对中国方案反映良好且热烈,SG6组各国专家对此十分关注,特别是第三世界国家更表示出浓厚兴趣。正如SG6组主席Magenda先生所说:中国的文稿给SG6研究组带来了新的气象。会议决定把我国提交的文稿分别载入Wh6E和WP6P工作组的总结报告,并为此建立了一个有76个代表成员参加的Email Reflector(电子信函"兴趣小组"),使我国数字电视标准向着争取成为国际公认标准迈出了坚实的第一步。

2001年3月,研发中心把上述完整的设计做成DMB-T发端信道编码调制专用芯片($0.18~\mu m$工艺,40万门,208PIN,TQFP封装)和收端信道解码解调专用芯片($0.25~\mu m$工艺,100万门,604PIN,BGA封装)。这是具有完整自主知识产权的我国第一代数字电视地面广播用的发送与接收试验芯片,标志着我国数字电视在标准制订和产业准备方面迈出了坚实的一步。

2001年4月,清华大学数字电视传输技术研发中心基于自主开发测试专用芯片的DMB-T传输标准测试系统初步联试成功,证明自主开发的专用芯片工作正常。采用上述两种专用芯片研制的DMB-T数字电视实验系统用模拟电视第44频道在实验室内开路联通。借清华大学九十周年校庆的机会,研发中心就系统的核心技术部分向江泽民、朱镕基、胡锦涛、李岚清、温家宝、贾庆林等中央领导做了汇报,研发人员受到领导们的亲切关怀。

2001年8月至2002年2月,国家数字电视系统测试实验室对五套样机的系统参数认定测试和系统性能指标测试的结果是:唯有清华DMB-T方案的申报标准方案和提交测试样机的一致性得到充分认定。

2002年5月,国家领导小组聘请清华大学龚克副校长任组长,清华大学杨知行、浙江大学王匡、上海交通大学张文军、西安电子科技大学葛建华、广播电视科学研究院王联、电子科技大学朱维乐为组员,成立国家数字电视标准联合研发工作组,在龚克的组织下进行联合工作,首先开展知识产权评估。

国家知识产权局接受国家计委委托,局长亲自领导,组织了最精锐的专业队伍,调动了国际资源,在检索大量文献和研究相关国内外专利的基础上,对国内现有5个方案及其所申请的43个专利进行了严谨、细致和公正的评估,严谨求实地给出结论。2002年9月30日形成了《数字电视地面传输技术方案专利评估报告》,分别送到当时的曾培炎副总理和温家宝副主任办公室。

《数字电视地面传输技术方案专利评估报告》结论:被评估的43项相关专利中有22项与申报的传输方案的系统框架相关,其中清华占有10项;基础性系统框架发明共4项,清华占有3项;无需付费的改进性系统框架发明共7项,清华占有3项;具体实现技术发明共8项,清华占有4项。《报告》还分别给出了对5个方案的总体评价:清华大学方案不同于目前的任何一种数字电视的体制,采用清华大学专利申请所支持的方案作为中国的数字电视的传输体制,在一定程度上会形成阻挡国外产品进入中国的壁垒;其他四个方案都是在国外方案基础上的改进方案,在实施时需要向基础方案的专利付费。

2002年11月,发改委张国宝副主任批示:"以清华方案为基础,融合其他方案的优点。"12月,发改委召集联合工作组开会,向与会者转达了以清华的多载波方案为基础的领导意见。

2.2.2 信研院组建研究中心,问鼎中国数字电视标准

2003年6月,研发中心部分教师加入信研院,成立跨院系的清华大学数字电视研究中心(以下简称研究中心)。龚克副校长兼任研究中心主任,吴佑寿院士任研究中心顾问,杨知行教授任研究中心首席科学家,王兴军任中心副主任。2006年10月宋健教授接替龚克副校长担任研究中心主任,潘长勇和薛永林老师任研究中心副主任。在信研院的场地、资金和人才支持下,研究中心迅速发展成拥有近百人的研发团队,在数字电视平台上演绎出国家队的形象。

2004年1月,吴佑寿致信国家广播电视总局张海涛副局长,呼吁用于2008年北京奥运会的地面数字电视广播系统,必须采用具有我国自主知识产权的标准。这将是全世界第一次用高清晰度数字系统广播奥运会的实况,必然是"科技奥运"一个闪光的亮点。

2004年3月，吴佑寿院士致信陈至立国务委员和曾培炎副总理，提出欧洲DVB-T标准系统在我国多地地面数字电视广播台进行试运营，不能听任外国制式在国内大行其道成为"事实标准"。呼吁我国政府明确宣示我国地面数字电视广播将采用基于自主知识产权的传输标准制式，要求各地有关部门停止采用国外标准的设备采购计划，一律停止采用国外标准的地面数字电视广播。

为救自主标准求甘露，为解电视企业于倒悬，一份人大提案激情指出："确立我国自主知识产权的技术标准，开发建立在此标准之上的国产设备，从源头上避免给外国缴纳巨额专利费的DVD教训的重演，对我国数字电视广播技术体系的建立和可持续发展有重大意义。"

2004年2月，研究中心联合上海复旦大学成功地试生产了DMB-T接收系统专用芯片，吴佑寿院士将其命名为"中视一号"。2004年4月底教育部组织的技术鉴定会一致认为："中视一号"是国内首创的、有望实现产业化的高清数字电视地面传输专用芯片。该芯片基于DMB-T和TDS-OFDM多载波调制技术实现的高码率单天线高清电视信号的移动接收有创新，拥有自主知识产权，总体水平属国际先进。

研究中心将"中视一号"专用芯片及其应用系统参考设计在国内主要电视机生产企业推广应用，当时能够提供DMB-T数字电视机、机顶盒和移动接收机的国内大型骨干企业有：长虹电子控股集团（长虹）、康佳集团股份有限公司（康佳）、创维集团有限公司（创维）、上海广电信息产业股份有限公司（上广电）、安彩集团（安彩）、清华同方股份有限公司（同方）、海信集团有限公司（海信）、TCL科技集团股份有限公司（TCL）和赛格集团（赛格），这些企业覆盖国内彩电生产量的70%以上。生产DMB-T广播发射机的国内企业有北京吉兆公司、北京广播设备厂，它们分别占有电视广播发射机国内生产第一、二名；国外著名企业有日本东芝公司、德国RS公司和意大利的ITECO；生产DMB-T单频网适配器产品的有加拿大UBS公司、清华大学安彩信息技术研究所。生产DMB-T系统测试仪表的企业有：北京牡丹电子集团有限责任公司、德国RS公司和美国泰克公司。研究中心通过技术合作，推动DMB-T系统形成了产业链，产品配套齐备，完全能够满足试播和运营的需求。2005年，《数字电视地面传输专用芯片"中视一号"》获得中国电子学会电子信息科学技术奖一等奖，完成人排名为：杨知行、杨林、周电、龚克、董弘、曾璇、潘长勇、张文涵、闵昊、吴佑寿、杨海云、陆起涌、王军、童家榕、任俊彦。

2004—2005年，清华DMB-T和欧洲DVB-T在我国应用市场形成尖锐对峙的局面，通过艰苦卓绝的激烈竞争，经过与国外标准的技术和经济比较，DMB-T以平均每月两个城市的速度在稳健进行市场应用推广。截至2005年底，采用清华方案进行运营性试验播出的18个省市的31个城市是：北京市台、天津市台、河北省台、石家庄市台、秦皇岛市台、唐山市台、沧州市台、邢台市台、邯郸市台、保定市台、吉林省台、哈尔滨市台、辽宁省台、内蒙古省台、山东省台（覆盖济南、泰安、聊城、曲阜、兖州）、青岛市台、烟台市台、河南省台（覆盖郑州）、洛阳市台、开封市台、陕西省台、西安市台、无锡市台、芜湖市台、成都市台、湖北省台、江西省台、贵阳市台、厦门市台、增城市台、广州市台。其中北京的公安信息广播网、增城的村村通、天津的多媒体广播、河南中原城市群的单频网、广州的电子政务广播、青岛的综合信息广播等运营模式试验都很有特点，有力地捍卫了我国自主制订标准的机遇，同时研究中心及其研究人员深刻融入数字电视业界，树立了研究中心在我国数字电视广播传输领域的旗手形象。

2004年，清华大学"地面数字多媒体/电视广播传输系统（DMB-T）"获得北京市科学技术奖一等奖，完成人排名为：杨知行、杨林、龚克、潘长勇、董弘、吴佑寿、王兴军、门爱东、张文函、吕柏、杨海云、刘琴、周祖成、王军、韩猛。

2005年，清华大学"时域同步正交频分复用数字传输技术（TDS-OFDM）"获得国家技术发明奖二等奖，完成人排名为：杨知行、杨林、龚克、潘长勇、董弘、吴佑寿，此外，杨知行享有国务院颁发的政府特殊津贴。

2003年11月，数字电视国家领导小组委托中国工程院建立数字电视标准融合方案特别工作组，邬贺铨院士任组长，清华大学、上海交通大学、国家广播电视总局广播电视科学研究院、北京航空航天大学、北京大学、北京邮电大学、西安交通大学、西安电子科技大学、浙江大学、电子科技大学和国防科技大学共11个单位参加，吴佑寿、龚克、杨知行、杨林、潘长勇和王军组成清华团队。

2005年3月20日，涉及标准融合方案研发工作的11个单位共同签署了技术共享协议。签约各方承诺：在中国数字电视地面传输技术标准对应的发射机和接收机所使用到的技术中,源自各方的专利和技术不论多少均贡献给国家,组成本标准的专利池。专利池内的专利和技术由且仅由国家工程研究中心来实施并依公平原则共享有关收益。

2003—2006年国家发改委领导下的"数字电视特别工作组"对清华大学、上海交通大学和广播电视科学研究院三个方案进行融合,经过两年多的艰苦努力,提出并实现了一个以清华大学基础性发明TDS-OFDM技术为基础的融合方案。融合方案期间,清华贡献了时频兼容传输体制,独自在DMB-T系统上扩展单、多载波融合方案,自主创新准随机LDPC码,其设计结果、技术实现源代码和测试结果在工作组内部公开共享,贡献全部有关DTMB的专利,有力推动了DTMB标准方案的制订。特别工作组组长邬贺铨院士在给发改委的"关于数字电视地面传输标准研究开发项目完成情况的报告"中说:"我们的融合方案是时域和频域信号综合处理为主的,在信号结构、帧结构、系统参数信号、同步方式、信道估计、纠错编码等方面与欧洲、日本和美国数字电视标准中的COFDM、VSB技术不同,根据我们目前的分析,能够回避国外数字电视的主要专利。"融合方案在整个系统结构和系统参数统一的前提下,用一个局部处理算法OFDM的系数选项,兼容处理了多载波调制和单载波调制共存的问题。除在单载波工作模式下引入冗余的、三星公司已经拥有专利的"插入双导频"技术这一选项外,融合方案具有完整的自主知识产权,经实验室和应用场地的标准测试证明性能优于欧洲同类标准。

2006年8月经国务院批准,全国标准化管理委员会颁布中国数字电视标准GB 20600—2006(DTMB)为强制性国家标准(见图2-4),2007年8月实施。研究中心首席科学家杨知行教授为该标准第一起草人被载入我国广电史册,2007年中国发明协会授予杨知行教授第三届发明创业奖特等奖,2008年清华大学授予其"先进工作者"称号。

信研院数字电视技术研究中心成立后,中心教师王兴军和薛永林针对数字电视条件接收的应用需求提出了基于USB接口的UTI机卡分离设计方案,该方案具有成本低、功能灵活、兼容扩展性好等优势,得到长虹、创维等国内主要终端设备厂商的积极支持,并以清华牵头组成机卡分离联合体,获得了2003年度和2004年度信息产业部电子信息发展基金的支持。UTI机卡分离方案获得了国家发明专利和PCT国际发明专利授

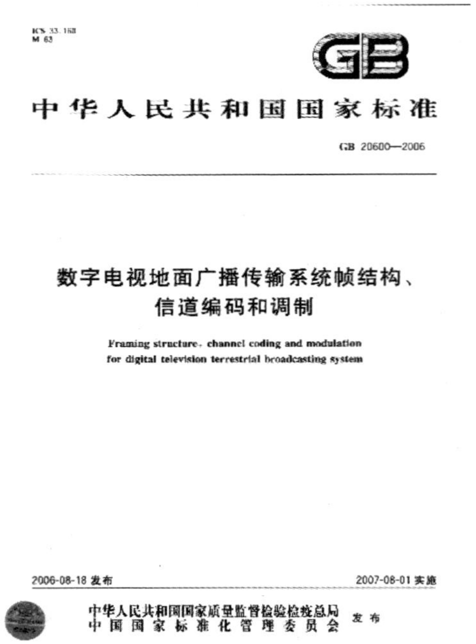
ICS 33.160
M 63

GB

中华人民共和国国家标准

GB 20600—2006

数字电视地面广播传输系统帧结构、
信道编码和调制

Framing structure, channel coding and modulation
for digital television terrestrial broadcasting system

2006-08-18 发布　　2007-08-01 实施

中华人民共和国国家质量监督检验检疫总局
中国国家标准化管理委员会　发布

图 2-4　GB 20600—2006 数字电视标准封面

权，并于 2007 年 12 月由工信部颁布为数字电视行业标准（SJ/T 11376—2007）。中心还与日本瑞萨半导体公司合作成立了联合研究所，开展 UTI 机卡分离方案的芯片设计与实现，并于 2006 年推出了 UTI 机卡分离接口芯片及相应终端产品。此后，由于市场状况和人员变化，UTI 方案由北京数字太和科技有限责任公司进行产业化和市场推广。数字电视技术研究中心除持有相关专利外，基本停止了与 UTI 相关的研发和对外合作。

2.2.3　全球四大标准争得领先，提高中国影响力

2006 年 10—12 月，研究中心联合广科院协助香港亚洲电视台（亚视）和无线电视台（无线）对 DTMB 和 DVB-T 进行对比测试，结果表明二者在视距、楼宇遮挡、单频组网和通过有线电视及潮汐衰落下的固定和移动接收方面的表现均令人满意，但整体而言 DTMB 优于欧标 DVB-T。香港经过严格的对比测试后，毅然放弃已选定的欧洲标准，2007 年 6 月香港

电讯管理局发表局长声明,决定采用 DTMB 作为香港地面数字电视传输制式。

2007 年 6 月 8 日,中关村科技园管委会戴卫主任揭开了中关村数字电视产业联盟的挂牌,这个集合了全国 144 家主要从事数字电视研发、生产单位的联盟拥有中国数字电视相关产品完整的产业链。联盟成员在数字电视标准、芯片、发射与接收终端产品、节目、服务等环节拥有强大实力,无可争辩地拥有中国 DTMB 标准全部的技术专利和完整的实现技术以及整个生产链的产品技术,代表了我国数字电视产业的技术和生产水平。清华大学是该联盟的理事长单位,研究中心首席科学家杨知行教授当选联盟主席。

2007 年 12 月 10 日,古巴革命司令、国务委员、信息通信部部长梅内德兹·巴尔德斯率领古巴信息产业部、古巴广播电视局、古巴电子集团等信息技术领域相关管理部门和公司的负责人以及古巴驻华大使馆等 12 人代表团在清华大学听取了中国 DTMB 标准的介绍并体验了高清电视移动接收、标清视频移动发送等现场演示,在海尔集团考察了中国 DTMB 的产业化情况,古巴代表团高度评价中国 DTMB 标准并邀请研究中心到古巴将 DTMB 标准与欧洲 DVB-T 标准进行对比测试。

2007 年 12 月 19 日,在古巴信息产业部礼堂,古巴信息产业部组织包括欧洲标准代表团在内的各方相关人员约 150 人听取了中关村数字电视产业联盟主席杨知行教授关于中国 DTMB 标准的报告,报告及问答持续了一整天,多次赢得听众持久的掌声。古巴信息产业部第一副部长发表了热情洋溢的讲话。

2007 年 12 月 18—26 日,古巴广播电视局和古巴电子集团联合主持中国 DTMB 标准和欧洲 DVB-T 标准的对比测试。四辆标准测试车在哈瓦那市 83 个场地接收测试点中,中国 DTMB 标准取得 41 胜,29 平,13 负的测试成绩。古巴认为:中国 DTMB 标准的测试表现优于欧洲 DVB-T 标准,建议中国 DTMB 标准尽快完成 6 MHz 带宽系统的改造。

2008 年 1—3 月,在中关村科技园区管委会"中国 DTMB 标准 6 MHz 系统研发及产业化"项目下,中关村数字电视产业联盟成员组成产学研相结合的研发小组,研究中心潘长勇副主任为项目负责人。清华大学完成了 DTMB/6 MHz 系统的研发与实验室测试工作,海尔集团公司批量生产了 DTMB/6 MHz 系统的机顶盒，北京北广科技公司生产了 DTMB/6 MHz 系统的发射机，北京算通公司生产了前端设备。

2008 年 5 月 15 日，委内瑞拉驻华大使馆照会中国信息产业部和北京市政府中关村科技园区管理委员会，南美 ALBA 一体化国家在加拉加斯对国际不同的数字电视标准进行技术评估，邀请中方专家前往委内瑞拉参加评估。应邀参加的有欧、日、中三方，根据委内瑞拉人民权利信息通信部的规定，三方用相近的工作模式，用同一个射频频率、同一幅收发天线、同一辆测试车，由 ALBA 一体化国家组成的测试组独立测试。在五种性能测试中，固定接收测试比较正常接收的电平余量，中国标准大幅领先欧、日标准；移动接收测试比较正常接收时间占移动测试时间比例，中国标准居中；室内接收测试比较正常接收的天线深入屋内的深度，中国标准和欧洲标准表现一样，领先日本标准；室内抗家电干扰测试比较正常接收时抗御各种家电干扰的能力，中国标准和日本标准表现一样，领先欧洲标准；室外抗摩托车干扰测试比较正常接收时抗御附近摩托车同时开启的数量，中国标准和日本标准表现一样，领先欧洲标准；中国标准取得 4 状元、1 榜眼的测试结果。委内瑞拉负责测试的官员评价，这次中国标准的测试结果超出了他们事前的想象，表现非常好。2008 年 6 月 16 日，在委内瑞拉电视台演播厅内，委内瑞拉人民权利信息通信部部长致辞，该部主持中、日、欧三方进行各自的标准宣讲和答辩。中国驻委内瑞拉大使亲临会场。杨知行教授演讲的中国标准宣贯工作也取得了很大的成功，委方专家从对中国标准的质疑到最后的理解和支持，态度发生了根本的变化。

2008 年 7 月 15 日，在委内瑞拉驻中国大使馆的介绍下，秘鲁驻中国大使在清华 FIT 楼首次会见中关村科技园区管委会和中关村数字电视产业联盟。

2008 年 8 月 17—23 日，由清华、普天、海尔等联盟成员单位组成的中关村数字电视产业联盟代表团访问了秘鲁，杨知行教授向秘鲁交通通信部数字电视委员会宣讲了中国 DTMB 标准。

2008 年 10 月 8 日至 12 月 4 日，由清华大学牵头的中关村数字电视产业联盟测试组在秘鲁的沿海城市利马、热带雨林城市伊基托斯、3800 m 高原城市库斯科三城市进行了近 60 天的现场测试，高清、标清和移动接收总计84个测试点。据秘鲁交通通信部测试人员反映,利马的测试结果表明中国标准与欧洲标准、日本标准相当,处于第一集团,超过美国和巴西标准;库斯科测试表明中国标准与欧洲标准相当,处于第一集团,超过了美国、日本巴西标准;伊基托斯的测试在所有测试点的情况比其他标准都要好。秘鲁交通通信部数字电视委员会在上报秘鲁总统的报告中称:"中国标准技术第一。"研究中心潘长勇、阳辉等作为中方技术负责人坚守第一线,贯穿始终,艰苦卓绝。

2009年5—7月,研究中心潘长勇副主任作为中国标准测试组组长率领数字电视产业联盟团队,在古巴参与中国DTMB标准、欧洲DVB-T标准和巴西ISTB-Tb标准的第三方对比测试,并在厄瓜多尔参与中国DTMB标准、日本ISDB-T标准和巴西ISTB-Tb标准的第三方对比测试,中国标准均取得明显优势。

2007年12月至2009年9月,研究中心通过产业联盟组织我国DTMB标准在南美古巴、委内瑞拉、秘鲁、厄瓜多尔四国进行标准对比测试,取得了领先美、欧、日等国际同类标准的评价,提升了"中国创造"的国际形象。2008年7月20日,胡锦涛总书记听取汇报后指示:抓好这件事,能形成有示范效应的发展模式。2008年7月,王岐山副总理在山东烟台调研时指示:通过标准的输出,摆脱西方发达国家在数字电视领域的制约,并按此模式向非洲等国家推广。2008年11月2日,李克强常务副总理在海尔视察时指示:国家应支持企业推进中国标准国际化的工作,专业部门应牵头并协调开展工作。

2009年10月,国家发改委、科技部、工信部、外交部、商务部、国标委、广电总局、中国工程院等八个部门组成国标海外推广工作组,DTMB标准海外推广成为国家战略。

2.2.4 推动我国数字电视产业化和国际化,荣获国家科技进步一等奖

2008年1月1日,中央电视台用单载波工作模式播放了一路高清电视节目,同时用多载波工作模式播放了六路标清电视节目。国标DTMB融合方案是一个把单、多载波工作模式有机地融合在一套硬件中实现的系统,把技术之争交由市场选择是创新之举。

国标DTMB强制实施后,在康克军副校长和信研院的强力支持下,研究中心主任宋健教授亲自挂帅,派出刚刚毕业的王军博士、王劲涛博士带领一批研究生组成一支DTMB产业化专用芯片并发团队,边学边干,夜以继日,迅速开发出DTMB收发系统产业化专用芯片及其收发样机设备,支持DTMB标准产业链。研究中心创新实施一种专利处置与实现技术分离的机制,把全部专利贡献国家,同时实现清华专有的DTMB标准发送和接收系统的实现技术和算法源代码技术转让国内外20多家企业,许可实施合同金额累计1.028亿元。统计与研究中心紧密合作的十家企业在2013—2015年的DTMB产品新增销售收入达674亿元,新增利润66.7亿元。在保障专利处置政府掌控的同时,研究中心带领国内144个单位组建产业联盟,协作实现DTMB标准完全自主的生产链建设,DTMB产业链现已形成数千亿元市场销售的巨大产业。

我国中央财政分别于2008年、2014年、2015年三次拨款,累计达73亿元。现已完成约3万台发射机实现DTMB标准全国覆盖。其中研究中心发明的多载波模式占多频网50%、单频网和移动网近100%。

国务院六部委发文标配DTMB到每一台市场销售的电视机,基本上都采用了清华技术转让的单多载波融合系统。

2007年12月31日香港特别行政区率先采用国标DTMB正式播出,杨知行教授应邀对香港广电业界进行技术培训,康克军副校长、吴佑寿院士、杨知行教授应邀参加采用DTMB标准的香港数字电视开播仪式,受到香港特首接见。在研究中心协助下,由6个主站和23个辅站组成的香港DTMB单频网目前是世界最成功的广播单频网典范之一,获得国际同行高度好评。DTMB广播信号现已覆盖全港99%以上人口,用户渗透率超过70%,现有200余款DTMB接收终端产品在香港市场销售,香港的成功应用带动了DTMB标准在澳门的实施。2009年清华大学获得香港特区颁发的最佳合作奖。

基于DTMB标准扩展的无线图像传输系统广泛用于公共安全领域,在北京奥运、拉萨"3·14"事件、汶川地震等许多事件中都发挥了重要作用,研究中心潘长勇副主任获得2011年中国广播电视设备工业协会科技创新特等奖。

2010年6月21日,国标委召开了国际标准推进工作专题会议,会上成立了以中国工程院邬贺铨院士为组长的推进工作顾问组和以数字电视国家工程实验室主任杨知行教授为组长的推进工作专家组,专家主要来自 DTMB 标准产业链相关领域。专家组分工组成 ITU 文稿工作组,清华大学的宋健教授任组长;ITU 数据测试组,广电总局的解伟所长任组长;ITU 事务工作组,工信部的徐伟岭主任任组长。

专家组参加中国 ITU 代表团三赴日内瓦参加会议,在政府多部门合力支持下,专家组发挥产学研综合优势,经过艰苦努力,高效率地取得了关键性的重大突破。专家组宋健、潘长勇等 4 位专家第一次参会,经过艰苦努力,申请研究延期的建议书获得批准;专家组宋健和潘长勇以及香港应用科技研究院(应研院)两位专家参加了第二次会议,会上斗争十分激烈,中国代表团坚持有理、有力、有节的立场,坚决回击了无理阻挠,通过会上与会下的沟通,获得了绝大多数国家与会代表的赞成。DTMB 进入国际电联 1306 和 1368 建议书的修改程序获得通过;专家组宋健和潘长勇第三次参会,有了前面两次会议的经验和良好基础,相关文稿顺利通过,2011 年 12 月 6 日,国际电联第六研究组正式批准对 1306 和 1368 建议书的修改建议,我国 DTMB 标准正式成为 ITU 推荐的数字电视国际标准,取得与美、欧、日同类标准的同等地位。开创了具有自主知识产权的中国数字电视广播领域强制性国家标准成为国际标准的历史。

2012 年 10 月 30 日,ITU 在国际电联总部召开了"ITU-R 开展数字电视广播研究 40 周年"庆祝大会,被誉为"数字电视之父"的 ITU-R 第 6 研究组名誉主席 M. Krivocheev 教授在会上把中国地面数字电视标准 DTMB 被确定为全球第四大地面数字电视标准之一事件誉为 40 年(1972—2012 年)来全球数字电视广播史上的里程碑事件之一。清华大学成为了 ITU 的第一批学术成员,研究中心主任宋健教授当选 ITU-R6A 工作组副主席(见图 2-5)。

在 ITU-R BT. 1306 建议书给出的选用国际标准指导表中,中、美标准在频谱效率和覆盖性能方面占优,同时中、欧、日标准中抗多径、单频网和移动接收性能占优,但欧、日标准支持不同 QoS 需求的多业务广播功能倍受重视。

ITU 文稿工作组宋健、潘长勇等专家组织研究中心的研发团队,在 DTMB 国标基础上增设了 6MHz、7MHz、8 MHz 多带宽选项,使 DMB 标准满足国际标准的全球普适性和用户需求。针对欧、日等国同类标准在同

图 2-5　宋健老师(左)领取 EiC 的任命书

一物理层传输通道上能提供不同 QoS 需求的多业务广播功能优势,研究中心利用 TDS-OFDM 调制方式中的数据块是纯数据的特点,在时域和频域设置时频二维分割的增强型物理层子信道,既实现了数据块独立解码的功能,支持在同一物理层传输通道上提供不同 QoS 需求的多业务广播功能,又完全兼容 DTMB 标准,研制成功增强型 DTMB 系统(E-DTMB),该系统具有自主知识产权和国际领先水平,填补了 DTMB 标准支持不同 QoS 需求的多业务广播功能的空白。使 DTMB 在 ITU-R BT1306 建议书的四大国际标准中,成为覆盖用户需求最广、优势性能突出点最多的标准。

2013 年 1 月 26 日,教育部组织了对 E-DTMB 系统的鉴定会,鉴定委员会认为:DTMB 标准的增强型系统(E-DTMB)创新性强,系统性能优于 ITU-R BT1306 建议书中所列的其他三个欧、美、日标准,达到国际先进水平,对数字电视产业走出国门以及数字电视产业的发展和经济结构转型具有重大意义。

广电总局规划院实验室测试结果表明,E-DTMB 的新增业务接收模式较原有电视接收模式的性能有较大幅的提高,可实现高可靠性的数据业务传输。香港港岛东西走廊、启德机场至蓝田、启德机场至荔景、黄埔花园、弥敦道等区域的移动测试表明,E-DTMB 成功接收率都在 95% 以上,与 DTMB 系统具有良好的兼容性,移动业务具有更好的接收门限和更强的抗干扰能力。

地面数字电视广播标准更新周期长，一般是电视机寿命的数倍。各国政府都视之为国家信息安全设施，其技术标准的输出带有相关产品和服务的独占性。不同地面数字电视标准的国际竞争不同于一般产品的国际商业竞争，它不仅仅是技术先进性和产品性价比的较量，更是国家经济实力和政治影响力的博弈，也是新经济时代信息技术国际市场激烈竞争的"要地"。从国家外交的高度看，国际间的标准竞争是最高层次的商务竞争，是新经济时代的市场圈地。

我国信息产业领域的主要骨干企业，如中国普天、北广、海尔、同方、保利、中兴、华为、中广国际、云数传媒等数十个企业通过依托研究中心的国家工程实验室串联投入国标海外推广，在亚、非、拉地区30多个国家展开了DTMB标准圈地活动，探索出多种有示范效应的国标推广模式，国家开发银行备有150亿元人民币专项资金予以金融支持。老挝在东盟新闻文化部长会议上正式宣布采用中国DTMB标准，目前已完成老挝全境覆盖，传输播出45套标清数字电视节目，其中包括15套中国节目；古巴与我国签署了政府间协议，采用DTMB标准开展数字电视广播网，中国援助1亿元人民币实现了古巴全境覆盖，古巴政府采购中国数字电视终端已超过10亿元人民币。

中国地面数字电视标准在亚非拉国家的推广应用，带动了我国数字电视产品、运营、服务、金融和文化成套出口，是中国自主研发的重大技术标准第一次走出国门，是我国信息产业从产品进口、初级产品出口、高技术产品出口、技术出口后的又一个新的历史性阶段。广电总局蔡赴朝局长指出：以标准的输出为龙头，通过标准带动产品输出，通过产品承载文化"走出去"，科技和文化结合，这种我国标准的海外推广模式思路清晰，广电总局大力支持。

截至目前，研究中心已经推动DTMB在13个海外国家和地区应用，累计培训来自近50个国家的468名数字电视产业管理和技术人员。推进我国地面数字电视行列跻身世界前列，实现了跨越式发展。

2008—2018年，是总结研究成果，申报奖励和出版著作的时期。研究中心全体教师包括吴佑寿、龚克、杨知行、宋健、王昭诚、潘长勇、王军、彭克武、王劲涛、薛永林、阳辉、张彧、杨昉、符剑等对研究中心取得的每一项成果都从不同的方向做出了不可或缺的重大贡献,成果署名及排序,在"成果公开、充分协商、理解谦让、未来第一"的原则下,高度体现了研究中心"严谨、求实、团结、创新"的团队精神。

2009年,清华大学"时域同步正交频分复用接收机系统"获得中国通信学会科学技术奖一等奖,完成人排名:杨知行,潘长勇,宋健,王军,王劲涛,彭克武,符剑,阳辉,张彧,薛永林,龚克,吴佑寿。

2008年和2015年,清华大学"时域同步正交频分复用接收机系统"分别获得北京市发明专利奖一等奖和中国专利优秀奖,发明人排名:杨知行,杨林。

2009年,杨知行主编,王军,潘长勇,王劲涛,彭克武,宋健,符剑等编著《地面数字电视传输技术与系统》,该书由人民邮电出版社出版。

2011年,杨知行、王军、王昭诚、王劲涛、张小良、宋健、潘长勇、张超、杨昉等编著《数字电视传输技术》,由电子工业出版社出版,已成为北京市高等教育精品教材。

2011年,"增强型全模式多带宽DTMB信道调制器"获得中国广播电视设备工业协会科技创新特等奖,完成人排名:潘长勇、杨昉、张超、王劲涛、阳辉、宋健、王军、彭克武、张彧、王昭诚、薛永林、杨知行。

2012年,中国电子学会授予杨知行"优秀科技工作者"荣誉称号。

2013年,"地面数字电视单频网智能化组网规划方法"获得中国人工能学会智能科学技术进步奖二等奖,完成人排名:杨昉、张超、尹衍斌、章理为、阳辉、李薰春、杨明、李锦文、潘长勇、杨知行。

2013年,清华牵头,10个单位联合申报"DTMB标准国际化关键技术及应用",获得北京市科学技术奖一等奖,完成人排名:杨知行、潘长勇、宋健、王劲涛、戴书胜、黄浩东、叶进、余雷、张超、杨昉、王军、王昭诚、彭克武、张彧、骆训赋。

2014年,杨知行教授获中国工程院光华工程科技奖、中国科学技术协会全国优秀科技工作者、中国电子学会广播电视科学技术奖。

2015年宋健、杨知行、王军等编著《Digital Terrestrial Television Broadcasting Technology and System》,由电气与电子工程协会(Institute of Electrical and Electronics Engineers,IEEE)委托John Wiley & Sons Inc. USA出版。

2015年,《地面数字电视单频网组网与网络优化关键技术及应用》获得中国电子学会科技进步奖二等奖,完成人排名:杨昉、邹峰、张超、尹衍斌、王劲涛、李薰春、潘长勇、李锦文、阳辉、高鹏、彭克武、盛国芳、王军、戚武、张彧。

2016年,"地面数字电视单频网组网与网络优化关键技术、产业化及应用"获得北京市科学技术奖三等奖,完成人排名:杨昉、邹峰、王劲涛、尹衍斌、张超、李薰春、王军、李锦文、阳辉、高鹏、彭克武、盛国芳、潘长勇、戚武、张彧。

2015年,中国电子学会授予潘长勇"十佳优秀科技工作者"荣誉称号。

2016年,清华牵头10个单位联合申报"DTMB标准国际化关键技术及应用",获得国家科学技术进步奖一等奖(见图2-6),完成人排名:杨知行、潘长勇、宋健、王劲涛、戴书胜、黄浩东、叶进、余雷、张超、杨昉、王军、王昭诚、彭克武、张彧、骆训赋。

2017年,宽带多媒体传输技术创新团队入选科技部创新人才推进计划重点领域创新团队。

2018年,杨知行教授获中国电子学会广播电视科学技术大奖,潘长勇获中国电子学会广播电视科学技术奖。

图2-6　国家科学技术进步奖一等奖获奖证书及颁奖典礼

2.2.5 创立新一代国际标准,数字电视再立新功

在第一代四个国际标准中,DTMB 标准通过国外对比测试评估和国际市场竞争,充分证明其具有明显的技术先进性、完整的自主知识产权和良好的性能价格比,赢得亚、非、拉发展中国家的青睐,很多原先宣布采用欧洲 DVB-T 标准的国家转向采用中国 DTMB 标准。

2008 年 10 月,欧洲推出第二代标准 DVB-T2,与其一代 DVB-T 标准相比,主用工作模式的频谱效率提高 30%以上,同类工作模式的接收门限改善约 4 dB,总体性能明显超越现有的第一代四个国际标准。2010 年 5 月,DVB-T2 正式成为数字电视新一代国际标准。欧洲 DVB 通过亚广联和非广联组织强力推广 DVB-T2 在亚非国家应用,这一严峻的竞争形势对我国地面数字电视刚开始的海外推广带来极大的冲击。

以超越欧洲 DVB-T2 标准为需求,2009 年国家标准化管理委员会(国标委)给清华大学下达了"国标演进与新标准研究"研究项目,中心组织师生成立精明强悍的研究团队。奋战三年,成功地研发了国标演进系统(DTMB-A)。DTMB-A 从全面提升 DTMB 标准的传输性能、拓展应用领域两个不同层面出发,支持地面数字电视广播的超高清、高清以及手机电视、互联网数据、广播双向互动、三网融合等新业务。通过增加 256APSK 和高阶 FFT 参数选项,传输码率高于 DVB-T2;发明类高斯 APSK 调制和新型 LDPC 码,接收 C/N 门限优于 DVB-T2;采用新型复帧信令结构和时频二维动态分配技术,支持多业务同播比 DVB-T2 更便捷;基于时频域联合处理的多天线发射分集技术,支持增强型单频网较 DVB-T2 复杂度更低;DTMB-A 的主要性能已超越 DVB-T2。

2011 年 12 月,数字电视国家工程实验室(北京)开发并展示出两个 DTMB-A 应用演示系统,一个系统使用一个 8 MHz 带宽的模拟电视频道开路传输 5 路顶级高清电视节目,一个系统使用一个 8 MHz 带宽的模拟电视频道和研究中心最新成果-PLC 系统开路传输一路 4K 超高清电视节目,得到近 20 个国内外来访考察团的密切关注和高度赞赏。

2012 年 3 月,广电总局局长蔡赴朝、副局长张海涛考察数字电视国家工程实验室(北京),了解 DTMB-A 应用演示系统后指出:以标准输出为龙头,通过标准带动产品输出,通过产品承载文化"走出去",科技和文化

结合,这种我国标准的海外推广模式思路清晰,广电总局大力支持,总局的单位要积极参与和支持 DTMB 标准演进工作。

2012 年 9 月 8—23 日,香港电视广播有限公司(Television Broadcasts Limited,TVB)主持 DTMB-A 的主测模式(256APSK,2/3LDPC,数码率 39.4 Mbps)香港应用场地测试,相关测试报告已载于香港 OFTA 网站。香港测试表明:DTMB-A 可以兼容 DTMB 系统原有的基础设施,传输容量大幅提升;相同码率下 DTMB-A 接收门限和抗干扰能力都优于 DTMB;DTMB-A 高效率模式在香港复杂环境下也可以实现可靠接收;香港业界高度肯定 DTMB-A 的先进性和兼容性,希望在香港率先应用。DTMB-A 充分利用了 DTMB 的基础优势,继承并推进了 DTMB 的技术优势,具有完整的自主知识产权,在发端通过软件升级,DTMB-A 可以兼容 DTMB 的硬件设备;在接收终端利用多制式专用芯片,DTMB-A 可以实现机顶盒后向兼容 DTMB。随后,DTMB-A/DVB-T2 的应用场地对比测试在云南昆明、湖南长沙和新疆乌鲁木齐等地分别进行,测试结果均显示 DTMB-A 的广播信号覆盖性能优于 DVB-T2。

2012 年 12 月,第十次国家数字电视领导小组会议部署国家标准委牵头做好 DTMB-A 的国际标准化工作,同时国家发展改革委研究对核心芯片予以专项支持。

2013 年 1 月 9 日,广电总局规划院数字电视国家测试实验室受清华大学委托对 DVB-T2 收发系统和 DTMB-A 收发系统部分系统模式(7 个主用工作模式)进行了测试,测试结果表明:主要系统性能指标 DTMB-A 优于 DVB-T2。

2013 年 1 月 25 日,教育部主持在清华大学举行"DTMB-A 地面数字电视传输系统"技术成果鉴定会,鉴定委员会认为:DTMB-A 的频谱效率、接收门限、单频组网、抗多径能力和高速移动接收等主要性能指标达到或超越当前国际同类技术的最好水平。

2013 年 5 月,李克强总理访问巴基斯坦,在中巴《关于深化两国全面战略合作的联合声明》中指出双方同意尽快实现中国地面数字电视国际标准在巴落地。

2015 年 4 月,中国国家主席习近平和巴基斯坦总理为 DTMB 实验局在巴基斯坦落地揭牌,中巴两国政府对援巴基斯坦数字电视传输示范项目的可行性研究考察进行了换文。

2013 年,研究中心宋健教授主持完成了 DTMB-A 系统的标准文本、原理样机、系统测试数据,在国家发改委、国标委、工信部、广电总局等主管部门支持下,我国提交了增设新一代标准 DTMB-A 修订国际电联 ITU-R BT1306 建议书的提案。

2013—2015 年,潘长勇教授带领团队编制了 18 份有关 DTMB-A 标准的资料和文件提交国际电联,在国际同仁面前显示出"中国效率",极大地促进了 DTMB-A 国际标准制订进程,丰富了 DTMB-A 配套标准。

2015 年 5 月 26 日,国家新闻出版广电总局科技司关于支持 DTMB-A 申请进入 ITU 标准建议书的复函授予 DTMB-A 标准编号为 GD/J068—2015。

2015 年 6 月 25 日,国际电联总部正式宣布:中国地面数字电视传输标准的演进版本(Digital Television/Terrestrial Multimedia Broadcasting-Advanced,DTMB-A)被正式列入国际电联 ITU-R BT. 1306 "数字地面电视广播的纠错、数据成帧、调制和发射方法",成为系统 E,标准号 ITU-R BT. 1306-7。DTMB-A 国际标准的公布是我国在数字电视领域继成功推动中国 DTMB 标准成为 ITU-R BT. 1306 标准建议书 D 系统后新的重大突破。《科技日报》头版头条刊登 DTMB-A 成为国际标准,DTMB-A 是继 DVB-T2 之后国际电联颁布的数字电视最新标准,成为全球数字电视新一代两个国际标准之一,且因性能领先而占据技术制高点(见图 2-7)。同年 9 月,清华大学负责的 863 项目"信道编码与无线传输技术研究"课题小组在古巴进行了 DTMB-A 的性能测试,古方对测试结果非常认可,迫切希望 DTMB-A 能迅速产业化并应用于古方的后续数字化改造过程中。

图 2-7　2015 年 7 月 12 日《科技日报》头版头条

2015—2017 年,研究中心完成了 DTMB-A 产业化技术,产学研结合逐步完善 DTMB-A 产业链建设,张超副教授成为 DTMB-A 产业链的中心人物。

2017年3月,宋健教授主持数字电视国家工程实验室(北京)委托北京中天联科科技有限公司开发了兼容 DTMB/DTMB-A 标准的产业化解调芯片,这种高度集成的 SoC 芯片,可支持 DTMB 和 DTMB-A 标准中规定的所有工作模式,且内部集成 32 位微处理器、模数转换器、HDTV 解码、DDR3 SDRAM 以及多种标准接口。该芯片在设计时充分考虑了 DTMB 与 DTMB-A 解调资源的整合与复用,实现了资源与功耗的优化设计。同时,该芯片内部基于软件架构,可通过固件升级的方式提供后期的性能优化,提高了芯片应用的灵活性。该芯片集成了从射频到基带以及音视频解码与接口,真正实现了接收终端的单片设计。张超副教授带领团队提供 DTMB-A 的 C 语言代码和 FPGA 实现源程序、DTMB-A FPGA 样机、DTMB-A 激励器、DTMB-A 标准接收机及其测试设备。2018年5月,基于 DTMB+DTMB-A 标准的 SOC 芯片开发成功,测试结果达到预期目标,性能/批量生产成本比值优于欧洲标准 DVB-T2。同期,DTMB-A 激励器、接收机、单频网适配器等系统产品在国家新闻出版广电总局广播科学研究院超高清晰度电视地面传输实验平台仪器设备购置项目中标。

DTMB-A 标准海外推广现已成为"一带一路"倡议的品牌项目,数字电视国家工程实验室(北京)受商务部委托成为项目管理单位。巴基斯坦 DTMB/DTMB-A 示范项目,拟建设 3 个发射主站点和两个发射辅站点,每个站点使用 3~4 个频率,计划传输不少于 20 套数字电视的高清和标清节目,其中不少于两套中国节目。项目建成后,将可解决巴基斯坦伊斯兰堡及周边地区不少于 1450 万人口收看数字电视节目的需求。东帝汶 DTMB 示范项目,拟建设 1 个发射主站点和 1 个发射辅站点,每个站点使用 3 个频率,计划传输不少于 20 套数字电视的高清和标清节目,其中含两套高清节目,两套以上的中国节目。本项目的建成可解决东帝汶首都帝力及周边地区不少于 20 万人口收看数字电视电视节目的需求。

2.2.6 数字电视团队继续前行,信息传输领域多方拓展

研究中心创建了我国数字电视地面广播传输系统,从理论创新、关键技术突破、标准制订、产业应用到国际推广,推动我国数字电视地面广播传输领域实现跨越式发展,跻身世界前列。在传输体制、信道估计、调制方式、纠错编码等一系列关键技术上拥有一批自主知识产权的创新成果;

在捕捉需求机遇、自主研发新系统、促进产业链建设、拓展市场应用方面积累了丰富的经验；一批骨干人才在多个研究方向上成为项目负责人，推动数字电视团队继续前行，获得信息传输领域多方拓展。

（1）可变带宽专用无线多媒体传输系统

针对各类突发性事件，如重大刑事案件、恐怖袭击事件、民族宗教群体性突发事件、涉外突发事件、群体性上访事件、邪教组织滋事、城市、自然、疫病灾害导致的突发事件等，如何利用专用无线多媒体传输系统，有效快速地打击犯罪活动和维护社会安定，一直是公安等特种行业直接面对的实际问题。

作为专用系统之一的公安专用无线多媒体传输系统对现场图像传输的要求越来越高，特别要求在移动中进行图像传输。据统计，有效信息的70%来自视觉，若提前几分钟发现案件现场，可以节省宝贵的案件侦破时间。在紧急情况下要求对特定图像信息进行移动接收和静止接收，把目标现场的实时图像信息传回指挥车，使领导在非现场第一时间全面了解突发事件的现场情况，有利于及时、准确地分析、判断和决策，提高快速反应能力、指挥决策能力和应对突发事件的处置能力。移动中实时传输图像和多媒体信息为公安实战提供了一种高效实用的技术手段。公安专用无线数字视频传输系统将为公安战线大幅提高信息获取量和获取信息的质量，加强公安警力综合能力，维持社会治安和人民群众的生命财产安全。

研究中心的潘长勇、彭克武、阳辉等组成"可变带宽专用无线多媒体传输系统"研发小组，吸取现有数字电视地面广播传输系统的成功经验，借鉴通信领域的最新技术成果，解决专用无线多媒体传输系统应用所需要解决的可变带宽、高可靠性、高速移动和低复杂度等实际问题。

该系统不同于国内外现有的应急多媒体传输系统，其技术基础为TDS-CP OFDM、低复杂度多码率LDPC编解码技术、数字可变带宽技术和数字基带调制和解调技术。本方案具有新颖性和先进性，为国内外首创，相关技术指标达到国际先进水平。该系统的研制成功为提高我国信息安全，构建和谐社会具有重大的社会意义，其市场需求大，应用前景广阔。

应急多媒体传输可以广泛应用于各种特种行业和突发事件的处理，

该系统在奥运火炬接力、四川地震救灾、奥运安保等重大应急场合的应用充分表现出应急多媒体传输系统能够带来巨大的社会效益,而中国多行业、多地区巨大的应急多媒体通信需求也会带来巨大的应用市场。目前该成果已经在特种行业规模应用,取得了重大的经济效益和社会效益。

2010 年,"可变带宽无线多媒体传输系统"获陕西省国防科技一等奖,完成人排名:艾渤、潘长勇、冯冰治、刘建平、阳辉、史国炜、彭克武、王劲涛。

2010 年,"可变带宽无线多媒体传输系统"获得武警部队科学技术二等奖,完成人排名:艾渤、史国炜、潘长勇、刘建平、阳辉、李凤祥、彭克武、张超、王劲涛。

(2)雷达通信一体化系统

信息化作战发展的今天,武器平台装载设备已逐步多样化,单独的雷达设备和通信设备已不能满足现在军事的要求。考虑在不影响雷达基本工作性能的基础上,实现实时的通信功能,这样就可以大大提高系统的作战能力。

在雷达通信一体化研究领域,研究中心的张彧研发小组是国内最早参与论证并付诸工程实践的研究团队之一。从 2008 年开始,联合中国电子科技集团公司第十四研究所提出了基于舰船编队协同的雷达通信一体化系统,并逐步构建了雷达通信一体化网络,具有以下特点:

① 雷达和通信功能有机结合,提高系统综合能力。利用雷达大的发射功率和接收机的高灵敏度,可以大大增加通信距离;利用雷达的强方向性和高发射功率,可以增强通信的抗干扰能力。利用通信功能,实现雷达设备间无线组网,有效提高系统内部资源共享,增加了实战的可靠性。

② 系统功能的多样化,提高系统的利用率。雷达系统和通信系统共用某些子系统,降低了通信网络的复杂性,减少了电子设备占用的空间,提高了系统的利用率以及平台的机动性和生存能力。

③ 多雷达组网可实现多角度、大范围目标探测,有效改善系统空情检测质量,提高系统的反低空突防能力。同时,可利用隐身目标的隐身缺口实现反隐身的目的。多雷达所拥有的固有的冗余度进一步提高了整个系统的可靠性。

④ 组网系统中各雷达具有不同频率,可实现频率互补,具有对干扰

和目标进行三角定位的能力,有利于反侦察、抗反辐射导弹和各种电子干扰,其电子抗干扰能力大大增强。

（3）嘉兴市超高清电视地面广播传输试验系统

超高清电视是地面数字电视广播传输系统的主要拓展业务之一,研究中心的宋健、薛永林、阳辉等老师带领团队活跃在该方向的世界前沿领域,在浙江嘉兴电视台的支持下,我国第一个自主标准的超高清电视地面广播传输实验系统成功建立。

2018年11月28日至12月7日,嘉兴市超高清电视地面广播传输实验网搭建完成,薛永林和阳辉率领测试小组前往嘉兴进行摸底测试。嘉兴市电视发射塔位于禾兴北路和东升东路交界处附近。实验网的发射频道为DS-24频道,中心频率为562 MHz,发射功率1000 W,发射天线位于发射塔顶部,高度120 m,为四层四面四偶极子天线,水平极化。实验网采用DTMB-A标准,工作模式是256APSK,LDPC码率为2/3,32K FFT,净载荷39.61 Mb/s,测试用的节目分辨率为3840×2160,帧率50 fps(帧/秒),采用H.265编码,编码后的码流速率近39 Mb/s。

测试小组首先进行了室外固定接收点的场强摸底测试,接收天线为八木天线,标称增益10~14 dBi,架高4 m,接收点选取在嘉兴向北和西北方向的国道,一共选取了16个测试点,所有测试点都能够正常接收,图像清晰、流畅、无马赛克,最远点位于发射塔西北方向的沪聂线(G318国道),距离发射塔40.3 km。测试小组还选取了7个室内固定接收点,采用同样的接收天线,测试位置为室内朝发射塔方向的窗口,调整天线的位置和方向,使接收场强最高,所有测试点都能够正常接收,图像清晰、流畅、无马赛克,最远点位于发射塔东南方向的大桥镇广电站,距离发射塔10.8 km。

（4）DTMB技术在海上通信的应用

我国有广阔的领海区域,也面临着严峻的海洋周边形势,在海洋执法和维权等方面的高速通信需求非常迫切。信号在海上传输时会受到地球曲面和海浪、船只等的遮挡,而且海浪变化也会引起信号的时变效应,因此,海上无线通信衰落环境复杂,高速可靠通信的挑战性大。

研究中心的王劲涛老师组织研发团队拓展了海上通信研究方向。在DTMB及其演进系统在频谱效率、接收门限、抗多径能力和高速移动接收等性能指标方面具有国内外同类技术的最好水平的基础上,针对海上无线通信需求进行改进,设计了高速数据通信系统,以满足海上执法和维权行动中对视频、语音、数据业务的高速率传输需求。该系统提供宽带高可靠的数据传输能力,频谱利用率高;采用可变带宽设计,射频频点可根据实际应用需求调整,从而减少海上通信频谱资源分配的压力。并且,该系统支持船队的自组织网络构建,有利于海上协同执法。

该研发团队与中国船舶工业系统工程研究院合作,在海上进行了一体化高速数据传输网络试验,依据地形和实际环境选择靠近海边的两个岸基节点以及海上移动船只一个节点,成功地进行了多点间高清音视频通信、文件传输、多业务并发等多项试验,发射功率为 50 W,节点间最大传输距离达到 40 km,验证了具有自主知识产权技术体制的海上高速数据通信系统实用价值。

(5) 地面广播电视+互联网双向无线宽带传输系统

模拟电视的数字化使得大量原本用于电视业务的 UHF 频段闲置。将空闲的 UHF 频段(白频谱)应用于移动互联已经成为全球学术界和产业界的共识,基于白频谱的超级 WiFi 技术被广泛认可为解决无线频谱资源问题的最佳方案之一。

超级 WiFi 具有技术覆盖范围大、吞吐率高和组网灵活的特性,可广泛应用于电力行业的智能电网、融合传统广电的广播电视互联网、高速列车通信、海事通信、高速家庭网关以及灾难应急通信等场合,具有极广阔的应用前景。

研究中心的王军研究员带领团队结合广电 UHF 频段优质频谱资源、广电业务类型以及终端分布等特点研发了一套无线通信系统,可满足对广电业务不同深度、不同终端业务类型的传输要求和覆盖范围,实现对数据、视频等广电业务双向传输。该系统成果已成功应用于内蒙古 U 频段无线专网试点和农村无线专网示范项目。

(6) 4K 和 8K 超高清电视地面广播传输系统

4K 和 8K 超高清电视相对高清电视,除了视频分辨率显著提高外,对帧率、像素量化比特数、亮度动态范围、色域范围以及伴音等方面都有更高的要求,同时也带来了数据量的巨大增加,4K 视频数据率达到 12 Gbps 以上,8K 视频数据率高达 48 Gbps 以上。即使经过新一代高效视频编码技术数据压缩后,4K 电视数据率仍达到 40 Mbps 以上,8K 电视数据率达到 80 Mbps 以上。这对于视频编码和信道传输技术提出了新的挑战。

早在 2011 年,清华大学就与四川长虹电器集团合作成立"先进视听技术联合实验室",开展超高清数字电视技术的研发。2013 年,薛永林老师主持完成了国内首台 4K 超高清数字电视一体机的研发,并采用自主创新的 DTMB-A 传输技术进行了超高清电视地面传输实验,传输数据率近 40 Mbp,视频解码采用多处理器并行计算以及多级转换显示控制等。此后超高清电视地面传输演示系统多次在国内、国际科技会议中进行展示。

通过项目研发,团队在超高清技术方面积累了一批技术成果和丰富的研发经验。2018 年,在 DTMB-A 接收机芯片初步量产后,团队与企业合作开展超高清电视产业化,在 7 个月时间内先后研制并批量生产了 DTMB-A 激励器、发射机、接收机等,并在浙江嘉兴成功进行了中国首次 4K 超高清电视地面广播试验。

同时,团队在 8K 超高清电视广播方面也进行了积极探索,包括视频编解码并行处理、DTMB-A 分集发射和接收(MIMO)、多信道绑定等技术研究,初步形成了 8K 超高清电视地面传输的技术方案,正在开展 8K 超高清电视地面广播试验准备工作。

(7) 基于电力线与可见光通信融合的超高清电视传输系统

可见光通信是一种在可见光技术上发展起来的新兴的、短距离高速无线光通信技术,将可见光和通信系统有机结合将开辟一个全新的交叉学科。随着 LED 固体照明市场的迅速发展,LED 照明和显示无处不在,为可见光通信提供了天然的基础设施,使得照明网转化为通信网的条件愈发成熟。

研究中心的杨昉副教授组织研发团队拓展了电力线与可见光通信融合方向,开展多网络异构融合、多域协同信号处理、多维噪声抑制等方面理论基础研究。面向具体行业应用,深入开展可见光融合通信网络中的可见光室内高精度定位及成像通信方法、可见光融合系统特性分析与传输机制、可见光融合网络的资源调度及优化等关键技术研究,牵头制订多项电力线标准、可见光通信国家标准和国际标准。

开发的融合系统实现了照明、通信、电力、定位的"四网合一",并在国家电网电缆沟、汽轮机监控、室内智慧照明等场景得到初步应用,得到了国家重点研发计划、国家自然科学基金、国家智能制造专项和国家电网公司相关项目支持，研究成果获中国光学工程学会创新技术二等奖。

2019年6月，中心相关研究成果被写入国际电联标准ITU-R SM.2422-1 "Visible light for broadband communications"中。

以上成果的取得，与国家有关部门的支持、国内外企业与研究机构的配合是密切相关的。这些年中心成员担任负责人或核心成员的重大项目包括以下几内容。

① 国家纵向项目

中心先后获得工信部、科技部、基金委、发改委和国标委等多项纵向项目的支持，项目信息如表2-3所示。

表2-3 国家纵向项目

序号	项目类型	项目名称	合同起始时间/年	合同终止时间/年
1	电子信息产业发展基金	数模兼容彩色电视接收机研发及产业化	2001	2006
2	电子信息产业发展基金	数字电视接收机研发及产业化	2002	2006
3	电子信息产业发展基金	UTI机卡分离	2003	2007
4	欧盟MING-T	Multistandard Integrated Network convergence for Global Mobile and Broadcast Technologies	2007	2008
5	产学研	国标信道编码调制激励器及基于地面数字电视的应急系统研发及应用	2007	2009
6	发改委专项	基于中国地面数字电视传输标准的信道解调解码核心芯片开发及产业化项目	2008	2009
7	核高基	数字电视SoC芯片	2009	2012
8	电子信息产业发展基金	符合DTMB/AVS/DRA标准的数字电视一体机研发及产业化	2010	2011

续表

序号	项目类型	项目名称	合同起始时间/年	合同终止时间/年
9	重大专项	IMT-Advanced 多址技术研发	2010	2010
10	核高基	数字电视 SoC 芯片	2009	2012
11	电子信息产业发展基金	符合 DTMB 标准、基于自主研发芯片解决方案的地面数字电视接收机研发及产业化	2011	2013
12	电子信息产业发展基金	10 万用户级数字家庭应用示范工程	2012	2014
13	电子信息产业发展基金	DTMB、AVS/DRA 国家标准国际化推广应用示范	2013	2015
14	电子信息产业发展基金	基于 AVS+标准的地面数字电视接收终端、有线数字电视一体机(含标准制订)研发与应用	2013	2015
15	电子信息产业发展基金	基于 AVS+标准的地面数字电视接收终端、有线数字电视一体机的研发与应用	2013	2015
16	质检公益专项	ITU-R 1206 标准提案研制	2014	2016
17	科技部国合专项	中-古地面数字电视国际化关键技术研究及应用示范	2014	2016
18	电子信息产业发展基金	普及地面数字电视接收机公共服务平台	2014	2016
19	自主科研	VLC 和 PLC 深度融合理论和关键技术研究	2015	2017
20	科技部重点研发计划	宽带电力线与可见光结合通信技术研究	2015	2017
21	重大专项	IMT-2020 候选频段分析与评估	2015	2017
22	自主科研	自主科研(支撑 Gb/s 高速可见光通信系统的高调制带宽 LED 研究)	2016	2018

续表

序号	项目类型	项目名称	合同起始时间/年	合同终止时间/年
23	智能制造专项	工业互联网架构标准化与试验验证系统	2015	2018
24	重大专项	新一代宽带无线移动通信网——基于多用户共享接入的5G频谱效率提升技术研发与验证(中兴通讯)	2016	2017
25	科技部重点研发计划	中国-老挝地面数字电视技术研究和应用示范项目	2017	2020
26	科技部重点研发计划	超大贷款信息传输计量基标准和关键技术研究——无线数字调制计量标准	2018	2020
27	自然科学基金	海洋环境下高动态平台间宽带传输与探测通信融合组网技术	2017	2022
28	自然科学基金	可见光与电力线通信深度融合关键传输技术与网络架构研究	2018	2021
29	自主科研	自主科研清华大学对俄自主科研国际合作专项——CDR和RAVIS系统共存性研究	2019	2020

② 国内外企业与研究机构的横向项目

中心先后与多家国内外企业建立了联合研究机构并承担了近多项委托研究。联合机构信息和部分横向合作项目信息如表2-4所示。

表2-4 联合机构信息和部分横向合作项目信息

序号	类别	项目名称	合同起始时间/年	合同终止时间/年
1	联合研究所	数字太和研究所	2004	2007
2	联合研究所	瑞萨研究所	2004	2007
3	联合研究所	三星电子研究所	2005	2009

续表

序号	类别	项目名称	合同起始时间/年	合同终止时间/年
4	联合研究所	ASTRI多媒体广播与通信联合研究所	2007	2010
5	联合研究所	安捷伦信息与通信测量联合实验室	2007	2018
6	联合研究所	展讯多媒体通信研究所	2007	2010
7	联合研究所	SK Telecom联合研究所	2007	2009
8	联合研究所	清华大学(信研院)—四川长虹电器股份有限公司先进试听技术联合实验室	2014	2017
9	横向合作	面向电网业务应用的可见光通信技术研究	2015	2017
10	横向合作	智慧城市管理、控制与运行系统的开发	2016	2019
11	横向合作	多媒体传输芯片	2005	2008
12	横向合作	基于中国地面数字电视广播标准的信道解调解码芯片设计及产业化	2007	2012
13	横向合作	符合数字电视地面传输标准的芯片研究	2007	2010
14	横向合作	地面数字电视系统综合测试平台开发	2014	2017

附数字电视技术研究中心发明专利和软件著作权登记情况:

表2-5 发明专利授权情况

序号	名称	发明人	专利号	授权公告日
1	3780点离散傅里叶变换处理器系统	杨知行、胡宇鹏、潘长勇、杨林	ZL01140060.9	2003.08.13
2	数字信息传输方法及其地面数字多媒体电视广播系统	杨林、杨知行	ZL00123597.4	2003.08.13
3	地面数字多媒体电视广播系统中的帧同步产生方法	杨林、杨知行	ZL01130659.9	2003.12.17

续表

序号	名称	发明人	专利号	授权公告日
4	时域同步的自适应块传输方法	杨知行、胡宇鹏、潘长勇	ZL02131338.5	2004.10.27
5	交互式数字信息传输用上/下行信号的调制及同步接入法	杨林、杨知行	ZL02129309.0	2005.02.16
6	一种多码率纠错编码方法	杨林、杨知行	ZL03150090.0	2005.07.06
7	利用传输参数信令抑制相位噪声的方法	杨林、杨知行	ZL03102063.1	2005.07.13
8	一种有线数字电视广播中防止非法广播的方法	杨知行、房海东、王劲涛、胡宇鹏、潘长勇	ZL03102681.8	2005.09.14
9	最小欧氏距离最大化的星座映射级联纠错编码方法	杨林、杨知行	ZL03102061.5	2006.06.14
10	TDS-OFDM 接收机时变信道估计与均衡方法及系统	杨知行、符剑、潘长勇、王军、杨林	ZL200410009944.1	2008.03.19
11	基于二值全通序列保护间隔填充的频域信道估计方法	杨知行、彭克武、宋健、王军、王劲涛、潘长勇、张彧、阳辉	ZL200710065404.9	2009.07.29
12	一种用于固定训练序列填充调制系统的迭代分解方法	杨知行、杨昉、宋健、王军、彭克武、王劲涛、潘长勇、张彧、阳辉	ZL200710098532.3	2009.07.29
13	一种用于多模式训练序列填充系统的多模式自动识别方法	杨知行、杨昉、宋健、王军、张彧、潘长勇	ZL200710099074.5	2009.10.21
14	用于简单系数 FIR 滤波器的时域实现方法	彭克武、李苇、宋健、杨知行、符剑	ZL200710175804.5	2009.11.04
15	一种准循环低密度奇偶校验码编码器和校验位生成方法	杨知行、谢求亮、彭克武、王劲涛、宋健	ZL200710176161.6	2009.11.04

续表

序号	名称	发明人	专利号	授权公告日
16	一种正交频分复用调制系统中保护间隔的填充方法及其通信系统	杨知行、杨昉、王军、彭克武、王劲涛	ZL200710303980.2	2009.11.18
17	QC-LDPC译码器水平运算单元快速流水线级联结构	杨知行、牛迪民、彭克武、宋健、王劲涛、潘长勇	ZL200710099961.2	2010.01.20
18	正交频分复用系统中空频发射分集的非相干检测方法	王劲涛、宋健、杨知行、潘长勇、王军	ZL200510086342.0	2010.01.20
19	基于低峰谷比序列传输的OFDM调制系统性能测试方法	宋健、毛嵩、杨昉、王劲涛、潘长勇、王军	ZL200710119270.4	2010.06.02
20	里德所罗门码解码器硬件复用方法及低硬件复杂度解码装置	杨知行、江南、彭克武、张彧、宋健	ZL200810106662.1	2010.06.02
21	FIR数字滤波器组的低复杂度实现方法及装置	彭克武、刘在爽、杨知行、宋健、符剑	ZL200810119064.8	2010.06.02
22	用于TDS-OFDM系统的信道估计方法	彭克武、唐世刚、杨知行、潘长勇、宋健	ZL200710175301.8	2010.06.02
23	一种FIR数字滤波器直接型实现方法及实现装置	彭克武、卢莹莹、杨知行、符剑、王劲涛、潘长勇	ZL200810101448.7	2010.06.02
24	一种对抗时间选择性衰落信道的调制解调系统及方法	彭克武、唐世刚、杨知行、宋健、潘长勇	ZL200710178854.9	2010.06.16
25	基于二维短时滑动自相关的联合同步方法及其接收端	彭克武、许奥林、杨知行、宋健、符剑	ZL200810116759.0	2010.09.01
26	数字基带跳频调制系统实现方法及实现装置	彭克武、史其存、杨知行、宋健、潘长勇	ZL200810101266.X	2010.09.08

续表

序号	名称	发明人	专利号	授权公告日
27	LDPC译码的循环式分级最小值计算方法及其实现装置	彭克武、江南、杨知行、符剑、张彧、阳辉	ZL200810105448.4	2010.09.08
28	正交频分复用系统中利用系统信息抑制相位噪声的方法	杨知行、杨昉、王劲涛、符剑、王军	ZL200810056066.7	2010.09.08
29	基带成形SRRC数字滤波器的低复杂度实现装置及方法	宋健、刘在爽、张彧、王劲涛、杨知行	ZL200810222514.6	2010.09.29
30	一种基于物理层子信道划分的分级多业务传输方法与装置	宋健、杨昉、彭克武、王晓晴、李彦刚、唐世刚	ZL200910087594.3	2011.01.05
31	一种适用于无线突发通信的信道估计方法及其系统	张彧、万晓峰、杨知行、潘长勇	ZL200910083748.1	2011.03.30
32	基于已知序列相干自相关的载波频偏估计算法及其实现装置	彭克武、许奥林、杨知行、宋健、潘长勇	ZL200810100915.4	2011.04.27
33	无线突发通信全数字接收机无数据辅助同步方法及其系统	张彧、万晓峰、姜龙、杨知行、潘长勇	ZL200910085376.6	2011.05.11
34	一种基于并行策略的帧同步方法及实现装置	彭克武、唐世刚、杨知行、潘长勇、张彧、王劲涛	ZL200810103070.4	2011.05.11
35	发射分集系统的信道估计方法	杨知行、杨昉、彭克武、张彧、符剑	ZL200710304685.9	2011.05.11
36	一种调制器性能的测量方法和装置	宋健、韩冰、潘长勇、符剑、王劲涛	ZL200810247341.3	2011.05.11
37	一种单载波或多载波块传输系统及保护间隔填充方法	彭克武、杨知行、宋健、潘长勇	ZL200710121926.6	2011.06.15

续表

序号	名称	发明人	专利号	授权公告日
38	一种灵活子载波调制系统的解调方法及装置	宋健、董雪、符剑、张彧、王劲涛	ZL200810227757.9	2011.08.17
39	时域并行数字解调系统	张彧、张维良、杨再初、杨知行、潘长勇	ZL200910093092.1	2011.08.17
40	用于正交频分复用系统的迭代内码译码和信道估计方法及装置	王劲涛、昌文婷、谢求亮、彭克武、潘长勇、宋健、杨知行	ZL200910089433.8	2011.09.14
41	用于多用户多天线系统的信道估计方法	杨知行、杜邓宝、王劲涛、王军、潘长勇	ZL200710176162.0	2011.10.26
42	子载波调制方法和装置	彭克武、董雪、杨知行、潘长勇、阳辉、王军	ZL200810114121.3	2011.10.26
43	数字信号传输方法及系统	杨昉、何丽峰、杨知行、彭克武	ZL200910090189.7	2011.11.09
44	一种LDPC译码器的最小值计算装置及其构造方法	彭克武、江南、杨知行、潘长勇	ZL200910076867.4	2011.12.28
45	时域同步正交频分复用系统中的CP-OFDM信号重构方法及装置	符剑、戴凌龙、杨知行、王劲涛、王军	ZL200810118118.9	2011.12.28
46	发射分集块传输系统的训练序列设计和信道估计方法及其传输系统	彭克武、杨昉、王劲涛、符剑、杨知行	ZL200910078926.1	2011.12.28
47	一种用于消除OFDM系统中窄脉冲干扰的方法	杨知行、杜邓宝、彭克武、谢求亮、宋健	ZL200910082762.X	2011.12.28
48	一种准循环低密度奇偶校验码的生成方法	朱慧琳、彭克武、宋健	ZL200710178090.3	2012.01.04

续表

序号	名称	发明人	专利号	授权公告日
49	信道估计的方法	王军、杨昉、杨知行、王劲涛、符剑、潘长勇、宋健	ZL200710120115.4	2012.02.15
50	实地信道数据准实时采集及回放的方法	杨知行、毛嵩、彭克武、阳辉、王劲涛	ZL200710176879.5	2012.02.15
51	联合自适应编码调制器和自适应联合分配编码调制方法	符剑、王晓晴、张辉敏、宋健、王军、王劲涛	ZL200810240008.X	2012.05.16
52	块传输系统的联合同步方法及其应用的接收机	彭克武、何丽峰、杨知行、王劲涛、王军	ZL200910005101.7	2012.05.23
53	一种物理层子信道分配方法、发射系统及接收系统	彭克武、邱石、杨昉、宋健、李彦刚、唐世刚	ZL200910085229.9	2012.06.20
54	并行无数据辅助载波恢复方法及其系统	张彧、万晓峰、姜龙、张国敬、潘长勇	ZL200910244042.9	2012.09.05
55	一种用于全数字接收机的载波恢复方法及装置	张彧、杨知行、姜龙、潘长勇、王英健、王劲涛	ZL200910241750.7	2012.09.05
56	一种数字通信系统中帧同步序列产生的方法及装置	杨昉、王昭诚、何丽峰、彭克武、杨知行	ZL200910241677.3	2012.10.10
57	基于DTMB单频网标准的多业务适配方法及其实现装置	杨知行、王晓晴、王劲涛、阳辉、张超、李彦刚	ZL201010200495.4	2012.10.10
58	低比特分辨率的混合最小和LDPC解码方法和装置	杨海耘、彭克武	ZL200710130017.9	2012.10.10
59	并行信道均衡方法	张彧、万晓峰、姜龙、潘长勇、张国敬、邱松	ZL201010115487.X	2012.11.14

续表

序号	名称	发明人	专利号	授权公告日
60	利用差分数据作为导频的OFDM信号收发方法及其装置	王军、路冠平、王昭诚、杨知行、张超、潘长勇	ZL201010118587.8	2012.11.14
61	数字基带可变速率转换调制系统的实现方法和实现装置	彭克武、刘在爽、阳辉、卢莹莹、潘长勇	ZL200810057286.1	2012.11.14
62	一种基于时频域变换的数字信号发送方法	杨知行、王昭诚、王军、王劲涛	ZL200910080191.6	2012.12.12
63	基于置信度的抑制信道估计结果中噪声的方法及装置	杨昉、周晓	ZL201010230049.8	2012.12.26
64	基于训练序列重构的信道估计方法及系统	杨昉、刘振玉、阳辉、宋健、王昭诚	ZL201010141276.3	2013.01.30
65	星座图受限的扩展编码调制方法、解调解码方法及其系统	杨昉、王晓晴、宋健、王劲涛、张彧	ZL201010176239.6	2013.01.30
66	基于多载波伪随机序列的数字信号传输方法及系统	王军、杨昉、何丽峰、杜邓宝、杨知行、王昭诚	ZL201010129099.7	2013.01.30
67	基于北斗二代与中国地面数字电视的联合定位方法及系统	张彧、计晓媛、戴凌龙、王军、杨知行	ZL201110048773.3	2013.01.30
68	并行无数据辅助时钟恢复方法及其系统	张彧、万晓峰、杨再初、张国敬、邱松、杨知行	ZL200910241629.4	2013.02.27
69	用于OFDM系统的数据指导信道估计方法及其实现装置	彭克武、杨昉、潘长勇、杨知行、宋健	ZL200810111937.0	2013.03.27
70	数字信息传输的帧同步序列生产方法及系统	张超、王昭诚、王军、杨昉、杨知行	ZL200910238447.1	2013.05.08

续表

序号	名称	发明人	专利号	授权公告日
71	预测多径信道传输中接收机的接收性能的方法	杨昉、颜克茜、丁文伯、潘长勇	ZL201110028959.2	2013.06.05
72	确定下行多址系统传输模式的方法及发射端、接收端装置	彭克武、杨知行、杨昉、宋健、潘长勇	ZL200910087104.X	2013.06.05
73	基于中国地面数字电视单频网的定位方法及系统	王昭诚、张彧、计晓媛、戴凌龙	ZL201010521636.2	2013.06.05
74	并行卷积-RS级联码译码方法及其实现装置	张彧、苏承毅、万晓峰、邱松、潘长勇	ZL201010101779.8	2013.06.05
75	并行多码率卷积码译码方法及其实现装置	张彧、苏承毅、万晓峰、杨知行、邱松	ZL201010034520.6	2013.06.05
76	自适应的归一化最小和LDPC译码方法及译码器	彭克武、范力文、杨知行、潘长勇、宋健	ZL201110214450.7	2013.06.19
77	编码调制方法及解调解码方法	杨知行、程涛、宋健、谢求亮、彭克武	ZL201010222435.2	2013.10.02
78	数字噪声产生方法	张彧、赵级汉、吴义辰、姜龙、张国敬	ZL201110121414.6	2013.10.02
79	面向DVB-S2编码调制系统的星座映射及解映射方法	彭克武、张奔、林俊豪、阳辉、潘长勇	ZL201110216908.2	2013.11.06
80	多维星座图的构造方法、编码调制、解调解码方法及系统	彭克武、程涛、杨昉、宋健、阳辉	ZL201010174538.6	2014.01.22
81	多业务分级传输的信号调制解调方法及系统	王劲涛、昌文婷、杨昉、薛永林、杨知行	ZL201110241582.9	2014.01.29
82	多码率多码长QC-LDPC码构建方法及编码调制系统	杨知行、刘在爽、雷伟龙、钱辰、彭克武	ZL201010596430.6	2014.02.19

续表

序号	名称	发明人	专利号	授权公告日
83	基于单载波发送的变带宽FMT频分多址接入方法	王军、杨知行、路冠平、王昭诚、张超	ZL201110251058.X	2014.03.12
84	星座点映射方式的搜索方法	彭克武、谢求亮、宋健、杨知行、潘长勇	ZL201010223921.6	2014.06.04
85	基于循环相关的信道估计方法	张超、王昭诚、王劲涛、王军	ZL201010259511.7	2014.06.04
86	一种多码率LDPC码的构造方法	彭克武、范力文、潘长勇、黄嘉晨、宋健	ZL201210272811.8	2014.11.26
87	一种电力线状态监测的方法及其装置	任飞、杨昉、丁文伯、李嘉、宋健、阳辉、潘长勇	ZL201210277888.4	2015.02.18
88	基于比特层次的物理层子信道的多业务传输方法	彭克武、金黄平、宋健、潘长勇、杨知行	ZL201210407145.4	2015.04.15
89	电力线和无线混合通信方法及其装置	杨昉、宋健、张奇、王军、阳辉	ZL201210252192.6	2015.04.15
90	一种基于APSK星座图的非等概星座映射方法	杨昉、颜克茜、宋健、薛永林	ZL201210518605.0	2015.05.20
91	基于电力线的DTMB广播传输方法及装置	宋健、丁文伯、杨昉、阳辉	ZL201310003758.6	2015.05.20
92	渐进广播传输方法及系统	彭克武、黄嘉晨、潘长勇、金黄平、宋健	ZL201210546059.1	2015.05.20
93	星座映射的软解预处理方法以及软解方法	彭克武、陈霜、黄嘉晨、潘长勇、宋健	ZL201310088740.0	2015.08.12
94	信道编码调制方法	潘长勇、颜克茜、杨昉、宋健	ZL201210550064.X	2015.08.12
95	用于编码调制的QC-LDPC码的构造方法及编码调制方法	彭克武、范力文、潘长勇、宋健、杨知行	ZL201210380776.1	2015.08.12

续表

序号	名称	发明人	专利号	授权公告日
96	灵活子载波OFDM系统的同步方法及装置	刘建明、赵丙镇、王一蓉、耿亮、袁洲、宋健、董康辉、杨昉	ZL201110210513.1	2015.09.30
97	用于正交频分复用通信的交织方法及装置	杨昉、刘思聪、宋健、阳辉、牛志升	ZL201310153729.8	2015.09.30
98	解映射解码方法和系统	彭克武、程涛、杨知行、潘长勇、宋健	ZL201110458205.0	2015.10.28
99	星座映射、解映射方法、编码调制及解码解调系统	潘长勇、黄嘉晨、彭克武、阳辉	ZL201310134336.2	2015.10.28
100	突发通信的定时估计方法	张彧、吴钊、吴义辰	ZL201410117023.0	2015.10.28
101	一种电力线通信与光通信结合的通信方法及系统	宋健、杨昉、颜克茜、王劲涛、张超、李晓	ZL201210252064.1	2015.12.02
102	基于非对等训练序列填充块传输系统的迭代信道估计方法及装置	杨昉、丁文伯、宋健、阳辉	ZL201210529973.5	2015.12.02
103	基于迭代检测的低复杂度并行干扰消除方法及系统	王昭诚、钱辰、王琪	ZL201310141367.0	2015.12.02
104	自适应编码调制方法及装置	潘长勇、金黄平、刘在爽、宋健、彭克武	ZL201210170510.4	2015.12.02
105	TDS-OFDM中功率受限频段的功率抑制方法及装置	杨昉、丁文伯、潘长勇、宋健	ZL201310027786.1	2016.01.20
106	通用星座解调方法及系统	谢求亮、王昭诚、杨知行	ZL201210007727.3	2016.01.20

续表

序号	名称	发明人	专利号	授权公告日
107	基于星座图扩展的数据增强传输及接收方法	宋健、金黄平、彭克武、程涛、杨知行	ZL201310008025.1	2016.02.24
108	基于信息块传输的数字宽带通信方法及系统	张超、王昭诚、杨知行	ZL201110237064.X	2016.03.30
109	时域同步正交频分复用系统的时域加窗方法及装置	杨昉、潘长勇、丁文伯、阳辉、宋健	ZL201210460943.3	2016.04.20
110	迭代解映射解码方法和系统	彭克武、刘在爽、宋健、潘长勇、杨知行	ZL201110457467.5	2016.04.20
111	一种APSK星座映射及其解映射方法	谢求亮、王昭诚、杨知行	ZL201110346648.0	2016.04.20
112	自适应的数字信号传输方法及系统	杨知行、王军、王昭诚、王劲涛	ZL200910087953.5	2016.06.15
113	一种正交频分复用系统中的交织方法	谢求亮、钱辰、王昭诚、宋健、杨知行	ZL201210180073.4	2016.08.03
114	数字通信系统中的帧同步序列生成方法及装置	杨昉、刘思聪、潘长勇、宋健	ZL201310037606.8	2016.08.10
115	光电混合广播传输方法及装置	宋健、阳辉、丁文伯、杨昉、潘长勇	ZL201310286973.1	2016.08.10
116	支持数据传输和定位的可见光与电力线通信方法和装置	杨昉、马旭、宋健、阳辉、潘长勇	ZL201410555564.1	2016.08.17
117	电力线通信系统中基于OFDM的多频组网方法及装置	杨昉、刘思聪、宋健、彭克武	ZL201310395712.3	2016.09.21
118	一种基于压缩感知的时频联合信道估计方法及装置	杨昉、丁文伯、宋健、潘长勇	ZL201410003290.5	2016.10.12

续表

序号	名称	发明人	专利号	授权公告日
119	电力线和可见光融合的通信方法与系统	杨昉、马旭、宋健、阳辉	ZL201410555565.6	2017.01.04
120	基于先验信息辅助的压缩感知窄带干扰估计方法及装置	杨昉、刘思聪、宋健、潘长勇	ZL201410007442.9	2017.02.01
121	一种基于压缩感知的冲激噪声估计与消除方法及装置	杨昉、刘思聪、张超、宋健、王劲涛	ZL201410140839.5	2017.03.29
122	一种抗连续波干扰的通信方法和系统	张超、高镇、潘长勇、王昭诚	ZL201310075321.3	2017.04.05
123	一种基于压缩感知的窄带干扰估计和消除方法及装置	杨昉、刘思聪、宋健、潘长勇	ZL201410006974.0	2017.05.24
124	一种QC-LDPC码的校验矩阵的构造方法	彭克武、陈霜、杨昉、黄嘉晨、潘长勇	ZL201410064796.7	2017.06.16
125	一种基于物理层子信道划分的多业务传输方法	彭克武、颜克茜、杨昉、金黄平、宋健	ZL201310684929.6	2017.07.07
126	LDPC码译码器及实现方法	彭克武、刘玥、宋健、杨昉、陈霜	ZL201410289338.3	2017.07.07
127	正交频分复用系统中的交织方法及装置	潘长勇、谢求亮、杨昉、彭克武、杨知行	ZL201210532950.X	2017.07.07
128	单码率、多码率QC-LDPC码的模板矩阵的构造方法	彭克武、陈霜、杨昉、刘玥、宋健	ZL201410584851.5	2017.07.28
129	融合OOK调制和OFDM调制的可见光通信方法及装置	杨昉、高俊男、丁文伯、宋健	ZL201510425084.8	2017.07.28
130	支持比特加载及比特映射的编码调制方法及系统	杨昉、颜克茜、彭克武、宋健、马旭	ZL201410542566.7	2017.08.11

续表

序号	名称	发明人	专利号	授权公告日
131	TDS-OFDM信道估计均衡方法及系统	王劲涛、刘畅、阳辉、宋健	ZL201410687864.5	2017.09.22
132	基于电力线通信的电力线网络拓扑感知方法及装置	杨昉、马旭、彭克武、宋健	ZL201410432940.8	2017.10.17
133	编码调制方法及系统	彭克武、刘玥、宋健、陈霜、杨昉	ZL201510041319.3	2018.02.09
134	基于双极性信号的可见光通信方法与装置	杨昉、高俊男、潘长勇	ZL201610216618.0	2018.04.10
135	基于压缩感知的限幅噪声估计与消除方法及装置	杨昉、高俊男、宋健、丁文伯	ZL201510288223.7	2018.04.10
136	星座软解映射的方法和装置	彭克武、陈霜、杨昉、宋健、黄嘉晨	ZL201510058822.X	2018.04.10
137	基于深度学习的视神经仿真方法及系统	王小斐、宋健	ZL201610238163.2	2018.04.10
138	基于叠加编码的多业务广播单频网优化方法	宋健、段海宁、彭克武、张彧、潘长勇	ZL201410670654.5	2018.04.10
139	一种基于前导序列的信令检测方法及装置	张超、刘菁菁、潘长勇、王军	ZL201410211442.0	2018.04.10
140	ACO-OFDM系统的限幅噪声消除方法及装置	杨昉、高俊男、宋健、丁文伯	ZL201510435451.2	2018.04.20
141	联合正交多址与非正交多址的上行多址接入方法	彭克武、金黄平、陈霜、宋健	ZL201510214059.5	2018.04.20
142	导航信号抗干扰自适应处理方法及处理装置	张超、李智、潘长勇、王小斐	ZL201510314308.8	2018.04.20
143	广义空间调制通信系统中接收端的检测方法	王劲涛、孙跃、宋健、潘长勇、郭文秀	ZL201510572378.3	2018.04.20

续表

序号	名称	发明人	专利号	授权公告日
144	面向调光控制的可见光通信方法与装置	杨昉、高俊男、宋健	ZL201610279766.7	2018.05.29
145	联合正交和非正交的大规模用户上行多址传输方法	彭克武、陈霜、宋健、张好姝	ZL201510135204.0	2018.06.22
146	一种 MIMO-OFDM 系统信道估计的导频优化方法	王劲涛、汪学思、潘长勇、宋健、郭文秀	ZL201510574378.7	2018.08.03
147	基于可见光通信的室内定位方法和定位系统	杨昉、李昭奇、高俊男、宋健	ZL201610248297.2	2018.08.28
148	信道估计方法及装置	张超、刘菁菁、李智、潘长勇	ZL201610122498.8	2018.10.02
149	频偏检测方法及装置	张超、潘长勇、刘菁菁、阳辉	ZL201410495913.5	2018.10.30
150	冲激噪声消除方法及装置	杨昉、高俊男、刘思聪、宋健、陆建华	ZL201510201105.8	2018.12.11
151	一种基于资源图样的多用户上行接入方法	彭克武、陈霜、宋健、张好姝	ZL201610237270.3	2018.12.11
152	随机接入方法	彭克武、杨昉、宋健、陈霜	ZL201510919451.X	2019.01.11
153	多天线时域训练序列填充方法及装置	杨昉、马旭、潘长勇、丁文伯、宋健	ZL201510998100.2	2019.04.02
154	面向子载波可变系统的编码调制方法和系统	杨昉、马旭、彭克武、刘玥、宋健	ZL201610173417.7	2019.04.23
155	一种上行随机接入方法	彭克武、陈霜、宋健、金黄平	ZL201610042101.4	2019.05.28
156	面向多用户传输的子载波可变系统的编码调制方法	彭克武、刘玥、杨昉、马旭、宋健	ZL201610280246.8	2019.07.26
157	非正交多址接入传输系统的接收方法及装置	彭克武、张好姝、宋健、陈霜	ZL201610067731.7	2019.09.17

续表

序号	名称	发明人	专利号	授权公告日
158	兼容MIMO与MISO传输的发射装置、发射方法、接收装置及接收方法	彭克武、刘玥、陈霜	ZL201610419809.7	2019.11.15

表2-6 软件著作权登记情况

序号	名称	登记号	开发人
1	便携式数字电视信号测试仪软件V1.0	2018SR368158	潘长勇
2	DTMB-A UHDTV机顶盒软件V1.0	2018SR912310	薛永林
3	DTMB-A接收信道驱动模块软件V1.0	2018SR912631	薛永林

2.3 微处理器与片上系统技术研究中心

2.3.1 中心宗旨及研究方向

微处理器与片上系统技术研究中心(微处理器中心或CPU中心)致力于面向21世纪加强清华大学在IC产业的研发实力,培养有创造能力的信息技术人才与团队创新机制,研发具有自主知识产权和产业化前景的高性能微处理器及其片上系统,通过产业化带动学科的发展。中心充分利用清华大学计算机科学与技术、微电子与纳电子、自动化等学科交叉与综合的优势,积极为相关学科发展做出贡献。中心倡导创新性与实用性精神,立志建成国内一流、国际知名的微处理器与片上系统芯片设计、系统研发和人才培养基地。

2.3.2 中心初创背景及团队建设

2003年,学校创建了信息技术研究院,其中的微处理器中心就是以计算机系高性能所承担的一项863重点项目研究团队为班底成立的。

2002年7月,受国家863计划"32位高性能低功耗嵌入式微处理器"重点项目资助,计算机系高性能所汪东升博士在老一辈专家支持下,聚集了二十几名来自计算机、微电子等不同学科专业的优秀师生,共同承担研发重任。当时科研条件非常艰苦,设备落后、资源匮乏,老师和学生在一间仅有十几平方米的小房间里,夙兴夜寐、历尽艰辛、众志成城,经过十几个月的艰苦奋战,设计图纸历经百次修改、返工,师生间无数次开会、探讨、沟通,终于研发出一款当时业界流行的、与MIPS架构兼容的嵌入式微处理器芯片——THUMP107,并一次流片成功,提前圆满地实现了研究目标(见图2-8和图2-9)。

图2-8　32位嵌入式微处理器THUMP107

图2-9　芯片验证开发板

2004年2月18日,该成果通过教育部主持的技术鉴定,顺利完成项目验收(见图2-10)。以张效祥院士、沈绪榜院士、倪光南院士以及国家863计划超大规模集成电路重大专项专家组组长严晓浪教授等专家组成的鉴定委员会一致认为,THUMP107总体设计技术达到国际先进、国内领先水平,其中采用面向对象建模方法实现的软硬件协同设计与验证平台,以及片上联合调试技术具有重要创新。该成果能以软核、硬核和CPU芯片形式应用于SoC和嵌入式系统开发。THUMP107基于MIPS 4KC架构,采用 0.18 μm CMOS 工艺,典型工作频率 400 MHz,最高主频可达 500 MHz,功耗小于 0.5 W,是当时国内拥有自主知识产权的微处理器中工作频率最高的芯片,与国际主流嵌入式 CPU 兼容,具有很好的应用推广前景。这项重大科研成果在国内外引起了强烈反响。多家知名媒体进行了详细报道。该成果的取得标志着我国信息产业在处理器设计方面迈出了重要的步伐,对形成具有自主知识产权的计算机相关产业起到了巨大的推动作用。

图 2-10　鉴定会在清华大学主楼召开

项目组在清华大学主楼举行了成果发布会。学校非常重视,包括顾秉林校长在内的多位校领导出席,信研院院长龚克、常务副院长李军致辞,参会嘉宾及多家知名媒体多达数百人,会议取得了圆满成功,图 2-11~图 2-13 为会议现场照片。

图 2-11　校、院领导参观鉴定成果　　图 2-12　信研院院长龚克到会致辞

图 2-13 项目组师生与计算机系领导合影

成果来之不易。汪东升以卓越的组织和协调能力延揽人才,聚集一批科研骨干组成一个朝气蓬勃的科研团队,不同专长的成员分工协作,各自发挥了重要作用。来自微电子学科的李兆麟博士专长于芯片流片,计算机系张悠慧博士负责研发芯片验证系统,他创造性地采取面向对象建模的方法设计了一个软硬件协同验证平台,成效显著。学生们也被各位老师的奋斗精神所触动,更加倍努力,全身心投入到项目中去。全体师生众志成城、共同努力,以集体的力量使项目提前高质量完成。微处理器中心传承忘我奉献的精神、严谨求实的学风,激励着师生在科研的坎坷道路上不畏艰辛、勇敢前行。

微处理器中心创建之初,由 THUMP107 项目组骨干人员组成了原始班底,图 2-14 为师生在入驻新落成的信息科学技术大楼中心实验室后的合影。项目负责人汪东升博士(见图 2-15)担任微处理器中心主任,成员包括来自计算机系高性能所的张悠慧博士,微电子所的李兆麟博士、李炯亮、廖云涛等。中心还聘请计算机系高性能所郑纬民教授和微电子所周润德教授担任首席科学家。

人才是技术创新和项目组织的重要条件。微处理器中心成立之初,根据一流大学学科建设需要,从国内外引进高水平人才充实中心科研力量,并以最初的计算机学科专业为基础,先后引进了微电子学科专业的李

图 2-14　入驻新落成的信息科学技术大楼中心实验室后师生合影

图 2-15　微处理器中心主任汪东升教授

兆麟博士(微电子所)、梁利平博士(留学美国)、李炯亮博士(北京理工大学)、刘振宇博士(北京理工大学)、计算机学科专业的姚文斌博士(哈尔滨工业大学)、王海霞博士(中科院计算所)、唐瑞春博士(计算机系)等高级别人才。2008 年 9 月,信研院院长李军老师(留学美国)、薛一波高级工程师(国内外著名企业高级系统架构师)等网络安全方面的高级专家学者的加盟(2008—2009学年度第3次院务会议讨论决议,原FIT研究中心网络安全实验室转入微处理器中心),中心如虎添翼,人才济济,充实了网络信息安全科研领域的力量,为中心的健康发展打了一针强心剂。高端人才的加入提升了中心的科技创新力量与重大项目组织实施能力。他们带来的国际前沿研究思想,为微处理器中心厚积薄发奠定了坚实的技术创新基础。中心在发展过程中,还大力吸引国内外专家、学者来中心进修与合作,利用各种机会与国内外著名学术机构加强联系,邀请国内外同行前来访问交流。中心博士后流动站先后有二十几名博士加入,为中心的学科建设做出了积极贡献,图2-16为微处理器中心教师合影。

图2-16　微处理器中心教师合影

另一方面,在师资队伍的国际化建设过程中,除了引进人才外,中心不断鼓励年轻骨干教师走出去,瞄准国际学术前沿,提升自身学术水平。张悠慧博士、李兆麟博士分别被公派到美国伯克利大学和新西兰奥克兰大学进行为期一年的进修,回国后在各自业务领域内对本中心的科研工作起到了引领和促进作用。李兆麟博士在信研院基金等项目的支持下申请到国家核高基重大项目,调入FIT研究中心成为新成立的移动计算研究中心的负责人(2008年9月,2008—2009学年度第3次院务会议讨论决议,李兆麟调入FIT研究中心)。张悠慧博士(2008年7月)通过人才流动回到计算机系,加强了系里的师资力量。中心主任汪东升认为人才流动是正常的,也是有益的,乐见其成。

2.3.3 顺应国家战略需求,积极拓展重点研究方向,深化学科文化建设

高性能计算、核心芯片与基础软件是国家长期发展战略的重中之重,而新型体系结构是核心和关键。长期以来,国家各重大科技计划及国家自然科学基金等都将新型计算机体系结构列为重点支持方向。中心自成立起就围绕此重点科研方向积极开展学科领域探索,进行科研文化建设,取得了许多优秀成果。

成功研制THUMP107芯片之后,中心进行战略转型,追踪业内国际热点,对片上多核处理器的系统结构及编程模型等课题展开深入研究。在接下来的五年时间里,受自然科学基金、863计划、信研院种子基金及国际合作课题课的资助,中心着重研究片上多核处理器系统结构、访存优化技术、高级编译优化技术、并行程序设计和可重构计算机软件支撑环境等,夯实了该科研方向的学术基础,积累了丰富的经验,为进一步开展多核领域研究创造了有利条件。

2009年,中心在已具备良好研究基础的条件下,由中心主任汪东升牵头,成功申请了两项重大项目。一项是国家自然科学基金重点项目"支持高速缓存一致的片上网络关键技术研究"。该项目因应多核处理器是计算机系统结构发展的必然趋势来研发片上网络这一关键技术,对提高大规模低功耗的异构多核处理器整体性能和缩短系统设计和验证周期具有重要的理论指导和实践意义。另一项是国家核高基重大专项课题"众核处理器关键技术及应用适应性研究"。面向"十二五"信息安全、气象、石油以及国防等高性能计算应用,该课题拟研究众核处理器的结构需求、编程模型、可扩展高速互连与通信机制、多维存储优化技术以及软硬件结合的事务存储等关键问题的解决方案。图2-17为多核仿真平台模块演示。

这两个项目的研究目标是面向大数据分析应用的众核CPU/DSP架

图 2-17 多核仿真平台模块演示

构、高速互联和存储系统以及大规模系统容错等核心技术。针对这两个项目,中心师生分成两个大研究组,每个研究组下又细分成多个课题小组,各个课题小组都有具体的科研目标。各小组有自己的进度安排,定时召开碰头会,就有关问题进行探讨。大研究组也定时开会,解决问题,总结经验,验收成果。汪东升教授曾多次强调,中心初创时研发 CPU 芯片的那种精神不能丢:严谨、求实、一丝不苟,同时眼光开阔,紧盯国际上该领域的最新进展,不能人云亦云,要有自己独特的见解,在别人的工作基础上力争有所创新;学习、工作态度要端正,对待科研工作要达到忘我的境地,要有拼命三郎的精神。几年时间下来,中心师生十几篇高水准论文在高级别国际会议或期刊上发表,中心培养的十几名博士、硕士研究生顺利完成学业,中心也在相应学科领域取得了丰硕的科研成果,顺利完成了项目确定的研究目标。

2012 年中心承接科技部 863 计划重点项目"面向多核/众核系统的运行时支持技术与系统",研究新型多核/众核处理器编程与运行支撑环境。该课题面向我国自主高端芯片设计和产业化需求,在已有的编程环境和编译系统的研究基础上,针对多核/众核所带来的新的技术挑战,从降低多核/众核并行程序的开发难度、提高并行程序的执行性能、降低程序执行能耗出发,重点研究面向多核/众核处理器的并行编程模型和语言、运行时支持环境、并行程序开发调试的关键技术。中心在随后的三年里顺利完成了任务,取得多项成果。

由于在多核领域多年卓有成效的工作,微处理器中心在业界声望卓著,在中国计算机学会的资助下,多次单独主办"多核与未来计算机发展"

论坛。

网络信息安全和存储数据技术是中心另外两个重要的科研方向。科技部从国家核心利益和战略制高点出发,已部署信息存储、数据安全重点专项,研究在云计算和大数据背景下的新一代信息存储、网络安全理论与技术,研发一批关键技术装备和系统,逐步推动建立起与国际同步,适应我国网络空间发展的数据安全保护及测评分析技术体系。

微处理器中心存储课题组在中心成立之前就已经承担过多项存储技术领域的国家项目,如973计划重点项目"高性能集群计算机与海量存储系统"、863计划重点项目"网格结点的建设与应用研究"(子项)、"开源网络计算平台应用研究"(国际合作)、"千兆网络入侵检测和防御系统"、"云计算技术与应用平台建设"、"开放网络环境下的软硬件协同数据安全"等,在网格计算系统、海量信息处理系统、网络安全防御、并行程序容错计算等方面有很深入的研究并取得了不少成果,取得多项专利和软件著作权。中心成员汪东升教授等参与的973项目于2007年获得国家科学技术进步二等奖(见图2-18)。

图2-18　汪东升教授等参与的973项目获得国家科学技术进步二等奖

在优先保证多核处理器等主要研究方向发展的同时,中心积极开展存储技术、信息安全研究领域的研究。

2005年10月,微处理器中心与北京威视数据系统有限公司成立清华威视数据安全研究所,双方优势互补,在在线存储、备份容灾和数据管理等领域进行合作,先后完成了灾难恢复、核心数据保护和存储数据管理等项目的研发,在学科建设取得大发展的同时,也将成果转化为产品,完善了威视公司的存储产品线。

研究所成立以来,通过清华大学的技术创新带动了公司的研发。Wis嵌入式视频存储平台已经成为国内嵌入式海量存储自主研发的领先者,并得到了国家和北京市各相关部门的肯定和大力支持。研究所提交磁盘阵列安全标准和备份软件技术要求和测评方法两项国家标准,出色地完成了北京市重要信息系统灾难恢复体系和北京市政府容灾中心建设方案的规划工作。研究所承担的清华大学与铁道部"部校合作2006年重大科技发展计划"项目,针对铁路信息系统核心数据的保护、存储与灾难恢复等重大信息安全问题进行探讨。研究所承担的清华同方威视技术股份有限公司的高技术产品"新型集装箱检查设备存储系统"研发任务,是采用完全自主研发的基于内容的存储技术在新型集装箱检查设备上成功应用的范例。双方合作开发的 TH_CDP 连续数据保护系统提供文件级和卷级连续数据备份方案,可实时、透明保存企业内的分散数据,保证用户数据的安全和完整。分级存储管理系统是基于分级存储系统架构策略控制的生命周期管理系统。作为国内首个自主知识产权的分级存储管理系统,性能和功能均达到国外同类产品的水平,在价格上极具竞争力,在数字图书馆、视频监控、广播电视和网站等应用领域也有极好的推广前景。

2016 年,微处理器中心承担云计算和大数据所属专项的国家重点研发计划课题"大数据混合存储的可靠性与持久性"。针对大容量存储系统底层存储介质的异构以及上层大数据应用的多样性,提出兼顾存储效率和数据恢复性能的数据存储可靠性模型,此模型包含新型的数据冗余方法、数据冗余的高效转化与高效重构方法等,以确保数据能够被高效访问与长期保存。

2008 年 9 月,经信研院 2008—2009 学年度第 3 次院务会议讨论决议,原 FIT 研究中心网络安全实验室转入微处理器中心,该实验室由来自计算机与自动化专业的一批年轻骨干力量组成,包括李军研究员,薛一波、陈震、周晋和亓亚烜等 6 位博士。

网络安全实验室专注于网络信息安全、云安全和数据安全等领域的研究,创新性地提出了一系列新方法和新技术,研发了多个大型网络和信息安全的实用系统,并实际部署于国家骨干网上运行,承担国家自然科学基金等多项重要课题。在完成科研任务的同时,注重理论和学术水平的提升,在多个著名期刊和国际会议上发表了一系列的高水平论文,如D2BS高性能包分类算法在TRANSACTIONS ON COMPUTERS(2012)上发表,FEACAN和HyperSplit算法分别在在INFOCOM(2011)上和INFOCOM(2009)上发表,高速字符串匹配的硬件体系结构在INFOCOM(2008)上发表。

网络安全实验室最重要的一项成果,是李军和薛一波带领的团队围绕网络流量过滤(traffic filtering)、内容深度检测(deep inspection)和实时应用感知(application awareness)等中间网络设备的核心共性问题,基于层次化、并行化和智能化思想,团队提出了一套网流处理的基本框架,攻克了网络和信息安全领域多项关键技术,发明了相关优化处理关键算法,研制了一体化网络数据深度安全检测与分析的技术与系统,形成了一整套具有自主知识产权的网流处理技术,并在工业产品中得到规模应用,获得突出效益,该系统原型样机如图2-19所示,图2-20所示为网流监控关键技术成果鉴定会现场照片。核心技术已获得授权发明专利22项(其中美国专利两项),发表论文86篇,其中CCF A类会议8篇、A类期刊两篇。中国电子学会专家组的鉴定结果表明研究成果创新性强,系列核心算法达到国际先进水平,部分算法达到国际领先水平。团队提出的层次化、并行化和智能化网流监控关键算法与技术项目成果获得中国电子学会电子信息科学技术发明奖二等奖。

图2-19 一体化网络数据深度安全检测与分析的技术与系统原型样机

图 2-20　网流监控关键技术成果鉴定会

2.3.4　探索多元教学模式,推进教学工作改革

微处理器中心在进行科研工作的同时也不断探索多元教学模式,为院系人才培养提供可借鉴经验。如何开展教学工作,是信研院各中心教师共同面临的问题。根据自身情况,信研院探索出了一条充分发挥自身优势的新的教学道路,并将科研成果回馈实践教学,开设了实验室科研探究课。这是信研院老师结合科研进行教学的一个重要创新,打破了既往僵化的教学模式,既丰富了教学形式,又取得了良好的教学效果,形成了自己的教学特色。

中心自主研发成功 THUMP 107 芯片,引起了国际知名公司的高度关注。2004 年 5 月 26 日,中心与美国 PMC-Sierra 公司签署了合作备忘录。PMC-Sierra 委托微处理器中心开展"开源"网络计算平台应用研究工作。基于该平台研究应用,中心主任汪东升教授自 2005 年开始开设了一门研究生课程"计算机系统结构专业实习",理论与实践相结合,使学生利用国外公司提供的业界先进的研发设备,在亲身动手实验中理解处理器和网络计算等抽象的理论知识。初次尝试效果显著，受到学生普遍好评。

另外，微处理器中心还与 SUN 公司合作，在汪东升教授开设的课程"计算机系统结构"中使用了 SUN 公司提供的 OPENSPARC T1 开源环境，给学生提供了良好的实践平台，便于学生深刻理解和掌握以 SPARC 为代表的 RISC 处理器的设计实现方法。中心又通过与 Intel 公司合作，基于 Intel 公司的 ASIM 模拟器设计了支持缓存一致性的片上 NoC 模拟平台。该平台既是一个很好的多核处理器研究平台，又是一个很好的教学平台，有助于学生了解多核处理器的关键技术与设计方法。这门课程被教育部评选为"2008 年度国家精品课程"。

在面向信息学院本科生开设的存储技术基础和计算机专业实践课程中，汪东升教授结合产业实践经验，为学生们安排了丰富的课程实验与实习实践活动，将合作科研成果及时应用于教学之中，反响热烈，颇受好评。汪东升与其他三位计算机系老师合作，"'计算机专业实践'课程的创新与实践"荣获 2006 年清华大学教学成果一等奖。

李军老师自 2005 年开始开设了高年级"网络安全研讨"和研究生"网络安全"两门课程，都是结合网络安全学科发展现阶段特点，利用 Juniper 公司捐赠的设备设立 take-home 实验环境，模拟真实的网络状态实施教学，收到了良好效果。课程好评率两次进入全校前 5%。这些教学实践课程促进了与 IT 领域世界领先公司在人才培养方面的实质性合作，有利于学生了解国际应用领域的发展趋势，为培养全面素质的国际化人才提供了保障。

信研院院长李军表示："信研院尝试探索多学科交叉的技术创新平台建设，形成了良好的学科交叉培养环境和人才培养环境。学生可以吸收信息领域多个学科的知识，探索更多学科前沿有价值的新问题。"微处理器中心成员来自微电子学、电子学、计算机科学、自动化专业等多个不同学科。这些各自学科专业的科研精英为学生们带来了各学科最新的科研成果、先进的教学理念和全新的科研视野，使学生得到了具体和丰富的教学实践经验，也使学生对书本上的知识理解得更深刻、更难忘。

积极参与学校 SRT 计划项目，形成创新和实践并举的人才培养新模式，这是中心推崇的另一重要教学模式。中心面向信息领域国家战略需求承担了多项重大科研项目,在高水平论文和专利授权方面取得了丰硕的科研成果。拿出部分成果设立 SRT 项目,可以使学生特别是本科生有机会了解国家重大科研方向,积极投身到国家重大科研项目的实际工作中。本科生不仅高质量地完成了本科毕业论文,对继续开展研究生阶段的学习和工作也充满了兴趣。李军老师自设立 SRT 项目以来,他带的一些本科生几乎年年都能获得当届校级"综合论文训练优秀论文"和"优良毕业生"称号,并选择留在课题组继续攻读博士研究生学位。李军老师也因此获得多项教学优秀奖,被评为 2013 年"清华大学教书育人先进个人",并获得学校教务处颁发的 2016 年 SRT 计划优秀项目一等奖。李军老师在教书育人方面取得的卓越成就,在全校名列前茅。李军老师身兼院长等多种行政职务,仍在教学上保有自己独到的教学特色:善于引导学生在实践中吸取专业知识精华,又能在实践中提出问题、发现问题,并能独立解决问题,最终取得创新成果,实现学习与实践的良性循环。这已成为中心教学实践的宝贵经验。

中心成立十余年以来,每年开设十余门面向本科生和研究生的课程,其中有三门课程获评国家级精品课。中心教师与时俱进,不断地把新成果、新理念带入课程中,充实课程内容,使其具有持续的生命力。这种科研成果反哺教学的模式,对相应学科专业的学生有着强大的吸引力,不断有优秀学生选学这些课程,几乎每年都有学生获得综合论文训练优秀论文和 SRT 计划优秀项目等奖项以及北京市、校优良毕业生称号。这些学生中多数都选择加盟中心有关课题组,参与科研项目的研发,在科研活动中锻炼自己的能力。同时,中心各课题组也不断地吸纳精英人才,增强科研力量,有助于中心科研工作的开展,因此形成了良性循环。多位教师也因此获得清华大学教学成果奖等奖项。

微处理器中心在科研和教学两方面都取得了骄人的成就,形成了双赢格局。其实这只是一个缩影,整个信研院各个中心的教学活动或多或少都采用这样的模式,各自也都取得了科研和教学成果的双丰收,同时对学校的教学改革做出了重要贡献。图 2-21 为春季毕业生欢送会师生合影。

图 2-21　春季毕业生欢送会

2.3.5　校企联合,积极推进产学研合作及成果转化

信研院注重与国内外企业建立共赢的合作关系,并通过灵活的机制和有效的政策,促进发明专利等知识产权以交换、共享与转让等多种模式向产业转移,推动科技成果转化,努力成为信息学院和信息国家实验室以产学研合作为基础的技术创新支撑平台。信研院院长李军曾提到,与国家支持的纵向课题相比,从企业拿到的横向课题更能说明研究成果的被认可程度。

信研院鼓励院内各中心与国内外企业建立良好的合作关系,建立横向联合研发机构是与企业合作的重要方式。2005 年 10 月,微处理器中心与北京威视数据系统有限公司新成立清华威视数据安全研究所,与合作企业本着自愿合作、互惠互利、共同发展的原则,将高校的人才和技术优势与企业的产品和市场优势充分发挥出来,推动科研成果尽快转化。

北京威视数据系统有限公司是一家源于清华的高技术企业,从事网络存储、数据安全和业务连续性等技术的研究与推广,并与国际权威存储组织 SNIA 及众多厂商合作,积累了大量先进技术经验和解决方案,培养了大批高水平的工程技术人员。

威视数据公司董事长、数据安全研究所管委会主任栗志军认为:"成立联合研究所,为整合双方的优势资源创造了条件。利用这些极具特色的资源,既加快清华科技成果的转化,又加强企业核心竞争力的培育,在数据安全产业中树立了民族品牌,实现了'为国家解决大问题'的目标。"

研究所成立几年来,通过清华大学的技术创新带动了公司的研发,在学科建设取得重要进展的同时,也将成果转化为产品,丰富和完善了威视公司的存储产品线。包括wisHSM(分级存储管理系统)、MacroStor IP SAN和NAS存储系统、wisCDP(连续数据保护系统)等在内的5项产品逐步形成了威视数据MacroStor和Wis两个自主品牌,涵盖了在线存储、备份容灾和数据管理的完整自主知识产权产品线。嵌入了最新存储技术成果的新型集装箱检测分析系统在价格上极具竞争力,并随清华同方公司的集装箱检查系统出口到马来西亚、斯洛伐克、新加坡和韩国等国家,一年累计形成销售收入近千万元。

这些知识产权产品通过威视数据公司成熟的产业化运作平台,已被成功用于2008年奥运会、海外集装箱检查、武广客运专线、平安城市等重大项目,应用领域涉及政府、教育、能源、交通、金融和视频监控等数据安全和海量存储领域,创造了良好的经济效益和社会效益。

微处理器中心与企业成立的联合研究所是合作共赢的模式,一方面使企业拥有自主知识产权技术,极大地提高了市场竞争力;另一方面使信研院得到持续稳定的科研经费支持,对信研院教师队伍建设和学生工程训练都发挥了重要作用。另外需要强调的是,因为与企业合作,师生面临巨大考验。与纯粹的学术研究产出学术成果不同,与企业合作后,生成产品是最终目的。为此,课题组师生只有通过与相关企业反复沟通,不断磨合,方能满足企业方面的要求。这样的经历,锻炼了中心师生解决问题的能力,对学科发展也有促进作用,对双方都大有裨益。

研究所在双方领导的高度重视和大力支持下,在科研和人才培养方面取得了骄人的成绩。研究所成立几年来,共完成科研立项16项,获得4项国家专利,4个产品获得了北京市自主创新产品证书,20多篇高水平论文发表在ICS、INFOCOM和NAS等存储领域高水平会议上。研究所先后培养了3名博士研究生和8名硕士研究生,毕业后进入北京理工大学、北京邮电大学、EMC、ORACAL、爱立信、高盛、百度等国内外知名高校和企业工作。2009年,研究所凭借校企连续稳定的合作及科研成果可观的销售收入等优势,在行业和区域的创新发展中起到了提高核心竞争力的示范带头作用,被评为海淀区产学研合作的示范基地。

研究所首期合作协议到期后,由于北京威视数据系统有限公司和信研院已经形成了良性的密切合作机制,双方又续签了两期联合研发机构合作协议,以在存储及容灾方面进行更加系统深入的研发,为企业提供技术支撑,为行业发展提供决策支持,共同推动成果产业化发展。实践证明,产学研结合在突破重大技术瓶颈、加快科技成果向现实生产力转化方面发挥了重要作用,成为公司科技创新的一条有效途径。

2011年3月31日,"清华—广东新岸线计算机系统芯片联合研究所"揭牌启动仪式及新闻发布会在清华大学信息大楼多功能厅举行。康克军副校长与鲍东山董事长共同揭牌,宣布清华—广东新岸线计算机系统研究所正式启动,这是信研院与广东企业合作建立的第三家联合科研机构。

信研院微处理器中心和广东新岸线股份有限公司集中力量联合研发基于ARM指令集的高性能、低功耗CPU技术,以及基于异构多核架构的高集成计算机系统芯片。科研成果不仅将助力广东新岸线公司NuSmartTM系列产品在计算机、智能手机、平板电脑、智能电视等市场取得技术优势,增强自主创新能力和市场核心竞争力,也将对清华大学学科建设和人才培养起到促进作用。出席成立仪式的工信部电子信息司(电子司)副司长丁文武则表示,国家"核高基"重大专项重视有效推动产学研相结合的发展战略,清华—广东新岸线计算机系统研究所这种合作模式有望更好地推进我国芯片产业的发展。

2005年至2013年7月28日,信研院与天津七一二通信广播有限公司就共建"应用通信系统联合研究所"连续签署了四期合作协议。

2014年9月16日,信研院与赛特斯信息科技股份有限公司共同成立了柔性网络联合研究中心。信研院院长李军担任联合研究中心主任。柔性网络技术能深度感知网络上的意外状况,还能快速解决问题,疏通网络高速路,让网络资源合理调配利用,提高网络运营效率,在智慧城市建设中越来越得到普及应用。

2016年10月,微处理器中心与山东新北洋股份有限公司成立"清华—新北洋感知与加速计算技术联合研究中心",面向货币识别、票据识别和智能机器人柔性控制等应用需求,研究相应的快速信息处理系统基础理论框架,设计实现相应的智能硬件、加速器件与算法。

信研院自成立之初就一直致力于探索产学研合作和成果转化模式。信研院组织各研究中心形成了多项重点推广项目,通过成果对接、展会、专利池等多种形式,积极与地方企业开展有效的成果推广活动。

李军和薛一波老师研发的一体化网络数据深度安全检测与分析的技术与系统,系统吞吐率达 40 Gbps,达到国际先进水平。其中部分研究成果转让给中国软件与技术服务股份有限公司,转让金额 300 万元,大幅提升了其产品性能,成为了落地北京的优秀项目;部分核心技术和算法被华为、绿盟、网泰金安等公司采用,获得专利权转让 4 项,成果专利成功应用到了绿盟科技等企业的系列网络安全产品中,获得直接经济效益数亿元。这项转让有助于提升国内网络信息安全厂家的技术能力,为国内核心中间网络设备的自主可控打下坚实的基础。

2016—2017 年,李军和薛一波老师带领的团队将"应用层协议识别方法及系统"等 30 多项专利先后有偿转让给赛特斯信息科技股份有限公司(赛特斯公司,转让金额 500 万元),极大地提升了赛特斯公司在云计算和 NFV 等产品方面的竞争力,使其具有了自主可控核心技术,大大拓展了其在电信运营商领域的市场份额,形成了行业领导品牌,为公司的全线产品提供了核心竞争力。赛特斯公司和清华大学在知识产权方面的合作,不仅探索了科研机构的技术发明如何帮助企业解决核心技术短缺的问题,更是产学研紧密合作的践行和创新引领未来的探索。赛特斯公司充分借力清华大学的产学研合作和科技成果转化,成功地将基于 SDN/NFV 技术的 vBRAS、vCPE、SD-WAN 等产品商用化,助力公司中标"中国电信 2017 年省级云资源池试商用 SDN 工程(一期)"等运营商重大项目,巩固了赛特斯在 SDN/NFV 行业的领先地位,拓展了未来边缘计算、物联网和人工智能方面的相关市场和业务。

附录:微处理器中心历年获得的部分重要奖项

2006 年 3 月,李军老师获得优秀课程教学奖。

2006 年 5 月,博士研究生郭松柳获得清华同方公司颁发的汽车电子技术创新奖。

2006年6月,在英特尔未来教育(中国)研究中心举办的"2006中国信息科学热点课题最佳研究报告"评选中,微处理器中心学生李鹏(计算机系博士研究生)获得优胜奖。

2006年7月,汪东升教授获得清华大学教学成果一等奖("'计算机专业实践'课程的创新与实践"排名第4)。

2007年,汪东升教授等参与的"高性能集群计算机与海量存储系统"(国家973计划重点项目),获得国家科学技术进步二等奖。

2008年,汪东升教授主讲的"计算机系统结构",荣获教育部颁发的"国家级精品课程"称号。

2009年,鞠大鹏老师参与授课的"汇编语言程序设计",荣获教育部颁发的"国家级精品课程"称号及清华大学颁发的"校级精品课程"称号。

2009年,陈震老师授课的"实验室科研探究——网络安全原理与技术",荣获教育部颁发的"国家级精品课程"称号。

2009年8月24—25日,教师薛汪东升、薛一波、王海霞及学生张熙出席先进并行处理技术国际会议(APPT09),并发表两篇高水平会议论文。

2009年10月23—24日,汪东升、王海霞等教师参加了2009年中国计算机大会(CNCC),并主办了"多核与未来计算机发展"分论坛。

2009年12月,李军老师获得学校SRT计划优秀项目二等奖。

2010年12月,陈震老师获得清华大学第二十一届学生实验室建设指导奖。

2011年亓亚烜博士的文章"FEACAN: front-end acceleration for content-aware network processing"被IEEE INFOCOM 2011录用。

2011年1月7日,清华大学公布了第二十一届学生实验室建设贡献奖评选结果,陈震博士指导的项目"UTM防火墙系统功能模块开发"荣获二等奖,并获得学生实验室建设指导奖。

2011年7月,博士研究生穆罕默德(指导教师汪东升)获得最佳论文奖(The 6th IEEE International Conlerence on Networking, Arohitecture and Storage)。

2011年9月中旬,李军研究员指导的自动化系博士研究生杨保华荣获2011—2012年度IBM博士英才计划奖学金。

2012年6月,刘值(指导教师李军)获得2012届综合论文训练优秀论文奖。

2012年6月,刘值和任晓琦(指导教师李军)获得2012届本科生"优秀毕业生"称号。

2012年7月,韩阜业(指导教师汪东升和陈震)获得2012年度优秀硕士学位论文奖。

2013年6月,陈昌(指导教师李军)获得2013届综合论文训练优秀论文奖。

2013年7月,李军(指导教师汪东升和陈震)获得2013年度优秀硕士学位论文奖。

2013年8月,李军获得清华大学"教书育人先进个人"称号。

2013年,朱佳(硕士研究生,导师刘振宇)获得信研院研究生研究奖、北京市"优秀毕业生"称号、国家奖学金和清华大学毕业生启航奖金。

2013年10月,李国红(博士研究生,导师汪东升)论文"Bayesian theory oriented optimal data-provider selection for CMP"获得第31届IEEE International Conference on Computer Design会议最佳论文奖(Best Paper Award)。

2013年10月,李国红(博士研究生,导师汪东升)获得第25届国际计算机体系结构及高性能计算会议(25th International Symposium on Computer Architecture and High Performance Computing)唯一最佳论文奖(Best Paper Award)。

2013年12月,陈震老师获得2013年SRT计划优先项目二等奖。

2014年,袁振龙(博士研究生,导师李军)获得信研院研究生研究奖。

2014年4月,石伟(博士研究生,导师汪东升)的论文"Mobius: A high performance transactional SSD with rich primitives"被MSST(IEEE Symposium on Massive Storage Systems and Technologies)2014年会议正式接收为长论文。

2014年6月,陈震老师获得2014年SRT计划优先项目一等奖。

2014年6月,胡效赫(指导教师李军)获得2014届综合论文训练优秀论文奖及2014届本科生"优良毕业生"称号。

2014年6月,朱佳(指导教师刘振宇)获得北京市"优秀毕业生"称号,清华大学毕业生启航奖金奖。

2014年,李军(第1完成人)、薛一波(第2完成人)、陈震(第5完成人)为主要完成人的"层次化、并行化、智能化网流监控关键算法与技术"

项目成果,获得中国电子学会电子信息科学技术发明奖二等奖。

2015年,汪东升(第2完成人)为主要完成人的"典型流程工业商业智能模型研究与平台构建"项目,获得教育部科学技术进步奖二等奖。

2015年,谢峰和邵熠阳(博士研究生,导师李军)获得信研院研究生研究奖。

2016年,余先宇(硕士研究生,导师刘振宇)获得信研院研究生研究奖。

2016年,阮深沉(指导教师汪东升)获得清华大学计算机系"优秀硕士毕业生"称号。

2016年,高佳琦(指导教师李军)获得清华大学自动化系"优良毕业生"称号。

2016年12月,李军获得2016年SRT计划优秀项目一等奖。

2017年,王丽婧(博士研究生,导师汪东升)获得信研院研究生研究奖。

2017年6月,孙世杰(指导教师李军)获得2017届综合论文训练优秀论文奖及2014届本科生"优良毕业生"称号。

2017年6月,王梓仲(指导教师王海霞)获得2017届本科生"优良毕业生""北京市优秀毕业生"和清华大学计算机系"优秀毕业生"称号。

2017年,高鹏(博士研究生,导师汪东升和王海霞)获得CANDAR 2017最佳论文奖。

2019年,刘振宇与华为2012实验室合作开发HEVC编码器,获得国际编码器顶级赛事"2019年MSU编解码评测比赛"的冠军。

附微处理器与片上系统技术研究中心发明专利授权和软件著作权登记情况:

表2-7 发明专利授权情况

序号	名称	发明人	专利号	授权公告日
1	一种用于文本或网络分析的多关键词匹配方法	余建明、李军	ZL200610000801.3	2008.01.09
2	基于网络流量的多域网包分类方法	亓亚烜、李军	ZL200510130708.X	2008.05.07

续表

序号	名称	发明人	专利号	授权公告日
3	基于层次化跳跃索引的快速网络流特征检测方法	徐波、李军	ZL200510127966.2	2009.09.23
4	一种计算机数据的缓存方法	王海霞、郭三川、汪东升	ZL200910235723.9	2011.06.01
5	跨操作系统平台的界面无缝整合方法及系统	汪东升、嵩天	ZL200810056430.X	2011.06.29
6	基于CABAC的编码并行归一化算法和电路实现	刘振宇、汪东升	ZL201010103340.9	2011.08.17
7	基于多核处理器的多域网包分类方法	亓亚烜、李军	ZL200910077067.4	2011.12.28
8	一种大规模多关键词精确匹配算法的性能测试方法及系统	薛一波、李雪	ZL200910236817.8	2011.12.28
9	一种计算机事务存储方法	汪东升、郭三川、王海霞	ZL200910235722.4	2012.02.22
10	一种数据块长度可变的文件系统缓存方法	唐力、汪东升	ZL201010271787.7	2012.05.09
11	心跳机制的实现方法	王凯、薛一波、李军	ZL200910236819.7	2012.06.20
12	一种文件系统中可配置的实时透明压缩方法	唐力、汪东升	ZL201010271788.1	2012.07.11
13	一种文件系统中实时删除重复数据的方法	唐力、汪东升	ZL201010252734.0	2012.07.11
14	用于多核处理器的网络共享Cache及其目录控制方法	王惊雷、汪东升	ZL201010615027.3	2012.07.25
15	基于关联性命令控制信息的流量识别方法及系统	薛一波、李城龙	ZL201010562392.2	2012.07.25
16	一种分布式多核网络系统中地址解析协议实现的方法	王翔、薛一波、李军	ZL200910236833.7	2012.07.25

续表

序号	名称	发明人	专利号	授权公告日
17	用于多核处理器的Cache的主动复制方法及系统	王惊雷、汪东升	ZL201010615029.2	2012.09.05
18	支持高速缓存一致的片上网络系统及数据请求方法	王惊雷、汪东升	ZL201010294017.4	2012.09.05
19	用于多核处理器的网络牺牲Cache及其基于该Cache的数据请求方法	王惊雷、汪东升	ZL201010621069.8	2012.12.26
20	P2P协议流量识别方法及系统	李城龙、薛一波	ZL201010562396.0	2012.12.26
21	基于磁盘阵列的数据存储方法及系统	薛一波、张洛什、孙广路	ZL201010584085.4	2013.05.08
22	基于H.264/AVC中CABAC的并行编码实现电路及编码方法	刘振宇、汪东升	ZL201010291264.9	2013.06.05
23	一个网络文件系统中数据的实时去重和传输方法	唐力、汪东升	ZL201010210339.6	2013.06.19
24	一种基于索引的计算机连续数据保护方法	汪东升、王占业	ZL201110373181.9	2013.06.19
25	一种基于相变内存的读写区分数据存储替换方法	汪东升、张熙、王海霞、胡倩	ZL201110195142.4	2013.07.24
26	匿名通信系统的分组重路由方法	薛一波、李城龙	ZL201110191265.0	2014.02.19
27	匿名通信系统的信誉度控制方法及系统	薛一波、李城龙	ZL201110317348.X	2014.03.12
28	一种基于图像纹理和运动特征的运动预测方法	刘振宇、朱佳、汪东升	ZL201210040779.0	2014.04.02
29	一种多核处理器高速缓存及其管理方法	汪东升、李国红、刘振宇	ZL201110227588.0	2014.04.02
30	基于免疫的异常检测方法	王大伟、薛一波	ZL201010539170.9	2014.07.02

续表

序号	名称	发明人	专利号	授权公告日
31	一种多域网包分类方法	王翔、亓亚烜、李军	ZL201110425385.2	2014.07.02
32	一种在社交网络服务中分享和获取数据的方法	汪东升、石伟	ZL201110028826.5	2014.10.22
33	网络流特征向量提取方法	王大伟、薛一波	ZL201010539167.7	2015.01.14
34	正则表达式匹配系统及匹配方法	王凯、亓亚烜、李军	ZL201110424853.4	2015.01.14
35	文件云同步系统及方法	汪东升、徐涛	ZL201210284873.0	2015.04.15
36	一种块级别的磁盘数据保护系统及其方法	汪东升、王占业	ZL201210568036.0	2015.04.29
37	一种细粒度内存访问的方法	汪东升、高鹏、王海霞	ZL201210460512.7	2015.06.17
38	基于二维哈达玛变换的帧内模式预测方法及装置	刘振宇、朱佳、汪东升	ZL201210575843.5	2015.07.15
39	一种相变内存装置	汪东升、高鹏、王海霞	ZL201210533810.4	2015.07.15
40	网络即时通信工具流量识别系统及识别方法	薛一波、袁振龙	ZL201210564693.8	2015.08.12
41	一种内存架构	汪东升、高鹏、王海霞	ZL201210564145.5	2015.12.02
42	一种多域的网包的分类方法和装置	杨保华、薛一波、李军	ZL200910236907.7	2016.03.30
43	网络流量自动化特征挖掘方法	薛一波、袁振龙	ZL201310008027.0	2016.04.20
44	加密网络流声纹特征向量提取方法	薛一波、王大伟	ZL201210246765.4	2016.08.10
45	一种用于视频编码的码率估计方法	刘振宇、郭三川、汪东升	ZL201310744117.6	2016.09.21
46	一种基于前后向触发机制的多网络流统计特征提取方法	薛一波、张洛什	ZL201210220115.2	2016.09.21

续表

序号	名称	发明人	专利号	授权公告日
47	用于文本或网络内容分析的大规模特征匹配的方法	薛一波、袁振龙	ZL201210228593.8	2016.09.21
48	社会网络的信息传播树生成方法及系统	薛一波、易成岐	ZL201310492999.1	2016.09.21
49	基于运动向量相关性的运动估计搜索范围预测方法和系统	刘振宇、都龙山、汪东升	ZL201310744084.5	2016.10.12
50	一种大规模网络流式数据缓存写入方法	汪东升、王丽婧	ZL201310741116.6	2016.10.12
51	正则表达式分组方法及装置	付哲、王凯、李军	ZL201410099132.4	2016.11.16
52	一种基于网络流量的协议识别方法和系统	薛一波、邵熠阳	ZL201310676369.X	2016.11.16
53	网络协议自动化逆向分析方法	薛一波、王兆国、李城龙	ZL201210375831.8	2016.12.21
54	层次化加密代理通道检测方法	薛一波、王大伟	ZL201210246866.1	2016.12.21
55	网络流存储方法	薛一波、王大伟	ZL201210246855.3	2016.12.21
56	基于多级决策树的协议识别方法	薛一波、王大伟	ZL201210246438.9	2016.12.21
57	一种用于多副本分布式系统的计算机数据读写方法	汪东升、王占业、鞠大鹏	ZL201310475697.3	2017.01.04
58	消息传播预测方法及装置	薛一波、鲍媛媛	ZL201310733040.2	2017.01.18
59	一种基于用户信任网络最大生成树的谣言控制方法	薛一波、鲍媛媛	ZL201310591297.9	2017.01.18
60	社会网络信息传播态势感知方法及系统	薛一波、易成岐	ZL201310567756.X	2017.01.18
61	一种基于模式预处理的帧内编码优化方法和系统	刘振宇、朱佳、汪东升	ZL201310729173.2	2017.02.15

续表

序号	名称	发明人	专利号	授权公告日
62	一种多域网包分类规则集的分组方法	李军、王翔、陈昌	ZL201410128232.5	2017.04.19
63	一种跨数据中心的数据联接系统及其方法	汪东升、张宝权、王占业、王丽婧	ZL201410081163.7	2017.05.24
64	一种基于二级决策树的P2P协议识别方法和系统	薛一波、张洛什	ZL201210228876.2	2017.06.16
65	跨域数据联接系统、跨域数据联接方法及节点	汪东升、张宝权、王占业	ZL201410065334.7	2017.07.07
66	社会网络传播拓扑中用户关系构建方法及系统	薛一波、姜京池、易成岐	ZL201410461022.8	2017.07.07
67	基于卷积神经网络的帧内编码优化方法及装置	刘振宇、余先宇、汪东升	ZL201510130890.2	2017.08.11
68	一种软件定义网络的规则动态下发方法和装置	李军、陈昌、胡效赫、王翔、向阳	ZL201510071176.0	2017.11.21
69	一种API请求保序处理方法及系统	向阳	ZL201510398795.0	2018.06.12
70	一种数据处理方法、装置及系统	汪东升、徐伟、鞠大鹏	ZL201410306294.0	2018.10.16
71	微信文章及公众号获取方法及获取系统	薛一波、易成岐、郭泽豪	ZL201510609672.7	2018.10.16
72	一种基于周围血管应变的认知负载和压力测量方法与装置	吕勇强、罗晓民、史元春、郝玉恒	ZL201610165125.9	2019.01.29
73	延迟PCM内存使用寿命的cache替换方法及装置	汪东升、阮深沉、王海霞	ZL201610466832.1	2019.02.05
74	区分脏程度的cache替换方法及装置	王海霞、阮深沉、汪东升	ZL201610465812.2	2019.03.01

续表

序号	名称	发明人	专利号	授权公告日
75	一种网络服务的资源编排方法及装置	胡效赫、刘值、祝航、骆怡航、李军	ZL201611031521.9	2019.05.14
76	基于PUF的流秘钥生成装置、方法及数据加密、解密方法	吕勇强、汪东升、尹浩、郑耿	ZL201610049608.2	2019.06.18
77	一种数据存储的容错冗余方法及设备	汪东升、王海霞、王梓仲、邵艾然	ZL201710561507.8	2019.06.18
78	DFA压缩方法及装置、正则表达式匹配方法及系统	王凯、李军	ZL201710124290.4	2019.07.12
79	一种云数据中心安全服务链的实现方法	王凯、李军	ZL201710124814.X	2019.08.09
80	一种基于机器学习的恶意应用监测方法和设备	薛一波、李东方、王兆国	ZL201710475611.5	2019.09.20

表2-8 软件著作权登记情况

序号	名称	登记号	开发人
1	基于IA64架构的单进程检查点设置与恢复库操作软件V1.0[简称：THCKPT64]	2004SRBJ0566	张悠慧、汪东升、李刚
2	并行程序集成开发系统V1.0[简称：IPCE]	2004SRBJ0600	孟冉、张悠慧
3	机群管理软件V1.0[简称：CM]	2004SRBJ0599	翟季冬、张悠慧
4	基于IA64架构的并行Web文件系统管理软件V1.0[简称：CluFS]	2004SRBJ0565	刘炜、黄启峰、闫家年、张悠慧
5	基于IA64架构的PVM并行程序容错计算软件V1.0[简称：ChaRMLinux64-PVM]	2004SRBJ0540	汪东升、张悠慧、薛瑞尼
6	基于树型结构的集群工具通用协议软件V1.0[简称：Tnet]	2004SRBJ0627	陈晨、张悠慧

续表

序号	名称	登记号	开发人
7	32位嵌入式微处理器THUMP105软件模拟与评测系统V1.0[简称：THUMPSim105]	2004SRBJ0828	顾瑜、王琦、汪东升、张悠慧
8	32位嵌入式微处理器THUMP107软件模拟与评测系统V1.0[简称：THUMPSim107]	2004SRBJ0822	郭松柳、张悠慧、汪东升、顾瑜
9	THUMP嵌入式系统软硬件协同模拟验证V1.0[简称：THUMPCoSim]	2004SRBJ0829	王琦、汪东升、张悠慧、顾瑜
10	THUMP MIPS32系统指令级模拟软件V1.0[简称：THUMPILSim]	2004SRBJ0823	顾瑜、汪东升、王琦、张悠慧
11	处理器的随机验证平台软件V1.0[简称：ThuPRV]	2004SRBJ0824	王惊雷、张悠慧、汪东升
12	文档全文搜索系统[简称DS]	2004SRBJ1195	姚文斌、张悠慧、董渊、汪东升、李刚、于顺治、王慧勇、高倩、翁慈洁、李凯、李崇民、刘川意
13	ThumpStorage共享云存储系统	2016SR339268	汪东升

2.4 WEB与软件技术研究中心

2.4.1 发展沿革概述

WEB与软件技术研究中心正式成立于2003年6月，其宗旨是立足于国家战略需求，面向国民经济建设主战场，为我国经济和社会可持续发展的重大软件项目和相关产业提供技术支持。同时，研究中心将紧紧依托软件工程、数据库技术、视频技术和Web信息处理等学科方向的发展，并在发展中形成新的学科增长点。其总体战略是以我国信息基础建设和信息产业发展为导向，注重可持续发展，积极开展国内外的交流与合作，研究开发具有自主知识产权的大型软件和系统，为我国的信息化建设提供服务。其主要研发领域包括：大型信息系统的测试技术，软件测试工具研究；网络环境下的海量数字媒体管理平台；Web服务和语义Web、Java技术、XML技术和构件库等技术。当时中心的初创人员已经承担了国家科技攻关项目、国家973项目、自然科学基金等多个国家级的科研项目，并注重学科的交叉和集成，积极开展与国内外机构和企业的研发合作。研究中心最初下设3个研究室：软件测试与质量保证研究室、数字媒体研究室和WEB技术研究室。

中心的创始人之一、首席科学家周立柱教授在2003年成立中心时任计算机系主任，兼任计算机软件研究所数据库组负责人，对中心从初创到发展都给予了殷切的期望和坚实的支撑。周立柱教授1970年毕业于清华大学自动控制系，1983年在加拿大多伦多大学获计算机科学硕士学位；曾任清华大学计算机系学术委员会主任、教育部科技委委员、教育部计算机专业教学指导委员会副主任委员、北京计算机学会理事长和中国计算机学会数据库专业委员会副主任委员；其带领的数据库组主要研究数据库系统、GIS研究与应用、数字化图书馆、WEB与海量数据处理技术等，为WEB与软件技术研究中心的格局框架、优势学科、研究领域和发展方向奠定了坚实的基础。

中心的另一位创始人、中心主任邢春晓研究员，2003年在清华大学计算机科学与技术系完成博士后工作之后勇挑重担，担任中心主任至今。邢春晓主任在带领中心不断前进的过程中，还积极投身信研院的公共服务工作，并加入与中心科研发展、人才培养密切相关的学术团体、组织，力求使中心工作和成果更好地服务学校和社会。2011—2016年担任清华大学信息技术研究院院长助理，2016年至今担任清华大学信息技术研究院副院长，2017年至今担任清华大学互联网产业研究院副院长、清华大学中国新型城镇化研究院副院长；此外，还担任中国计算机学会信息系统专委会副主任及数据库、大数据、软件工程专委委员，中国电子学会区块链分会副主任，中关村区块链产业联盟副理事长，中国医疗保健国际交流促进会健康大数据和数字化医疗分会副主任委员，中国医药卫生事业发展基金会副秘书长，中国医师协会智慧医疗分会常务理事，北京儿科协同创新中心副理事长，文化部文化共享工程和数字图书馆项目专家，文化部公共文化研究上海图书馆基地特聘专家，北京冬奥会张家口赛区专家咨询委员会智慧旅游领域专家，广西科技大学启迪数字学院学术委员会副主任，国家自然科学基金、国家科技奖励和北京市科学技术奖励、工信部软件服务业、北京和浙江省自然科学基金、国家博士后基金、国家质量监督检验检疫总局（质检总局）信息化评审专家，《计算机学报》《软件学报》《电子学报》《数据分析与知识发现》《Journal of Computer Science and Technology》《IEEE Transactions on Knowledge and Data Engineering》

《International Journal of Electronic Commerce》《Journal of Multimedia Information System》《Health Information Science and Systems》等国内外学术期刊审稿人。

中心成立伊始,戴桂兰副研究员在清华大学计算机系软件所博士后出站留校,赵黎副研究员在清华大学计算机系媒体所博士研究生毕业留校,俩人作为科研骨干成为中心最初的教学科研人员。2005年爱尔兰国立大学(高尔威)工业工程专业获得博士学位留学归国的杨吉江副研究员和从英国剑桥大学完成博士后工作的张勇副研究员加入了中心,至此中心的学科方向从一个增加为两个:计算机科学与技术和自动化技术。2006年李超副研究员从清华大学计算机系软件所博士毕业留校加入了中心。2007年赵黎副研究员转入信研院FIT中心并担任该中心的副主任。中心的5位核心教师群至此稳定下来,经过十几年的发展,中心结构如下:主任邢春晓研究员(主管财务)、常务副主任张勇副研究员(主管科研)、副主任杨吉江副研究员(主管人事)、副主任李超副研究员(主管教学和宣传)、教师戴桂兰副研究员。中心还建立起一支长期稳定的科研项目队伍,基本工作时间都在10年或以上,多数都具有硕士研究生及以上学历,包括项目技术人员郭涑炜、朱义、张健、盛明和严超,项目管理人员周媛媛、蔚欣和朱翠萍。"铁打的营盘流水的兵",除了以上核心教师和长期稳定科研项目队伍外,中心还有由优秀的博士后、博士研究生、硕士研究生、本科生、工程师和项目助理组成的一支流动队伍。可以说中心的历史,就是由曾经在这里工作和生活过的每一位中心成员共同造就的,也是属于我们每一位成员的。图2-22为2012年4月校庆期间中心成员集体照。

图2-22　2012年4月校庆期间WEB与软件技术研究中心集体照

随着信息技术特别是 WEB 与软件技术的不断发展,数据资源从产生到利用,其挑战和技术也是在不断涌现和发展的。中心的研究内容也随之不断跃进,概而论之分为五个主要阶段:技术探索期、技术完善期、技术突破期、技术成熟期和技术革新期;形成了中心的核心技术成果,即华鼎平台的 1.0、2.0 和 3.0 三个里程碑版本。以下将重点进行概括(详情见附表 2-12 和表 2-13)。

中心创立初期,于 2003 年前后围绕着数字图书馆相关领域的技术探索、研发和应用展开了一系列工作,为后续面向复杂环境的海量数据、信息与知识的存储、组织、管理、获取、分析、利用、归档与保护等打下了坚实的基础。

2003—2006 年形成了华鼎平台 1.0(见图 2-23),主要针对非结构化数据管理,其科学问题和技术需求主要来自国家数字图书馆工程和全国文化共享工程(以及国家 973 计划、863 计划、科技支撑计划、国家自然科学基金支持等),标志性的成果包括围绕 GIA 的政务信息化的一系列工作成果以及 DRMS 系统(华鼎 1.0)顺利通过教育部鉴定。

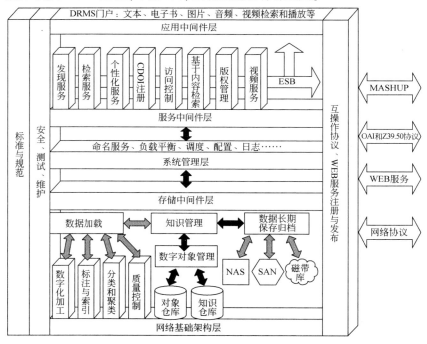

图 2-23　华鼎 1.0

2007—2012年形成的华鼎2.0(见图2-24),主要针对列数据管理和分析,其科学问题和技术需求在理论研究和关键技术方面主要针对复杂环境下数据的组织与共享、数据驱动型应用的跨域共享与服务支撑以及新型的数据管理技术,特别是列式存储数据库技术开展;在应用方面除了进一步扩展DRMS在数字图书馆方面的应用外,还扩展到更广泛的数

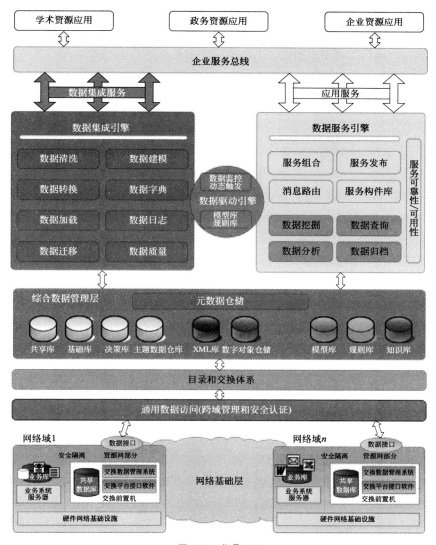

图2-24 华鼎2.0

字平面内容,特别是数字档案领域,并对其关键的凭证性保障进行了创新性的探索(科技支撑计划、973计划、自然基金等),这一阶段的标志性成果包括:①数字档案馆研究成果获得省部级奖励;②我国首个自主研发的列数据库通过工信部测试和专家成果鉴定。

2012—2016年形成的华鼎3.0(见图2-25),主要针对大数据管理和分析,其科学问题和技术需求主要面向大数据国家战略、聚焦智慧城市大数据管理和分析(包括国家973计划、863计划和重点研发计划等项目支持),标志性的成果包括在一批一流学术会议和期刊上发表了学术成果,并孕育了之后面向教育和医疗等领域的应用。

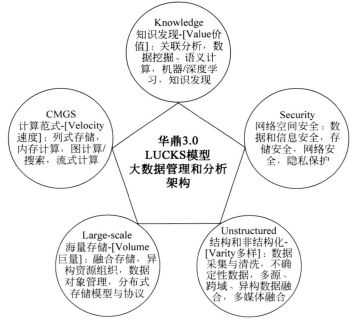

图2-25 华鼎3.0

从2016年前后到今天,中心基于初创时来自计算机系软件所数据库组的扎实基础以及十几年来通过艰苦奋斗和不懈努力积累的成果,面向数据和知识工程领域不断的挑战和发展,除了形成以上具有特色的华鼎系列成果外,面向新的应用领域也在不断探索。中心先后与环天、心神、倍肯、圣盈信公司就列数据库、教育技术、智慧健康医疗大数据、面向行业的可信区块链方向建立了密切的产学研用合作,先后成立院级和校级的联合研究中心(详情见表2-9~表2-11)。

2.4.2 科研发展历程

(1) 初创时期:技术探索

初创时期,中心的科研方向和科研经费在很大程度上延续了两位创始人(周立柱老师和邢春晓老师)在创立中心前后承接的重要纵向项目,主要包括:国家973计划项目"海量信息系统组织、管理及其在数字图书馆中的应用研究"(1999—2004年),国家自然科学基金项目"中华文化数字图书馆全球化的关键理论、方法和技术研究"(2002—2005年),国家科技部重点项目"我国数字图书馆标准与规范建设——数字资源检索与应用标准规范研究"(2002—2004年),国家计委项目"中国数字图书馆需求分析研究"(2002—2004年)。因此在这个阶段,中心的主要工作是围绕着数字图书馆相关领域的技术探索、研发和应用展开的。

中心的初创阶段也刚好处于信息技术高速发展的一波重要浪潮来临之时,因此中心的发展史必须放在相关技术史的背景之中来回望。在当时,数字图书馆(digital library,DL)是信息高速公路的重要信息资源,是未来社会的公共信息中心和枢纽,并将成为21世纪知识经济时代一种新的信息和知识的管理模式。数字图书馆将从根本上改变由于信息分布广泛、媒体类型众多和数据量庞大而造成的信息分散、无组织及不便使用的现状,为用户提供在水平和效益上远远超过传统图书馆的高质量、多样化及统一的全球化信息服务。数字图书馆系统具有明显的跨学科特征,作为全球化知识的基础设施,所涉及的研究领域包括信息技术、教育、工程和设计、艺术和人文科学等十多个领域和分支。数字图书馆的兴起和发展标志着互联网(Internet)逐步走出技术发展的范畴,迈向了科学交流、文化传播、经济发展和知识管理等多学科、创造性的人类活动领域。数字图书馆系统将主要研究信息生成、获取、使用、归档和保护的整个生命周期,通过研究更好地理解新一代数字图书馆系统对社会、人类行为和经济的长期影响。总之,在那个历史阶段,谁把握了这个发展方向,谁就有可能在新世纪科技和经济的角逐中掌握主动权。

数字图书馆的研究从20世纪90年代中后期开始,世界发达国家都将其列为国家级战略研究方向之一。主要的研究项目和试验床包括：由美国科学基金会（NSF）等出资支持的"数字图书馆启动"DLI-1(1994—1998年)和DLI-2(1999—2004年)项目，美国数字图书馆联盟（DLF）的e-Lib项目，英国的JISC项目，澳大利亚的DSTC项目，加拿大的CIDL项目，德国的NORDINFO项目，欧盟的ERCIM项目等DL发展计划。

我国从1995年开始对国外数字图书馆的研究进行跟踪，各高校对相关领域的研究也从那时起步：1997年国家计委批准立项了国家重点科技项目"国家图书馆的中国试验型数字式图书馆项目"（CPDLP）；1999年国家863计划；开始设立数字图书馆的重大应用课题"中国数字图书馆示范系统"；1998年国家图书馆牵头酝酿"国家数字图书馆工程"的筹备，并于当年3月，在李岚清副总理支持下，启动"中国数字图书馆工程"并上报规划资金8亿元(6年时间)。

对于这一国家级、战略性的研究方向，中心的创始团队在最初的几年里一直跟踪国内外相关研究的动向，积极开展数字图书馆相关课题的基础性、前沿的科学研究，主要包括：数字图书馆体系结构，互操作问题，基于数据挖掘的个性化主动服务，多媒体数据库管理和组织，元数据研究，基于内容和知识的信息检索等。取得了一系列重要成果，基于领域分类模型上的概率分布，提出一种新的用户兴趣表达、相似性计算和用户兴趣更新的方法；针对协作过滤中数据稀疏性问题，提出了用户权威性和资源流行性以及全局权威性和领域权威性的概念，分别反映用户评价的稳定性和资源受欢迎的程度，发表了国内首篇WWW2003顶级国际学术会议（CCF A类顶级会议）论文"Similarity measure and instance selection for collaborative filtering"。开发了两个原型试验系统：清华大学建筑数字图书馆THADL和清华大学数字图书馆（THDL）。系统的建设参照了国外发展的经验和教训，遵循三条基本方针：第一，实行图书馆、IT与领域专家三结合，资源数量和信息质量并重的原则；第二，从小型项目做起，在体系结构、技术、标准和方法上取得突破，逐步扩大；第三，密切与世界各国数字图书馆研究和开发的专家交流合作，其中包括著名美籍华裔科学家、美国总统信息咨询委员会（PITAC）成员陈钦智教授，同时与美国OCLC合作开发新一代中文信息服务平台。

综上，中心在初创阶段围绕着数字图书馆相关领域的技术探索、研发和应用展开了一系列工作,为后续面向复杂环境的海量数据、信息与知识的存储、组织、管理、获取、分析、利用、归档与保护等打下了坚实的基础。这些相关技术也是后续大家耳熟能详的百度、谷歌、中国知网、今日头条等广泛影响我们今日分享、获取信息与知识的重要应用背后的基石,中心从这个阶段开始培养的很多人才后续都进入了上述机构或同领域的其他机构并成为了骨干。

（2）华鼎1.0：技术完善

中心在2003—2006年通过一系列针对非结构化数据的基础研究和面向政务信息化等国家重大需求的应用研发,逐渐沉淀形成了华鼎1.0。其科学问题和技术需求主要来自北京市信息化前期研究项目"国外电子政务总体框架比较研究及对北京市的建议"（2004—2005年）,国家电子政务标准总体组项目"电子政务目录体系和交换体系标准研究—电子政务互操作框架研究"（2004—2005年）,北京市科技计划项目"政府信息架构（GIA）及若干关键技术研究"（2004—2006年）,北京市发改委项目"北京市网上办公业务模型及其管理系统研究"（2005年）,国家发改委高技术产业化项目"面向下一代互联网（CNGI）的智能网络存储系统"（2005—2007年）,国家自然科学基金"基于信息过滤的个性化服务理论和技术研究"（2005—2007年）等项目。

这一阶段的标志性的成果包括：①围绕GIA的政务信息化的一系列工作；②通过教育部鉴定的DRMS系统（即华鼎1.0）。

政务信息化是信息时代政务工作模式变革升级的重要支撑,和数字图书馆类似,二者都是一个需要综合考量、一体化设计、业务与技术融合升级变革且涉及数据与信息全生命周期,并需要包括业务与流程管理,数据的存储、组织、获取、利用、归档和存储等一系列IT技术全面支撑的领域。同时,又有其和政务相关的领域独特性。中心基于初创时期的工作基础,围绕GIA的政务信息化的一系列工作主要包括：

① 2004年,在政务资源开发和利用方面,完成编制了广东省佛山市数据共享规范与接口标准；

② 2005年,在总体规划和设计方面,提出了一个政府信息化架构（GIA）,包括科学理论方法、技术支撑体系、分层参考模型以及标准规范等,主持并编制了国家电子政务信息资源目录体系和交换体系标准,GIA

已经成为国家信息化总体架构的重要参考,目录体系已成为国家标准,这是中心参与完成的第一个系列国家标准;

③ 2006 年,在 GIA 的基础上,提出了基于绩效模型的政府业务流程再造、重组、优化的业务线方法框架和模型,建立了以绩效和政务模型驱动的服务构件支撑平台和管理模式,为北京市政务信息化的相关方法和思路做出了重要探索。

经历了初创时期和中心发展的第一阶段,2005 年 11 月 30 日,"基于开放源的海量数字资源管理系统"测试专家组在 FIT 楼 1-310 的 WEB 与软件技术研究中心对"基于开放源的海量数字资源管理系统"进行了全面和系统的测试。测试组讨论通过了测试大纲,全部测试内容分 11 个功能模块 112 个测试项。经过认真严格的测试,全部项目通过了系统功能测试。测试组认为"基于开放源的海量数字资源管理系统"达到了测试报告预期的技术指标要求,同意提交鉴定委员会鉴定。

2006 年 2 月 16 日,教育部在北京组织并主持召开了由清华大学完成的"基于开放源的海量数字资源管理系统"(Digital Resource Management System,DRMS),即被中心统一编列为"华鼎 1.0"的成果技术鉴定会。鉴定委员会听取了项目组所做的研制报告和技术报告,测试组所做的测试报告、资料审查报告和用户单位所做的用户报告,观看了有关演示,审查了鉴定文件。鉴定委员会经认真讨论,形成如下鉴定意见:

① 基于 SOA 和 OSS 提出了一个支持海量数字资源服务和管理的多层体系结构框架,该框架满足数字资源分布、动态、海量和异构的特点,提供了面向 Internet 的、基于国际标准的基础软件支撑平台。

② 提出了基于 DOA 的数据对象描述框架,将面向对象技术和抽象数据类型描述结合,为广泛的信息形态提供开放的、易扩展的信息结构抽象和语义操作描述的模型框架,建立了虚拟馆藏管理和实现机制。

③ 基于 THVDM 模型的视频管理技术,提供了对底层特性信息、高层语义信息及元数据的综合表示、管理及查询。

④ 利用领域分类模型上的概率分布更准确地表达了用户的兴趣,并给出了相似性计算和用户兴趣更新的方法;基于用户权威性和资源流行性,提出了两种混合相似性计算方法和实例选择方法,提高了协作过滤算法的预测精度和效率。

⑤ 基于虚拟化技术和轻载协议，将各种不同分布的数字资源和存储设备整合为一个统一的逻辑存储空间。提出了支持在线磁带库的多级存储管理方法和以用户等待概率为基础的新的调度算法，提高了三级存储的整体性能和访问效率。

⑥ 研究了面向海量数字资源管理的存储区域网（SAN）的性能分析与仿真建模方法，提出的 SANMO2 分析模型和 MMQ 仿真方法有创新。

⑦ 采用 METS 标准，引入 MDA 设计思想，设计了基于元数据定义的 XML Schema 动态生成 XML 文档的解析程序和著录界面的方案，解决了资源内容和种类变更后程序和用户界面需要重新开发的问题。

鉴定委员会一致认为：DRMS 是具有我国自主知识产权的面向数字图书馆和电子政务数字资源管理的通用软件支撑平台，系统总体设计和关键实现技术达到了国际先进水平，一致同意通过成果技术鉴定。建议开发单位继续完善已有的支撑平台并产品化，进一步加强 DRMS 系统的推广和应用。

至此，凝聚中心成果的华鼎系列第一个版本"华鼎 1.0"正式问世。

（3）华鼎 2.0：技术突破

中心在 2006—2012 年对华鼎 1.0 逐步发展形成了华鼎 2.0，在理论研究和关键技术方面主要针对复杂环境下数据的组织与共享、数据驱动型应用的跨域共享与服务支撑以及新型的数据管理技术特别是列式存储数据库技术开展；在应用方面除了进一步扩展 DRMS 在数字图书馆方面的应用外，还扩展到更广泛的数字平面内容特别是数字档案领域并对其关键的凭证性保障进行了创新性的探索。相关的科学问题和技术需求主要来自国家档案局"数字档案馆建设整体方案研究"（2006—2007 年），国际合作"基于 EMC 的 DRMS 应用模型及演示系统研发"（2006—2007 年），"十一五"国家科技支撑计划"数字平面内容支撑技术平台"（2006—2008 年），国家档案局"档案基础数据库建设方案研究"（2007—2008 年），国家 863 项目"支持数据驱动型应用的跨域共享与服务支撑平台"（2009—2010 年），工信部行业标准修订计划"《非结构化数据采集及分析规范》标准技术服务"（2011—2012 年），国家 973 计划课题"面向复杂应用环境的数据存储系统理论与技术基础——海量数据组织与资源共享的方法研究"（2011—2015 年），北京市科技计划"基于异构系统的电子档案凭证性保障核心技术开发与应用"课题之数字档案馆原型系统研发（2012—2013年），南方电网"数据管理和分析决策系统框架设计研究"（2012—2013年）等项目，并于2009年成立了中心史上第一个联合研究机构清华大学（信研院）—广东环天数据和知识工程研究中心，专注于列式存储数据库的研发。

这一阶段的标志性成果包括：①数字档案馆研究成果获得省部级奖励；②我国首个自主研发的列数据库通过工信部测试及专家成果鉴定。

2009年1月"区域性数字档案馆系统建设方案"获得2008年度国家档案局优秀科技成果奖（省部级）。该项成果主要解决的问题是各级数字档案馆分散建设、低水平重复，对数字资源长期保存、凭证性保障、数据安全及备份不利，以及资源难以统一查询检索和利用；建设难点在于各级馆业务不统一和技术水平各异；主要贡献是提出了建立区域性数字档案统一信息平台的技术方案，以及共性技术统一支撑、个性业务可定制的思路和方法。

在海量结构化数据领域，基于列式存储的关系型数据库在数据仓库、商务智能分析中因为其复杂查询效率高、磁盘访问量低和高效的压缩与索引等优势，在学术研究和工业应用上都具有重要的价值。之前我国既没有掌握其关键技术，也没有自主知识产权的系统。2010年中心的列数据库组对其总体架构和核心技术进行了深入的研发，发表了国内首篇综述《列存储数据库关键技术综述》。与此同时，自主研发的华鼎（Huabase）列数据库也是我国首创。为了提高存储结构合理性，实现并行查询，提高可扩展性，项目组提出了一种实现自适应垂直划分的关系型数据库的方法，进一步优化了列数据库性能，该核心技术于2011年申请了国家发明专利"实现自适应垂直划分的关系型数据库的方法及系统"（ZL 201110069355.2）并于2012年获得授权。

2011年，项目组委托工信部软件与集成电路促进中心的赛普评测中心对Huabase列数据库进行了两个月的测试工作，测试结果表明："HuabaseV1.2实现了由工信部和中国软件测评中心等联合发布的《数据库管理系统测试大纲（V3.0）》的大部分功能。"

2011年7月28日在清华大学FIT楼召开了成果鉴定会，鉴定委员会听取了研制报告、技术报告、测试报告，观看了系统演示并审阅了相关文

件,经认真讨论一致认为华鼎数据库管理系统:

① 建立了一个基于列存储的关系型数据库体系架构,设计了关键功能组件和核心服务模块。系统具有支持数据分区分布、复杂查询和并行处理的特点。该系统基于国际标准接口,是具有自主知识产权的基础软件平台,适用于商业智能分析等相关应用。

② 实现了列存储的核心功能和关键技术,提出了基于列的数据压缩方法,有效地提高了数据压缩率;可以按需读取列数据,显著减少了磁盘的访问次数,提高了查询的效率。

③ 实现了面向数据分区和分布特征的大规模数据存储,通过数据冗余和并行查询机制提高了数据查询效率,实现了数据节点负载的平衡。

④ 采用虚拟数据库技术整合后台服务的数据节点,可以根据用户需要进行合理的数据放置,并可提供结果缓存与容错机制,通过特定的组合方式提高了数据管理系统的可用性。

⑤ 提出了多分区和多线程的并行数据加载策略,设计了一种数据分块装载算法,实现了快速的批量数据加载,满足了大规模商业智能分析的需要。

鉴定委员会认为:华鼎数据库管理系统是具有自主知识产权的基于列存储的关系型数据库管理系统,解决了数据压缩、按需读取和稀疏索引等一批关键技术,在数据分布、数据加载和并行查询等方面有创新;系统在基于列存储的数据库管理系统的架构设计和关键技术实现上达到了国际先进水平。华鼎数据库管理系统的研制成功,对推动我国新一代数据库技术的研究和商业智能分析应用具有重要意义。

至此,凝聚中心成果的华鼎系列第二个版本"华鼎2.0"成为了中心发展的里程碑。

(4) 华鼎3.0:技术突破

2012年至今形成的华鼎3.0,主要针对大数据管理和分析,其科学问题和技术需求主要面向大数据国家战略,聚焦智慧城市各个领域中的大数据管理和分析以及区块链关键技术与行业应用,相关的科学问题和技术需求主要来自科技支撑项目"口腔服务云平台及大数据应用的关键技术研究"(2015—2017年),863计划课题"生物大数据开发与利用关键技术研究——心血管疾病大数据平台的构建和应用研究"(2015—2017年),国家质量监督检验检疫总局通关业务司项目"大数据管理和分析总体规划"（2017—2018年），国家自然基金重点项目"面向全流程智慧健康管理决策的多源异构大数据融合方法研究"（2017—2020年），国家重点研发计划专项"现代服务可信交易理论与技术研究——面向服务可信交易的新型区块链分布式架构"（2019—2023年）等项目。在这个阶段，中心与校外机构的合作更加深入和密切，先后成立了多家联合研究机构：2013年成立清华大学—河北心神信息化系统工程联合研究中心，2015年成立清华大学（信研院）—倍肯智慧健康大数据技术联合研究中心，2018年成立清华大学（信研院）—圣盈信行业可信区块链联合研究中心。

本阶段，华鼎3.0一方面在前沿研究论文上实现了多项零的突破跻身国际一流水平，另一方面基于前期积累和不断探索面向国家重大需求进行了面向多个行业和领域的应用开发，标志性的成果主要包括在一批国际一流学术会议和期刊上发表学术论文，以及面向档案、医疗和教育等领域的行业应用。

学术研究产出的高水平论文，突出的成果主要在以下几个方面。

① 对分析型查询的优化研究，技术创新点包括：在集合近似搜索方面，首次提出了采用B+树和将集合变换为矢量的方法，将搜索速度提高了2~10倍；在集合近似连接方面，首次提出了分布采样和生成式的方法，将速度提高了1~2个数量级，而且保证了错误有界；在近似查询处理方面，首次提出了统一提要的方法，将存储量减少了1~2个数量级，在线速度提高了数倍；在空间文本搜索方面，首次提出了结合空间文本的层次化索引结构，将速度提高了两个数量级。以上四个方面的研究成果均发表在CCF-A类顶级会议或期刊上。

② 研究新硬件对大规模数据快速、安全检索的影响，技术创新点包括使用SSD作为缓存，提出了LRU+LFU以及最小堆的方法，将I/O提高了27.9%；使用FTL+ACL来扩展SSD，实现了云环境下的安全访问，而开销只增加了0.9%~3%；使用SGX来进行安全数据管理，提出了无切换的设计理念，在保证安全的前提下，将性能提高了146%。相关成果发表在CCF-B/C会议上。

③ 医疗健康大数据处理研究，技术创新点包括：在文档分类方面，首次提出了将文档内部结构与多任务学习相结合的方法，结合领域知识的方法，以及利用长短文之间的特点的方法，并利用深度学习，将准确度提

高了2%~7%;在情感分类方面,提出了基于社会关系和 MF-CNN 的方法,将准确度提高了4%;针对医疗花费,提出了基于概率生成模型的方法,将 F1 提高了5%;在垃圾健康信息检测方面,利用多种特征和 DBN,使 F1 达到了86%。相关成果分别发表在 CCF-A/B/C 会议上。

在中国计算机学会(CCF)推荐的 A 类期刊和会议中发表的顶级论文如下:张勇、李秀星、王津等"An efficient framework for exact set similarity search using tree structure indexes"发表于 2017 年 ICDE(International Conference on Data Engineering)会议;李开宇、张勇等"Bounded approximate query processing"发表于 2018 年 TKDE(IEEE Transactions on Knowledge and Data Engineering)期刊;张勇、吴佳成、王津等"A transformation-based framework for KNN set similarity search"发表于 2018 年 TKDE 期刊;陈池等"Investment behaviors can tell what inside:exploring stock intrinsic properties for stock trend prediction"发表于 2019 年 SIGKDD(Conference on Knowledge Discovery and Data Mining)会议;田冰、张勇、王津等"Hierarchical inter-attention network for document classification with multi-task learning"发表于 2019 年 IJCAI(International Joint Conference on Artificial Intelligence)会议;杨俊晔、张勇等"A hierarchical framework for top-k location-aware error-tolerant keyword search"发表于 2019 年 ICDE 会议。

在这个发展阶段,团队与相关行业的大型机构和企业建立了长期稳定的合作机制,将研发技术和平台应用在教育、健康医疗等涉及国计民生的重要领域,在心血管疾病大数据平台、数字化心血管风险评估系统(BK-iED)、院前急救系统、医疗健康大数据平台、大规模在线教育平台、教育大数据平台的构建和信息化应用中,将华鼎数据平台及相关技术进行了有效的实施和应用,在海量数据的组织、共享和分析利用方面取得了良好应用效果。突出的成果主要在以下几个方面:

① 2013 年,对电子文件/数字档案的凭证性保障,提出了基于电子档案身份证的 EAID-PKI 安全模型,受北京市科技计划"基于异构系统的电子档案凭证性保障核心技术开发与应用"课题支持,基于该自主知识产权技术完成了原型验证系统,贯穿 6 个业务平台、基于 10 个处理节点、加载北京市开放档案 200 万条共 2 TB 数据,原型验证系统通过了北京软件产品质量检测检验中心的第三方测试。

② 2016 年,针对智慧教育开展个性化、智能化系统研发,承载课程数据 50 万条、应用数据两亿条,产生经济效益 15 亿元,获教育部在线教育研究中心等项目支持,进行退课率预测和课程评估等研究,参与国内外相关标准化工作,核心成员被推选为 ISO/IEC JTC1 SC36 WG8 Learning Analytics Interoperability 工作组专家。

③ 2017 年,作为第一完成人主持起草的《非结构化数据管理与服务规范》作为工信部行业标准发布(SJ/T 11445.4—2017,工信部 2017 年 4 月 21 日发布,2017 年 7 月 1 日实施),这是我国首个非结构化数据管理行业标准。

④ 2017 年,针对心血管领域,与安贞医院进行紧密合作构建的心血管疾病大数据平台通过了中国信息安全研究院的测试,测试结果表明:"既可以作为重量级的中心大数据平台,也可作为一体机部署在医疗机构内部。""设计、执行功能测试、性能测试等测试用例 172 个,均与设计方案一致,输入输出结果准确,相应性能指标满足设计要求。"鉴定专家认为:"建立了心血管疾病大数据平台并有一定的临床应用,建立了疾病预测模型以及健康决策支持系统,为推进使用提供了基础。"

2018 年团队与安贞医院合作建立的心血管疾病大数据平台,华鼎数据平台管理和服务的数据包括 2400 余万次就诊记录,详情数据近 10 亿条,临床数据量达 200 TB,覆盖 100 万心血管疾病人群;在北京倍肯恒业科技发展股份有限公司实施应用期间,华鼎数据平台管理和服务的数据包括患者基本信息、既往就诊信息、症状、生命体征、心脏标志物、远程会诊等共 1000 万余条,在鞍山、锦州、哈尔滨、南宁等地区的医院得到了应用,有效地降低了死亡率,产生了较好的社会影响,经济效益 8 千万元。

到 2019 年,团队基于所研究的医疗知识图谱构建关键技术,针对心血管疾病,构建了医疗健康知识图谱,该图谱包括 8000 万个节点、2.6 亿条边,涉及 220 万名患者,跨度 30 余年的数据。

至此,团队为华鼎 3.0 总结并提出了面向大数据管理和分析的 LUCKS 模型,华鼎系列技术及平台日益丰富和完善,并在各行各业的应用中展露成效。

(5)华鼎系列面向未来:技术革新

从 2016 年前后到今天,中心基于初创时来自计算机系软件所数据库组的扎实基础,以及十几年来通过艰苦奋斗和不懈努力积累的成果,面向数据和知识工程领域不断的挑战和发展,除了形成以上具有特色的华鼎系列成果外,还在不断发展并逐步提升与凝练。

针对医疗健康大数据异构、自治、复杂、演化挑战、大数据管理和决策的重大需求,团队提出了可信高效智能大数据驱动的知识表示、管理、融合、推理方法及关键技术创新,建立了基于知识图谱的医疗健康辅助决策原型系统,研究了医疗健康数据的分类和预测问题,深入挖掘数据内部特征,并结合领域知识、社会关系等的支持,提出了新的深度学习的框架及相应算法,显著提高了分类和预测结果的准确性,并针对心血管领域,研究了实体抽取、关系抽取和健康知识图谱构建的方法。医疗健康大数据管理和融合方法有明显突破,知识图谱构建技术有显著创新,团队还对语义分析、知识发现和大数据共享进行了自主创新,使其达到同类技术国际领先水平。

2019 年,中心凝练团队及项目成果"大数据驱动的知识管理和决策"通过了北京信息科学与技术国家研究中心(信息国家研究中心)的考核,成为信息国家研究中心的光荣一员。

在接下来的三年中,团队将针对医疗健康大数据专业性强、敏感度高、孤岛林立和缺乏标准的重大挑战,研究大数据驱动的知识管理和决策理论、方法及关键技术,研发基于知识图谱的医疗健康辅助决策原型系统,主要方向包括:

① 大数据管理的高效、智能和可信核心技术,交互分析的近似查询处理,数据库自治的机器学习调优,基于区块链的一致性保证的分层共识存储。

② 知识计算引擎自动融合、表示和推理关键技术,大数据知识工程知识表示方法,基于动态知识融合的知识涌现模式和机理,深度学习和逻辑规则相互引导的多粒度知识推理模型。

表 2-9~表 2-11 分别为 WEB 与软件技术研究中心科研团队,人才培养和联合研究机构名单。

表 2-9　WEB 与软件技术研究中心科研团队

序号	姓名	行政单位(类别)	备注
1	邢春晓	信研院	中心主任
2	周立柱	计算机系	中心首席科学家

续表

序号	姓名	行政单位(类别)	备注
3	张 勇	信研院	中心常务副主任
4	杨吉江	信研院	中心副主任
5	李 超	信研院	中心副主任
6	戴桂兰	信研院	副研究员
7	陈炘钧	亚利桑那大学	特聘专家、兼职研究员、千人教授
8	张良杰	金蝶研究院	特聘专家、兼职研究员
9	冯建华	计算机系	中心兼职教授
10	唐 杰	计算机系	中心兼职教授
11	冯 玲	计算机系	中心兼职教授
12	李涓子	计算机系	中心兼职教授
13	王建勇	计算机系	中心兼职教授
14	白晓颖	计算机系	中心兼职教授
15	蒋严冰	信研院	博士后
16	李 越	信研院	博士后
17	高凤荣	信研院	博士后
18	黄梦醒	信研院	博士后
19	朝乐门	信研院	博士后
20	张桂刚	信研院	博士后
21	梁 野	信研院	博士后
22	兰 强	信研院	博士后
23	孟令兴	信研院	博士后
24	刘建伟	信研院	博士后
25	胡庆成	信研院	博士后
26	马翠艳	信研院	博士后
27	王 瑛	信研院	博士后
28	王 青	信研院	博士后
29	周 林	信研院	博士后
30	牛 宇	信研院	博士后
31	沈睿芳	信研院	博士后
32	王明宇	信研院	博士后
33	胡 博	信研院	企业博士后
34	宁双双	信研院	企业博士后
35	宫轲楠	信研院	企业博士后
36	陈 恒	信研院	企业博士后
37	曾 晶	信研院	企业博士后
38	何 晟	信研院	企业博士后

续表

序号	姓名	行政单位(类别)	备注
39	郭翰	信研院	企业博士后
40	郭涑炜、朱义、张健、盛明、严超	技术人员	10年以上资深科研项目人员
41	周媛媛、蔚欣、朱翠萍	管理人员	

表 2-10 WEB 与软件技术研究中心人才培养

学历	状态	名单
博士研究生	已毕业	蒋旭东、石晶、曾春、王煜、李超、董丽、杜旭涛、胡庆成、兰超、田洪亮、陈信欢、许杰
	在读	陈池、赵康智、田冰、李秀星、刘凯鑫
硕士研究生	已毕业	胡俊哲、王钦克、王海涛、张季、刘启仑、李蕾、韩希、陈晨、陈再本、赵勇、胡庆成、林得苗、李益民、张小虎、任红博、严琪、马宁宁、王晴、戴凤军、万凯航、王慧芳、左俊、赵洋、周莉、邓泉松、尚佳、黄晓东、陈雷、明华、高旸、崔跃生、夏双、马鹏斐、顾本达、尹斐、王宇鹏、李伟佳、尹龑燊、唐家勇、许信辉、武永基、张妍、姜智文、张晋玮、丁鹏、Feben Teklemicael、Haryuni Agnes Devina、Dylan Chu
	在读	王子豪、杨俊晔、张韵璇、吴佳成、赵旭、Mira Shah、Samuel Ansong、Kalkidan Eteffa

表 2-11 WEB 与软件技术研究中心联合研究机构

序号	名称	起止日期/年	合同额/(万元/期)
1	清华大学(信研院)—广东环天电子技术发展有限公司数据与知识工程研究中心	2009—2013	1500
2	清华大学—河北心神信息技术有限公司信息化系统工程联合研究中心	2013—1500	3000
3	清华大学(信研院)—北京倍肯恒业科技发展有限公司智慧健康大数据技术联合研究中心	2015—2018	1200
4	清华大学(信研院)—圣盈信(北京)管理咨询有限公司行业可信区块链应用技术联合研究中心	2018—2020	1500

附 WEB 与软件技术研究中心发明专利授权和软件著作权登记情况：

表 2-12　发明专利授权情况

序号	名称	发明人	专利号	授权公告日
1	基于存域网的海量存储系统的性能监控方法及系统（易程）	李超、周立柱、邢春晓	ZL200510089929.7	2007.11.07
2	基于贝叶斯决策的负载感知的 IO 性能优化方法	严琪、李越、李益民、李超、胡庆成、张小虎、邢春晓	ZL200710063064.6	2008.10.22
3	一种自适应的外部存储设备 IO 性能优化方法（易程）	严琪、邢春晓、李越、李益民、李超、胡庆成	ZL200610165588.1	2008.10.22
4	一种基于协作过滤的个性化查询扩展方法	周莉、张勇、邢春晓	ZL200810223769.4	2011.03.30
5	一种基于 Web 服务的构件在线组装方法	梁坤乐、张勇、邢春晓	ZL200810223768.X	2011.06.29
6	一种 WEB 服务监控参数的调整装置和方法	戴桂兰、戴凤军	ZL200910094000.1	2011.09.14
7	实现自适应垂直划分的关系型数据库的方法及系统	曾春、邢春晓、张勇、李超、白立宏、李毅	ZL201110069355.2	2012.11.14
8	一种云环境下海量数据资源管理框架	张桂刚、李超、邢春晓、张勇	ZL201110147807.4	2012.12.05
9	一种引入社会化标签的协作过滤评分预测方法及装置	赵洋、张勇、邢春晓、夏双	ZL201110100480.5	2013.05.29
10	基于集群存储的空间元数据分组方法	崔纪锋、张勇、李超、邢春晓	ZL201110436011.0	2013.07.10
11	一种区间持久性 top-k 查询的双哈希表关联检索方法	张勇、明华、邢春晓	ZL201210080249.9	2013.12.04
12	基于数字资源服务构件模型的机构仓储搭建方法和装置	张勇、邓泉松、邢春晓	ZL201110000374.X	2014.04.16
13	一种学术期刊论文作者信息挖掘方法及系统	朝乐门、张勇、邢春晓、孙一钢、朱先忠	ZL201210072645.7	2014.11.05

续表

序号	名称	发明人	专利号	授权公告日
14	一种云程序设计方法	张桂刚、李超、张勇、邢春晓	ZL201210023266.9	2015.02.18
15	一种状态机复制方法	张勇、唐家勇、邢春晓	ZL201210426104.X	2015.07.15
16	一种分布式地理文件系统	崔纪锋、李超、张勇、胡庆成、张桂刚、邢春晓	ZL201110177570.4	2016.04.20
17	一种大数据索引方法及系统	张勇、王津、高旸、邢春晓	ZL201310146076.0	2016.04.20
18	一种支持蓝牙连接的计步器装置	邢春晓、曾春、盛明、李毅、张勇、李超	ZL201410049219.0	2016.05.18
19	基于数据块的自适应数据存储管理方法及系统	张勇、崔跃生、李超、邢春晓、冯建华	ZL201310291539.2	2016.08.10
20	远程数据完整性概率检验方法及系统	杨吉江、牛宇、沈睿芳、王青	ZL201410785590.3	2017.08.11
21	一种基于MDA的面向DDS应用软件的实现方法及系统	戴桂兰、尹斐、戴凤军	ZL201410378498.5	2017.09.22
22	一种针对混合长度文本集的文本聚类方法	张勇、陈信欢、李超、邢春晓	ZL201510037543.5	2018.06.15
23	基于组合分类器的白内障眼底图像分类方法及分类装置	杨吉江、沈睿芳、王青、曾杨	ZL201510275513.8	2018.08.28
24	一种基于遗传粒子群算法的智能组卷方法	李超、邢春晓、张勇、胡镇峰、常少英	ZL201610028547.1	2018.12.11
25	一种大数据隐私处理方法及装置	邢春晓、陈池、张勇、张桂刚、李超	ZL201510920819.4	2019.04.05
26	一种基于数据分割的数据安全保护方法及装置	邢春晓、张桂刚、李超、张勇	ZL201610188545.9	2019.04.05

续表

序号	名称	发明人	专利号	授权公告日
27	一种基于 edX 平台的 MOOC 系统	韩子琦、李超、邢春晓、张勇	ZL201610978672.9	2019.06.18

表 2-13 软件著作权登记情况

序号	名称	登记号	开发人
1	海量数字资源管理系统 DRMSV1.0	2006SRBJ0219	周立柱、邢春晓、王勇、李骅竞、李新伟、董丽、李超、王煜、高凤荣、张志强、赵勇、战思南
2	基于 XML 的专利检索系统	2006SRBJ2346	邢春晓、张小虎、朱义、林玲、曾春
3	易用性评估辅助工具软件 V1.0	2007SRBJ0664	戴桂兰、白晓颖、谢飞
4	Linux 桌面操作系统安全性测试与管理工具软件 V1.0	2007SRBJ0666	戴桂兰、白晓颖、王兆俊
5	Linux 稳定性测试工具软件 V1.0	2007SRBJ0665	白晓颖、戴桂兰、吴俊峰
6	基于 SOA 的数字资源标识系统 V1.0[简称 CDOI]	2008SRBJ2717	张健、张勇、邢春晓
7	调查表自动生成系统 V1.0	2008SRBJ1824	邓泉松、张勇、邢春晓
8	用户日志分析系统 V1.0	2008SRBJ1606	周莉、张勇、邢春晓
9	构件库管理和服务系统 V1.0[简称：构件库]	2008SRBJ1404	梁坤乐、张勇、邢春晓
10	网络文件管理系统 V1.0[简称：WFMS]	2008SRBJ4850	邓泉松、张勇、邢春晓
11	RSS 聚合系统 V1.0	2009SRBJ4722	张勇、邓权松、高健峰、邢春晓
12	基于 ApacheDS 的统一用户认证系统	2009SRBJ6665	张勇、梁坤乐、邢春晓、赵洁
13	个性化标注系统 Tagasys V1.0	2009SRBJ7162	张勇、赵洋、邢春晓
14	医疗模拟培训管理及评估系统（MedSim ME）V1.0	2010SRBJ0213	杨吉江、王青、许有志、严超、郭丰

续表

序号	名称	登记号	开发人
15	数字资源长期保存风险评估问卷调查系统 V1.0	2010SRBJ0085	李超、谢婷、孟醒、邢春晓
16	对象识别系统 V1.0	2010SRBJ0076	李超、吴昊、邢春晓
17	医疗模拟培训管理及评估系统 V1.0	2010SRBJ0213	杨吉江、王青、许有志、严超、郭丰
18	海量资源自动标注系统 V1.0	2010SRBJ0212	张博、朱义、张勇、邢春晓
19	维基页面分析处理系统 V1.0	2010SRBJ0084	张勇、赵洋、黄晓东
20	基于语义的图片标注系统 V1.0	2010SRBJ0083	朱义、张勇、邢春晓
21	单位办公管理系统 V1.0	2010SRBJ0082	张勇、王晓虹、邢春晓
22	会议室预订系统 V1.0	2010SRBJ0072	张勇、王晓虹、邢春晓
23	个性化标注系统 V2.0	2010SRBJ5667	张勇、赵洋、丁杨、夏双、邢春晓、唐家渝
24	数据库管理工具软件 V1.0	2011SR006385	曾春、朱义、赵云鹏、邢春晓
25	面向科技资源的跨域热门资源分析系统 V1.0	2011SR003146	张勇、张健、邢春晓
26	支持数据驱动型应用的跨域共享与服务支撑系统 V1.0	2011SR003159	张勇、张健、邢春晓
27	国产软件性能测试平台 V1.0	2011SR003171	戴桂兰、王昭顺、赵冲冲
28	测试服务系统 V1.0	2011SR003095	戴桂兰、赵冲冲、付红杰
29	测试管理工具 V1.0	2011SR003163	戴桂兰、付红杰、赵冲冲
30	股票热点发现原型系统 V1.0	2011SR006523	张勇、高旸、周莉、邢春晓
31	咨询公司知识地图系统 V1.0	2011SR011236	朝乐门、张勇、邢春晓
32	分布式数字信息资源检索系统 V1.0	2011SR008337	朝乐门、张勇、邢春晓
33	基于语义 Web 的关联数据检索系统 V1.0	2011SR038833	朝乐门、张勇、邢春晓
34	电子文件管理系统 V1.0	2011SR071667	朝乐门、张勇、邢春晓

续表

序号	名称	登记号	开发人
35	中国造纸史数字图书馆系统	2012SR120224	张勇、张健、邢春晓
36	中国水利史数字图书馆系统	2012SR120506	张勇、张健、邢春晓
37	可变模式元数据存储系统	2012SR120508	张勇、张健、邢春晓
38	网关中间件运行服务系统 V1.0	2013SR005352	戴桂兰、戴凤军、朱雪峰
39	高危孕产妇预警管理系统 V1.0	2013SR019701	杨吉江、王青、周林、牛宇、严超、赵越、辛华、沙宁、王莉莉
40	面向区域的妇幼管理平台系统 V1.0	2013SR020430	杨吉江、王青、周林、牛宇、严超、赵越、辛华、沙宁、王莉莉
41	可变模式元数据存储系统 V1.0	2013SR120508	张勇、张健、邢春晓
42	社区医生培训及知识共享平台系统	2014SR042213	杨吉江、王青、李建强、牛宇、沈睿芳、严超、赵越、辛华、沙宁、王莉莉
43	新生儿体重筛查系统 V1.0	2016SR005807	杨吉江
44	移动妇幼 Android 系统 V1.0	2016SR016829	杨吉江
45	移动妇幼 iOS 系统 V1.0	2016SR037382	杨吉江
46	心血管院前网络急救 PCI 医院专家系统 V1.0	2016SR345936	邢春晓
47	基于 Android 的在线教育系统	2016SR131529	邢春晓、张勇、郭涑炜、张健、李超
48	实时教学系统	2016SR131327	邢春晓、张勇、郭涑炜、张健、李超、郭利玲、常少英、周媛媛
49	心血管院前网络急救 EMS 及非 PCI 医院系统 V1.0	2017SR001338	邢春晓
50	人脸图片资料库系统 V1.0	2017SR666207	杨吉江

续表

序号	名称	登记号	开发人
51	口腔保健云服务平台 V1.0	2018SR199161	杨吉江
52	口腔颌面部形态学辅助诊断系统 V1.0	2018SR199171	杨吉江
53	哮喘辅助临床决策系统 V1.0	2019SR0775391	杨吉江
54	慢阻肺辅助临床决策系统 V1.0	2019SR0781798	杨吉江
55	个性化用药教育辅助推荐系统 V1.0	2019SR0799975	杨吉江

2.5 语音和语言技术研究中心

2.5.1 孕育期：1979—2007 年

1979 年，顺应人工智能的发展需要，清华大学计算机科学与技术系的信息处理与应用教研组决定开展计算机听觉研究。经过短期调研酝酿，教研组成立了语音研究组，并建立了计算机听觉与语音实验室(语音实验室)。实验室的负责人为方棣棠教授，成员有吴文虎教授、胡起秀教授、蔡莲红教授和黄顺珍教授。研究组成立之时，得到许多专家的鼎力支持，中国社会科学院语言研究所的吴宗济研究员、林懋灿研究员，中国科学院声学研究所的张家騄研究员、俞铁城研究员、李昌立研究员、莫福源研究员等都曾给予热情的帮助和指导。经过研究组全体成员的努力，各项工作快速推进，陆续开出了"信号处理原理""信息论""语音信号数字处理"等课程，并开始招收研究生，开展语音分析与综合、语音识别与理解、DSP 硬件设计与实现、人工神经网络、听觉机理与模型等方向的研究。

从 1990 年起，实验室负责人由吴文虎教授担任；从 1997 年起，由郑方教授担任。

语音实验室在成立后的前 20 年中，一直比较注意吸收国内外有益经验，注意发挥研究生和因材施教生的作用，主动承担国家重点攻关任务、863 高科技研究任务和军口预研任务，并多次获奖，在国际国内的会议和各种学术刊物上发表论文百余篇,培养出一批在语音处理领域有所作为的人才。

语音实验室多次组织或参与组织多个全国性的语音方面的学术会议,特别是在1990年联合中科院自动化所和声学所等单位,一起创办了两年一届的"全国人机语音通讯学术会议"(NCMMSC)。这些学术会议的组织举办,不仅有力推动了我国语音研究的发展,也使语音实验室逐步成为国内语音领域有较强影响力的教学研究单位。

1999年,根据计算机科学与技术系的学科规划,语音实验室并入智能技术与系统国家重点实验室,语音实验室更名为语音技术中心(Center for Speech Technology)。2002年,学校成立清华大学信息技术研究院后,语音技术中心加入信息技术研究院FIT研究中心。

随着移动互联时代的到来,人类对信息处理个性化和对通过先进的语音和语言处理技术在任何时间、任何地点、以任何方式实现人机交互的需求进一步加强,为了充分发挥信息科学与技术学院在语音和语言处理领域的多学科交叉综合优势和良好的国际合作基础,以语音和语言技术的产业化为应用背景,在跨语种多平台语音识别、多模态生物特征识别、自然语言处理等领域推出具有国际先进水平的创新成果,形成一批完全自主的知识产权,创造一批支持和推动我国语音和语言处理技术民族产业发展的产品和服务,信息技术研究院酝酿成立语音和语言技术研究中心。

2007年2月6日下午,信研院在FIT楼4-415会议室召开了2006—2007学年度第13次院务会议,会议由院长李军主持,副院长吉吟东、郑方到会,讨论了成立语言和语音技术研究中心相关事宜。郑方详细汇报了成立语音和语言技术研究中心的准备情况,包括人员安排、研究方向和科研用房需求等。院务会讨论决定,同意成立语音和语言技术研究中心,任命郑方兼任中心主任。院务会同时决定,郑方和夏云庆从FIT研究中心转入语音和语言技术研究中心,清华大学(信研院)—北京得意升文技术有限公司声纹处理实验室和清华大学(信研院)—北京金名创业信息技术有限责任公司金融工程研究所由原挂靠FIT研究中心转为挂靠语音和语言技术研究中心。同意刘轶从国家实验室转到信研院,进入语音和语言技术研究中心;同意肖熙和周强分别从电子系和计算机系转到信研院,进入语音和语言技术研究中心;同意徐明星和邬晓钧以兼职身份参与语音和语言技术研究中心工作。

2007年3月5日下午,语音和语言技术研究中心在FIT楼4-416会议室召开了2006—2007学年度第1次中心主任会议,在征求相关领导和群众意见的基础上,决定肖熙和徐明星任副主任,刘轶任中心常务兼行政副主任,同时明确了工作分工。中心主任郑方全面负责中心工作,兼管人事、财务等工作;副主任肖熙负责科研、外事等工作;副主任徐明星负责辅助教学、研究生等工作;常务副主任刘轶负责行政管理、宣传、外联等相关工作,并上报院务会批准。

会上决定中心名称的简称为语音和语言技术中心,英文为 Center for Speech and Language Technologies,并决定采用由清华大学美术学院教授帮助设计的图 2-26 为中心的徽标,讨论并通过了中心经费及奖金管理办法。

图 2-26　语音和语言技术研究中心徽标

语音和语言技术研究中心确定以"面向应用、推进创新;突出重点、厚积薄发"为指导思想,面向语音和语言处理技术领域,以语音识别、说话人识别和语言理解为主要研究方向,从整体着眼,优化资源配置,有效分配人力,合理安排分工,通过探索和建立有效的"产学研"模式,研发具有自主知识产权的技术和应用,推动应用基础研究和技术创新。

语音和语言技术研究中心设立6个实验室,分别是语音识别实验室、声纹识别实验室、语音芯片实验室、智能搜索实验室、语言理解实验室以及资源与标准实验室。语音和语言技术研究中心还聘请国际和国内知名专家组成顾问委员会委员,以指导中心的建设和发展,他们包括 Victor Zue (MIT, IEEE Fellow, NAE member)、B. -H. (Fred) Juang (GeorgiaTech, IEEE Fellow, NAE member)、William Byrne (Cambridge)、Dan Jurafsky

(Stanford)、Richard Stern（CMU）、方棣棠、吴文虎、刘润生等。

2.5.2 探索期：2007—2012 年

语音识别领域，刘轶博士带领团队在自发式语音识别与鲁棒性口音识别等领域取得了同行公认成果。作为项目负责人，刘轶博士完成了国家自然科学基金"混合口音语音识别中自适应分层发音变异模型研究"和教育部基金等重要项目，同时在中文语音识别领域与 Toshiba、Nokia、Agilent、华为等公司开展了深度研发合作项目，在 IEEE Transactions on Speech and Audio Processing、ICASSP、ASRU、ICME 等重要期刊和会议上发表了同行公认的高水平论文。培养学生全部获得优秀毕业生称号，并获得谷歌(Google)奖学金及清华大学首批西贝尔奖学金。

在情感识别方面，自 2005 年起，中心副主任徐明星参加蔡莲红教授负责的国家自然科学基金重点项目"情感计算的理论与方法"（2015.01—2018.12），承担语音情感识别研究任务。2007 年，分别在 ICASSP 和 INTERSPEECH 上发表相关学术论文。2011 年，申请并通过国家自然科学基金面上课题"非特定人自然语音情感识别的建模方法研究"（2012.01—2015.12）。

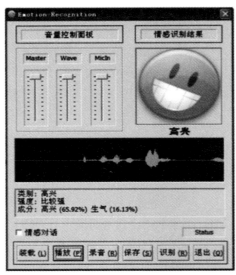

图 2-27 语音情感识别演示系统

声纹识别方面,2007 年郑方带领中心进一步加强在声纹识别鲁棒性方面的研究,包括信道、情感和说话方式的鲁棒性。鲍焕军的论文《GMM-UBM 和 SVM 说话人辨认系统及融合的分析》在第 9 届全国人机语音通讯学术会议上被评为最佳学生论文。该研究成果也集成到了中心与北京得意音通技术有限责任公司合作的 VPR 4.0 版本中。中心利用声纹识别技术开发的鹦鹉学舌系统和声纹护照系统在校庆期间获得了来访参观者的一致好评,如图 2-28 所示。

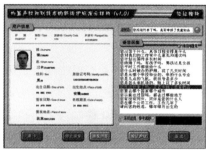

图 2-28　鹦鹉学舌系统和声纹护照系统

2008 年,以郑方为第一起草人、中心作为主要起草单位的《自动声纹识别(说话人识别)技术规范》标准(编号:S06014-T)由原信息产业部正式颁布。这是我国第一个关于"声纹识别(说话人识别)"的标准。同年,北京市科技计划项目"通用声纹识别身份认证系统引擎的研制"通过了验收。验收专家组一致认为:"该课题完成了任务书中规定的各项考核指标,创新性强,达到了国际先进水平,具有广泛的应用前景。"

2009 年,中心中标"中国建设银行电话银行 95533 交易整合及业务管理项目",将声纹识别技术用于电话银行身份确认。2010 年 12 月,项目成果经过长达两个月的全面功能及性能测试,完全满足实际应用中的安全性及实时性等各项要求,通过了建设银行验收测试,成为国内金融领域首个声纹识别应用。

2011 年,针对声纹时变的研究获得突破性进展,博士研究生王琳琳的论文"Discrimination-emphasized mel-frequency-warping for time-varying speaker recognition"在亚太信号与信息处理协会年度峰会上被评为最佳学生论文。该论文提出的频率弯折算法,可有效抵抗人体自然生长带来的声纹变化,使声纹识别系统在较长时期内稳定保持较高的识别准确率。

在自然语言理解方面,中心基于各位老师的前期技术积累,在汉语语义资源构建、文本情感分析和口语对话系统等学术方向上进行了初步探索。

2007年12月,周强组织申报的国家863计划项目"基于人类认知的汉语语义知识融合、学习与计算技术"获批。该项目以基于人类认知的建构主义学习理论为指导,通过融合各种语言资源进行人机交互的词汇语义本体学习,探索半自动的汉语语义关系描述网络构建方法。在2008—2009年的两年时间里,通过与北京大学袁毓林教授和鲁东大学亢世勇教授课题组的密切合作,设计了完整的汉语客观事件关系描述和标注体系,从静态知识库和动态标注库两个角度对汉语特定事件内容进行了深入描述和知识挖掘,开发完成了包含72个情境描述,覆盖1548个事件动词义项的存在拥有描述静态知识库和包含10万个真实文本句子、覆盖598个单义和多义动词的目标动词义项和事件块句法语义标注库,为后续进行汉语语篇对话的语义计算研究打下了很好的基础。

2009—2011年,周强主持完成了国家自然科学基金面上项目"汉语词汇关联知识的计算融合和分析应用研究",提出了词汇概念网络描述体系,集成现有语言资源开发了大规模的词汇语义关联网络,项目完成后资源规模达到:词语节点90 752个,义项节点108 362个,语义类节点2560个,关系边总数约250万,并且通过词汇关联对自动获取方法可以从大规模真实文本中不断获取新的大规模的可靠关联对。在此基础上,项目探索了有效的词汇关联度计算方法,为真实文本的块识别、词义排歧和语义角色标注提供了有力支持。

2008—2010年,夏云庆主持完成了国家自然科学基金"搭配驱动意见挖掘研究"项目,设计并实现了搭配驱动的情感分析与意见挖掘方法,提升了文本情感分析的性能。该研究成果在自然语言处理研究领域核心国际会议ACL上发表,所研制意见挖掘系统在NTCIR情感分析国际比赛中连续3次获得多项子任务第一名。通过与SK电信和佳能横向合作,该成果得到了产业化推广,所研制子话题挖掘系统在NTCIR10意图挖掘任务中分别获得中文组第二名(共6个系统)和英文组第二名(共8个系统)。

2009—2011年,夏云庆主持完成了"中新(新加坡)国际合作—跨语言情感增强的话题检测与跟踪技术研究"项目,通过与新加坡资讯通信研究院合作,完成了跨语言概念模型、跨语言话题聚类和人类复杂情感分析研究,并取得重要技术突破,申请了国家发明专利4项,发表学术论文23篇,获得两项软件著作权。该项目对拓宽国际合作渠道、推动我国科技活动国际化、提高我国国际科技声望和国际影响力,做出了重要贡献。

2007年,由郑方、邬晓钧负责,北京得意音通技术有限责任公司的研发人员协助,中心主要基于燕鹏举和邬晓钧在汉语口语理解和口语对话系统方面的博士学位论文工作成果,对基于主题森林的对话管理,文本自动分析、分类和索引,用户输入的容错理解等技术进行代码的重新开发,同时设计开发了高度集成的 IDE,形成口语对话系统 SDK,使开发人员可以快速、方便地开发面向"垂直搜索/智能信息检索"的系统,在旅游、酒店、票务、招聘、租房、歌曲、汽车、金融以及电子产品等领域提供快速、准确的智能信息检索服务,图 2-29 为口语对话系统 IDE 的页面。

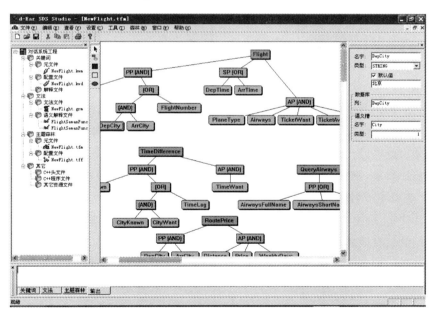

图 2-29 口语对话系统 IDE

2008年,利用口语对话系统 SDK,CSLT 与中国移动广东公司广州分公司和北京得意音通技术有限责任公司合作,共同开发运营了一项新的移动增值业务"搜多多",提供基于广州地理位置的综合性生活信息搜索服务。该服务有手机短信、飞信、WEB、WAP 等多种接入方式,图 2-30 为 WEB 页面和飞信页面。用户可以用最自然的语言描述自己的搜索需求,后台的语言理解技术使得系统理解并查询出用户真正需要的结果。平台采用混合主导方式,既能配合用户搜索,又能主动引导,对用户的输入有容错理解(句式不当、错别字)能力。业务数据主要源于网络,系统后台有自动的网络数据定时抓取、整理、更新功能,保证数据的及时和有效。

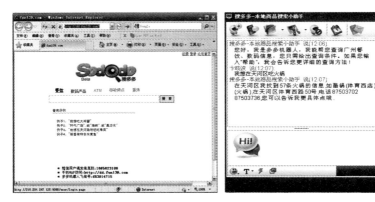

图 2-30　WEB 页面和飞信页面

2010 年,在广东省政府与清华大学全面产学研合作大框架下,作为广东省现代信息服务业基地暨清华科技园广州创新基地的第一个产学研合作示范项目,CSLT 联合广州移动和北京得意音通技术有限责任公司进一步扩展了"搜多多"服务的内容,为广州亚运会献礼。该项目被命名为"亚运城市名片",通过 106582339 短信特服号码,提供即时的广州地区餐饮住宿、公交换乘、休闲娱乐和便民服务等信息查询功能。测试表明,系统的信息回复正确率为 93.5%。2010 年 10 月 29 日,广东省副省长宋海和清华控股董事长荣泳霖出席了"亚运城市名片"启动仪式,并按动了启动按钮,图 2-31 为启动仪示现场照片。宋副省长肯定了"亚运城市名片"对于提升广州亚运城市形象,促进城市信息化建设,发展城市旅游,方便百姓生活的重要意义。院长李军和副院长兼中心主任郑方参加了启动仪式。

图 2-31 "亚运城市名片"启动仪式

2.5.3 机遇期：2012—2016 年

4G 技术的研发和应用极大推动了基于智能移动设备的移动应用的普及，但也带来了极大的安全隐患，传统身份认证方法在基于智能移动设备的移动应用方面无法直接应用。2011 年 9 月 6 日，在深入讨论国家"十二五"规划和信研院科研规划的基础上，2011—2012 学年度第 1 次中心主任会确定将"以声纹识别为核心的金融信息服务"和"以数字助听为核心的信息无障碍服务"作为未来几年的重点发展方向。2012 年 8 月 3 日，在充分分析讨论语音和语言处理领域的国家需求和产业发展状况后，2012—2013 学年度第 1 次主任会扩大会议一致同意"将科研方向调整为安全领域，以具体应用为切入点整合语音识别、声纹识别和语言理解三个技术，并逐步占据研发制高点"。

2012 年，郑方和周强作为子课题负责人参与了天津大学党建武教授主持的国家 973 计划项目"互联网环境中文言语信息处理与深度计算的基础理论和方法（2012—2017）"的研发工作，大大推进了中心在声纹识别和自然语言理解方面的核心技术研发能力。

声纹识别方面，郑方负责的 973 子课题"基于动态密码语音的移动互联网身份认证系统"，基于言语感知运动理论，探索声纹特征的精确提取问题；根据对话语音中来自不同说话人的语音特征的统计特性，寻找检测发生说话人转换时间点的方法，研究相关的说话人建模、聚类和分类技术。发现了一些超越人听觉生理制约的长时稳定语音个人特性参数，通过长跨时段、多样化的语音环境进行深度研究开发，成功地解决了"基于动态密码语音的身份认证系统"所需的关键技术，形成了一套鲁棒的身份认证体系，具备识别精度高、可防录音攻击、可检测用户意愿、可进行模型自学习等特点，满足了安全要求。完成了全球唯一的跨度 5 年的时变数据库（由同一组人、说相同内容、每周说一次），该数据库为解决声纹时变问题提供了数据基础。

2014 年基于 973 项目的研究成果，郑方作为第一起草人、中心作为第一起草单位的公安部标准《安防声纹确认应用算法技术要求和测试方法》（编号：GA/T 1179—2014）正式颁布。2016 年在此标准的基础上，中心提出由 14 项标准组成声纹标准体系，被公安部采纳。

2016 年，综合中心多年来在声纹识别方面研究成果的"声密保"声纹身份认证产品成功应用于中国建设银行手机银行 APP，提供登录、转账和无卡取款等功能的安全保障（见图 2-32）。此后，该产品还应用于贵阳银行、兰州银行和西安银行等十多家银行的手机银行 APP。

自然语言理解方面，周强负责的 973 子课题"语义表示体系及互联网规模语义库构建"对不同类别、不同层次的汉语独白语篇连贯性描述体系进行了探索。在"句子→句群"层次，引入主旨概括机制，以句群为基本处理单位，分析其中各个句子对之间形成的各种连接关系，组合形成不同的句群内部隐形结构图，概括主旨描述句实现对句群内部各个句子的总体内容控制。在"小句→句子"层次，重点探索了话题链对小句之间内容连贯性的描述控制作用。以此为基础，总结完成了两个汉语独白语篇连贯性标注规范，构建了包含 317 个新闻学术类语篇、总规模 40 万词左右的汉语句群主旨标注库；包含两万多句子、总规模 50 万词以上的汉语复杂句子话题链标注库。据此研究了语篇标注难度预测方法和基于主题模型的句群边界自动切分方法，探索了小句间零形指代话题链和典型承接/并列关系的自动识别方法。

图 2-32　中国建设银行手机银行 APP 的声纹身份认证页面

对话语篇方面,使用人工编撰的汉语日常会话片段,探索了话语消息的对话行为标注方法,引入类似独白语篇的连接关系描述体系,与话语消息间的对话行为功能/反馈依存关系形成很好的信息互补描述效果,分析了日常会话中话题线索的确定方法,总结形成相应的汉语日常会话片段对话行为标注规范,构建了包含 500 个日常会话片段、1 万条话语消息的小规模标注库。据此初步探索了多任务学习机制在共同提升对话行为标记预测和功能/反馈依存关系识别两个分析子任务处理性能上的有效性。

在语音识别方面,2013 年 1 月,王东与腾讯科技有限公司签署合作协议,共同研发基于深度神经网络(DNN)的新一代语音识别系统。这些成果最终被移交给了腾讯科技有限公司,成为后来微信语音识别系统的支撑技术之一。2013 年 5 月,王东与中科汇联信息技术有限公司设立了一项以智能对话为目标的合作。开始研究与语音识别相关联的对话系统方案。此项合作持续了三年,对话系统原型被汇联的研究者优化组合后,上线为其爱客服在线智能机器人。语音对话系统的工作还得到信研究 FIT

基金的支持,并和朱小燕老师课题组合作,解决语音识别系统和问答系统在接口上的错误累积问题。目前,爱客服机器人服务了上万家企业。

2013年9月,王东申请的自然科学基金面上项目"语音识别中的稀疏性深度学习"获批。该项目的研究目标是基于深度学习和稀疏编码探索语音信号的特有模式,从而提高语音识别系统的性能。该项目2018年结题,参加人员包括硕士生刘超,工程师张之勇、赵梦原、张雪薇,实习生林一叶等,取得科研成果85项,发表论文超过50篇。

2013年底,王东博士开始与北京捷通华声语音技术有限公司合作,提高该公司在云端和电话端的语音识别能力。和捷通的合作进一步夯实了中心在大规模连续语音识别上的能力,积累了解决企业级现实问题的经验。

2015年,由实习生骆天一、王祺鑫、张记袁等研究的诗词生成方法取得了显著进展,其成果发表在IJCAI和ACL等会议上,诗词生成系统"薇薇"通过了图灵测试,被媒体广泛报道。

2015年,王东开放了THCHS30数据库,这是第一个开源中文语音数据库。2016年,在Kaldi上公布了第一个中文语音识别的Recipe。THCHS30在学术界和工业界产生了广泛影响,成为中文语音识别初学者的基础工具。

2016年,中心与新疆大学、西北民大组成团队,成功申请到自然科学基金重点项目"多少数民族语言连续语音识别方法及应用",郑方为项目负责人。该项研究的目标是对少数民族语言进行语音识别,基于各种资源共享方案(多任务学习、条件学习、迁移学习等)对声学模型和语言模型进行共享建模,从而解决少数民族语言语音识别任务中的资源稀缺问题。项目选择了维、哈、蒙、藏、柯尔克孜等5种语言作为研究对象,并有望将技术扩展到其他资源受限的语言上。该项目为期5年,目前还在进展中。

2014年以来,清华大学信息技术研究院与江苏赣榆经济开发区就高新技术成果转化与前沿技术研发等双方感兴趣的议题开始了长达3年的深入沟通与反复论证。清华大学校领导、连云港市领导也多次进行面对面的协商讨论,就校地合作、校企合作的战略方向、实现途径、基本形式等达成了广泛共识,明确了"一中心、一园区、一基金"的合作与发展思路。在近年来双方接触、沟通的过程中,清华大学信息技术研究院、美术学院、继续教育学院等单位通过项目论证专家形式,已经多次参与了赣榆经济开发区关于申报和建设"特色丝路小镇"的规划和论证,协助赣榆经济开发区推进科技成果转化基地建设,以特聘专家顾问形式为开发区管委会提供决策参考。

为拓宽和深化共识,双方还多次组织专题研讨会,信研院协调组织了来自美术学院、精密仪器系、继续教育学院和计算机系等校内多家单位的研究团队一起研讨与规划,形成了多学科交叉为突出特色的联合机构核心团队。在此过程中,江苏赣榆经济开发区和清华大学多个相关院系的研究团队之间建立了很好的工作关系,积累了丰富的合作经验,达成了广泛的合作共识。

双方经过深入讨论和反复研究,决定通过开展产学研用的深度联合,连云港市人民政府拟与清华大学签订全面战略合作协议,并遵照此协议的精神,赣榆经济开发区通过江苏三洋港丝路之镇旅游开发有限公司出资在清华大学组建专门的教育机器人与机器人教育创新研究中心的联合机构,运用先进的设计理念和技术,打造引领教育机器人研发与机器人教育的国际一流研发平台,为清华大学相关院系的科研成果与前沿技术提供高效的成果产业化转化通道。

2.5.4 腾飞期:2017年至今

经过多年的技术积累,中心在声纹识别和语音识别方向的产学研应用方面取得了新的突破:

2017年,综合多年声纹识别鲁棒性研究成果,中心主任郑方、博士生李蓝天合著的"*Robustness-related Issues in Speaker Recognition*"一书由著名出版商斯普林格(Springer)出版(见图2-33)。中心与得意音通联合团队参加了ASVspoof 2017自动说话人验证欺骗和对策挑战赛,获得全球第五、单系统/特征第一的好成绩。

2017年7月,连云港市赣榆经济开发区政府和清华大学相关院系经过深入的研讨和协商,确定了将合作建立的联合科研机构命名为"教育机器人和机器人教育"联合研究中心。郑方研究员担任研究中心主任,将重点开展在教育机器人和教育用工业机器人的软硬件系统研发、产品外观设计、机器人教育培训的规范标准与资源建设等交叉领域展开跨学科的

图 2-33　声纹识别鲁棒性专著

合作研究,创新机制,创新思路,着力解决教育机器人的前沿技术问题,集成和转化清华大学在机器人研究方面多学科交叉的最新科研成果。

联合研究中心的定位是校级科研机构,3 年总经费 3000 万元,目前已到账 1500 万元。目前校内同领域的主要研究团队分散分布在信息学院、机械学院、美术学院等与机器人软件系统、硬件系统、人机接口、外观设计等相关的院系,各课题团队之间缺乏一个交叉学科的联合科研平台。因此,本联合研究中心计划先由来自信研院、计算机系、精仪系、美术学院和继续教育学院等院系的研究人员组成初始团队,在成立后的运作过程中,以开放的态度,向校内其他相关院系及机构的研究团队和个人开放课题、开展深度合作,共同为清华大学的学科建设和多学科交叉做贡献。

2017 年,王东与智能管家(Roobo)开始合作,开发嵌入式端语音识别产品。该项目基于 ChipIntelli 公司的 CI10006 芯片,研发适用于远端控制的语音识别方案。该芯片具有专用的 DNN 处理单元,可实现大规模神经网络计算。该识别芯片推出后,半年内出货 15 万件,广泛应用在美的、格力、海信等家电设备上。

2017 年,由张晓桐、徐明星和郑方组成的中心团队参与多模态情感识别竞赛（MEC 2017），并获得音频情感识别挑战赛（Audio Emotion Recognition Challenge）第一名（共27支国际参赛团队）。

2018年，在中国电子学会组织的科技成果鉴定中，郑方作为第一完成人、中心作为第一完成单位的"基于动态密码语音的无监督身份认证系统"被院士专家鉴定为"整体技术水平达到国际领先"。

2018年，郑方作为第二起草人、中心作为第二起草单位的标准《移动金融基于声纹识别的安全应用技术规范（标准编号：JR/T 0164—2018）》由中国人民银行正式发布（见图2-34）。这是由中心推动的、央行颁布的我国金融行业第一个生物识别技术标准，充分体现了技术新、起点高、过程严、范围广、自主性强等特点。

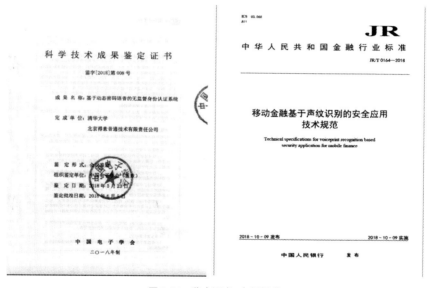

图 2-34 鉴定证书、央行标准

2018年，中心与分音塔科技合作开发旅游翻译机上的离线语音识别系统，并在第二代准儿翻译机上得到应用，成为市面上首款离线翻译机。

2019年，由程星亮、徐明星和郑方组成的中心团队在得意音通的配合下再次参加自动说话人验证欺骗和对策挑战赛ASVspoof2019，在综合系统和单系统/特征两方面都获得全球第一，且以较大性能优势领先第二名。

附语音和语言技术研究中心发明专利授权和软件著作权登记情况：

表 2-14 发明专利授权情况

序号	名称	发明人	专利号	授权公告日
1	一种计算机多方言背景的汉语普通话语音识别的建模方法	郑方、刘轶、曹文晓、赤羽诚、陈如新、高桥良和	ZL200810225354.0	2011.01.19
2	一种汉语语音识别可信度特征值的计算方法	郑方、刘轶、曹文晓、赤羽诚、陈如新、高桥良和	ZL200810225353.6	2011.04.27
3	歌曲情绪压力分析方法及系统	夏云庆	ZL200910087827.X	2012.05.23
4	基于规则的汉语基本块自动分析方法	周强	ZL200710063489.7	2012.06.27
5	微博话题检测方法及系统	夏云庆	ZL201110164560.7	2012.11.14
6	一种汉语句子中事件句式的抽取方法	周强、陈丽欧	ZL201010272667.9	2015.04.15
7	查询意图挖掘的方法和系统	夏云庆、黄耀海、赵欢、那森	ZL201410101649.2	2017.04.19
8	基于问答系统的信息匹配的方法和装置	王东、游世学、刘荣、杜新凯	ZL201410800479.7	2017.11.03
9	基于稀疏矩阵快速语音识别方法和装置	王东、刘超、刘荣、郑方	ZL201410801905.9	2018.02.02
10	一种基于字的神经网络的训练方法和装置	王东、游世学、刘荣、乔亚飞	ZL201410273269.7	2018.06.22
11	维语语音识别方法和装置	王东、殷实、赵梦原、张之勇、张雪薇	ZL201510662027.1	2018.12.28
12	一种身份认证方法、服务器和移动终端	郑方、邬晓钧、黄小妮	ZL201710149105.7	2019.09.27
13	一种说话人确认方法及装置	李蓝天、王东	ZL201710214666.0	2019.11.22
14	一种语音识别的方法和装置	王东、马习、张之勇、张雪薇、张玥	ZL201611219528.3	2019.12.13

表 2-15 软件著作权登记情况

序号	名称	登记号	开发人
1	汉语事件内容自动分析工具 V1.0	2009SRBJ7182	周强、陈丽欧、宇航、李丽
2	汉语句法语义知识的辅助标注软件 V1.0	2009SRBJ7181	周强、陈丽欧、宇航、罗戈、沈峰
3	汉语事件描述小句自动识别软件 V1.0	2010SRBJ0755	周强、陈丽欧
4	汉语功能块自动分析软件 V1.0	2010SRBJ0754	周强、宇航、陈丽欧
5	汉语词语语义关联度计算软件 V1.0	2010SRBJ0753	周强、王宏显
6	跨语言话题检测系统 V1.0	2011SR071298	夏云庆、唐国瑜
7	意见挖掘与检索 V1.0	2011SR087447	夏云庆
8	混合口音发音字典生成软件 V1.0	2013SR005900	刘轶

2.6 轨道交通控制技术研究中心

进入 21 世纪后,随着我国高速铁路的发展,高速铁路技术成为一个新兴的研究领域,面向国家在高速铁路技术领域的重大需求,轨道交通控制技术研究中心应运而生,并成为清华大学具有一定规模可持续发展的高速铁路控制技术科研团队。

2.6.1 历史沿革

(1) 把握机遇,初创高速铁路控制技术研究团队

随着我国高速铁路发展,新的科学技术问题不断涌现,引发了清华大学多个课题组的兴趣,在高速铁路通信信号技术领域,信研院 FIT 研究中心的吉吟东课题组依托与高速铁路龙头企业建立的联合研究机构,针对高速铁路列控系统中的关键技术问题,开辟了高速铁路控制技术的研究方向,2006 年组建了校内最早、迄今持续时间最长的轨道交通科研团队。

从 2006 年开始,中国铁路为进入高速铁路时代积极进行国外技术引进和自主创新技术储备。在高速铁路技术中,支撑时速 300 km 以上、最小追踪间隔 3 min 的 CTCS-3 级列控系统(C3 列控系统)是实现高速铁路

安全运行的核心技术,国内在当时尚处于技术空白阶段。为此,北京全路通信信号研究设计院(通号院)与吉吟东课题组就 C3 列控系统的自主创新及其合作机制进行了深入的讨论,2006 年 3 月双方联合成立了"清华—通号轨道交通自动化联合研究所"(清华—通号联合研究所),旨在以速度在 300 km/h 以上的高速铁路通信信号领域的关键技术问题为导向,着力突破 C3 列控系统的关键技术和共性技术,形成我国高速铁路通信信号领域的自主知识产权和技术成果体系。张海峰(通号院院长)和李军(信研院院长)分别担任联合研究所第一届管委会主任和副主任,吉吟东(信研院副院长)任所长,孙新亚和周炜(通号院研发中心主任)任副所长。联合研究所组建了以吉吟东课题组为基础的轨道交通科研团队,科研团队教师包括信研院的吉吟东、孙新亚、董炜(2006 年 8 月毕业留校),自动化系的朱善君、张曾科、钱利民和工物系的邵贝贝、龚光华。轨道交通科研团队开创了清华大学在高速铁路通信信号技术领域的研究方向。

2006—2011 年,以问题为导向,重大项目为驱动,轨道交通科研团队从无到有并发展壮大,主要承担了清华—通号联合研究所、国家"十一五"科技支撑计划项目的课题和铁道部科技基金等多个重大项目,在高速铁路安全运行控制技术等领域形成了多项自主创新科研成果,填补了相关技术领域的国内空白,为中国高速铁路技术的发展做出了重要贡献。

(2)全面发展,依托研究中心多领域科技创新

随着研究方向从高速铁路通信信号拓展到了高速列车、旅客服务等系统的智能维护,团队规模进一步扩大,自动化系周东华、叶昊、赵千川、慕春棣和电机系邹军等教授先后加入科研团队,成立轨道交通中心的条件已成熟。

2011 年 5 月 19 日,经信研院 2010—2011 学年度第 16 次院务会批准,信研院轨道交通控制技术研究中心成立。自动化系叶昊教授兼任中心主任,周东华教授任中心首席科学家,孙新亚、董炜任中心副主任。中心科研团队主要成员包括信研院的吉吟东、孙新亚、董炜、何潇(博士后)、徐晓斌(博士后),自动化系的周东华、叶昊、赵千川、朱善君、张曾科、慕春棣、钱利民、冒泽慧(博士后),计算机系的徐华、王帅(博士后),电机系的邹军和工物系的龚光华。

2011 年 6 月 2 日,在信息大楼召开了轨道交通控制技术研究中心成

立会(见图 2-35)。来自清华大学信研院、自动化系、计算机系、工物系等几十名师生以及铁路行业龙头企业通号院、易程公司的代表参加了会议。李军院长致辞,充分肯定了中心成立的意义及前期科研成果,并对中心今后的发展提出了殷切期望。中心主任叶昊教授介绍了中心成立的背景以及中心科研规划;中心首席科学家周东华教授作了题为"复杂工程系统故障预测与预测维护关键技术研究"的学术报告。新成立的信研院轨道交通控制技术研究中心旨在面向我国轨道交通领域安全、绿色、高效、经济和可持续发展的技术需求,以多学科交叉平台的模式组织团队,产学研相结合,有针对性地开展基础性、前瞻性的关键技术研究,解决我国轨道交通控制、管理与维护领域的技术难题,努力形成有影响力的自主创新科研成果,服务学科建设和人才培养。

图 2-35　信研院轨道交通控制技术研究中心成立合影留念

轨道交通中心成立后,积极推动清华大学在高速铁路技术领域的机构建设。2011 年 6 月 13 日下午,由信研院作为主要发起单位的清华大学高速铁路技术研究中心成立仪式在中央主楼接待厅举行,铁道部和教育部领导、清华大学校长顾秉林院士共同为中心揭牌。清华大学高速铁路技术研究中心为非实体跨学科研究机构,康克军任中心主任,王治强、李军任中心副主任,吉吟东任高速铁路控制技术研究所所长。高铁中心目标是围绕高速铁路技术,整合和发展清华相关学科优势,重点研究我国未来高速铁路建设的战略规划问题、相关科学问题和先端技术问题,通过与企业合作实现重大技术集成和产品示范,为解决我国高速铁路跨越式发展提供战略支撑。

2011年8月1日,中心召开学术研讨会,讨论分析了"7·23甬温线特别重大铁路交通事故"的技术原因,与会教师一致同意将中心研究方向调整到智能维护领域。

2012—2017年,轨道交通中心重点在通信信号、高速列车、旅客服务的故障诊断和智能维护方面开展研究,承担了国家自然科学基金重大项目和重点项目、清华—通号联合研究所项目等多个重大项目,在高速列车、通信信号系统故障诊断的基础研究和高铁客服智能维护的应用方面均取得了具有重要价值的研究成果,为确立我国高速铁路技术在国际上的技术优势地位做出了贡献。

(3)凝练方向,组建"国家队"勇攀高峰

2017年10月,国家提出交通强国战略。按照国家在轨道交通领域新的发展目标要求,从2018年开始,轨道交通中心聚焦轨道交通"两高"(高速、高效)的技术发展趋势,制订了以"两能"(能效、运载能力)优化为研究方向的科研规划,服务于国家"到2035年,基本建成交通强国"的发展目标。

2018年3月,北京信息科学与技术国家研究中心(信息国家研究中心)成立后,轨道交通中心明确了科研团队的近、中期研究目标和研究方向,着手申报信息国家研究中心科研团队。12月,以吉吟东为团队负责人的"轨道交通智能控制与决策"科研团队申报信息国家研究中心的首批科研团队立项通过。科研团队的核心成员为吉吟东、叶昊、赵千川、曹军威、孙新亚、董炜、何潇。根据科研团队的研究规划,轨道交通团队积极探索产学研用深度融合的技术创新机制,分别与通号院、航天科工集团第三研究院和国家高速列车(青岛)技术创新中心建立联合攻关团队,重点在列车自动驾驶、低真空管道高速列车和新型高效能城市轨道交通系统等领域开展科研工作,努力形成具有国际影响力的科研成果。

面向未来,在国家交通强国战略的引领下,轨道交通中心团队必将再接再厉,为我国在轨道交通科技强国的发展中做出更大的贡献。

2.6.2 科技创新

轨道交通控制技术研究中心的科技创新主要经历了三个发展阶段。在第一阶段(2006—2011年),我国的高速铁路技术还处于发展初期,针对高速铁路技术自主创新中的难点问题,科研团队主要聚焦在高速铁路列控系统和高速列车网络控制系统关键技术研究,服务于国家高铁工程建设。在第二阶段(2012—2017年),轨道交通中心侧重于高速铁路列控系统、高速列车和客运服务的智能维护技术研究,解决高铁安全和可靠运行维护中的科学技术问题。在第三阶段(2018年至今),因应国家交通强国战略,轨道交通中心以列车自动驾驶和区域轨道交通协同优化的研究为基础,重点聚焦未来轨道交通系统智能控制与决策的研究。

(1)围绕"高铁自主创新",奋战国家自主创新主战场

轨道交通中心科技创新的第一个阶段(2006—2011年),正值我国高速铁路技术"引进、消化、吸收、再创新"战略的关键时期,科研团队紧紧围绕"高铁自主创新"的国家战略需求,联合行业龙头企业,在我国高速铁路列控系统和高速列车网络控制系统的自主创新方面取得了富有成效的科研成果。

① CTCS-3级列车运行控制系统半实物仿真测试系统

CTCS-3级列控系统(C3列控系统)是保证高速列车安全运行的控制系统,也是我国高速铁路的三大关键技术之一。解决全线路(武广、京沪高铁)规模下C3列控系统总体技术方案的可行性验证和C3列控系统的集成测试问题,对保证高铁列车安全运行和缩短工程周期意义重大。已有的高铁列控测试系统(庞巴迪、UNISIG、泰雷斯、RailSite仿真测试平台)在测试规模、测试效率、实时性和并发性多点故障测试上均无法满足要求,为此,清华团队提出了"CTCS-3级列车运行控制系统半实物仿真测试系统"项目。

2007年,在清华—通号联合研究机构项目和铁道部基金课题的支持下,吉吟东、董炜和孙新亚承担了"CTCS-3级列车运行控制系统半实物仿真平台"的研发工作。

2009年,构建完成了全线路规模的C3列控系统半实物仿真平台(见图2-36)。针对C3列控系统复杂工程系统建模、大规模系统仿真实时性能等难点问题,提出了大规模半实物仿真基础架构、规模可伸缩的分布式仿真时间管理方法、动态模型校核验证方法、故障注入方法等,解决了C3列控系统18类子系统近万套设备模型的半实物高精度实时仿真问题。利用该平台,完成了铁道部《CTCS-3级列控系统总体技术方案》实验室阶

段的方案论证。

图 2-36 CTCS-3 级列车运行控制系统半实物仿真平台

2009 年 9 月 28 日,铁道部和清华大学在清华大学信息大楼组织召开了"CTCS-3 级列车运行控制系统半实物仿真平台关键技术"项目验收会,该项目顺利通过验收。专家委员会一致认为,本项目"构建了我国第一个高速铁路列控系统的半实物仿真平台,形成了 CTCS-3 级列控系统实验室测试阶段自动测试环境。本项目的研究成果已应用于武广客专列控系统的测试,并为我国高速铁路列控系统的自主创新奠定了技术基础"。

2009 年,国家科技支撑计划第一批高速铁路领域的重大项目"中国高速列车关键技术研究及装备研制"获得批准。在"C3 列控系统半实物仿真平台"研究成果的基础上,吉吟东、董炜、孙新亚、徐华等承担了"高速列车运行控制系统技术及装备研制"子课题"高速列车运行控制系统半实物仿真与测试关键技术"的研究工作。

2011 年,CTCS-3 级列车运行控制系统半实物仿真测试系统开发完成(见图 2-37)。该系统是面向高速铁路通信信号系统研究、设计、开发和测试的 CTCS-3 级列控系统的半实物仿真平台和支撑全线路规模实验室阶段集成测试的自动测试环境,实现了全线(2000 km 以上线路规模)、全速(400 km/h 以上列车模拟试验时速)、全景(100 列以上高速列车同时仿真运行场景)的高逼真、大规模实时仿真测试。该系统的成功开发,实现了 C3 列控系统自主创新核心设备功能测试,避免了技术缺陷的产生,完成了 C3 列控系统工程化实施中线路级规模的集成测试,成功应用于京沪高速铁路等国家重点工程。

图 2-37　CTCS-3 级列车运行控制系统半实物仿真测试系统

该项目开拓了高速铁路技术领域复杂工程系统半实物仿真集成测试的方向,填补了高铁列控系统集成安全测试的国内外技术空白,保证了国家重点工程 C3 列控系统的按时投运,为我国时速 300 km 以上高铁的安全运行做出了重要贡献,因而体现出巨大的经济和社会效益。该项目获得了 2012 年度中国铁道学会科学技术二等奖。

② 通用安全信号应用平台(GSSAP)

在轨道交通列控系统中,用于列车超速防护系统(ATP)的安全计算平台长期受制于人。从 2006 年开始,在清华—通号联合研究所的支持下,龚光华课题组负责承担了"通用安全信号应用平台"项目。

图 2-38　2 乘 2 取 2 通用安全信号应用平台(GSSAP)

2009 年,该项目突破了硬时钟同步技术,完成了 2 乘 2 取 2 安全信号模板及其开发器的研制,形成了具有自主知识产权的通用安全信号应用平台(GSSAP),通过了 SIL4 级的欧标安全认证。

2012 年,课题组完成了 GSSAP 产业化配套设备的研制,实现了城轨各型号系统的车载工程化应用,并成功应用于北京地铁 8 号线车载 ATP(见图 2-39)。

图 2-39　北京地铁 8 号线车载 ATP

③ 高速列车网络控制系统(TCMS)半实物仿真测试系统

2007 年 4 月 18 日,中国铁路第六次大提速,开行时速 200 km 以上的和谐号 CRH 动车组。开行初期,生产厂家对引进的高速列车核心系统"列车网络控制系统"(TCMS)缺乏必要的测试手段,由此导致个别动车组在运行途中故障停车,社会反响很大,铁道部运输局希望清华大学参与解决 CRH5 型车的 TCMS 问题。在铁道部周力的陪同下,由康克军副校长带队,李军、王治强、吉吟东、周东华、叶昊、慕春棣等考察了南车集团四方厂和北车集团四方车辆研究所,重点调研了 TCMS 的引进情况。2007 年 11 月,吉吟东、周东华、孙新亚、董炜、叶昊、慕春棣等教师承担了铁道部"动车组引进消化吸收再创新—动车组列车网络控制系统"项目。

在该项目中,以 CRH5 型动车组 TCMS 为对象,项目组研究了主控单元、牵引控制单元、制动控制单元、高中低压控制单元、列车网络等的控制逻辑,开发完成了 TCMS 控制逻辑测试系统,由此,实现动车组列车网络控制系统自主可控。2010年,该项目通过验收。

轨道交通中心经过第一个阶段(2006—2011年)的发展,初步形成了以高速铁路技术为核心的科研方向布局,与相关领域龙头企业建立了产学研密切合作的创新机制,形成了具有重要应用价值的成果,为轨道交通中心建立和发展奠定了坚实基础。

(2)围绕"高铁运行维护",着力解决国家工程应用难题

轨道交通中心科技创新第二个阶段(2012—2017年),正值我国高速铁路大规模运营之后运行维护问题日益突出的重要时期,针对高铁运行维护中的实际工程应用难题,中心全面开展了高速铁路通信信号、高速列车和客运服务等智能维护方面的科技攻关。

① 轨道电路故障诊断

轨道电路是实现列车占用检查和确保列车运行安全的重要轨旁设备,具有设备部署广、故障影响大、检测维修难等特点。轨道电路的"红光带"和"分路不良"故障会对列车行车安全产生重大影响。2011年7月23日,甬温线浙江省温州市境内,由北京南站开往福州站的D301次列车与杭州站开往福州南站的D3115次列车发生动车组列车追尾事故,此次事故造成40人死亡、172人受伤,直接经济损失19 371.65万元。"7·23甬温线特别重大铁路交通事故"是一起因CTCS-2级列控系统的列控中心设备存在严重设计缺陷、上道使用审查把关不严、雷击导致设备故障后应急处置不力等因素造成的责任事故。其中"红光带"故障就是"7·23甬温线特别重大铁路交通事故"的重要诱因。

针对高速铁路轨道电路易发"红光带"和"分路不良"故障的问题,孙新亚、徐晓滨、董炜、邹军等教师分别承担了多个国家自然科学基金项目和清华—通号联合研究所项目,积极开展了轨道电路机理分析和轨道电路故障诊断方法的研究。为获取第一手的现场资料及调研数据,多次前往湖北孝感等地的高铁线路展开轨道电路的现场实验工作,图2-40为湖北孝感下辛店火车站现场实验场景。

2013年,轨道电路故障诊断原型系统研发完成(见图2-41),该系统应用于通号院的"信号系统敏捷运维系统",并于2015年在沪昆高铁湖南段和郑徐客运专线进行了全线装备,取得了良好的应用效果。

图 2-40　湖北孝感下辛店火车站现场实验场景

图 2-41　轨道电路故障诊断系统

② 高速列车故障诊断

2012年9月13日,唐山轨道客车有限责任公司总工程师孙帮成一行10人访问了信研院。科研院副院长王治强,信研院副院长吉吟东以及相关教师在信息大楼接待了来访嘉宾。座谈会上,吉吟东介绍了清华大学高铁中心及信研院的发展情况;信研院轨道交通中心主任叶昊详细介绍了轨道交通技术中心的研究成果;高铁中心信息所所长邵晓风介绍了高铁中心在智能交通方面的相关工作。会上,双方就高铁智能维护研究领域进行了广泛的探讨。12月27日,信研院轨道交通中心吉吟东一行7人应邀回访了唐山轨道客车有限责任公司,公司副总工程师黄烈威、科技管理部部长廉有利、产品技术研究中心副主任李明高等接待了清华师生。调研期间,清华师生参观了动车组的生产车间和产品技术研究中心实验室,双方就高速动车组网络控制系统、故障诊断及智能维护等技术问题进行了讨论和交流,就高速列车故障诊断和智能维护技术领域的合作达成了共识,图2-42为考察现场留影。

图 2-42 吉吟东带队赴唐客厂考察

2013年1月,在清华大学与北车集团战略合作的框架协议下,吉吟东负责承担"动车组典型部件故障诊断技术研究"项目,自动化系赵千川,电机系刘建政，机械系田煜、郭丹、孟永钢分别承担了高速列车智能维护和典型部件故障诊断课题的研究。

2015年，在高速列车故障诊断研究成果的基础上，由周东华牵头，何潇、叶昊、董炜参与的国家自然科学基金重大项目"高速列车信息控制系统间歇故障实时诊断"（61490701）成功立项。该项目是国家自然科学基金在高铁技术领域的第一个重大项目。该项目针对高速列车刹车制动系统，系统地研究了随机动态系统间歇故障的检测问题和闭环系统故障诊断问题，在国际上最先给出了间歇故障可检测的充分条件，发表了原创性的高水平SCI论文；提出了制动系统闭环故障实时诊断方法，发表了第一篇在理论上系统性研究闭环系统故障诊断的论文，在中车四方所制动系统试验台上进行了大量实验验证，闭环下的诊断结果远远超过了国际通用的科诺尔逻辑，在理论上取得了具有重要价值的研究成果。

③ 高速铁路旅客服务系统智能维护

2016年1月，在高铁客服系统积累了大量运行维护数据的基础上，由轨道交通中心牵头联合易程（苏州）软件股份有限公司和同方工业有限公司，吉吟东、赵千川、董炜和孙新亚承担了"苏州—清华创新引领行动专项"子项目"数据驱动的高铁客服智能运维系统"。

2018年9月，在苏州易维迅信息科技有限公司协作下，团队设计了高铁客服智能运维系统体系结构，研究了涵盖在线监测、故障诊断、健康管理、资源优化调度、智能运维决策等方面的关键技术和方法，联合开发完成了高铁客服智能运维原型系统，并在全国200多个高铁车站投入使用，该项目成果为企业新增收入1.6亿元，新增利润2691万元。

轨道交通中心经过第二个阶段（2012—2017年）的发展，实现了从高速铁路通信信号到高速列车、客运服务等多领域的科技创新，针对我国"高铁运行维护"实际工程中的应用难题，实现了从实际中发现问题、凝练问题，到解决问题、成果应用的闭环，在理论及应用方面均形成了具有重要价值的科研成果。

（3）聚焦"高速、高效"（双高）研究方向，服务交通强国战略

轨道交通中心发展的第三个阶段（2018年至今）正值我国提出交通强国战略的时期，面向我国高速铁路智能化、轨道交通区域化一体化的发展趋势，轨道交通中心从列车智能控制和区域轨道交通协同运输优化两

方面着手展开了相关工作。同时,面向我国交通强国战略需求,中心聚焦轨道交通"双高"的技术发展趋势,积极探索未来轨道交通系统技术。

① 列车自动驾驶(ATO)

2018年3月22日,原最高人民检察院总检察长贾春旺在通号院主要领导陪同下,到清华大学调研,图 2-43 为此次调研合影。吉吟东汇报了轨道交通中心的科研成果以及与通号院十几年来的合作情况,贾春旺总检察长对此给予了高度评价,并希望利用好清华-通号合作平台为新时代我国高速铁路事业做出更大的贡献。随后,清华大学与北京全路通信信号研究设计院集团有限公司续签了轨道交通自动化联合研究所第五期合作协议。清华—通号联合研究所成为清华大学续签时间最长的企业联合研究机构。

图 2-43 贾春旺同志来清华大学调研合影

在这一期合作协议中,针对高铁重点工程(如京张高铁)的高速列车自动驾驶问题,叶昊、董炜和孙新亚承担了"高速列车自动驾驶"项目,图 2-44 为叶昊和孙新亚老师在京沈高铁线路进行 ATO 实验的现场照片。在该项目中,针对高速列车的大惯性、控制延时及参数的不确定性问题,重点研究了相关的智能控制方法、全程能耗及舒适度的全局多目标优化算法,提出了快速切换 Hammerstein 系统辨识方法,构建了 CR400BF 型高速列车动力学模型；提出了可在高速列车车载计算机上实时运行的多目标、多约束最优控制方法；提出了基于动态规划和在线辨识的高精度停车控制方法。2019年，相关成果已通过京沈高铁线高速列车测试。

图2-44　叶昊和孙新亚老师在京沈高铁线路进行ATO实验

2019年9月，在高速列车自动驾驶技术成果的基础上，针对货运机车调机自动驾驶中存在的变负载、车辆连挂等复杂应用问题，孙新亚、叶昊、翟守超承担了"货运列车自动驾驶"项目。该项目进一步研究大延时、变负载下的调机自适应建模方法、调机自动驾驶智能优化控制方法、不同作业场景下的调机自动驾驶适配性方法等，并在编组站调车自动驾驶上进行推广应用。

② 区域轨道交通协同运输

面向区域经济一体化以及轨道交通安全、高效和舒适的发展趋势，2017年7月，清华大学作为主要参加单位申报的国家"十三五"重点研发计划先进轨道交通专项项目"区域轨道交通协同运输与服务系统"立项通过。该项目通过不同制式轨道交通之间以及运输、安全保障及旅客服务子系统之间的协同优化来提升区域轨道交通整体的运输能力、安全保障水平及旅客服务水平。董炜、孙新亚等分别承担了"区域轨道交通全局RAMSI分析评估与增强技术"及"区域轨道交通智能出行信息服务技术"子课题，构建了区域轨道交通协同运输模型，给出了区域轨道交通全局RAMSI指标体系及评估方法；提出了基于深度学习的区域轨道交通关键设备故障检测及诊断方法，提出了基于特征量的区域轨道交通动态风险识别与评估方法。2019年12月，相关技术成果已应用于该项目在成渝地区的应用示范工程，为实现降低安全事故率、提升运维效率和提升整体运

③ 新型轨道交通技术研究

在"高速"技术研究规划方面,低真空管道高速列车是新型轨道交通技术的一个发展趋势,并作为技术储备研发的重点列入了《交通强国建设纲要》。低真空管道高速列车是运行在真空管道环境下,采用磁浮悬支撑和直线电机推进技术,最高运行时速不低于 1000 km/h 的新型旅客列车。悬浮和近真空的管道环境极大地降低了列车的摩擦和空气阻力,可突破轮轨方式铁路列车在高速化方面的局限性,是高速列车发展的划时代的变革性技术,可使人类的旅行进入更高效的新时代。真空管道和超高速是已有磁悬浮列车所不具备的全新未知特性,真空管道超高速磁悬浮列车在未来的运营中将面临智能异常检测、安全风险预测、事故预防与应急处理等难点问题。针对这些问题,轨道交通团队将从理论方法、关键技术和实验验证三个层面开展研究,为提高我国真空管道超高速磁悬浮列车的安全运行性能提供理论依据和关键技术支撑。

在"高效"技术研究规划方面,轨道交通网运能提升、能效提高是新型城市轨道交通技术的一个发展趋势。截至 2018 年,我国已拥有规模居世界前列的高速铁路网,城市轨道交通建设快速发展,但随着路网规模和装备体量的增长,也暴露出轨道交通体系化融合不够,成网条件下铁路综合运输效能不高等问题,轨道交通团队将以城市轨道交通为对象研究新型高效能轨道交通系统技术,为轨道交通网运能和能效的显著提升提供理论依据和关键技术支撑。

轨道交通中心科技创新第三阶段是我国实现交通强国战略的重要发展时期,轨道交通团队将凝练方向,集中力量,勇攀高峰。

2.6.3 团队建设与人才培养

轨道交通中心的发展历程是应国家重大发展战略,服务高速铁路自主创新的一个缩影,不仅从无到有在清华大学形成了一支由 10 多名教师组成的高水平科研团队,也为高铁行业培养、输送了优秀的研究生,为中国高速铁路技术的创新发展做出了重要的贡献,表 2-16 为轨道交通中心教师名录,表 2-17 为博士后名录,表 2-18 为博士研究生名录,表 2-19 为硕士研究生名录。

表 2-16　轨道交通中心教师名录

序号	姓名	职称/职务	所属院系	工作期限
1	吉吟东	研究员	信研院、自动化系	2003 年至今
2	孙新亚	副研究员/副主任	信研院、自动化系	2003 年至今
3	董炜	副研究员/副主任	信研院、国研中心	2006 年至今
4	周东华	教授/首席科学家	自动化系	2007 年至今
5	叶昊	教授/主任	自动化系	2007 年至今
6	赵千川	教授	自动化系	2013 年至今
7	何潇	副教授	自动化系	2015 年至今
8	夏俐	副教授	自动化系	2015—2018 年
9	邹军	研究员	电机系	2009 年至今
10	龚光华	副研究员	工物系	2006 年至今
11	徐华	副教授	计算机系	2009—2012 年
12	朱善君	研究员	自动化系	2006—2012 年
13	张曾科	教授	自动化系	2006—2012 年
14	慕春棣	教授	自动化系	2007—2012 年
15	钱利民	研究员	自动化系	2006—2012 年
16	邵贝贝	教授	工物系	2006—2009 年
17	戴琳	行政助理	信研院	2007 年至今

表 2-17　轨道交通中心博士后名录

序号	姓名	工作证号	所属院系	指导教师
1	徐晓斌	2009660466	信研院	吉吟东
2	王帅	2010660332	计算机系	张钹/吉吟东
3	霍国平	2013660270	信研院	吉吟东
4	王良顺	2014660465	信研院	吉吟东
5	赵辉	2015660252	信研院	吉吟东
6	张国华	2017660391	信研院	吉吟东
7	翟守超	2019660234	信研院	吉吟东

表 2-18　轨道交通中心博士研究生名录

序号	姓名	学号	指导教师
1	李良	2007310499	吉吟东
2	万一鸣	2007310488	叶昊
3	吴昊	2008310523	叶昊
4	常明	2009310514	吉吟东
5	翟守超	2012310671	叶昊

续表

序号	姓名	学号	指导教师
6	牛英俊	2013310649	吉吟东
7	陈华	2015310663	吉吟东
8	郭子健	2015310676	吉吟东
9	郑文举	2018310945	叶昊

表 2-19 轨道交通中心硕士研究生名录

序号	姓名	学号	指导教师
1	燕翔	2006210945	孙新亚
2	董欢欢	2006210952	朱善君
3	包鑫	2006210913	钱利民
4	刘鲁鹏	2006210859	朱善君
5	涂林艳	2006210964	朱善君
6	吴昊	2006210958	吉吟东
7	毕胜	2007210855	吉吟东
8	柯长博	2007210860	孙新亚
9	王福卿	2007210847	钱利民
10	王强	2007210867	朱善君
11	叶茂	2007210850	朱善君
12	黄浏	2008210875	孙新亚
13	江泽鑫	2008210930	钱利民
14	王程	2008210874	吉吟东
15	赵薇薇	2008210932	周东华
16	王新	2009211122	吉吟东
17	徐嘉祥	2009310560	吉吟东
18	袁迪	2009211132	孙新亚
19	陈卫征	2010210956	吉吟东
20	顾翅	2010210937	孙新亚
21	秦龙	2011210957	吉吟东
22	唐昕炜	2011210954	孙新亚
23	贾雷	2012210994	孙新亚
24	代兴亚	2013210966	孙新亚
25	刘明明	2013211012	吉吟东、董炜
26	周芬芳	2013210983	赵千川
27	张元星	2014211038	孙新亚
28	孔惟嘉	2015211017	孙新亚
29	王华东	2015210987	叶昊

续表

序号	姓名	学号	指导教师
30	黄威	2016211094	吉吟东、董炜
31	张梦宇	2017210928	孙新亚
32	冯文龙	2018211047	孙新亚

附轨道交通控制技术研究中心发明专利授权和软件著作权登记情况：

表 2-20　发明专利授权情况

序号	名称	发明人	专利号	授权公告日
1	基于脉冲传递的继电器防误动装置	孙新亚、吉吟东、李迎春、金文光、钱利民、朱善君、董登武、肖朝亮	ZL200610112769.8	2009.03.18
2	一种提高微机继电保护装置测量精度的方法	吉吟东、孙新亚、金文光、钱利民、李迎春、朱善君、董登武、肖朝亮	ZL200610112773.4	2009.03.18
3	扬声器纯音检测方法	吉吟东、孙新亚、张桐、李嘉扬、周海昌、张郑、杨寿平、杨军、熊日威	ZL200610011612.6	2009.12.16
4	一种电话远程控制和报警装置	董炜、柯长博、吉吟东、孙新亚、杨士元	ZL200810113783.9	2010.01.20
5	无MAC地址的总线家庭有线控制网络的即插即用方法	董炜、王福卿、吉吟东、孙新亚、李嘉扬	ZL200810103050.7	2010.11.10
6	扬声器在线纯音故障诊断方法	吉吟东、杜亮、董炜、孙新亚、周海昌、张郑、杨军、杨寿平	ZL200710178411.X	2010.12.15

续表

序号	名称	发明人	专利号	授权公告日
7	一种家庭无线控制网络即插即用方法	董炜、叶茂、吉吟东、孙新亚、李嘉扬	ZL200810102374.9	2011.01.26
8	一种高速列车运行控制系统功能的动态测试方法	吉吟东、王帅、周暐、孙新亚、董炜	ZL201010605560.1	2012.06.20
9	一种用于动车组网络控制逻辑验证的仿真装置	孙新亚、吉吟东、董炜、李良	ZL201010605546.1	2013.06.19
10	一种模拟电路软故障诊断的模糊推理方法	孙新亚、周暐、吉吟东、徐晓滨、李智宇、陈卫征、顾翙、周东华、王智新、刘琰琼、张琦	ZL201110319433.X	2014.05.28
11	一种基于振动信号的铁路钢轨的几何形变检测方法	孙新亚、秦龙、董炜、吉吟东、徐晓滨、王帅	ZL201310244984.3	2015.12.02
12	一种基于假设检验的轨道电路仿真模型校核验证方法	董炜、徐嘉祥、张琦、刘琰琼、李智宇、王智新、吉吟东	ZL201310123576.2	2016.08.17
13	一种基于声波共振频率的液位测量方法	孙新亚、张元星、徐晓滨、董炜、吉吟东	ZL201611081652.8	2019.06.18
14	一种扶梯故障监测及预警装置	孙新亚、董炜、吉吟东、张梦宇	ZL201710871405.6	2019.11.08

表 2-21 软件著作权登记情况

序号	名称	登记号	开发人
1	高速列车控制逻辑仿真验证软件 V1.0	2010SRBJ5688	孙新亚、董炜、李良、常明、必胜、张聪、赵薇薇、吴昊、江泽鑫、王程、王新、袁迪

续表

序号	名称	登记号	开发人
2	高速铁路列控系统自动测试系统 V1.0	2010SRBJ5690	吉吟东、王帅、徐华、张桐、叶茂、王福卿、王强、柯长博、杨甲东、温赟、黄浏
3	高速铁路列控系统半实物仿真支撑软件 V1.0	2010SRBJ5689	董炜、常明、包鑫、董欢欢、刘鲁鹏、涂林艳、吴昊、燕翔、王强、梁杰、晓斌

2.7 FIT 研究中心

未来信息技术研究中心(FIT 研究中心)以酝酿信息领域多学科合作的重大项目为宗旨,是清华大学信息技术研究院服务于信息学院学科建设和信研院技术创新储备的平台,其前身是李衍达院士倡导成立的信息学院学科交叉实验室(网络多媒体技术与协同工作研究中心)。2003 年 5 月,信息学院网络多媒体技术与协同工作研究中心转入信研院,更名为未来信息技术(FIT)研究中心。

研究中心围绕清华大学建设世界一流大学的战略目标,组建学科交叉的科研团队,建设面向国家利益需求的重大项目组织平台和面向产业进步需要的技术创新支撑平台,为服务国家发展、服务人才培养、服务科技进步做出了不懈努力。

FIT 研究中心成立以来,开展了多个创新研究方向,根据研究方向的发展和团队成员的实际情况,孵化了语音和语言技术研究中心、轨道交通控制技术研究中心、网络大数据技术研究中心和能源互联网技术研究中心,拓展了新的研究领域。相关的研究方向如下。

2.7.1 语音和语言技术研究方向

语音和语言技术面向移动互联时代人类对信息处理个性化的需求,通过先进的语音和语言处理技术可以在任何时间和任何地点实现任何方式的人机交互。FIT 研究中心以语音和语言技术的产业化为应用背景,力争在跨语种多平台语音识别、多模态生物特征识别、自然语言处理等领域研究具有国际先进水平的创新成果,形成一批完全自主的知识产权,创造

第 2 章　重点科研团队及研究方向发展史

图 2-45　FIT 研究中心集体照

一批支持和推动我国语音和语言处理技术民族产业发展的产品和服务，培养和造就一批掌握先进技术、具有创新意识和工程经验、能够参与国际竞争的高级人才，通过产业化带动学科的发展，为清华大学在语音和文本处理技术领域跻身世界一流行列做出贡献。

2007 年 3 月，以 FIT 研究中心的郑方老师、周强老师等为核心成员，语音和语言技术研究中心成立，郑方老师任中心主任，周强老师任中心副主任。中心人员来自清华大学信息科学技术学院相关课题组，包括计算机科学与技术系的成立于 1979 年的智能技术与系统国家重点实验室语音技术中心(CST)、电子工程系的成立于 1986 年的网络与人机语音通信研究所语音处理技术研发室、电子工程系的语音芯片研发组、清华信息科学技术国家实验室的计算机与人工智能研究部等。语音和语言技术中心设立 6 个实验室，分别是语音识别实验室、声纹识别实验室、语音芯片实验室、智能搜索实验室、语言理解实验室以及资源与标准实验室。

语音和语言技术研究中心将以"面向应用、推进创新；突出重点、厚积薄发"为指导思想，面向语音和语言处理技术领域，以语音识别、说话人识别和语言理解为主要研究方向，从整体着眼，优化资源配置，有效分配人力,合理安排分工,通过探索和建立有效的产学研模式,研发具有自主知识产权的技术和应用,推动应用基础研究和技术创新。

2.7.2 网络安全研究方向

随着互联网应用不断增加以及应用层协议趋于复杂,传统的基于网包包头的状态检测技术已经不能满足当前网络安全处理的需求,基于网包载荷的深度检测技术由此兴起,并且已经成为业务感知路由器、深度检测防火墙、网络入侵检测/防御系统以及统一威胁管理等设备的关键组成部分和核心技术所在。中心团队围绕网络安全方向进行了网络信息分类与过滤、网络流量观测与控制、数据中心网络虚拟化等算法和系统等方面的前瞻性研究。

2009年9月,FIT研究中心的李军老师和薛一波老师加入微处理器与片上系统技术研究中心,薛一波老师任研究中心副主任,团队围绕网络安全领域,开展了一系列创新性研究,获得2014年中国电子学会科学技术奖二等奖。

微处理器与片上系统技术研究中心的主要研究内容包括以下3个方面。

网包分类:在网络转发和监控中,多域网包分类是高层路由、安全网关等多项应用中的核心技术。网包分类的本质是计算几何中的多维空间点定位问题。由于其规则的多维度(multi-dimension)、优先级(priority)和交叠性(overlapping)等特点,网包分类算法复杂低效,始终是困扰高速网络设备的瓶颈。中心结合当前最新的软硬件平台进展,研究和开发新型高性能网包分类算法。

流量管理:随着互联网的持续发展,日益繁多的应用为用户带来便捷体验的同时,也提出了越来越严苛的带宽、时延等要求,急需高效的流量管理手段优化网络体验。然而,急速增长的用户数量和应用流量,给网络的管理带来了严峻的挑战。为了保障关键业务的正常使用,解决网络拥塞、优化流量管理、调控流量结构是关键。流量管理的基本任务是根据业务需求,以适当的分类粒度准确识别网络流量,设置并实施相应粒度的控制策略,从而为关键业务提供优良的网络服务,并在总体上优化带宽等网络资源的使用效率。

策略部署：网络安全策略定义了网络区域隔离、攻击检测和动态响应的逻辑，是网络安全的关键依托。网络安全策略部署，是将全局安全策略转化为安全设备执行逻辑的过程。近年来，软件定义网络和网络功能虚拟化技术不断发展，在数据中心网络、运营商网络等大规模分布式网络的典型应用场景下，安全策略部署的对象由单点扩展为全网，安全策略部署的规模和复杂度也持续增长。中心在软件定义的架构下，研究设计高速、可扩展的网络安全策略部署理论与方法，推进网络安全管理的创新和应用，加速软件定义网络和网络功能虚拟化的落地。

2.7.3　轨道交通控制技术研究方向

轨道交通控制技术研究方向面向我国轨道交通领域安全、绿色、高效、经济和可持续发展的技术需求，按照多学科交叉平台的模式组织团队，注重产学研相结合，旨在有针对性地开展基础性、前瞻性的关键技术研究，解决我国高速(城际)铁路控制、管理与维护领域的技术难题，努力形成有影响力的自主知识产权的技术成果，服务于学科建设和人才培养，积极为我国高速铁路技术的发展做出贡献。

2011年6月，以FIT研究中心的吉吟东老师、孙新亚老师和董炜老师为核心，轨道交通控制技术研究中心成立，自动化系叶昊教授兼任中心主任，孙新亚老师任中心副主任，中心汇聚了清华信息科学与技术国家实验室的50余名师生组成学科交叉的研发团队。

中心注重高速铁路先端技术的自主创新，通过对大规模系统半实物仿真技术、复杂工程系统建模及其校核和验证技术、系统集成的自动测试技术等领域的研究，成功构建了面向高速铁路信号系统研究、设计、开发和测试的我国第一个全线路规模的CTCS-3级列控系统的半实物仿真平台，以及支撑全线路规模实验室阶段集成测试的CTCS-3级列控系统自动测试环境，并成功应用于武广、沪宁、沪杭高速铁路等国家重点工程。

2.7.4　网络大数据技术研究方向

网络大数据技术研究方向包括数据驱动网络(data driven networks)与大数据计算(big data computing)两个主要研究方向，涉及的主要研究领域包括网络架构与资源管理、高性能计算与认知推理、大数据管理与分析的平台与工具以及大数据典型应用等。

2016年1月,以FIT研究中心的尹浩老师、李兆麟老师和吕勇强老师为核心,网络大数据技术研究中心成立,尹浩老师任中心主任,李兆麟老师和吕勇强老师任中心副主任。在中心首席科学家张尧学院士、李幼平院士和刘韵洁院士的指导下,中心建立了以中青年骨干教师为主的研究梯队,并汇聚清华大学信息学院的多位教授参与中心科研项目研发。

网络大数据技术研究中心按照多学科交叉的模式组织科研团队,注重产学研相结合,旨在突破大数据驱动的网络架构设计、网络信息平面构建与网络大数据计算新模式和关键技术的研发,努力形成有影响力的原创成果,促进网络大数据的基础理论研究与工程示范应用。

中心注重网络大数据领域核心技术的创新和自主知识产权的积累,积极开展与国内外著名研究机构和企业的科研合作,先后承担多项国家973计划、863计划、自然科学基金以及国际合作重大专项等国家级科研课题,中心积极参与国家"十三五"重大科研专项的相关筹备工作,尹浩研究员作为国家网信办智囊团成员直接参与了国家军民融合总体规划。中心已与江苏省未来网络创新研究院和美国加州大学(伯克利)开展三方合作,共同研究网络基础运营数据的测量、管理、分析与可视化,大数据驱动的网络资源管理与任务调度,以及数据驱动的网络与网络服务新型体系结构的研究和平台实现,作为核心团队成员参与国家发改委未来网络试验设施项目(CENI),其中项目经费13亿美元,已立项。针对网络大数据计算中海量计算分析和复杂认知推理需求并存的技术挑战,中心与中南大学联合申请获批成立了湖南省医疗大数据协同创新中心,依托湘雅医院平台,开展面向医疗健康的网络大数据计算新模式和核心技术的研究以及相关应用与平台的开发。针对传统互联网的安全和内容治理问题,与东南大学联合研究基于双结构的下一代互联网体系结构和产业模型。

2.7.5 能源互联网技术研究方向

能源互联网方向是国家"互联网+"战略下能源电力行业的新兴发展方向,借鉴互联网技术和理念变革能源电力行业,构建开放互联、对等分享的能源基础设施,并实现用户中心、价值驱动的能源应用体系,是实践我国能源生产和消费革命以及国际第三次工业革命的重要抓手。

2016年9月,以FIT研究中心的曹军威老师、杨维康老师和赵黎老师为核心,能源互联网技术研究中心成立,刘文华(兼)任研究中心主任,赵黎老师任常务副主任,杨维康老师任副主任。

能源互联网技术研究中心发挥信息技术研究院在多学科交叉方面的综合优势,利用国际合作环境,采取灵活的人才引进措施,在能源互联网领域推出了具有国际先进水平的创新成果,形成了一批具有自主知识产权、引领我国能源电力行业变革与发展的项目。研究中心致力于培养和造就一批掌握先进技术、具有创新意识和工程经验、能参与国际竞争的高级人才,为清华大学在信息通信与能源电力技术交叉领域跻身世界一流行列做出贡献。

研究中心下设能量路由器研究室和能源大数据研究室,涉及的主要学科领域包括分布式计算、未来网络、大数据分析、区块链技术、电力电子、电力系统技术等。研究中心力求创造一种信息通信和能源电力跨学科的研究氛围和环境,在能源互联网关键技术方面取得突破性创新,形成行业标志性技术创新成果。

研究中心主要研究内容包括研制能源互联网能量交换和路由核心装备、研发新型量测与合并单元、开发能源互联网能量管理系统和大数据分析应用平台。在工程示范方面,研究中心将选取典型区域推动多种能源互补、信息物理融合、多元主体运营的能量—信息—价值互动的能源互联网示范工程,为能源互联网技术成果转化和产业应用推广做出贡献。表2-22为FIT研究中心历届主任和副主任名单。

表 2-22　FIT 研究中心历届主任和副主任

序号	任职时间	中心主任(副主任)
1	2003.5—2006.3	李军
2	2006.4—2007.7	李军(路海明)
3	2007.8—2007.10	路海明
4	2007.11—2011.5	路海明(赵黎)
5	2011.6—2016.9	路海明(赵黎、倪祖耀)

FIT 研究中心年度记事

2003年5月,信息学院网络多媒体技术与协同工作研究中心转入信研究院,更名为未来信息技术(FIT)研究中心。

2003年FIT研究中心支持的项目为智能交通、智能家居和数字多媒体。其中前两项为成立清华—国光数字媒体研究所、清华大学智能交通研究中心打下了基础。

2004年FIT研究中心组织实施学科交叉和技术集成的项目为汽车电子、网络安全和电子政务,并积极组织相关项目的跨系和跨院合作。FIT研究中心酝酿与浙江清华三角研究院、北京清华工业开发研究院联合成立电子政务联合研究中心,与北京清华工业开发研究院及汽车系联合成立汽车电子联合研究中心。

2005年FIT研究中心通过征集、组织协调以学科交叉和技术创新为特点的研究项目,酝酿信息领域多学科合作的重大项目,共收到项目申报8项,经专家评审,决定继续支持1项(汽车电子),新增支持项目两项(低成本电子扫描天线的研究和可信服务测评架构及关键技术研究),每项经费支持额度10万元,支持项目于2015年8月公布,继续积极组织相关项目的跨系和跨院合作。

2005年FIT研究中心在编人员:研究员李军、郑方、薛一波、姚丹亚,副研究员吉吟东、孙新亚、卢增祥、路海明、赵黎、傅建勋、吴振陵。

2006年4月,经信研院2005—2006学年度第19次院务会讨论决定,任命路海明为FIT研究中心副主任。

2007年FIT研究中心在编人员中,研究员增加吉吟东、曹军威、窦新玉。

校内兼职:李衍达、叶朝辉、杨士元、张佐、李志恒、胡坚明、萧德云、张毅、宋靖雁、蔡坚、贾松良。

校外兼职:卢增祥、梁玉庆、邵晓风。

2007年7月,经院务会讨论决定,拟任命路海明担任FIT研究中心主任,李军不再担任FIT研究中心主任。院务会同时提出要在充分征求中心教师意见的基础上,酝酿中心副主任人选。

2007年10月,受FIT研究中心主任路海明的委托,李军介绍了FIT技术研究中心提出中心副主任人选和征求群众意见的结果。经院务会讨论决定,拟任赵黎担任FIT研究中心副主任。

2008年FIT研究中心主任为路海明,副主任为赵黎。参与移动计算研究中心工作的李兆麟、刘菁、刘慧瑾调入FIT研究中心,FIT研究中心吴振陵提出调出。

2009年FIT研究中心在编人员：研究员增加路海明，副研究员增加李兆麟。

校内兼职增加叶昊、暴春棣、李立、陆建华。

校外兼职：卢增祥、梁玉庆。

2011年FIT研究中心在编人员：副研究员增加倪祖耀、董炜。

校内兼职增加徐华、张曾科、朱善君、钱利民、周东华、姚丹亚。

校外兼职：卢增祥、梁玉庆。

2011年6月，任命倪祖耀为FIT研究中心副主任，倪祖耀于2006年加入信研院，主要从事信息与通信工程方面的研究，现担任FIT研究中心副主任。现任主任为路海明，副主任赵黎。

2012年FIT研究中心在编人员中，研究员增加尹浩。

校内兼职：姚丹亚、陆建华、乌力吉、袁涛、任天令、王生进。

校外兼职：卢增祥、窦新玉、应世海、林栩、何通庆、王坤龙、邱锋。

2013年FIT研究中心在编人员中，研究员增加李兆麟，副研究员增加陈震。

校内兼职：姚丹亚、陆建华、乌力吉、袁涛、任天令、王生进、刘莹、赵晓力、王小鸽、都志辉、刘连臣、程朋、陆超、刘建政、周建锋、林闯。

校外兼职：卢增祥、窦新玉、吕克逊、何通庆、邱锋、林栩。

2014年FIT研究中心在编人员中，研究员增加杨维康。

校内兼职：姚丹亚、陆建华、乌力吉、袁涛、任天令、王生进、刘莹、赵晓力、王小鸽、都志辉、刘连臣、程朋、陆超、刘建政、周建锋、林闯、张尧学、史元春、陈渝、向勇、陶品、董渊、周悦芝、王生原、魏少军、刘雷波、尹首一。

校外兼职：卢增祥、窦新玉、吕克逊、李月珍、王俊昌、刘洪强、徐栋。

2015年FIT研究中心校内兼职：张尧学、史元春、陈渝、向勇、陶品、董渊、周悦芝、王生原、魏少军、刘雷波、尹首一、刘莹、赵晓力、王小鸽、都志辉、刘连臣、程朋、陆超、刘建政、周建锋、林闯、乌力吉、袁涛、任天令、王生进、姚丹亚、陆建华。

校外兼职：卢增祥、窦新玉、吕克逊、李月珍、刘洪强、徐栋、杨李颖、纪占林。

2016年FIT研究中心校内兼职：张尧学、史元春、陈渝、向勇、陶品、董渊、周悦芝、王生原、魏少军、刘雷波、尹首一、刘莹、赵晓力、王小鸽、都志辉、刘连臣、程朋、陆超、刘建政、周建锋、林闯、乌力吉、袁涛、任天令、王生进、姚丹亚。

校外兼职：卢增祥、吕克逊、徐栋、纪占林、张文超、范锡龙、冯森、蒋林轩、姜龙泉、吏军雄、李浩、潘坤。

2016年9月，由于组织机构调整，学校经研究决定撤销未来信息技术研究中心。

FIT研究中心主要老师简介：

李军，2003年5月加入FIT研究中心，至2007年7月担任中心主任，在中心工作期间主要从事网络安全、模式识别和图像处理领域的科研和教学工作。2009年9月离开FIT研究中心，加入微处理器与片上系统技术研究中心。

吉吟东，2003年5月加入FIT研究中心，在FIT研究中心期间主要研究领域包括复杂工程系统的故障诊断和预测维护、建模与仿真、自动测试与安全评估等。2011年6月离开FIT研究中心，加入轨道交通控制技术研究中心。

路海明，2003年5月加入FIT研究中心，2006年4月至2007年7月担任中心副主任，2007年8月至2016年9月任中心主任，主要从事模式识别、数字水印、图像处理、人机交互等领域的研究，2007年7月至2016年6月担任数字互动技术联合研究所所长。2016年9月离开FIT研究中心，加入轨道交通控制技术研究中心并任中心副主任。

孙新亚，2003年5月加入FIT研究中心，主要研究领域包括检测系统及装置、高铁列控系统仿真和控制系统的故障检测诊断。2011年6月离开FIT研究中心，加入轨道交通控制技术研究中心并任中心副主任。

赵黎，2003年5月加入FIT研究中心，2007年11月至2016年9月担任中心副主任，在FIT研究中心期间主要从事数字视音频编码、传输、测试与应用的研究工作。2016年9月离开FIT研究中心，加入能源互联网技术研究中心并任常务副主任。

吴君鸣，2003年5月加入FIT研究中心，期间在数字互动技术联合研究所从事数字多媒体电视技术方面的研究工作，2007年8月离开FIT研究中心。

郑方,2003年5月加入FIT研究中心,在FIT研究中心期间主要从事语音和语言处理方面的研究工作,成立了北京得意音通技术有限责任公司,并任董事长及得意音通信息技术研究院院长。2007年3月离开FIT研究中心,加入语音和语言技术中心并任中心主任。

薛一波,2003年5月加入FIT研究中心,主要从事计算机网络和信息安全、云计算、计算机体系结构等领域的科研和教学工作。2009年9月离开FIT研究中心,加入微处理器与片上系统技术研究中心并任研究中心副主任。

姚丹亚,2003年5月加入FIT研究中心,主要从事车路协同系统关键技术、交通系统信息采集与融合技术等领域的相关研究和教学工作。2011年离开FIT研究中心,加入轨道交通自动化研究所。

卢增祥,2003年5月加入FIT研究中心,2003年11月至2007年6月担任数字互动技术联合研究所所长,主要从事数字电视相关领域的研究工作,2007年8月离开FIT研究中心。

傅建勋,2003年5月加入FIT研究中心,主要从事无线互联网移动多媒体通信系统技术方面的研究工作,并担任华录研究所副所长。2007年离开FIT研究中心。

吴振陵,2003年5月加入FIT研究中心,主要从事信息与通信工程方面的研究工作,在华录研究所和亿品媒体信息技术研究所任职,2008年离开FIT研究中心。

窦新玉,2003年加入FIT研究中心,主要从事电子组件的疲劳破坏与可靠性测试方面的研究工作。2004年1月离开FIT研究中心,加入电子封装技术研究中心,并任中心主任。

董炜,2006年加入FIT研究中心,主要研究高速铁路等复杂工程系统及相关设备的建模方法、仿真技术、集成测试技术及故障诊断方法、智能维护方法,2011年6月离开FIT研究中心,加入轨道交通控制技术研究中心。

曹军威,2007年加入FIT研究中心,在研究中心期间主要致力于先进计算技术与应用研究。从事云计算、物联网、智能电网等方面的基础研究、成果转化和产业合作,并在能源电力行业获得应用。2016年9月离开FIT研究中心,加入能源互联网技术研究中心。

李兆麟,2008年从移动计算研究中心调入FIT研究中心。在中心期间李兆麟的研究领域包括多核与众核处理器、信息融合处理、SoC与专用系统设计。2016年1月离开FIT研究中心,加入到网络大数据技术中心。

倪祖耀,2006年加入FIT研究中心,2011年6月至2016年9月担任FIT研究中心副主任,在FIT研究中心期间主要从事信息与通信工程方面的研究。2016年离开FIT研究中心,加入空天信息技术研究所。

尹浩,2012年加入FIT研究中心,主要从事"内容网络"的研究工作,解决了在多种网络环境下,为各类媒体内容提供网络服务时面临的重要科学难题与技术挑战。2016年1月离开FIT研究中心,加入网络大数据技术中心并任中心主任。

陈震,2013年加入FIT研究中心,从事面向服务的未来互联网体系结构与机制的研究,2014年离开FIT研究中心,加入微处理器与片上系统技术研究中心。

杨维康,2014年加入FIT研究中心,主要从事并行计算机系统结构的研究,2016年9月离开FIT研究中心,加入能源互联网技术研究中心并任研究中心副主任。

附FIT研究中心发明专利授权和软件著作权登记情况:

表2-23 发明专利授权情况

序号	名称	发明人	专利号	授权公告日
1	一种数字内容大规模直播的方法	赵黎、李彬、杨士强	ZL200410033998.1	2007.06.06
2	一种基于数字权利管理的大规模数字直播方法	赵黎、李斌、杨士强	ZL200410062575.2	2008.02.06
3	一种带权利要求说明的数字内容打包方法	赵黎、吴南山、杨士强	ZL200410098481.0	2009.01.14
4	一种并行浮点乘加单元	李兆麟、李恭琼	ZL200710179973.6	2009.12.16
5	一种发布交通与出行信息的方法及系统	杨孟辉、杨维康	ZL200710178648.8	2010.06.02
6	一种具有五线流水线结构的浮点乘加融合单元	李兆麟、李恭琼、张轩	ZL200710099408.9	2010.09.08

续表

序号	名称	发明人	专利号	授权公告日
7	一种具有数据前送结构的浮点乘加单元	李兆麟、李恭琼、邬健元	ZL200710179975.5	2010.11.10
8	公共自助健康服务与管理终端	吕勇强、陈渝、李晓东、孙桂琴	ZL201130006545.0	2011.07.27
9	一种带事件捕获功能的通用目的输入输出电路	李兆麟、叶剑飞、魏炽频、郑庆伟、陈佳佳、李圣龙、王芳	ZL201010250508.9	2012.02.29
10	一种利用 DSM-CC 协议传输数据的方法	杨维康、窦新玉、马骁萧	ZL201010172970.1	2012.06.20
11	一种可配置多精度定点乘加装置	李兆麟、魏炽频、叶剑飞、郑庆伟、陈佳佳、李圣龙、王芳	ZL201010238689.3	2012.06.27
12	多站多平台体系下基于相干与非相干混合的飞行器定位法	倪祖耀、吴靖、陆建华、匡麟玲、赖元东	ZL201010125090.9	2012.09.05
13	数字版权管理中数字化作品的权利对象描述和获取的方法	赵黎、翟宇轩、何行舟	ZL201010169104.7	2012.10.10
14	一种基于 LFSR 的外部存储接口的随机测试装置	李兆麟、陈佳佳、叶剑飞、魏炽频、郑庆伟、李圣龙、王芳	ZL201010238663.9	2012.10.10
15	一种指令分配和预处理指令译码的装置	李兆麟、郑庆伟、陈佳佳、叶剑飞、魏炽频、李圣龙、王芳	ZL201010238659.2	2014.01.08
16	内容中心网络策略层的路由方法	田源、陈震、曹军威	ZL201210107033.7	2014.09.03
17	远程云胎心监护系统	史元春、陈渝、吕勇强、杨吉江、任乙广、吕培	ZL201210431124.6	2015.02.18

续表

序号	名称	发明人	专利号	授权公告日
18	一种协处理器	李兆麟、李圣龙、王芳	ZL201210193758.2	2015.06.24
19	基于模型拟合的智能手机功耗评估方法	吕勇强、史元春、杨维康、陈康、李建州、苏静芳	ZL201310373880.2	2015.07.15
20	微博用户影响力的评估方法及装置	陈震、李军、曹军威、黄霁崴	ZL201210459217.X	2016.02.24
21	支持泛在设备和传感器即插即用的网关及其运行方法	吕勇强、陈渝、史元春、杨维康、闫凡茜	ZL201310245160.8	2016.05.18
22	一种工业控制网络安全过滤系统及方法	陈震、姜欣、曹军威	ZL201210534023.1	2016.08.03
23	基于相似性传递的协同过滤方法及系统	谢峰、陈震、许宏峰、曹军威	ZL201310221379.4	2016.10.26
24	内容中心网络底层实现方法、内容中心网络以及通信方法	陈震、陈硕、马戈	ZL201310270442.3	2017.02.15
25	压缩比特位图索引的方法	陈震、温禹豪、马戈、曹军威	ZL201410085209.2	2017.05.31
26	基于线性回归的推荐方法及系统	陈震、谢峰、冯喜伟、尚家兴、曹军威	ZL201410148936.9	2017.06.30
27	一种新的压缩比特位图索引的方法	陈震、温禹豪、马戈、曹军威	ZL201410182226.8	2017.10.10
28	基于命名机制的分布式网络的存储系统及方法	曹军威、陈硕、陈震	ZL201410503667.3	2018.02.09
29	一种能源互联网调度与控制方法	曹军威、明阳阳、胡紫巍、周静、廖志军	ZL201510388746.9	2018.04.20
30	一种可动态编程的信号检测电路及方法	曹军威、袁仲达、张少杰	ZL201610211037.8	2018.10.02
31	一种端服务器部署方法及装置	尹浩、张旭、刘洪强	ZL201510295684.7	2018.10.19

续表

序号	名称	发明人	专利号	授权公告日
32	一种用于程序死锁的保护电路	曹军威、袁仲达、张少杰、杨洁	ZL201610211014.7	2018.11.20
33	静止同步补偿器的智能监控系统	曹军威、杨洁、袁仲达、邱金辉、杨飞、路明、李丽群、刘君、张朝龙	ZL201610849605.7	2018.12.28
34	一种信息交互系统及方法	尹浩、张尧学、王威	ZL201610119111.3	2019.03.29
35	一种能量路由器抗干扰控制器的形成方法及装置	曹军威、华昊辰、任光、胡俊峰、谢挺、郭明星、梅东升、陈裕兴	ZL201710289532.5	2019.07.12
36	一种微电网系统直流母线电压稳定性控制处理方法及装置	曹军威、华昊辰、任光、胡俊峰、谢挺、郭明星、梅东升、陈裕兴	ZL201710318603.X	2019.08.09
37	微网运行成本最小化的控制处理方法与装置	曹军威、秦钰超、华昊辰、胡俊峰、谢挺、郭明星、梅东升、陈裕兴	ZL201710471937.0	2019.08.09
38	一种基于透明计算的网络接入系统及方法	尹浩、张尧学、康路	ZL201610119598.5	2019.08.30
39	CDMA同频同码无线全双工通信信道自干扰消除方法	曹军威、明阳阳	ZL201710582205.9	2019.09.20
40	一种双网融合系统及数据传输方法	尹浩、李峰、张尧学	ZL201610119606.6	2019.11.15

表 2-24 软件著作权登记情况

序号	名称	登记号	开发人
1	PURPLE 反射式中间件平台系统 V1.0[简称 PURPLE]	2005SRBJ0834	陈渝、许拥军、李树雷、刘昆、阳坚
2	基于图像处理技术的交通事件检测软件	2007SRBJ1398	姚丹亚、蔡豫
3	混合交通流分析建模和仿真软件 V1.0	2008SRBJ3723	姚丹亚、苏岳龙、许闻达、朱思瀚
4	无信号等控制道路交叉口通行能力分析软件 V1.0	2009SRBJ1107	姚丹亚、赵世文、苏岳龙
5	综合交通信息服务接入系统服务器软件	2009SRBJ1114	杨维康
6	网格服务流建模和验证系统 V1.0	2009SRBJ5041	曹军威、张帆、许可

2.8 重要科研成果

2.8.1 获奖情况

信研院各中心获奖情况如表 2-25 和表 2-26 所示。

表 2-25 获国家级科研奖励情况

序号	年份/年	名称	类别	等级	中心	完成人
1	2003	中国第三代移动通信系统研究开发项目	国家科学技术进步奖	二等	无线移动	王京(3)
2	2005	时域同步正交频分复用数字传输技术（TDS-OFDM）	国家技术发明奖	二等	数字电视	杨知行(1)、潘长勇(4)
3	2007	高性能集群计算机与海量存储系统	国家科学技术进步奖	二等	微处理器	汪东升(4)
4	2011	计算机网络资源管理的随机模型与性能优化	国家自然科学奖	二等	未来信息	尹浩(4)
5	2012	面向海量用户的新型视频分发网络	国家技术发明奖	二等	未来信息	尹浩(1)

续表

序号	年份/年	名称	类别	等级	中心	完成人
6	2015	普适计算软硬件关键技术与应用	国家科学技术进步奖	二等	未来信息	史元春(1) 陈渝(3) 吕勇强(4)
7	2016	DTMB系统国际化和产业化的关键技术及应用	国家科学技术进步奖	一等	数字电视	杨知行(1) 潘长勇(2) 宋健(3) 杨昉(10) 彭克武(13)
8	2019	编码摄像关键技术及应用	国家科学技术进步奖	二等	微处理器	刘振宇(4)

注：括号内数字为完成人排名顺序。

表2-26 获省部级及行业科研奖励情况

序号	年份/年	名称	类别	等级	中心	完成人
1	2006	基于开放源的海量数字资源管理系统	北京市科学技术奖	二等	WEB与软件	邢春晓
2	2008	中国广播影视数字版权管理需求白皮书	国家广播电影电视总局软科学奖	二等	未来信息	赵黎(1)
3	2008	司法语音自动分析和鉴别系统	公安部科学技术奖	三等	语音语言	郑方 徐明星
4	2008	数字档案馆建设方案研究	国家档案局优秀科技成果	三等	WEB与软件	邢春晓 杨吉江 李超
5	2009	时域同步正交频分复用接收机系统	北京市科学技术奖	二等	数字电视	杨知行(1) 潘长勇(2) 宋健(3) 彭克武(6) 阳辉(8) 薛永林(10)
6	2009	数字档案馆整体建设方案研究	北京市档案局优秀科技成果	一等	WEB与软件	杨吉江(2) 李超(5)
7	2011	大型分布式网络视频分发系统	北京市科学技术奖	一等	未来信息	尹浩(1)

续表

序号	年份/年	名称	类别	等级	中心	完成人
8	2012	特殊保健群体生命体征监测预警与应急响应系统构建研究	军队医疗成果奖	二等	WEB与软件	杨吉江(3) 吕勇强(4) 陈渝(7)
9	2013	DTMB标准国际化关键技术及应用	北京市科学技术奖	一等	数字电视	潘长勇(2) 杨昉(10) 彭克武(13)
10	2014	CTCS-3级列控系统仿真测试系统	中国铁道学会科学技术奖	二等	轨道交通	吉吟东(2) 董炜(4) 孙新亚(5)
11	2015	典型流程工业商业智能模型研究与平台构建	教育部科学技术进步奖	二等	微处理器	汪东升(2)
12	2015	高性能、低成本电力线宽带通信芯片研究与开发	北京市科学技术奖	三等	数字电视	宋健(3)
13	2015	基于Bradio的专用宽带无线接入系统	北京市科学技术奖	三等	无线移动	粟欣(1) 许希斌(2) 曾捷(3) 赵明(4) 王京(5) 肖立民(6)
14	2016	地面数字电视单频网组网与网络优化关键技术、产业化及应用	北京市科学技术奖	三等	数字电视	杨昉(1)
15	2016	面向能源互联网的新型电力线通信关键技术及应用	教育部科学技术进步奖	二等	数字电视	宋健(1) 杨昉(6) 彭克武(9)
16	2017	多级高速飞行器光纤总线系统集成信息处理技术	中国电子学会技术发明奖	一等	网络大数据	李兆麟(2)
17	2017	宽带多媒体传输技术创新团队	科技部创新人才推进计划重点领域创新团队		数字电视	

续表

序号	年份/年	名称	类别	等级	中心	完成人
18	2017		中国产学研合作创新奖		数字电视	潘长勇
19	2018	城市电网高电能质量关键技术和装备研究及其应用	中电联电力创新奖	二等	能源互联网	曹军威(2)
20	2018	中国能源互联网技术及产业发展报告	国家能源局能源软科学研究优秀成果	三等	能源互联网	曹军威(4)
21	2018	FM-CDR与航空无线电导航ILSVOR兼容性研究	中国新闻技术工作者联合会科学技术奖	三等	数字电视	潘长勇(3)
22	2018	远程医学关键技术建立与救治体系临床应用	中华医学会科技奖	三等	WEB与软件	杨吉江(4)
23	2018	城市电网高电能质量关键技术和装备研究及其应用	中国电力科学技术进步奖	三等	能源互联网	曹军威(2)
24	2018		中国电子学会广播电视科学技术奖		数字电视	潘长勇
25	2019	电力线与可见光融合通信系统	中国发明协会发明创业奖	金奖	数字电视	阳辉(4) 潘长勇(7)
26	2019	异常出生体重儿童生长发育及代谢性疾病防治体系的建立	妇幼健康研究会科技成果奖	一等	WEB与软件	杨吉江(3)
27	2019	无线通信中的稀疏信号处理理论与方法	中国电子学会自然科学奖奖	二等	数字电视	潘长勇(5)
28	2019	深圳电网电能质量综合治理研究与工程示范	广东省专利奖	银奖	能源互联网	曹军威(4)

注：括号内数字为完成人排列顺序。

2.8.2 主持及参与标准制、修订颁布情况

信研院各中心主持及参与的标准制、修订颁布情况如表2-27～表2-29所示。

表 2-27 国际标准

序号	年份/年	名称	标准号	类型	参与方式	中心	完成人
1	2013	VHF/UH 频段内地面数字电视业务的规划准则	ITU-R BT.1368-9	国际标准	主要完成单位	数字电视	潘长勇 宋健
2	2013	数字地面电视广播的纠错、数据成帧、调制和发射方法	ITU-R BT.1306-6	国际标准	主要完成单位	数字电视	潘长勇 宋健
3	2014	Spectrum limit masks for digital terrestrial television broadcasting	ITU-R BT.1206-2	国际标准	主要完成单位、第一起草人	数字电视	潘长勇 杨昉
4	2014	Transition from analogue to digital terrestrial broadcasting	ITU-R BT.2140-6	国际标准	主要完成单位、第一起草人	数字电视	宋健 潘长勇
5	2015	DTMB-A	ITU-R BT.1306-7	国际标准	主要完成单位、第一起草人	数字电视	潘长勇 彭克武 杨昉 阳辉 薛永林
6	2016	Guidelines on measurements for digital terrestrial television broadcasting systems	ITU-R BT2389-0	国际标准	中方编写人	数字电视	潘长勇 宋健 张超
7	2016	Objective quality coverage assessment of digital terrestrial television broadcasting signals of Systems A, B and D	ITU-R BT2252-2	国际标准	中方编写人	数字电视	潘长勇 宋健 张超

第2章 重点科研团队及研究方向发展史

续表

序号	年份/年	名称	标准号	类型	参与方式	中心	完成人
8	2016	Handbook on Digital Terrestrial Television Networks and Systems Implementation		国际标准	中方编写人	数字电视	潘长勇
9	2018	Measurements of protection ratios and overload thresholds for broadcast TV receivers		国际标准	中方编写人	数字电视	潘长勇
10	2018	Transition from analogue to digital terrestrial broadcasting		国际标准	中方编写人	数字电视	潘长勇
11	2018	Characteristics of a reference receiving system for frequency planning of digital terrestrial television systems		国际标准	中方编写人	数字电视	潘长勇
12	2019	Collection of field trials of UHDTV over DTT networks	ITU-R BT.2343-4	国际标准	中方编写人	数字电视	潘长勇 宋健
13	2019	Planning parameters for terrestrial digital sound broadcasting systems in VHF bands	ITU-R BS.2214-3	国际标准	中方编写人	数字电视	潘长勇 宋健
14	2019	Visible light for broadband communications	ITU-R SM2422-1	国际标准	中方编写人	数字电视	潘长勇 宋健
15	2019	Characteristics of digital terrestrial broadcasting systems in the frequency band 174-230 MHz	ITU-R BT 2469-0	国际标准	中方编写人	数字电视	潘长勇 宋健
16	2019	Error-correction, data framing, modulation and emission methods for second generation of digital terrestrial television broadcasting systems	ITU-R BT.1877-2	国际标准	中方编写人	数字电视	潘长勇 宋健

表 2-28　国家标准

序号	年份/年	名称	标准号	类型	参与方式	中心	完成人
1	2006	数字电视地面广播传输系统帧结构、信道编码和调制	GB 20600—2006	国家标准	第一起草人	数字电视	杨知行
2	2007	政务信息资源目录体系（第1、2、6部分）	GB/T 21063—2007	国家标准	主要起草人	WEB与软件	邢春晓
3	2014	文档管理-电子内容/文档管理（CDM）数据互换格式	GB/T 30541—2014	国家标准	第一起草人	WEB与软件	杨吉江
4	2017	统一内容标签格式规范	GB/T 35304—2017	国家标准	主要起草人	网络大数据	尹浩 吕勇强
5	2017	信息安全技术大数据安全能力要求	GB/T 35274—2017	国家标准	主要起草人	WEB与软件	张勇
6	2017	文献管理可移植文档格式第一部分：PDF 1.7	GB/T 32010.1—2015/ISO 32000—1：2008	国家标准	主要起草人	WEB与软件	李超
7	2018	信息技术学习、教育和培训在线课程	GB/T36642—2018	国家标准	主要起草人	WEB与软件	李超

表 2-29　行业标准

序号	年份/年	名称	标准号	类型	参与方式	中心	完成人
1	2007	数字电视接收设备条件接收接口规范第2-1部分通用传送接口（UTI)测试规范	SJ/T 11377—2007	行业标准	主要起草人	数字电视	王兴军 薛永林
2	2008	自动声纹识别（说话人识别）技术规范	SJ/T 11380—2008	行业标准	第一起草人	语音语言	郑方

续表

序号	年份/年	名称	标准号	类型	参与方式	中心	完成人
3	2010	安防生物特征识别应用术语	GA/T 893—2010	行业标准	工作组副组长、第二完成人	语音语言	郑方
4	2011	数字版权管理系统与IPTV集成播控平台接口技术规范	GY/T 246—2011	行业标准	主要起草人	未来信息	赵黎
5	2012	广播电视数字版权管理数字内容标识	GY/T 260—2012	行业标准	主要完成单位	未来信息	赵黎
6	2012	广播电视数字版权管理元数据规范	GY/T 261—2012	行业标准	主要完成单位	未来信息	赵黎
7	2013	基于BRadio的专用宽带无线接入系统物理层和MAC层技术要求	YD/T 2677—2013	行业标准	主要完成单位、第一起草人	无线移动	粟欣
8	2014	安防声纹确认应用算法技术要求和测试方法	GA/T 1179—2014	行业标准	工作组组长、第一起草单位	语音语言	郑方 邬晓钧
9	2014	互联网电视数字版权管理技术规范	GY/T 277—2014	行业标准	主要完成单位、主要起草人	未来信息	赵黎
10	2017	非结构化数据管理与服务规范	SJ/T 11445.4—2017	行业标准	第一起草单位、第一起草人	WEB与软件	李超
11	2018	移动金融基于声纹识别的安全应用技术规范	JR/T 0164—2018	行业标准	主要起草单位、第二起草人	语音语言	郑方 邬晓钧 李蓝天 李通旭

附信研院重要研究成果相关科研团队情况：

表 2-30　科研团队负责人名单

序号	直属单位名称	主任	首席科学家	副主任
1	无线移动与通信技术研究中心（2003年至今）	王京（2003—2018年） 许希斌（代）（2018年至今）	陈大同（2003—2006年） 周世东（2006年至今）	许希斌（2003年至今，2018年（常务）） 武　平（2003—2004年） 邵晓风（2003—2004年） 赵　明（2004年至今） 栗　欣（2004年至今） 周世东（2004—2006年）
2	数字电视技术研究中心（2003年至今）	龚克（2003—2006年） 宋健（兼）（2006年至今）	杨知行（2003—2003年） 杨　林（2003—2005年，2006年至今） 杨知行（2005年至今）	王兴军（2003—2006年） 董　弘（2003—2006年） 宋　健（2005—2006年） 杨　林（常务）（2005—2006年） 兰　军（2005—2006年） 薛永林（2006年至今） 潘长勇（2006—2016年） 杨　昉（兼）（2016年至今）
3	微处理器与片上系统技术研究中心（2003年至今）	汪东升（2003年至今）	郑纬民（2003年至今） 周润德（2003—2006年）	李兆麟（2005—2008年） 张悠慧（2005—2008年） 薛悠慈（2008年至今） 王海霞（2008年至今）

续表

序号	直属单位名称	主任	首席科学家	副主任
4	操作系统与中间件技术研究中心(2003—2013年)	杨维康(2003—2006年) 史元春(2006—2013年)	周立柱(2006—2008年) 张尧学(2008—2013年)	王小鸽(2003—2008年) 陈榕(2003—2006年) 杨维康(2006—2013年) 陈渝(2008—2013年)
5	WEB与软件技术研究中心(2003年至今)	邢春晓(2003年至今)	周立柱(2003年至今)	钱振宇(2003—2006年) 杨吉江(2005年至今) 张勇[2006年至今,2014年至今(常务)] 李超(2014年至今)
6	电子封装技术研究中心(微电子所代管)(2004—2007年)	篆新王(2004—2007年)	汪正平(2004—2006年)	蔡坚(2004—2007年)
7	语音和语言技术研究中心(2007年至今)	郑方(2007年至今)	张钹(2008年至今)	刘铁[2007—2008年(常务)] 肖熙(2007—2008年) 徐明星(2007—2010年) 夏云庆(2008—2010年) 邬晓钧(2010—2013年) 周强(2010年至今) 王东(2013年至今)

293

续表

序号	直属单位名称	主任	首席科学家	副主任
8	轨道交通技术研究中心（2011年至今）	叶昊（兼）（2011年至今）	周东华（2011年至今）	孙新亚[2011年至今（常务）] 董梅（2011年至今） 路海明
9	能源互联网技术研究中心（2016年至今）	刘文华（兼）（2016年至今）		赵黎[2016年至今（常务）] 杨维康[2016年至今（退休返聘）]
10	网络大数据技术研究中心（2016年至今）	尹浩（2016年至今）		李兆麟（2016年至今） 吕勇强（2016年至今）
11	FIT研究中心（2003—2016年）	李军（代）（2003—2007年） 路海明（2007—2016年）		路海明[2006年至今，2006—2007年（常务）] 赵黎（2007—2016年） 倪祖耀（2011—2015年） 吕勇强（2015—2016年）

第3章 信研院联合研发机构

3.1 清华—国光数字媒体联合研究所

广州国光电器股份有限公司是国内生产专业音响设备的龙头企业，随着中国加入世界贸易组织，国光电器迎来前所未有的发展机遇，产品销量大幅增长，98%出口海外。同时，为了进一步提高产品的国际竞争力，企业技术进步的需求十分迫切。为此，2003年6月，国光电器股份有限公司与清华大学成立了"清华大学(信息学院)—国光电器股份有限公司数字媒体联合研究所"。联合研究所旨在充分发挥清华大学研发力量和技术优势，结合国光电器股份有限公司国内外市场的优势，产学研相结合，解决企业发展中的技术难点问题，促进学校科研成果转化和企业的技术进步。

联合研究所合作期限3年，依托信研院管理。国光电器董事长周海昌任管委会主任，管委会成员包括李艳和、李军、吉吟东，国光电器的何伟成、张郑。吉吟东任研究所所长，张郑任副所长，张旭旭(2003年)和孙新亚(2005年)先后任研究所副所长。

研究所立项的主要研究项目包括：①扬声器在线品质控制系统；②扬声器纯音检测系统；③扬声器故障诊断技术。

2006年，在上述研究成果的基础上，双方共同承担了广东省教育部产学研结合项目"扬声器纯音检测和纯音故障分析系统"(项目编号：2006D90104004)。该项目提出了基于小波算法专利的扬声器纯音检测方法、基于主成分分析和支持向量机的纯音故障诊断方法，开发完成了一套具有自主知识产权的扬声器纯音检测系统，实现了产业化应用，获国内发明专利两项。2008年，该项目通过了广东省科技厅组织的验收，验收意见认为："该系统填补了我国扬声器在线检测技术领域的空白，推动了我国电声行业在检测系统领域的发展。"2009年,该项目成果获广州市科学技术进步一等奖,完成人:周海昌、吉吟东、孙新亚和杨军。

3.2 清华—永新数字互动技术联合研究所

北京永新视博数字电视技术有限公司(曾用名:永新同方信息工程有限公司,见图6-1)是一家致力于广电宽带网的高科技企业,于2003年11月与信研院联合成立"数字互动技术研究所"。联合研究所主要配合永新视博在数字版权保护领域的战略需求,进行版权标识和盗版追踪,从而完善整个数字版权保护的产业链,增强永新视博在该领域的核心竞争力。

图 3-1 北京永新视博数字电视技术有限公司

联合研究所依托信研院管理,设管理委员会,由公司派员两人、清华派员3人共同组成,其职能是确定联合研究所的研发目标和决定重大事务。联合研究所实行管理委员会领导下的所长负责制。所长负责执行管委会的决议,在管委会指导下主持研究开发项目和管理联合研究所日常工作。研究所设所长一名,由清华派员担任;副所长一名,由公司派员担任。研究所的合作到2016年6月终止,一共签署四期,第一期所长为卢增祥,第二~四期的所长为路海明。

研究所的主要研发领域包括数字版权管理、视频编解码、人机交互、虚拟现实等。在合作期间,取得的主要研究成果包括以下3个方面:①基于加密的授权控制主要解决传输过程的版权保护问题,终端解密后,盗版将难以监控,研究了数字水印和数字指纹技术,以及抗共谋盗版追踪的关键技术,可以实现全生命周期的版权管理,用于数字视频的盗版追踪、版权内容监控等;②随着数字电视的快速发展,电视机上的业务由被动式接收转变为观众能够主动交互控制,通过信号处理技术和模式识别技术,研究了适合"后仰式"操作的鼠标式遥控器;③由于数字电视机顶盒的性能相对较低,不同区域的机顶盒规格差异较大,因此,运营商难以开展所需的增值业务,为用户统一更换性能更高的机顶盒代价太高。为实现可扩展的数字电视增值业务平台,研究所研究了实时视频编解码技术,为运营商提供丰富的创新空间。

3.3 清华—天地融应用电子系统联合研究所

北京天地融科技有限公司是一家专注于互联网信息安全的高新技术企业。为了联合清华大学的科研优势和北京天地融科技有限公司的产品及市场优势,打造科研和产业化紧密结合的一流研究机构,双方于2004年9月共同成立"清华大学(信研院)—北京天地融科技有限公司应用电子系统研究所"。致力于研发处于国内领先水平的车载卫星导航系统、智能IC卡及系统和石油零售管理控制测量系统。

研究所合作期限为两年,依托信研院管理。天地融公司CEO李东声任管委会主任,李军任研究所所长,天地融公司林健永任研究所副所长。

研究所的主要研究内容包括:①IC卡核心COS系统和移动信息安全应用;②车载GPS/DR组合导航算法和车载通信系统的研究及实现;③磁致伸缩测量技术在油罐液位测量中的应用及不规则油罐的容积算法;④新一代PKI安全方案和产品组合,业务范围涵盖网上银行、移动支付以及政府企业安全领域。

合作期间取得的主要研究成果包括:①系列推出储罐油品监控(管理)、防溢控制、泄漏检测、智能输出控制、容积表标定(校正)等系统,特别是SP300液位计,采用先进的磁致伸缩技术和数字电子技术设计,能精确测量油罐内的油位、水位、密度和多点温度,具有测量精度高、抗干扰能力强、环境适应性强、数据安全可靠、算法科学先进等突出优点;②成功研发出HIP人机交互技术,帮助银行有效阻止钓鱼网站、中间人攻击等网银风险的同时,把操作流程精简至三步,有效提高了系统便捷性,提升了用户体验;③推出帮助银行构建随处可及的安全移动金融平台,基于音码通信技术,提供支持不同操作系统、不同移动设备的通用性产品和服务,助力移动金融发展;④基于的互联网金融安全问题,陆续推出新一代更安全便捷可靠的产品及系统。

3.4 清华—天通广应用通信系统联合研究所

2004年6月,为充分利用清华大学信研院在学科前沿的研究能力,结合天津七一二通信广播有限公司的制造工艺、系统测试和市场的优势,打造项目平台并形成长期稳定的合作关系,双方联合成立"清华大学(信研院)—天津七一二通信广播有限公司应用通信系统研究所",在应用通信系统技术研究领域开展全面深入合作,研发服务于市场需求和国家安全的核心技术和优势产品。

联合研究所合作期限为11年,依托信研院管理,公司董事王宝、副总经理马严先后任管委会主任,吉吟东任管委会副主任,李军任研究所所长,李阳、毕建民、许希斌先后任研究所副所长,并于2015年转出,挂靠清华大学航天航空学院(航院)。

联合研究所前期的研发工作主要集中在北斗导航、数据链、卫星通信等国防建设应用上的核心技术领域。研究所后期的研究方向有所扩充,在数字多媒体机顶盒、骨传导耳机等应用领域开展了广泛的技术合作。先后与信研院无线中心、WEB中心和FIT研究中心分别开展了北斗二代终端、无线自组网和嵌入式操作系统等合作或委托研发项目,支持了清华航院等单位的导航信号接收模拟器、全球导航定位等军口项目,其中在北斗导航、数据链、卫星通信等领域在国防建设应用上的核心技术研发,形成了北斗产品在武装直升机等多型号的应用、卫星型号产品开发,并推动了数据链产品研制工作的深入开展。

联合研究所完成的主要项目包括:①"二代导航系统用户终端"合作协议(许希斌);②"宽带多媒体集群系统关键技术研究"合作协议(许希斌);③"卫星通信关键技术及应用研究"合作协议(陆建华);④"骨传声耳机技术样机与产业化"合作协议(窦新玉)。

3.5 清华—威视数据安全联合研究所

随着网络技术的发展和用户对存储容量与数据安全的需求越来越高,网络存储与数据安全已经成为国际信息领域关注的热点。2005年6月,北京威视数据系统有限公司与清华大学本着友好合作、互利互惠、优势互补、共同发展的原则,联合成立"清华大学(信研院)—北京威视数据系统有限公司数据安全研究所"。旨在结合双方优势,研究和改进服务于市场需求和国家信息数据安全的核心技术和优质产品,在网络存储、数据安全、业务连续性保护等方面开展合作,提供业内异构平台下成熟的信息存储、管理与数据安全等技术保障和完善的解决方案。

联合研究所合作期限6年,依托信研院管理。威视数据董事长栗志军任管委会主任,李军任管委会副主任,汪东升任研究所所长,威视数据刘宏任研究所副所长。

研究所通过清华大学的技术创新带动了公司的研发能力,包括wisHSM(分级存储管理系统)、wisCDP(连续数据保护系统)等在内的5项产品形成企业自主品牌,涵盖在线存储、备份容灾和数据管理的自主知识产权产品线。提交的"磁盘阵列安全标准"和"备份软件技术要求和测评方法"两项国家标准,出色完成北京市重要信息系统灾难恢复体系和北京市政府容灾中心建设方案的规划工作。

研究所研发的知识产权产品通过产业化运作平台,成功用于2008年奥运、海外集装箱检查、武广客运专线、平安城市等重大项目,应用领域涉及政府、教育、能源、交通、金融等数据安全和海量存储领域,创造了良好的经济效益和社会效益。2009年,研究所凭借校企连续稳定的合作及科研成果可观的销售收入等优势,在行业和区域创新发展中起到了提高核心竞争力的示范带头作用,被评为海淀区产学研合作示范基地。

研究所共完成16个科研项目,获得4项国家发明专利,4个产品获得了北京市自主创新产品证书,20多篇高水平论文发表在ICS、INFOCOM、NAS等国际存储领域高水平会议上,先后培养了3名博士研究生和8名硕士研究生,在科研和人才培养方面取得了骄人的成绩。

3.6　清华—通号轨道交通自动化联合研究所

北京全路通信信号研究设计院集团有限公司是高速铁路通信信号领域国内龙头企业。从 2006 年开始,随着中国高铁的发展,我国面临着一系列安全控制相关的技术问题亟待解决。为此,2006 年 3 月,北京全路通信信号研究设计院和清华大学(信研院)联合成立了"清华大学(信研院)—北京全路通信信号研究设计院轨道交通自动化研究所",并分别在 2009 年、2012 年、2015 年和 2018 年续签了联合机构的合作协议,目前已成为清华大学合作期限最长的校企联合研发机构。最新一期联合研究所旨在面向国家先进轨道交通技术领域中的重大需求,在轨道交通通信信号领域开展前瞻性的基础研究及关键技术研究,形成有国际影响力的重要研究成果,为我国建成交通强国做出更大的贡献。

联合研究所依托信研院管理,成立至今,历任管委会主任为:张海丰(2006—2012 年)、黄卫中(2012—2015 年)、王海龙(2015 年至今),副主任为:李军(2006—2018 年)、陆建华(2018 年至今),研究所所长为吉吟东(2006 至今),研究所副所长为:孙新亚(2006 至今)、周炜(2006—2015 年)、江明(2015—2018 年)、徐宗奇(2018 年至今)。

联合研究所自成立以来,创新合作机制,形成了紧密合作科研攻关团队,重要研究成果包括以下 3 个方面。

3.6.1　CTCS-3 级列控系统集成仿真测试系统

在联合研究所 1 期项目和铁道部基金的资助下,我国第一个全线路规模的 C3 列控系统半实物仿真平台得以构建。利用该平台,联合研究所完成了铁道部《CTCS-3 级列控系统总体技术方案》实验室阶段的方案论证,进而在 2009 年合作承担了国家"十一五"科技支撑计划项目课题"高速列车运行控制系统半实物仿真与测试关键技术"(编号:2009BAG12A08-1)。该项目提出了 C3 列控系统自动测试技术,构建了 C3 列控系统集成仿真测试系统。联合研究所利用该系统,完成了武广、京沪等 4 条高铁线路全线路规模的 C3 列控系统测试。2012 年,"CTCS-3 级列控系统仿真测试系统"项目获得中国铁道学会科学技术二等奖,获奖人为赵洪军、吉吟东、车惠军、董炜、孙新亚等。该项成果开拓了高速铁路技术领域复杂工程系统半实物仿真集成测试的方向,填补了高铁列控系统集成安全测试的国内外技术空白,保证了国家重点工程 C3 列控系统的按时投运,为我国时速 300 km 以上高铁近十年来的安全运行做出了重要贡献。

3.6.2 通用安全信号平台

通过联合研究所 1 期、2 期项目的资助,研究所研发完成了符合 SIL4 级安全性要求的"GSSAP 通用安全信号平台",并于 2011 年应用于北京地铁 8 号线 ATP。

3.6.3 轨道电路、转辙机故障诊断技术

联合研究所在 3 期和 4 期项目的资助下,研究了高速铁路信号系统关键设备轨道电路和转辙机的故障机理,提出了结合知识和数据的故障诊断技术和故障预测方法,并成功应用于相关设备的智能维护。在此基础上,2017 年,研究所合作承担了国家"十三五"重点研发项目子课题"区域轨道交通安全行为建模和全局 RAMSI 分析评估与增强技术研究"(项目编号:2017YFB1200700)。

在联合研究所 5 期中,重点立项了高速列车自动驾驶技术等课题,已首次实现了时速 300 km 以上高速列车的自动驾驶,并将服务于京张智能高铁工程。

联合研究所成立十几年来,已向通号院输送了 100 多名硕士研究生或博士研究生,并已迅速成长为技术骨干。同时,联合研究所通过在高铁通信信号应用中凝练科学技术问题,开展智能控制、智能维护方向的基础研究和应用基础研究,为相关学科建设提供了新的增长点。

3.7 清华—多媒体广播与通信联合研究实验室

2006 年 8 月 18 日,具有自主知识产权的地面数字电视强制性国家标准(DTMB,国标)正式颁布。香港特别行政区电讯管理局(电讯局)拟采用欧洲 DVB-T 标准,亚洲电视有限公司及电视广播有限公司这两家香港免费电视广播机构,均有意选用国标作为数码地面电视制式。于是,香港

政府采取以市场为主导的方式,通过单频组网方式,测试国标和 DVB-T 在香港的覆盖和接收效果,结果充分证明国标的综合性能指标优于 DVB-T。2007 年 3 月,两家电视机构正式提交采用国标的申请,交由电讯局评估。2007 年 6 月 4 日,电讯局局长宣布:香港将于 7 月起全面采用国标作为数字电视地面传输标准试播并于 2007 年底正式播出。

香港应用科学技术研究院(ASTRI)作为政府重点支持的科研机构,受命配合相关进程。为了确保国标在香港的顺利实施并通过加强双方合作,推动国标应用技术的开发和产业化,ASTRI 在电讯局的支持下,于 2007 年 12 月 6 日与清华大学正式成立了"清华大学(信研院)—香港应用科技研究院多媒体广播与通信联合实验",旨在加强香港和内地研发团队的深入交流和产业化合作,推动国标在香港的顺利实施,同时根据国标应用需求,进一步研发相关应用技术并推动双方在更广阔合作领域的深入交流,图 3-2 为香港创新科技署署长的贺信。

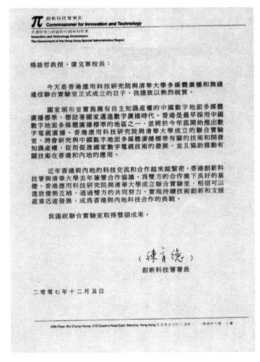

图 3-2　香港创新科技署署长贺信

联合实验室的合作期限为 4 年,ASTRI 总裁张念坤任管委会主任,杨知行任管委会副主任。管委会成员包括 ASTRI 的易芝玲、沈群和清华大学的马军、李军。宋健任实验室主任,ASTRI 李彦刚任副主任。研究人员包括薛永林、潘长勇、王劲涛、彭克武、王军、阳辉、曹志刚、刁梁、董雪、刘海宁、殷国炘、闫峰冰和洪钦智。

联合实验室完成的主要研究项目包括:①单频网络技术项目;②接收机自动检测项目和 BWM 项目;③STB;④Transmit diversity study;⑤DTMB Integrated DTV Receiver Reference Design;⑥ DTMB Instrumentation Technologies。在此基础上,形成了相关学术文章、发明专利、功能研究和验证平台,并有力地支撑了国标在香港的顺利播出和后续的技术支持,包括测试验证平台和接收机性能的进一步改善。

除此之外,联合实验室还带动了本地企业 BTL 在国标发射机方面的研发和生产能力;促进了国标在海外的推广——香港成为国标拟采用国参观、体验国标性能的最佳展示窗口;双方合作研发的、支持数据广播的增强型国标——E-DTMB——成为国际电联标准体系中中国标准技术的一部分,代码转让给了国内芯片设计企业,这些都有力地支撑了 2016 年国家科技进步一等奖的申请。同时,双方还积极推动人员交流与互访,两名实验室的优秀毕业生加盟了 ASTRI。

双方合作研发的"数字电视终端设备认证测试平台"获得了香港软件行业协会颁发的 2009 年最佳协同合作证书(大中华市场)和最佳协同合作证书(最具创意项目)(见图 3-3)。

图 3-3　2009 年最佳协同合作证书(大中华市场)和最佳协同合作证书(最具创意项目)

3.8　清华—环天数据与知识工程联合研究中心

随着互联网的发展、硬件的更新、企业及政府信息化的深入,应用的复杂性要求渐高,推动着数据存储向着海量和智能的方向发展,为数据仓库和在线分析提供高效实时的技术支持。基于行存的数据库面临新的问题,已出现了技术瓶颈。基于列存的关系型数据库迎来了发展机遇,其复杂查询效率高、读磁盘少并可以节省存储空间,是构建数据仓库的理想架构,在技术、管理和应用方面具有优势,在数据库学术和工业界引起广泛关注。在这个关键时期,广东环天电子技术发展有限公司与清华大学于2009年10月联合建立"清华大学(信研院)—广东环天电子技术发展有限公司数据与知识工程研究中心"。旨在对清华大学现有成果进行转化,形成满足市场需求的产品;对一些重要领域的业务进行研究,开发符合市场或行业需求的解决方案,形成自主知识产权的专利、产品等。

数据与知识工程研究中心的合作期限为3年,依托信研院管理。广东环天董事长刘志洪任管委会主任,吉吟东任管委会副主任,邢春晓任中心主任、张勇任中心副主任,曾春为技术负责人。

中心完成的主要研究项目包括:①面向商务智能的列数据库管理系统关键技术及原型研发;②面向智能电网的数据管理与分析决策系统研发。

2010年发布华鼎数据库1.2版本,实现了ODBC 3.0核心接口,为用户提供了标准和透明的数据库编程接口,进一步补充和完善了SQL标准,为用户提供了触发(trigger)与程序(procedure)的定义功能,可与Pentaho和SpagoBI等开源商业智能分析平台无缝整合,快速搭建企业级智能分析系统,还提供基于JDBC的企业级集群解决方案。2011年提高了安全性和稳定性,完善了系统功能,实现了无共享的分布式数据库架构、支持水平分区和并行加载、提高了并行查询处理能力,以满足大规模智能分析应用的需求。完成了工信部赛普测评中心的核高基标准确认测试,组织了成果鉴定会。

基于华鼎数据库的工作,中心申请专利"实现自适应垂直划分的关系型数据库的方法及系统""无共享架构的分布式数据库系统及其实现方法"及多个软件著作权,并获得铁道部—清华大学科技研究基金项目"集群计算中的数据云存储应用研究"和华为公司创新研究计划项目"新数据仓库架构及关键技术研究"的资助。

3.9 清华—怡文环境监测技术联合研究所

广州市怡文科技股份有限公司是国内水质、土壤和大气环境在线监测领域的龙头企业之一。随着国家积极推进生态文明建设,环境保护逐渐成为全社会的共识,但国内在环境监测技术领域的技术基础比较薄弱。为此,2009年6月,广州怡文科技有限公司与清华大学联合成立了"清华大学(信研院)—广州市怡文环境科技股份有限公司环境监测技术联合研究所"。该联合机构旨在将清华大学在环境监测领域的技术优势与怡文公司的产品化优势相结合,研发具有世界先进水平的环境监测产品,服务于国家环保事业。

联合研究所合作期限从2009—2018年历经3期,共9年。广州怡文董事长刘宇兵担任管委会主任,吉吟东任管委会副主任,管委会成员包括吕群、肖巍和孙新亚。吉吟东担任联合研究所所长,孙新亚担任副所长,怡文方面副所长先后由肖巍、马俊杰和石平担任。

其间,联合研究所立项的主要研究项目包括在线环境监测技术、集成式环境综合水质自动监测系统的开发等20余项。主要研究成果包括:

(1)整体柜式水质集成监测站;

(2)环境监控中心系统;

(3)高锰酸盐指数、总氮、总铁、总铅、总砷、铬离子、氰化物(光度法)、自动监测仪等;

(4)环境监测传感器智能组件;

(5)环境监测物联网接入技术;

(6)水质多参数综合分析技术;

(7)海洋营养盐与二氧化碳通量自动监测技术;

(8)全反射X射线荧光光谱分析(XRF)土壤微量重金属车载式监测系统。

上述研究成果已实现产业化应用,在绿色海南建设、太湖流域水质检测和治理、珠江流域水资源保护、西北地区工业园重金属污染治理等环保领域发挥了重要作用。

3.10 清华—长虹先进视听技术联合实验室

2010年清华大学百年校庆之际，长虹集团与清华大学签订了战略合作协议，并于2010年11月成立了"清华大学（信研院）—四川长虹电器股份有限公司先进视听技术联合实验室"，目标是充分利用清华大学科研优势和四川长虹电器股份有限公司的产业化能力，以企业需求为导向，联合开展在信息、材料、低碳等领域相关新技术的研究和应用，提升企业的技术创新能力和产业竞争力。

联合实验室的合作共两期，到2018年4月截止，由长虹集团副总工阳丹任管委会主任，李军任管委会副主任，薛永林任实验室主任。

联合实验室成立以来，在第一期合作中开展了家电产品绿色设计、超高清数字电视系统、立体视频技术（后终止）、PDP材料技术（后终止）、冰箱变频压缩技术等的研发，其中部分项目已进入产业化推广阶段，并联合申报获得1项国家科技支撑计划项目。项目研发过程中申请专利12项以上，发表论文15篇。以联合实验室为平台，通过项目技术交流培训、年度总结会、学术报告会等形式，并组织清华学生赴长虹生产基地实习和参与现场实验，有效促进了产学研结合和人才培养。在第二期合作中，除了第一期部分项目延续外，又开展了新的项目研发，包括长虹制造模式多阶段混联生产布局理论研究，基于普通2D摄像头的人体面部表情识别（后终止）、家电产品模块化设计实施模式的应用研究、家电产品生产者责任延伸制度示范工程规划及新一代CHIQ冰箱产品开发、自然风技术研发及在家用空调中的应用（后终止）、基于DTMB的家庭多媒体广播分享技术研究及样机开发、社会心理学与社交网络立项研究等。

联合实验室存续期间，在科研成果及产业化应用方面取得了不少成绩：通过家电产品模块化设计与应用项目研究，形成冰箱模块化规范，多个模块已经应用于冰箱产品，联合撰写国家标准《家用和类似用途电器的模块化通用要求》标准，并已经通过审定；冰箱180度变频控制器关键技术项目完成算法研究，成果已产业化应用；家电产品碳足迹及碳效率分析评估方法与系统项目完成彩电空调碳足迹计算方法,形成彩电和空调碳足迹基础数据库,可根据国家政策的出台快速响应;超高清电视系统完成信源系统,信道编码、调制和传输,接收机的研发,信道部分的研究成果已通过中国工程院组织的技术鉴定,鉴定结论为达到国际先进水平。此外,双方合作在循环经济与绿色制造领域获得国家财政补助资金支持1293万元。

双方通过项目合作申请20项发明专利,联合发表6篇论文,参与两项国家标准制订;同时,以联合实验室为平台,通过项目技术交流培训、年度总结会、学术报告会等形式,并组织清华学生赴长虹生产基地实习和参与现场实验,有效促进了产学研结合和人才培养。

3.11 清华—新岸线计算机系统芯片联合研究所

2011年1月,广东新岸线计算机系统芯片有限公司(新岸线公司)与清华大学本着友好合作、互惠互利、优势互补和共同发展的原则,成立了"清华大学(信研院)—广东新岸线计算机系统芯片有限公司计算机系统芯片联合研究所"。联合研究所旨在结合清华大学在计算机系统芯片领域技术和人才优势,新岸线公司在高性能、高集成度和低功耗计算机系统芯片关键技术的研究优势,完成新一代高性能、低功耗和高集成度计算机系统芯片的架构设计及核心技术的研发工作,并进行产业化推广应用,搭建国际一流的人才培养、教学实验和成果转化平台。

联合研究所合作期限为两年,新岸线董事长鲍东山任管委会主任,李军任副主任,管委会成员包括清华大学的汪东升、刘振宇以及新岸线公司的周文、王斌。汪东升任联合研究所所长,周文任副所长。

联合研究所主要研究低功耗应用场景下,多核处理在体系结构、电路设计、网络安全和多媒体算法优化等方面的关键技术问题。在多核体系结构方面,针对多ARM及GPU异构多核架构,进行共享数据一致性维护、高效互联、基于深亚微米工艺的低功耗电路设计以及低功耗系统电源管理等研究工作;在网络安全和媒体处理应用方面,致力于低功耗高效算法设计及40 nm工艺定制协处理器的研制工作。

新岸线公司于2010年下半年发布了一款基于ARM Cortex A9双核处

理器的 SoC 芯片——NuSmart 2816(NS2816)。基于 NS2816 处理器的平板电脑在 CoreMark 测试中得分达到 11 352 分,而 NS2816 在 2 GHz 主频下运行时只有不足 2 W 的功耗。NS2816 设计复杂,为了使整个 SoC 系统更高效、节能地运行,联合研究所 2012 年主要科研项目是"NS2816 SoC 芯片体系结构优化",主要包括 Cortex A9 多核架构研究、支持多粒度访问的内存控制器设计等多方面研究工作,旨在通过深入细致地剖析 SoC 芯片的各个模块结构设计,分析系统性能瓶颈,通过理论分析和模拟实验等方法给出结构优化设计方案。联合研究所在合作期间共发表 4 篇论文,完成 7 份技术报告,培养博士后 1 名,博士研究生 4 名,硕士研究生 4 名。

3.12 清华—心神信息化系统工程联合研究中心

2013 年 12 月,清华大学和河北心神信息技术有限公司(心神公司)本着"双赢"原则,成立了"清华大学—河北心神信息技术有限公司信息化系统工程联合研究中心",期望在信息化核心技术和系统工程领域开展合作,充分发挥清华大学的科研人才和成果优势,结合河北心神信息技术有限公司的产品和市场优势,在在线教育、智慧健康医疗和智能交通枢纽等领域做出成果。

联合研究中心合作期限为 5 年,依托信研院管理。清华大学副校长姜胜耀任管委会主任,河北心神公司总经理郭利玲、董事长刘利辉、副总经理孙宏伟及清华大学信研院吉吟东、邢春晓共同担任管委会副主任。此外,邢春晓兼任研究中心主任,刘利辉兼任研究中心副主任。

联合研究中心成立以来,主要研究内容包括:基于大数据的智能海量信息处理、分析和决策支持理论与技术;面向物联网平台化、领域化、泛在化特点的高效数据管理服务平台和中间件技术;互联网和移动互联网环境下,云计算平台服务理论和技术;面向未来的前瞻性学科交叉创新问题。具体工作包括:全方位个性化终身在线教育、基于可穿戴设备感知和健康档案分析的智慧健康医疗、面向复杂环境的智能交通枢纽云的关键技术和核心系统研发。

联合研究中心针对在线教育、智慧健康医疗和智能交通枢纽面临的重大技术挑战和应用需求,开展云数据管理服务平台、大数据分析和挖掘技术、物联网中间件关键技术研发,构建原型系统、突破关键技术、填补领域空白,为心神公司开展上述领域信息化系统工程提供重要技术支撑和保障。

联合研究中心涉及计算机学科中海量数据存储与管理、分析及个性化服务、智能交互、云服务等技术交叉运用。在合作中,联合研究中心通过面向实际问题的研究与探索,推动了知识工程、海量存储等方面的创新,获得了有关专利并在顶级及重要学术会议上发表了部分成果。共培养硕、博研究生 10 余人,为河北心神培养人才 10 余人。

3.13 清华—赛特斯柔性网络联合研究中心

随着计算机和互联网技术的快速发展,互联网已经成为国家的重要基础设施和经济发展的重要引擎,影响着社会各个领域的重大变化。然而,当前互联网的发展也面临着很多问题和挑战。2014 年 9 月,清华大学信研院和赛特斯信息科技股份有限公司成立"清华大学(信研院)—赛特斯信息科技股份有限公司柔性网络研究中心",旨在整合双方的优势资源,针对柔性网络技术展开重点研究和攻关,致力于解决网络结构的可扩展性和自适应性问题,保证网络带宽的灵活调度和分配,提高多媒体流和实时应用的用户体验等,增强网络的灵活性和适应性,让网络能够实现对市场的快速反应,使通信能力适应市场变化,引领通信网络技术的持续演进。

联合研究中心合作期限为 3 年,依托信研院管理。赛特斯董事长逯利军任管委会主任,吉吟东任管委会副主任,管委会成员包括孙茂松、毕军和赛特斯的钱培专、李克民。中心主任为李军,副主任先后为李克民、谢为友。

联合研究中心主要开展了柔性网络核心技术研究、柔性网络创新应用研究,并与 SDN/NFV 设备商及服务商开展了 SDN/NFV 优化等方面的外协开发合作。

联合研究中心承担的项目及其主要成果包括:①"SFA-SDN 数据转发专利技术和软件设计许可"合作协议(毕军),含两项专利使用许可;②"语义分析技术在内容监管/舆情分析中的应用"合作协议(孙茂松);

③"智能选路与流量调度技术研究"合作协议(尹浩);④"面向智能制造的复杂产品网络化协同创新平台预研"合作协议(张林鋗);⑤"柔性网络技术与应用研究"等合作协议(李军),含 12 项专利转让;⑥"5G 核心网 & 射频技术开发"合作协议(赵明);⑦2016 年 3 月合作申请江苏省科技计划项目"基于网络虚拟化的集中式家庭宽带接入系统"。

3.14 清华—倍肯智慧健康大数据技术联合研究中心

临床上造成急性胸痛的原因很复杂,大约有 30%的患者患有急性心肌梗死,而发病初期的 120 min 被视为救治"黄金时间",如延误救治,致死率、致残率会大大增加,对患者生命造成严重威胁。国家胸痛中心建设已进入快速发展期,对于救治水平相对较低的基层来说,急性胸痛亟须协同救治。随着大数据、云计算和物联网的飞速发展,信息化为基层医疗发展提供了重要的支撑。针对以上挑战以及智慧健康相关的国家重大需求,2015 年 6 月,清华大学与北京倍肯恒业科技发展有限公司成立了"清华大学(信研院)—北京倍肯恒业科技发展有限公司智慧健康大数据技术联合研究中心",旨在研发大数据相关技术在智慧健康领域中的实际应用。

联合研究中心合作期限为 3 年,依托信研院管理。倍肯总裁姚世平任管委会主任,李军任管委会副主任,张勇(2015—2018 年)和李超(2018 年至今)先后任中心主任,倍肯副总裁刘光中任中心副主任。

在此期间,清华大学、倍肯公司及武警总医院,在北京西部地区建立了 STEMI 区域协同救治体系纳入北京西部 14 家 PCI 医院、多家非 PCI 医疗机构及地域内 EMS 系统,形成网络化、智能化区域协同救治信息化平台。胸痛中心可以通过院前医疗数据实时传输和远程诊断等移动医疗手段,将诊疗处置前移到发病第一现场,发现心梗异常时胸痛中心能够调动院前急救系统提前响应,更好地防止心梗猝死悲剧发生。

联合研究中心完成了数字化院前急救系统(BK-iED)1.0 的开发,目前 3.0 版本在武警总院部署使用,4.0 版本在锦州市、鞍山市和长春市的若干家医院使用,对心血管内科临床医疗决策提供了支撑。跨区域数字化协同救治平台系统 1.0 的推广,为国家医疗体制改革中的分级整理提供了信息系统方面的技术支撑。

2016年11月,联合研究中心研发的"胸痛中心建设关键支撑技术",在第十八届中国国际高新技术成果交易会上荣获"优秀产品奖"。

此外,联合研究中心为学校培养硕、博研究生10余人,为倍肯公司培养人才10余人。

3.15 清华—新北洋感知与加速计算技术联合研究中心

人工智能和深度学习已经成为推动下一波科技浪潮的核心技术,将对工业4.0、机器人、"互联网+"等产业产生深远的影响。在此背景下,清华大学与山东新北洋信息技术股份有限公司于2016年10月成立"清华大学(信研院)—山东新北洋信息技术股份有限公司感知与加速计算技术联合研究中心",旨在面向市场需求和国际前沿,充分利用清华大学学术研发优势,结合新北洋产品和市场优势,立足面向纸币识别、物流机器人手控制等应用背景,研究相应的系统架构、软件与硬件系统。中心将大力开展产学研紧密融合工作,将清华大学的核心技术转化成可市场化的产品和服务,同时为清华大学人才培养和科学研究提供应用平台。

联合研究中心依托信研院管理,新北洋副总经理孙健宇任管委会主任,吉吟东任管委会副主任,管委会委员包括董述恂、李军、王春涛和汪东升。汪东升任研究中心主任,彭远斌和王海霞任中心副主任。目前有5名教师、10名在校研究生、4名全职人员在从事相关课题的研究。

自成立以来,联合研究中心开展的研究工作包括:①针对物流机器人手臂运动轨迹控制等快递物流典型应用场景,研究基于人工智能和深度神经网络技术的系统架构、板卡加速器和相应系统;②针对三维成像等场景,研究可重构、多维度神经网络处理器体系结构,设计相应算法和软件,开发功能模块和系统;③针对机器人产业远程诊断服务等产业方向,研究面向新型应用领域的体系结构、硬件加速以及支撑软件系统。

联合研究中心取得的代表性成果包括:①研发完成票据刮擦变造检测项目试用版本,软件已在银行试用,用于自动鉴伪银行支、汇票;②研发完成基于机器视觉的条码识别项目试用版本,软件已在物流自动分拣线上应用,用于检测识读高速移动包裹上的条码;③研发完成清分机人民币纸币新旧清分算法项目试用版本,软件已在银行试用,用于判别新、旧纸币;④研发完成基于视觉的体积测量项目初始版本,结果表明在实验室环境工作良好。

3.16 清华—圣盈信行业可信区块链应用技术联合研究中心

区块链技术将会给数字经济时代带来巨变和新的机遇,其去中心化、开放性、自治性和信息不可篡改性等特征使得其能够有效支持行业的可信应用。但是另外一个方面,其性能问题和延迟性等阻碍了大规模应用。可信区块链利用区块链的技术特点建立聚焦行业应用的底层区块链模型,旨在解决行业内或行业之间的不同企业或个体之间的信用存储、转移、交易、统计、评估等问题。在此背景下,2018年7月,清华大学与圣盈信(北京)管理咨询有限公司成立了"清华大学(信研院)—圣盈信(北京)管理咨询有限公司行业可信区块链应用技术联合研究中心",将结合具体的行业来解决区块链应用问题,研究能维持区块链系统长期、稳定、高效和安全运行的关键技术,并在此基础上研究出能适应多行业、不同应用场景的通用体系架构和开发模型。

联合研究中心依托信研院管理,圣盈信总经理林建欣任管委会主任,邢春晓任管委会副主任,张勇任研究中心主任,圣盈信李加福任研究中心副主任。

联合研究中心成立以来,已经完成了区块链体系架构的设计,实现了共识机制与共识算法,具体包括:提出了一种新型区块链分布式网络体系架构并开发了面向行业的区块链系统 MuWaX;开发了 PoP 共识算法;开发了多维数字通证系统模型;开发了默克尔森林体系。

另外,联合研究中心完成了国家"护航计划"项目中"海外留学生学历认证系统"部分的关键技术和算法的研究,包括共识算法、数据分布式存储技术、数据安全技术、秘钥授权验证算法等,并完成了项目的设计、开发与部署实施。实现了"中国智慧农业谷"项目中"全国可溯源食品农产品产业链综合服务平台"的大数据和区块链技术应用,实现对食品和农产品从生产端到消费端的全程记录追踪。

截至目前已培养硕士和博士研究生10余名,为圣盈信培养技术人才10余名。

3.17 清华—祥兴智能系统联合研究中心

祥兴(福建)箱包集团有限公司是中国最大的箱包制造企业,主要为国内外著名的旅游品牌及运动产品提供设计与生产制造服务,但是在物流、销售、经营等管理方面比较落后。集团想要实现大数据环境下的物联网与智能物流管理,需要解决大数据处理所面临的各种难题。因此,祥兴(福建)集团有限公司与清华大学于2014年1月共同成立"清华大学—祥兴(福建)箱包集团有限公司智能系统联合研究中心",旨在通过科技创新和产学研合作,一方面降低成本、改善劳动条件、提高生产效率和质量,另一方面通过研发大数据环境下供应链、物流、销售网络的智能化与信息化的技术与系统,提高企业的管理水平和竞争能力。结合产业需求实施应用示范,推动我国劳动密集型企业加速向自动化、信息化方向转型,同时带动机器人技术与智能物流产业的发展。

联合研究中心合作期限为3年,依托信研院管理。郑方任管委会主任,祥兴公司总经理薛行远任管委会副主任。张钹院士任联合研究中心主任,祥兴公司行政副总经理陈琼任中心副主任。

联合研究中心主要研究数据挖掘技术和人工智能技术。通过对人工智能、机器学习、模式识别、可视化技术等方面的深入研究,力争在适用于物联网的海量信息存储和处理,数据挖掘、智能分析等技术的研究上取得创新性的成果。主要开展了以下两方面的工作:①智能型的工业机器人;②大数据环境下物联网与智能物流。

此次合作一方面结合产业需求开展相关的科学研究,并将成果应用于相关企事业和行业;另一方面为青年教师的成长与学生培养提供了很好的平台。总之,联合研究中心通过计算机技术来实现生产与管理过程的自动化与网络化,丰富了智能信息及智能控制领域的研究内容,促进了该学科与产业界的无缝结合,很好地推动了"计算机应用技术"学科的发展。

3.18　清华—得意升声纹处理联合实验室

2005年9月,清华大学信研院和北京得意升技术有限公司正式签署全面合作协议,联合成立了"清华大学(信研院)—北京得意升技术有限公司声纹处理联合实验室"。旨在充分利用信研院在声纹处理技术的前期研究基础,结合北京得意升技术有限公司在声纹识别应用系统方面丰富的研发经验、强大的资金支持和优质的市场资源,致力于研发和推广声纹识别技术以及相关领域的核心技术和应用,并培养高素质的科研队伍,最终形成以声纹识别技术为核心的产业化链条。

联合实验室合作期限为3年,依托信研院管理,郑方担任实验室主任,宋战江和邬晓钧担任副主任。

联合实验室的研究领域主要包括声纹识别(声纹辨认和声纹确认)相关的技术及应用研发。合作期间,联合实验室在国内外知名刊物上发表论文10余篇,参加了国际声纹识别NIST评测,成绩优异,还参与了多项国内外科学研究和应用实践项目,均取得较好成果。

3.19　清华—金名创业金融工程联合研究所

为了顺应我国金融业发展的需要,同时也为产(金融企业)、学、研及政府相关部门提供一个互相交流的平台,北京金名创业信息技术有限责任公司与清华大学于2006年2月成立"清华大学(信研院)—北京金名创业信息技术有限责任公司金融工程联合研究所",旨在以金融经济学为基础,以工程方法、信息技术、人工智能为支持手段,依托清华信息与科学技术国家实验室,充分发挥清华大学科研和技术优势,进行金融工具和金融手段的创新和研发,创造性地为解决某些金融问题提供系统的、完备的、可行的解决方案。

联合研究中心合作期限为7年,依托信研院管理,金名公司董事韩军担任管委会主任,李军担任管委会副主任。郑方任研究所所长,夏云庆和金名公司的睢志强和梁军任研究所副所长。

联合研究中心完成的科研项目有"农信社五级分类与资产质量管理""信贷资产风险数据统计抽样算法模型""中小商业银行估值与价值管理

课题""小额贷款公司风险管理体系设计""农机流通领域金融服务产品设计及信息技术支持平台建设""商业银行资产负债管理"。科研成果转化与应用包括：①风险数据统计抽样算法模型,该模型成功在中国银监会应用,实现技术转化,为银监会现场检查提供了高效、有力的工具；②商业银行资产负债管理在泰安商行成功应用,实现技术转化,帮助泰安商行有效地管理流动性风险,通过资产负债优化配置手段有效缓释市场风险,提高银行盈利能力；③小额贷款公司风险管理体系在内蒙古全区范围推广应用,实现技术转化,帮助内蒙古 100 多家小额贷款公司实现了日常业务的数字化、规范化和高效率运行,提高了运作效率,有效地防范和化解小贷公司业务风险,提升小贷公司价值增长潜力,帮助内蒙古金融工作办公室更好地履行监管、指导、扶助小贷公司健康规范发展的政府职能；④农机流通电子商务及金融服务平台在中国农机流通协会实现应用和技术转化,该平台的建设有利于改变农机流通企业小、散、乱、差的局面,利用信息技术手段,通过整合农机行业资源、银行资源、保险资源、物流资源及其他中介机构资源,为农机厂商、经销商和农机户提供一体化的供应链服务解决方案,实现信息流、资金流和物流的有效结合,使农机流通运作效率最大化、资源利用率最大化。

3.20 清华—得意音通声纹处理联合实验室

声纹识别又称说话人识别,是语音处理领域重要的研究方向,近年来已成为学术界的研究热点。在此背景下,2015 年 11 月,清华大学与北京得意音通技术有限责任公司成立"清华大学(信研院)—北京得意音通技术有限责任公司声纹处理联合实验室"。旨在联合双方优势和资源,以语音和语言技术的产业化为应用背景,形成一批具有完全自主知识产权的产品、应用和服务,致力于培育一系列先进技术,积累工程和技术经验,培养能够参与国际竞争的高级人才。

联合实验室合作期限为 3 年,依托信研院管理,李军任管委会主任,得意音通总经理瞿世才任管委会副主任。郑方任实验室主任,徐明星和得意音通王军任实验室副主任。

联合实验室主要研究内容包括：①声纹识别核心的新框架和新算

法；②多种条件下的声纹识别的鲁棒性算法；③声纹识别应用的安防技术；④声纹识别与其他生物识别技术、语音识别技术和语言理解技术的融合；⑤声纹识别应用标准制订与修订。

联合实验室主要研究项目包括：①协议经费支持项目"声纹识别鲁棒性与安全性技术开发"；②双方共同承担的"声纹识别产品关键质量检测技术研究"项目。

2018年完成了"基于动态密码语音的无监督身份认证系统"科技成果鉴定,该成果针对网络空间下"无人监督"的情形,利用语音信号"形简意丰"的特点,融合声纹识别、语音识别、情感识别、防录音检测和防声纹时变等技术,提出了基于动态密码语音的无监督身份认证的技术方案,高效准确地实现了无监督身份认证,为移动互联网、物联网和大数据等新型技术与应用以及人们日常生活提供了安全保障。运用该成果关键技术的产品已在金融、社保、医保和安防等领域得到应用。

此外,联合实验室出版专著1部,发表论文13篇,申请专利1项。

3.21　清华—金电联行金融大数据联合研究中心

2016年11月,金电联行(北京)信息技术有限公司与清华大学本着优势互补、共同发展的原则,联合成立"清华大学(信研院)—金电联行(北京)信息技术有限公司金融大数据联合研究中心"。旨在充分利用清华大学在大数据领域的研究成果,结合金电联行(北京)信息技术有限公司在大数据客观信用评价领域的云数据挖掘、云信用计算和云结构服务三大核心技术优势,更好地进行有关大数据金融在信用融资、风险管理、社会治理等方面的应用研究,建设国内领先的大数据信用研究中心,为相关行业的更好发展创造良好的条件,并为政府决策提供高水平的咨询意见和建议。

联合研究中心合作期限为3年,依托信研院管理,金电联行董事长范晓忻任管委会主任,邢春晓任管委会副主任,郑方任中心主任,汪东升、李超以及金电联行的艾小斌、王懿任中心副主任。

联合研究中心立项的研究项目包括："影视作品的公众情感分析与趋势预测技术研究""运营商数据在现金贷风控应用的研究""基于客户

画像的营销获客研究"。其中,"运营商数据在现金贷风控应用的研究"完成了基于运营商数据的个人金融风险控制的模型研究,实现了大数据的个人金融风险控制的技术应用,可以用于传统银行和互联网金融的各类个人风险控制业务。

联合研究中心进行的技术应用与转化包括:①金电联行进一步优化了大数据个人信用评级系统。该系统基于金电联行拥有自主知识产权的多维度个人信用指标体系及评分模型,利用海量数据,通过云服务方式向商业银行提供外部信用评级数据和模型服务,已经在2017年底前上线运行。②金电联行完成了信用风险大数据监测与预警系统的初步建设。该系统基于金电联行多年的信用研究成果,并结合清华大学的信用模型研究成果,发掘分析多维度海量数据,实现信用风险大数据监测与预警,可用于商业信用风险、市场信用风险、金融信用风险等的大数据监测与预警。

联合研究中心在合作期间共计培养博士后两人、博士研究生1人、硕士研究生3人、本科生4人,培训双方技术人员10人。

3.22 清华—连云港机器人与机器人教育联合研究中心

2016年4月,国家工信部发布了《机器人产业发展规划》,即机器人产业"十三五"发展规划,该项规划对机器人产业未来5年的发展提出了总目标和实施路径。在此形势下,连云港市确立了以教育机器人作为江苏赣榆经济开发区当前的发展重点,设立了江苏三洋港丝路之镇旅游开发有限公司,并委托公司代表赣榆区政府与清华大学于2017年9月共同成立"清华大学—连云港市教育机器人与机器人教育联合研究中心",开展以教育机器人为重点的校企合作。联合研究中心旨在充分利用清华大学的教育机器人设计相关的先进技术成果,结合江苏三洋港丝路之镇旅游开发有限公司的资源优势,重点开展在教育机器人和教育用工业机器人的软硬件系统研发、产品外观设计、机器人教育培训的规范标准与资源建设等跨学科交叉领域的合作研究、创新机制、创新思路,着力解决教育机器人的前沿技术问题,集成和转化清华大学在机器人研究方面多学科交叉的最新科研成果。

联合研究中心依托信研院管理。清华大学副校长尤政担任管委会主任，吉吟东和孙爱华（连云港）担任管委会副主任，郑方担任中心主任，李安（连云港）、徐明星、王鹏、刁庆军和祝卉担任中心副主任。

联合研究中心已开展教育机器人的视听觉多模态智能交互技术、多传感信息智能融合技术、教育机器人外观设计等方面的研究工作，研制面向从中小学课内外科学教育到职业技术院校在校学生在人工智能、先进制造技术等方面的培养方案，以及为机器人教育的科学化、规范化开展相关标准的研究与制订。

联合研究中心成立以来，取得的成绩包括：①情感识别、声纹识别和图像识别的教学框架与系统已在嵌入式硬件平台上移植完成；②申请到了国家艺术基金2019年度艺术人才培养资助项目"人工智能新媒体艺术创新人才培养"；③在2019年自动说话人识别欺骗攻击与防御对策挑战赛上（Automatic Speaker Verification Spoofing and Countermeasures Challenge, ASVspoof 2019），中心的博士研究生获得了防录音攻击挑战任务全球第一的成绩。

联合研究机构汇聚了清华大学在（教育）机器人研究方向上的多个院系和研究团队，以教育机器人领域为大家共同的研究兴趣，通过专题研讨、系统集成、应用推广等多种合作与交流形式，有效凝聚不同学科和不同专业的共识，逐步形成有清华特色的教育机器人学科群体，在现有科研成果基础上，通过交叉、集成、跨界的创新方式，提高清华大学在教育机器人和机器人教育方向的科研水平。

3.23 清华—宽带无线城域网联合研究中心

经过近两年的策划筹备，"清华大学（信研院）—天津（新技术产业园区）宽带无线城域网研究中心"于2007年10月正式成立并开始运行。研究中心旨在充分利用清华大学具有的自主知识产权技术和专有技术，完成天津宽带无线城域网络技术方案的起草工作，申请和注册新的发明专利，起草宽带无线城域网标准草案并申报国家标准；研发关键技术，完成技术验证平台，搭建天津宽带无线城域网示范系统，承担天津市无线城域网建设和发展的技术咨询和服务工作。

研究中心合作期限为4年,依托信研院管理。管委会成员包括郑方、王京、许希斌和天津新技术产业园区的两位人员。中心主任为王京,常务副主任为兰军,副主任为许希斌。技术骨干包括赵明、周世东、粟欣、肖立民、李云州、钟晓峰、周春晖、孟琳、张秀军、杨海斌、丁国鹏、赵熠飞、高群毅、杨维康、杨孟辉等。

研究中心在成立期间,完成了天津宽带无线城域网络技术方案的起草工作,支持了相关3项国家重大专项的开展,分别是"支持广电业务的宽带无线接入系统总体方案研究""宽带无线接入技术测试与评估环境开发"和"宽带多媒体集群系统技术验证";起草了宽带无线城域网标准草案并申报国家标准,获颁中国通信行业标准《YD/T 2677—2013 基于BRadio的专用宽带无线接入系统 物理层和MAC层技术要求》,中国通信标准化协会标准1项;完成了关键技术研发和技术验证平台的搭建,构建了天津宽带无线城域网示范系统,进行了外场跑车试验,试验效果非常好,受到天津科技局领导的高度评价;开创了面向城市应急通信网络的宽带移动多媒体通信系统行业新方向,得到市场高度认可,在与国际厂商竞争中处于领先地位;获得授权发明专利35项,软件著作权两项;发表SCI和EI检索论文19篇;培养了硕士研究生10名,博士研究生3名。

3.24 清华—数字版权管理联合实验室

数字化广播影视内容的盗版和侵权问题已经引起了各国政府、法律、媒体和工业等各方的共同关注。实际的经验和近年来的探讨表明,仅凭法律手段难以保护数字内容的版权,相关技术手段也是极其重要的。数字版权管理正是在这种背景下应运而生,提供从数字内容的创作者到发行者到消费者的整个价值链的权益保护,并且结合了新的商业模式,为数字媒体业增加了新的机会。但主流的数字版权管理技术都来自国外,不能够作为开放的版权保护平台供各种媒体内容提供商使用。而国内在基于流媒体的数字版权管理方面还没有成熟的产品和技术,因此,开发具有自主知识产权的数字版权管理,是发展我国媒体事业的必由之路。在这样的情形下,2007年7月,清华大学联合Intertrust成立了"清华大学(信研究院）—Intertrust 数字版权管理联合实验室"。

此项合作的目的是以建立联合研究机构的形式在清华大学发展数字版权管理技术，该项合作研究将围绕着数字版权相关技术展开，通过开发前瞻研究、核心技术、软件和原型系统来验证相关的技术理念，为我国的数字媒体产业的健康发展提出与之相适应的数字版权管理的核心技术或解决方案。

联合实验室合作期限为两年，由 Intertrust 的首席技术官 Dave Maher 担任管委会主任，管委会成员包括贾培发、郑方、赵黎，以及 Intertrust 的 Talal Shamoon 和 Kenny Huang。赵黎任实验室主任，Kenny Huang 和尹首一任实验室副主任。

联合实验室主要研究内容包括：①数字媒体安全及新媒体知识产权保护相关产业研究；②安全可靠的身份认证技术研究；③安全组播的密钥生成及管理机制；④网络电视/手机电视数字版权保护方案研究。

联合实验室成立以来，双方紧密合作，积极利用双方优势，围绕数字版权相关技术展开合作研究，通过对数字媒体安全及新媒体知识产权保护相关产业、网络电视数字版权保护方案、手机电视数字版权保护方案、安全可靠身份认证技术等方面的深入研究，建立了数字版权管理核心技术以及相关信任模型研究，并且开发核心技术、软件和原型系统对相关技术的理念进行验证，为我国数字媒体产业的健康发展提出了与之相适应的数字版权管理的核心技术与解决方案。

3.25 清华—数码视讯未来视讯技术联合研究所

为了更好地推动产学研结合，通过视听技术的研发，积极开展数字电视及其他视讯类相关典型应用的开发，为我国三网融合战略提供服务，清华大学与北京数码视讯科技股份有限公司于 2011 年 3 月成立"清华大学（信研院）—北京数码视讯科技股份有限公司未来视讯技术联合研究所"。

联合研究所合作期限为 4 年，依托信研院管理。北京数码视讯董事长兼总经理郑海涛任管委会主任，李军任管委会副主任，管委会成员包括吉吟东、戴琼海及数码视讯的宋征，赵黎任研究所所长。

研究所的主要研究内容包括：①终端2D转3D解决方案；②3D编解码方案；③体感控制算法与硬件系统开发；④高速公路环境下事件检测的智能视频分析算法研究；⑤云游戏虚拟操作系统研究。

研究所建立以后，以市场为导向，产学研相结合，通过视听技术的研发，积极开展数字电视及其他视讯类相关典型应用的开发，为我国的三网融合战略提供服务。结合目前视听技术的形势与反战需求，主要针对3D音视频解码技术，终端2D转3D技术，H.264编码技术以及智能交通视频识别系统研究、海量音视频检索系统研究和数字电视智能卡芯片物理安全研究等开展了深入探索。双方签订专项技术开发合同6项，并在3D音视频编解码技术、终端2D转3D技术、H.264编码技术3个方面联合申请了发明专利，在全国树立了应用典型。

3.26 清华—蓝汛内容分发网络联合研究所

为促进中国内容分发网络（CDN）产业在技术、人才以及自主知识产权的核心技术上获得新突破，中国最大的专业CDN服务提供商蓝汛ChinaCache与清华大学携手，整合双方分别在基础研究与研发人才、网络资源、资金、技术和市场等方面的优势，成立了国内首家内容分发网络研究所，此举为中国CDN产业提供了一个培养专业人才的平台。内容分发网络研究所主要研究内容是以新一代内容分发平台构架、基础理论与关键技术研究为核心，对网络计算技术支持的CDN架构、高清网络视频服务与WEB2.0应用服务的CDN关键技术、内容分发网络的信息与网络安全技术及新一代内容分发网络的其他若干相关技术等进行深入研究。

北京蓝汛通信技术有限责任公司与清华大学（信息技术研究院）本着友好合作、互惠互利、优势互补、共同发展"双赢"的原则，在信息通信领域，充分利用信研院的网络技术、多媒体通信技术、P2P技术以及数字版权保护技术方面的研究基础与研发人才，结合北京蓝汛通信技术有限责任公司的网络、资金、技术和市场优势，联合成立清华大学（信研院）—北京蓝汛通信技术有限内容分发网络研究所（内容分发网络研究所）。内容分发网络研究所的建设目标是进行"新一代内容分发平台架构、基础理论与关键技术研究"项目的联合研究。拟通过三年的建设，将该内容分发网络研究所构建成为可持续发展的、计算机网络领域国内著名、国际知名的高水平研究所,为企业的技术创新做出贡献,培养出一批高素质的学者和研究生。

联合研究中心实行管委会领导下的所长负责制。

研究所所长为尹浩,副所长为张焕强,表3-1为管委会人员名单。

表3-1 管委会人员名单

序号	姓名	职务/备注
1	刘韵洁	管委会主任/中国工程院院士/北京蓝汛通信技术有限责任公司独立董事
2	李 军	管委会副主任/清华大学信息技术研究院院长
3	林 闯	管委会委员/清华大学计算机系教授、系学术委员会主任
4	杨士强	管委会委员/清华大学计算机系教授、系党委书记
5	张 力	管委会委员/北京蓝汛通信技术有限责任公司副总裁
6	许会荃	管委会委员/北京蓝汛通信技术有限责任公司副总裁

研究内容及开展的工作

(1) 主要研究内容

① 网络计算技术支持的内容分发网络(CDN)架构研究。

② 针对高清网络视频服务与 Web2.0 应用服务的 CDN 关键技术研究。

③ 针对内容分发网络的信息与网络安全技术研究。

④ 新一代内容分发网络的其他若干相关技术研究。

(2) 主要开展的工作

① 共同申请国家科研项目与基金。

② 参与国内与国际相关专业协会的标准制订等工作。

③ 积极组织学术研讨和交流,提高学术影响力,并构建良好的学术合作环境。

(3) 业内影响

研发的商业服务网络得到大规模广泛应用,业务网络覆盖中国各大运营商以及北美、亚太等地区,成为向政府媒体与企业提供视频服务的重要平台。已服务的重大事件包括温总理与网民在线交流的视频直播、2008年奥运会网络视频点播服务、央视春晚、十七大常委见面会、北京奥运会、残奥会、国庆60周年庆典、2010年亚运会等大规模的重要活动等,已服务的重要客户包括新华网、人民网等近百家国内网络媒体。项目合作单位——北京蓝汛通信技术有限责任公司于2010年在美国纳斯达克成功上市,有力地提升了我国在视频分发领域的地位和竞争力。

(4) 成果方面

培养硕士研究生6名,获授权发明专利16项,计算机软件著作权10项,北京市自主创新产品认证两项,多项成果在3个国内行业标准制订中被采纳。研究成果"面向海量用户的新型视频分发网络"获得2012年国家技术发明二等奖。为新一代CDN网络平台的研究奠定了坚实的基础,为中国网络技术研究做出杰出贡献。

第4章

信研院党支部发展史

4.1 历史沿革

信研院党支部成立于2003年12月12日,经信息学院党委2003—2004学年度第2次会议批准成立。任命吉吟东、郑方、汪东升、邢春晓和粟欣为第一届支部委员会成员,吉吟东担任党支部书记、郑方担任党支部副书记(见图4-1)。12月25日,信研院党支部召开了成立以来第一次支委会。经支委会讨论确立了分工,支部书记吉吟东联系行政、主管教工;副书记郑方分管工会、负责归国人员管理;宣传委员汪东升负责党支部的宣传工作并参与院研究生的管理;组织委员邢春晓负责党的组织和青

图4-1 信研院历任党支部书记,从左至右依次为吉吟东、汪东升、曹军威、黄春梅、邢春晓

年工作；粟欣负责纪检和合同制人员管理工作。党支部共有30名党员，划分为3个小组，分别由汪东升、邢春晓和王京担任党小组组长。

2006年，信息学院党委改为党的领导小组，信研院党支部由所属信息学院党委改为计算机系党委。随后，信研院党支部共进行了4次换届。

2006年3月21日，党支部选举了新一届党支部委员会，当选的党支部委员为：汪东升、邢春晓、粟欣、路海明、黄春梅。当日，经计算机系党委批准，新一届党支部委员会开始工作，由汪东升担任党支部书记，邢春晓任副书记，粟欣任纪检委员，路海明任组织委员，黄春梅任宣传委员。

2009年3月2日，党支部举行了换届选举，当选的党支部委员为：曹军威、邢春晓、粟欣、路海明、黄春梅。经计算机系党委批准，由曹军威担任党支部书记，邢春晓任副书记，粟欣任纪检委员，路海明任组织委员，黄春梅任宣传委员。

2016年6月6日，党支部举行了换届选举，当选的党支部委员为：黄春梅、张勇、粟欣、路海明、董炜。6月13日，经计算机系党委批准，由黄春梅担任党支部书记，张勇任副书记，粟欣任纪检委员，路海明任组织委员，董炜任宣传委员。

2019年9月16日，按照计算机系党委的要求，信研院党支部进行拆分换届选举，原信研院党支部拆分为信研院教工第一党支部和信研院教工第二党支部。经全体党员会选举，教工第一党支部当选的党支部委员为：邢春晓、张勇、粟欣、董炜、王东，由邢春晓担任党支部书记。教工第二党支部当选的党支部委员为：黄春梅、阚淑文、邢姝、徐丽媛、盛明，由黄春梅担任党支部书记。

信研院党支部自成立以来，在历届党支部书记的带领下，紧紧围绕学校中心工作，结合信研院的建设目标与改革发展实际情况，不断强化党的思想、组织、作风和制度建设，积极推动了校、院核心工作的顺利展开。

信研院党支部于2013年荣获"计算机系先进党支部"称号，2017年被授予"清华大学先进党支部"称号，2018年入选首批"清华大学党建标兵党支部创建单位"，如图4-2所示。历年来，被评为计算机系优秀共产党员的有：汪东升（2003年）、吉吟东（2011年）、吕勇强（2013年）、邢春晓（2015年）、路海明（2017年），被评为计算机系优秀党务工作者的有：曹军威（2017年），被评为校级优秀党务工作者的有：邢春晓（2019年）。

图 4-2 清华大学先进党支部、清华大学党建标兵党支部创建单位

4.2 坚持不懈抓好理论武装，加强党员思想教育

信研院党支部一直把坚定理想信念作为开展党内政治生活的首要任务，不断加强党员党性修养，通过系列理论学习和教育活动，宣传、执行党的路线、方针、政策和上级党组织的决议。

4.2.1 建设学习型党支部，健全学习制度

（1）开展保持党员先进性教育活动

在全党开展以实践"三个代表"重要思想为主要内容的保持共产党员先进性教育活动，是在新形势下加强和改进党的建设的新举措。信研院党支部按照校党委保持共产党员先进性教育活动的工作安排，积极准备、认真学习、落实整改，坚持规定动作做到位、自选动作创特色，顺利完成了先进性教育活动的各项工作任务。

2005年9月1日，信研院党支部召开2005—2006学年度第2次支委会，讨论了先进性教育活动的工作计划，对问题进行了初步汇总和分析，并布置了支部宣传网站的工作内容。9月13日，信研院党支部召开2005—2006学年度第3次支委会，学习了《清先发【2005】6号》文件。10月7日，信研院党支部召开2005—2006学年度第4次支委会，集中学习了

《中共中央关于加强党的执政能力建设的决定》《建立健全教育、制度、监督并重的惩治和预防腐败体系实施纲要》和《清华大学教职工共产党员若干行为规范(试行)》,并讨论提出《信研院教职工共产党员若干行为要求(讨论稿)》。10月14日,信研院党支部全体党员以"如何体现党员先进性"为主题,对《信研院教职工共产党员若干行为要求(讨论稿)》提出了修改意见,校先进性教育活动联系指导组教师贾惠波参加了此次专题讨论会。10月22日,信研院党支部召开2005—2006学年度第5次支委会,总结了先进性教育活动第一阶段的主要工作,讨论了第二阶段的工作计划,并进行了分工和部署。12月2日,信研院党支部召开2005—2006学年度第6次支委会,根据先进性教育活动第三阶段的计划和要求,对院务会和党支部的反馈意见进行了讨论,并形成了整改方案。12月27日,信研院党支部召开2005—2006学年度第7次支委会,根据先进性教育活动各阶段的计划和要求,充分讨论了《信研院党支部保持共产党员先进性教育活动工作总结》。

在保持党员先进性教育活动中,支部党员深刻理解了开展活动的重大意义,领会了邓小平理论和"三个代表"重要思想精髓,明确了新时期立足本职岗位保持共产党员先进性的基本要求。同时,信研院建立健全了各项工作制度,努力形成了常抓不懈的工作机制,进一步巩固了教育活动成果。2006年3月,按照清华大学校党委的要求,信研院党支部认真落实了先进性教育活动"回头看"的工作,确保学习效果落到实处。

2006年4月25日,党支部根据学校党委下发的《加强社会主义荣辱观教育的通知》,召开民主生活会,重点学习了以"八荣八耻"为主要内容的社会主义荣辱观。2006年7月13日,党支部认真学习胡锦涛总书记在庆祝"中国共产党成立85周年暨总结保持共产党员先进性教育活动大会"上的重要讲话,学习了树立以"八荣八耻"为主要内容的社会主义荣辱观,学习了学校党委《清华大学教职工共产党员保持先进性的具体要求》和《中共清华大学委员会关于加强教职工党支部工作的意见》两个文件。2007年11月27日,党支部召开民主生活会,认真学习了党的十七大精神相关内容。2008年1月16日,党支部召开生活会,学习了胡锦涛总书记在《求是》上发表的《继续把改革开放伟大事业推向前进》一文,以及在庆祝我国首次月球探测工程圆满成功大会上的讲话。

(2) 深入学习实践科学发展观活动

根据中国共产党的十七大部署,中共中央决定,从 2008 年 9 月开始,用一年半左右时间,在全党分批开展深入学习实践科学发展观活动。根据中央和上级党委要求,信研院党支部全面落实开展深入学习实践科学发展观活动。

2009 年 3 月 10 日,党支部全体党员参加了清华大学深入学习实践科学发展观活动动员大会,听取了校深入学习实践科学发展观活动领导小组组长、校党委书记胡和平和校长顾秉林的讲话。3 月 30 日,党支部委员和各小组长召开会议,讨论并确定了支部落实科学发展观第一阶段学习调研的工作计划。4 月 2 日,党支部 6 个党小组分别在组长的组织下,开展了学习科学发展观第一阶段的调研和讨论。4 月 15 日,各党小组提交了调研报告和征文,经支委会讨论形成了《信研院学习实践科学发展观调研报告》,并评选第 5 党小组提交的征文《深入学习实践科学发展观、进一步推进科学交叉与交叉学科的发展》和第 6 党小组提交的征文《科学发展观学习体会——关于高校体制机制创新的思考》为我院支部征文。4 月 29 日,党支部委员和各小组长召开会议,在全面总结和讨论第一阶段工作的基础上,根据学校和计算机系党委的部署和要求,详细制订了第二阶段分析检查工作计划。5 月 6 日,党支部委员会与院务会讨论确定了深入学习实践科学发展观第二阶段工作计划。结合学校和计算机系党委分析检查阶段的要求,5 月,信研院全面开展并完成了以下工作:5 月 10 日前,各党小组组长组织本组党员认真学习了《胡和平书记报告》,研读了《信研院学习实践科学发展观调研报告》;5 月 14 日,支委会成员配合各个党小组长召开了一次专题民主生活会,对照《信研院实践科学发展观调研报告》进行分析检查,找出在学习和工作中与当前科学发展观不协调的做法,剖析问题产生的原因,开展批评与自我批评,并形成了针对各个主题的分析检查报告,提交到党支部;5 月 20 日,召开了由院务会、支委会成员和中心主任参加的领导班子专题民主生活会,形成领导班子分析检查报告;5 月 23 日,信研院党支部组织党员赴河北冉庄地道战遗址及白洋淀学习考察,并就地召开支部讨论会,对分析检查阶段的各个主题进行了交流和讨论。

2009 年 6 月,党支部根据支部工作重点和学习实践科学发展观分检查阶段的工作计划,不断推进支部建设,逐步落实各项学习讨论工作,形成分析检查报告。6月10日,党支部召开分析检查阶段座谈会,并邀请信研院指导委员会主任张钹院士到会发言,张钹院士向全体党员阐述了科学、技术、工程与应用的关系,还从团队建设、学科建设以及创新机制体制等方面提出了独到的见解。6月11—14日,支委会成员与院务会成员共同讨论、确定了《信研院分析检查阶段报告》。6月24日,支委会讨论通过了《信研院学习实践科学发展观整改落实阶段工作计划》。

2009年6月29日至7月7日,信研院党支部各党小组分别进行了组织生活。党小组按照学校要求进行了理论学习,部分党小组结合学习内容提交了学习总结。支部根据各党小组意见汇总、形成了整改落实报告。7月8—12日,支委会成员讨论、确定了《信研院学习实践科学发展观整改落实阶段报告》,报告明确了整改落实目标和时限要求,提出了解决问题的有效措施和具体办法,并明确了整改落实责任。7月15日,院务会成员结合分管工作,讨论了支部形成的《信研院学习实践科学发展观整改落实报告》,明确了整改措施和整改责任。支部在全院范围内公开了整改落实报告,征求对信研院发展的建议和意见,借助整改报告发动广大群众共同为信研院发展献计献策,并请全院教职员工共同监督整改的落实与实施情况。

2009年10月16日,信研院党支部15名党员参加了计算机系党委组织的参观《辉煌60年》展览活动。2009年11月,党支部各党小组完成了对《中共中央加强改进新形势下党建若干重大问题的决定》和《国庆60周年胡主席讲话全文》的理论学习,同时结合实际工作,分组分专题进行了讨论,并提交了分组讨论资料。12月22日,信研院党支部各党小组分别就理论学习和研讨成果在全体党员大会上进行了交流,不仅结合日常工作选取大家关心的问题进行了研讨,还先后就科研组织的人事建设、高校创新及知识产权保护、中国舆论宣传工作的发展方向与舆论监督的社会作用等进行了交流汇报。

2012年11月8日,举世瞩目的中国共产党第十八次全国代表大会召开。信研院党支部在数字电视中心的支持下,组织全院师生员工集中收看十八大开幕式实况直播。11月29日,党支部邀请学校学习贯彻党的十八大精神理论宣讲团成员、马克思主义学院冯务中副教授为支部党员做了关于学习贯彻党的十八大精神理论解析的报告。冯务中以《三个没有变与三个深刻变化》为题，围绕党的十七大报告与十八大报告的区别，详解了党的十八大报告的重大论断、分论词与关键词等内容，并与在座党员就诚信、民主、社会和谐等问题进行了讨论与交流。12月13日，信研院支部进行组织生活，各党小组结合冯务中副教授所做报告进行了讨论，并提交了讨论报告。

2013年11月29日，信研院党支部组织学习党的十八届三中全会精神，特邀国务院发展研究中心技术经济部石光博士进行系统解读。石光博士从党代会的背景和本次党代会的历史地位等方面开始介绍，着重对《中共中央关于全面深化改革若干重大问题的决定》进行了系统讲解，尤其是经济方面的改革。参会党员就关注的科技、金融改革等方面的内容与石光博士展开了讨论。12月30日，信研院党支部召开了学习党的十八届三中全会精神交流会，支部各小组代表对自己的学习成果做了简单总结，并与到会其他小组代表做了交流。

2014年12月8日，信研院党支部组织活动，特邀北京科技大学马克思主义学院教授、博士生导师左鹏以《十八届四中全会和APEC后的国内国际形势》为题，介绍了新时期国内外主要思潮的事件和观点。参会党员就重大事件等关注问题与左鹏教授进行了交流。

（3）开展"两学一做"学习教育活动

全面从严治党是十八大以来党中央抓党的建设的鲜明主题。信研院党支部按照上级党委的统一部署，严明党的政治纪律和政治规矩，深入学习党的十九大精神，推进"两学一做"学习教育工作常态化制度化，深入学习贯彻习近平新时代中国特色社会主义思想。

2016年6月23日，党支部参加了计算机系党委举办的"师生1+1集中党日"活动，校宣讲团成员、原副校长谢维和教授讲了题为《"双一流"与自主创新》的党课，计算机系党委书记孙茂松介绍了清华大学党组织发展历程，全体师生共同重温了入党誓词。2016年6月，党支部围绕"讲规矩、有纪律"的主题，各党小组分别组织了学习《中国共产党章程》《中国共产党廉洁自律准则》《中国共产党纪律处分条例》《中国共产党党员权利保障条例》等党内重要法规，学习了习近平总书记在十八届中央纪委六次全会上的重要讲话，以及《习近平总书记系列重要讲话读本（2016年版)》中关于全面从严治党、严明党的纪律、严守党的规矩以及反腐倡廉等方面的重要论述。结合学校2016年党风廉政建设宣传教育月的有关要求,各党小组还联系实际工作,就信研院的发展和创新等进行了深入讨论。2017年7月5日,党支部组织各党小组学习了《清华大学关于加强和改进新形势下思想政治工作的实施意见》《清华大学关于推进"两学一做"学习教育常态化制度化的实施方案》和《清华大学教职工党支部工作规定》,全体党员以"新形势下清华大学共产党员行为规范"为标尺,对照检查自身言行,把自己摆进去,开展批评和自我批评,切实增强"四个意识"。

2017—2018年,党支部将落实巡视整改工作、学习党的十九大精神、扎实推进"两学一做"学习教育常态化制度化作为党建中心工作。在党的十九大召开期间,党支部积极组织党员观看开幕式、新一届政治局常委见面会实况直播,及时掌握党员思想动态。2017年7月12日,党支部全体党员认真学习了习近平总书记关于巡视工作的重要讲话精神,观看了中央第十二轮巡视反馈意见新闻报道,学习了《赵乐际同志在中央第七巡视组专项巡视清华大学党委情况反馈会议上的讲话》和《关于专项巡视清华大学党委的反馈意见》。10月26日,党支部围绕学校9月19日召开的"清华大学思想政治工作会议"的精神,召开"思想政治工作"专题组织生活会。11月9日,党支部召开组织生活会,各党小组分别就"党风廉政建设"和党的十九大报告学习情况展开汇报交流。11月24日,党支部召开了2017—2018学年度第4次党支部委员会(扩大)会议,邀请计算机系党委副书记贾珈以实际案例介绍了学校党风廉政建设工作以及深化巡视整改工作。12月7日,党支部特邀我校十九大精神宣讲团成员、校史馆馆长范宝龙为全体党员上了一堂题为《从党的历史看十九大的创新发展》的主题党课。2018年1月12日,党支部特邀马克思主义学院学术委员会主任刘书林做了题为《党的十九大精神的五大突出聚焦点》主题报告,为全院党员解读党的十九大报告和新党章,计算机系党委副书记贾珈参加了此次组织生活会。6月14日,党支部组织全体党员观看《"首都百万师生同上一堂课"暨首场授课》。

2019年1月10日,信研院党支部邀请计算机系党委委员兼系副主任唐杰为全体党员上了一堂题为《计算机系学生课外创新培养工作》的主题党课。4月11日,根据学校2019年全面从严治党集中教育月活动安排,信研院党支部进行了以"加强政治建设,反对形式主义、官僚主义"为主题的专题学习。5月24日,党支部召开了2018—2019学年度第10次党支部委员会(扩大)会议,会上集体学习了《清华大学教职工政治理论学习实施办法》。5月27日,党支部召开了2018—2019学年度第11次党支部委员会会议,会上学习了《清华大学教职工政治理论学习实施办法》和《清华大学师德"一票否决"实施细则》。

(4) 开展"不忘初心、牢记使命"主题教育

2019年7月4日,在信研院党支部期末组织生活会上,党支部书记黄春梅传达了习近平总书记出席"不忘初心、牢记使命"主题教育工作会议的讲话精神,党支部副书记张勇传达了《清华大学"不忘初心,牢记使命"主题教育准备工作方案》的具体内容。9月16日,信研院党支部进行拆分换届选举,原信研院党支部拆分为信研院教工第一党支部和信研院教工第二党支部。同日,信研院教工第一党支部和第二党支部分别召开了2019—2020学年度第1次党支部委员会会议,明确了支委会分工。9月20日,信研院教工第二党支部召开了2019—2020学年度第2次党支部委员会会议,会上集体学习了《清华大学"不忘初心、牢记使命"主题教育党支部学习教育方案》和《计算机系党委"不忘初心、牢记使命"主题教育工作方案》。10月16日前后,第一党支部分小组举行了"不忘初心,牢记使命"主题教育活动座谈和调研会,对"政治思想建设方面的突出问题及解决方案"以及"科研团队组织建设方面的突出问题及解决方案"进行了分组座谈和调研。10月24日,全体党员观看了清华大学马克思主义学院肖贵清副院长讲授的理论学习课视频,从"不忘初心,牢记使命"主题教育背景、总书记关于使命与初心的重要论述以及新时代共产党人的使命三个方面进行了深入的集中理论学习。11月6日前后,第一党支部分小组对《榜样4》进行了学习并交流了学习体会。11月25日,信研院教工第二党支部召开了2019—2020学年度第4次党支部委员会会议,学习了《中共清华大学委员会关于学习贯彻党的十九届四中全会精神的通知》和《清华大学"不忘初心、牢记使命"主题教育党支部专题组织生活会工作方案》。11月27日前后,第一党支部分小组对《十九届四中全会公报》进行了学习并交流了学习体会。12月31日,信研院教工第二党支部召开了

2019—2020学年度第5次党支部委员会(扩大)会议,传达了学校教职工党支部书记研讨班会议精神,学习了《中国共产党党员教育管理工作条例》。2020年1月9日,第二党支部的党员们集体学习了《中共中央关于坚持和完善中国特色社会主义制度、推进国家治理体系和治理能力现代化若干重大问题的决定》。

4.2.2 创新学习形式、增强学习实效

党的组织生活是党的建设的重要组成部分,是党组织对党员进行教育、管理和监督的重要形式,是党员进行政治理论学习、开展思想交流的主要途径。信研院党支部不断创新组织生活的形式和载体,增强组织生活的政治性、时代性、原则性和战斗性,不断提高组织生活质量。创新"三会一课"组织形式,针对不同专题,信研院党支部采取多种形式,开展了一系列丰富多彩的专题教育活动。

2006年11月1日,党支部开展了廉洁从教的思想宣传教育活动。2008年9月20日,党支部全体党员学习了修订的《中国共产党纪律处分条例》。2010年,党支部结合两会召开等重大事件,开展民生方面议题的主题活动。4月,各个党小组围绕"关注两会、关注民生"的主题,讨论了房价、食品安全、教育公平等与日常生活密切相关的民生问题。5月6日,党支部邀请清华大学国情研究中心研究员胡光宇博士来院作了以"国情与民生"为主题的报告。6月3日,信研院党支部全体党员进行了党风廉政建设宣传教育专题组织生活。会上党支部书记曹军威带领大家认真学习了《清华大学2010年党风廉政建设宣传教育专辑》,尤其对其中《中国共产党第十七届中央纪律检查委员会第五次全体会议公报》《关于加强高等学校反腐倡廉建设的意见》等重要文件进行了讨论。7月22日,信研院党支部召开了本学期期末组织生活会。会上由支部书记曹军威作学期支部工作总结,各党小组长就"民生"分组讨论进行汇报,并学习了学校"争先创优"相关文件。9月1—2日,信研院党支部组织党员在五道口电影院观看《第一书记》,深入学习全国"优秀共产党员"、安徽省凤阳县小岗村党委原第一书记沈浩同志的崇高精神。11月4日,信研院党支部与经管学院党委联系,参加了中国教育学会常务副会长、学术委员会主任谈松华教授主讲的"加快教育改革和制度创新——《教育规划纲要》学习体

会"讲座报告。

2011年6月8日,党支部组织党员收看专题片《中国共产党历史》,纪念中国共产党成立90周年。6月24日,在庆祝中国共产党建党90周年之际,信研院党支部组织党员27人参观了国家博物馆"复兴之路"大型展览。7月1日,信研院党支部组织党员参加了北京市委组织部、北京市委宣传部联合主办的"向党说句心里话——百万党员寄心语"活动,为党的90岁生日献上祝福。9月,党支部为全院教师购置了《科研诚信——负责任的科研行为教程与案例》一书。11月17日,党支部邀请马克思主义学院党委副书记朱安东副教授为全体党员作了题为《中国经济的发展模式》的专题报告。2012年6月13日,信研院党支部邀请了学校政策研究室副主任范宝龙研究员以《新百年,新规划,清华未来发展政策解读》为题,作了校内形势和政策的辅导报告。范宝龙结合清华大学第十三次党代会精神,详解了学校新百年、新领导班子,以及学校政策导向上的重大举措。2013年5月5日,信研院党支部部分党员前往中国人民抗日战争纪念馆,参观由中共北京市纪委、市委宣传部共同主办的"光辉典范——抗战时期中国共产党党风廉政建设"展览。5月15日,信研院党支部组织党员以多种形式收看由北京市委宣传部、市委讲师团、北京电视台共同拍摄录制的50集电视系列片《正道沧桑——社会主义500年》。5月16日,信研院党支部召开组织生活会,学习了习近平同志关于中国梦的讲话精神。12月5日,信研院党支部组织全体党员在"北京高校教师党员在线"完成选学一门课程。

2014年6月10日,信研院党支部按照学校党风廉政建设宣传教育月的活动安排,组织党员观看清华电视台播放的《焦裕禄》《以案说纪》录像片。2016年7月12日,党支部组织全体党员到校史馆参观"辉煌壮丽的史诗——庆祝中国共产党成立95周年"图片展。11月16日,党支部邀请了计算机系党委委员、研工组组长刘知远,作了以"研究生培养"为主题的党课报告。11月25日,党支部、工会组织60余名教职工参观清华大学艺术博物馆。2017年4月27日,信研院党支部组织全体党员前往国家博物馆参观"100件文物中的世界史"。5月12—14日,党支部部分党员赴无锡和嘉兴参加了计算机系党委开展的"追溯光荣历程,体验前沿科技"的党建特色教育活动,参观了国家超级计算无锡中心、东林书院、王选事迹陈列馆和无锡博物院(见图4-3)。6月29日,党支部、工会邀请著名男高音歌唱家孙毅为全院教职工做了题为《不忘初心,勇于担当,做人民满意的党员艺术家》的讲座。9月16日,党支部、工会组织全体教职工30余人到国家战略新区雄安参观学习,参观了赵庄子村党支部、白洋淀文华苑雁翎队纪念馆、赵庄子村史馆以及雄安新区中心。

图 4-3 "追溯光荣历程,体验前沿科技"党建特色教育活动

2018年4月26日,信研院党支部与清华大学基础工业训练中心教研室党支部开展共学共建,到清华大学iCenter交流参观。共建后,信研院3名教师(汪东升、邢春晓、赵明)在基础训练中心新开设了3门全校选修课。5月15日,党支部组织全体党员到清华大学新清华学堂观看反腐话剧《叩问》。6月7日,党支部邀请北京语言大学国际关系学院副教授、清华大学国际关系研究院研究员周建仁就中美贸易的热点问题做了题为《权力转移与中美战略竞争》的报告。6月7—9日,党支部部分党员和积极分子参加了计算机系党委组织的"不忘初心,重走革命路"井冈山学习实践活动。10月13日,党支部与怀柔庙上村红色纪念馆联合开展党建活动。

2019年5月26日,由党支部书记黄春梅和工会主席邢春晓带队,信研院党支部、分工会组织全院教职员工前往延庆参观了2019中国北京世界园艺博览会。参观后,教职员工分享了心得体会,各党小组还组织学习了习近平在纪念五四运动100周年大会上的讲话，通过讨论，同志们更加了解了100年前五四运动的历史以及对后续中国发展的重要影响，理解了中国共产党在历史转折时期做出的重要贡献，更加认识到作为教师所担负的历史使命。6月4日，信研院党支部、分工会组织全院教职员工前往清华大学校史馆参观"迈向一流——清华大学庆祝改革开放40周年展览"，深入了解清华大学发展历史。6月19日，信研院党支部和社会科学学院机关党支部开展了共学共建主题活动——"夯实学风 看齐标兵 提升职工专业化"。9月26日，信研院教工第一党支部、第二党支部和分工会组织教职工参观中共中央北京香山革命纪念地，举行了庆祝新中国成立70周年主题党日活动。11月7日，党支部特邀建国70周年国庆阅兵医疗保障负责人张雷来院，为信研院全体党员和部分群众讲主题党课，深入解读了本次阅兵的重大政治意义和深远社会影响，开展了一次深刻的国防教育和爱国主义教育。信研院网络行为研究所在此次阅兵中获得"纪念建国70周年阅兵服务保障单位"的奖励。相关活动照片见图4-4。

图4-4 （左）"不忘初心，重走革命路"井冈山学习实践活动，（右）70周年国庆阅兵医疗保障负责人张雷上党课

2017年开始，根据学校要求，支部书记为全体党员讲党课。7月12日，党支部书记黄春梅主讲《为人民服务》的主题党课；10月26日，党支部副书记张勇主讲《增强信心，不忘初心》的主题党课。2018年12月13日，党支部书记黄春梅以《纪念一二·九 传承爱国奉献精神》为题讲党课，分析了新时代下的环境特征和青年思想特征，牢记历史，传承和发扬爱国精神，提出党支部要做好教职工的思想引领和政治把关，教师要加强感知引领和价值塑造。2019年10月24日，第一党支部书记邢春晓和第

二党支部书记黄春梅联合宣讲了题为《主动担当作为 矢志教育报国 领会科技创新 赋能网络强国》的主题党课,会上,介绍了计算机系党委主题教育工作方案并汇报了信研院党支部主题教育调研情况,带领大家学习了总书记科技创新、网络安全及信息化相关讲话摘要,从科技创新、营造安全清朗的网络空间、让互联网更好造福国家和人民、携手构建网络空间命运共同体等方面进行了深入学习,并分享了关于建设数字中国和智慧社会的领悟和感想。图 4-5 和图 4-6 分别为基础工业训练中心教研室党支部开展共学共建活动和井冈山学习实践活动的现场照片。

图 4-5 基础工业训练中心教研室党支部开展共学共建活动

图 4-6 井冈山学习实践活动

4.2.3 积极开展教职工党支部调研课题和特色活动

党支部结合自身实践,积极申报清华大学基层党建特色工作、教职工党支部调研课题和特色活动,使之成为创新组织生活形式、提高组织生活质量的重要载体。2011 年 5 月 11 日,信研院党支部承担了清华大学教职工党支部调研课题"新型国家自主创新体系下的高校科研单位基层党支部建制研究",由曹军威担任课题负责人。2013年4月,党支部由黄春梅作为项目负责人,承担了清华大学教职工党支部调研课题"基于制度创新视角的青年骨干教师培养体系研究"。2018年4月,党支部由董炜作为项目负责人的《"点燃希望",助力革命老区基础教育发展——河北唐县第三小学支教》获得"2018年清华大学教职工党支部特色活动立项"支持,并获得2018年教职工党支部特色活动优秀成果奖,图4-7为奖励荣誉证书。

图4-7 教职工党支部特色活动优秀成果奖

4.3 切实加强自身组织建设,密切联系群众

4.3.1 做好发展党员的工作

信研院党支部按照"坚持标准、保证质量、改善结构、慎重发展"的方针,做好积极分子培养和发展党员的工作。截至2019年,共发展了7名预备党员,分别是高群毅、杨海军、李杨、李锦秋、阚淑文、任光、王会会;共有10名预备党员转正,分别是周兰顺、高能、高群毅、杨海军、李杨、李锦秋、阚淑文、郭倩、杨昉、王会会。其中,数字电视中心青年骨干教师杨昉副研究员是党支部自成立以来发展的首位教师党员,图4-8为青年骨干教师杨昉入党发展会现场照片。

图 4-8　青年骨干教师杨昉入党发展会

4.3.2　坚持群众路线,做好思想政治工作

信研院党支部坚持全心全意为人民服务的宗旨,坚持党支部为党员服务,党支部和党员为群众服务,努力建设服务型党支部。及时了解、分析并反映党员群众的思想状况,主动关心并帮助解决党员群众的思想问题和实际困难。密切联系群众,主动维护群众的合法权益,积极协调群众的各种利益关系。

(1) 积极探索发展战略和路径

2004 年 8 月 25 日,信研院党支部召开 2004—2005 学年度第一次支委会扩大会议。支部书记吉吟东介绍了信研院建立 1 年来发展的整体情况,与会人员反映了实际工作中遇到的一些问题。党支部希望通过与各中心主要负责同志的思想交流,加强沟通,根据各中心反馈的情况进行分析,由支部和行政班子共同解决体制改革过程中出现的问题,并进一步争取学校和学院的支持。2008 年 12 月 10 日,党支部书记汪东升组织全体党员学习胡锦涛总书记在全党深入学习实践科学发展观大会上的讲话,并就"如何紧密结合国家发展战略,充分发挥信研院多学科综合优势;加强与国内外企业合作,努力发展成为科研成果向产业转化的技术创新支撑平台;加强支部工作和工会工作及院办工作的合作"等议题进行讨论交流。

(2) 加强海外人才交流,增强团队凝聚力

2004 年 3 月 10 日,信研院在中央主楼 816 会议室召开了留学归国人员交流会。校人事处人才交流办主任朱斌、信息学院副院长李艳和应邀

出席了会议。常务副院长李军首先转达了龚克院长对留学归国人员的诚挚问候,龚克院长强调信研院正处在改革阶段,需要大家团结在一起克服很多困难,信研院要充分理解并帮助留学归国人员解决回国后的困难。留学归国人员反映了工作和生活中遇到的一些问题,并提出要强化团队力量、建立完善评价体系等建议。最后,李艳和与朱斌分别表示会将信研院归国人员的意见反馈给学校,帮助解决生活上的困难,鼓励归国人员拧成一股绳,渡过信研院起步生存阶段的难关,在学校的科研体制改革中勇于创新、勇于探索,做出一番事业。

2007年7月13日,党支部召开组织生活,在校组织部领导的主持下,李军、宋健两位同志分别汇报了自己在国外及回国后的思想及科研情况。2008年1月16日,党支部召开组织生活,杨维康、曹军威两位同志分别汇报了自己在国外及回国后的思想及科研情况。2009年4月15日的院务会(扩大)务虚会上,院务会提出,要在全院将促进发展作为本次科学发展观学习的主题,在学习和讨论中内聚人心,始终关心群众利益,解决发展中遇到的困难和阻碍,用科学的精神和科学的方法最终实现发展。

(3)理论联系实际,多渠道征求教师对院发展的意见和建议

积极开展批评和自我批评,以问题为导向,做好信研院的发展规划,努力做到"敢担当、有作为",想方设法解决院发展中的难点问题。

2017年初院务会提出,由党支部牵头,建立制度化多渠道的意见、建议的提出和反馈机制,并落实在程序上,规范执行。党支部通过多种形式向全院征求对院行政班子的意见,针对教师向信研院提出的各项意见,逐一处理落实,针对向学校提出的各项意见,逐一沟通、反馈,积极解决教职员工反映的突出问题。

4.4 长期定点支教,对口教育帮扶

秉持"教育服务社会"的理念,信研院党支部长期坚持开展支教工作,10多年来先后在贵州省江口县、河北省巨鹿县以及河北唐县开展以图书捐赠、设备捐赠和科普教育为主的支教活动,期望利用有限的资源,发挥信研院的特色,为贫困地区和革命老区的基础教育发展做一些力所能及的、有长远价值的工作。图4-9为江口支教照片。

图 4-9　江口支教

2006年7月29日至8月23日，信研院党支部黄春梅等作为带队教师参加了清华大学"中美大学生暑期教育扶贫社会实践活动"，前往国家级贫困县——贵州省江口县进行支教活动，支教期间，除与学生共同开展中小学教育活动外，还承担了教育管理教学任务，牵头参与当地教育局网络建设，进行了全县信息员培训。在充分了解当地教育需求后，信研院党支部于2007年3月与贵州省江口县教育局结为对口支援单位，建立了长效对口的教育帮扶机制，当年为江口县桃映中学、河坝中学34名品学兼优的学生提供了经济资助。2008年1月，党支部为贫困山区孩子捐赠图书130余册。2008年3月，贵州省教育局局长一行来访信研院，与党支部共同探讨当地扶贫支教的需求。2009年12月，信研院党支部和工会向贵州省江口县教育局捐赠了25台电脑。2011年12月，信研院党支部和工会向贵州省江口县教育局捐赠了30台电脑、200余本图书。2013年3月19—20日，信研院吉吟东、邢春晓、黄春梅等赴贵州省江口县开展教育扶贫和调研活动，信研院联合计算机系、信息国家实验室捐赠了75台电脑。2015年1月9—11日，信研院党支部委托教师潘长勇和董炜赴江口县进行调研,并向江口县教育局捐赠了18台笔记本电脑。

2006—2015年,10年来信研院党支部对贵州江口县进行对口教育帮扶,以信息技术推动了江口县教育的发展,有力地促进了当地教育水平的提高,受到了当地师生的广泛欢迎。

2015年暑假期间,信研院青年教工任远带领3名清华大学的本科生和4名来自国外大学的本科生参加了清华大学组织的"曾宪备慈善基金会2015中外大学生暑期教育扶贫社会实践活动",前往河北省衡水市武强县北代学校进行了为期两周的支教活动。随后,信研院党支部的教育帮扶工作由贵州转至河北。2015年12月21日,信研院党支部向河北省衡水市武强县北代学校捐赠了28台电脑。2016年10月28—29日,信研院党支部代表张勇、董炜等一行4人赴河北省巨鹿县蓝天小学开展教育帮扶和调研活动,并捐赠了200多册图书。2017年10月29日,信研院教师孙新亚、潘长勇、张勇、戴琳、董炜赴河北省唐县第三小学开展教育帮扶和调研活动,将捐赠的200多册图书赠予该校,并与校领导及师生代表进行了座谈,以期建立长效对口的教育帮扶机制。2018年4月26日,由信研院党支部申报,董炜作为项目负责人的"'点燃希望',助力革命老区基础教育发展——河北唐县第三小学支教"项目获得"2018年清华大学教职工党支部特色活动立项"支持。5月12日,党支部教育扶贫工作组教师杨维康、董炜、蔚欣和清华大学学生教育扶贫公益协会刘清源同学前往唐县第三小学开展了支教对接工作,同校方达成了"机器人知识""图书和科学仪器捐赠""教师信息技术专业引领""学生科技指导"等多项长期帮扶项目。10月22—23日,党支部教师代表杨维康赴河北省唐县第三小学,开展了为期两天的"点亮希望——科学系列课"教学活动,同时带去了捐赠的270余册图书。10月27日,党支部支委、特色活动项目负责人董炜带队,与清华大学学生教育扶贫公益协会的同学们一行7人前往唐县第三小学,向该校捐赠了由信研院党支部募集的"乐博士"机器人、智伴机器人、数码相机和摄像机等教学设备,并开展了科普支教活动。11月14日,党支部在全体党员范围内开展了"特色活动项目——河北唐县第三小学教育帮扶活动"经验交流。图4-10为党支部前往唐县支教照片。

2019年,信研院党支部进一步拓展支教教育资源,与北京清承教育科技有限公司联合开展一系列支教活动。6月25日,信研院党支部与清承

图 4-10 党支部前往唐县支教

教育一行 7 人前往江西省芦溪县保育院,开展了以"大数据时代学生综合素养教育"为主题的公益支教活动,并向保育院捐赠了价值 20 万元的幼儿音乐素养教育产品、师资培训及教学服务,保育院的孩子们从此可享受到具有权威性、系统性的高品质音乐素养启蒙教育,图 4-11 为支教照片。9 月 7 日,清华大学信研院党支部、清承教育以及清华大学学生教育扶贫公益协会一行 7 人前往唐县三小,开展了以"大数据时代学生综合素养教育"为主题的公益支教活动,受到了唐县三小师生的热烈欢迎。在这次公益支教活动中,清承教育的主讲老师以青少儿编程为主题,为该校三年级和四年级的部分学生讲解了"你好,Scratch""开始跳舞吧"两节编程示范课,并现场进行了计算机图形化编程实践,开启了唐县三小计算机编程教育之旅,图 4-12 为支教照片。

信研院党支部长期坚持的扶贫支教和教育帮扶活动,薪火相传,在党支部内部得到了全院教职员工的支持和响应,在学校外部取得了良好的社会反响。

图 4-11　党支部前往江西省芦溪县保育院公益支教

图 4-12　党支部前往唐县三小支教

第5章

信研院分工会发展史

5.1 院分工会历史沿革

2003年12月30日,信研院召开第一届分工会委员会选举,选举产生第一届工会委员会委员5名,当选的工会委员为郑方、韩明、王娜、刘志、赵黎。经校工会批准,由郑方担任工会主席,韩明任副主席。

2006年4月28日,信研院召开第二届分工会委员会换届选举,选举产生新一届工会委员会委员7名,当选的工会委员为邢春晓、王娜、韩明、客文红、梁国清、马彩芳、林皎。经计算机系党委和校工会批准,新一届工会委员会召开第一次全体会议,明确分工,由邢春晓担任工会主席,韩明任副主席,马彩芳任组织委员,王娜任文艺委员,梁国清任体育委员,客文红任生活委员,林皎任宣传委员。工会还增设工会小组建制,由各直属单位行政秘书担任工会小组长。

2009年6月22日,信研院召开第三届分工会委员会换届选举,选举产生了第三届工会委员会委员7名,当选的工会委员为邢春晓、韩明、蒋蕾、周媛媛、王娜、杨海军、张翠花,经计算机系党委和校工会批准,由邢春晓担任工会主席,韩明任工会副主席,蒋蕾任组织委员,周媛媛任生活委员,王娜任文艺委员,杨海军任体育委员,张翠花任宣传委员。

2016年8月25日,信研院召开第四届分工会委员会换届选举,选举产生了第四届工会委员会委员9名,当选的工会委员为邢春晓、吕勇强、蒋蕾、周媛媛、王娜、杨海军、客文红、梁国清、孙娟,经计算机系党委和校工会批准,由邢春晓担任工会主席,吕勇强任工会副主席,蒋蕾任组织委员,周媛媛任生活委员,王娜任文艺委员,杨海军任体育委员,客文红任宣传委员,梁国清任青年委员,孙娟任女工委员。

2020年,信研院分工会委员会委员9人,下设10个工会小组,分工会会员人数140人,教师51人,博士后30人,非事编人员59人。

5.2　院分工会组织架构

信研院分工会组织结构如图5-1所示。

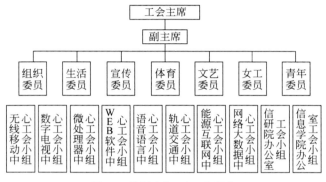

图5-1　信研院分工会组织结构

5.3　分工会积极推动民主建设

分工会积极推进院务公开工作,在学院党政领导班子换届和党委书记调整时,均征求了分工会主席和教代会代表组长意见。遇有涉及教职工权益的重大事项的决策,如人事制度改革、深化教育教学改革、学院"十三五"规划等工作,根据涉及的利益人群,召开教职工大会征求意见,或者由分工会主席、教代会代表组长召集涉及的群体小范围讨论。教代会代表组积极发挥参政议政作用,围绕学校、院系中心工作及教职工关心的热点问题,经常听取群众意见,在会员中征集提案建议并讨论形成适合的提案上报,如关于提升青年教师培养质量的提案、关于增强我校医疗健康急救和慢病配套设施和服务的建议、关于设立校园"健步道"的提案等。

信研院建有《清华大学信息技术研究院二级教职工代表大会实施细则》等民主管理文件,涉及工会换届、民主评议等重大事项,均保留工作档案,图5-2为部分工作档案记录。

图 5-2 部分工作档案记录

5.4 依法维护教职工权益

信研院分工会成立 16 年来,制订了《信研院救助帮扶工作制度》《信研院困难职工档案管理实施办法》《信研院工会困难职工档案登记表》《信息技术研究院教职工慰问管理办法》等相应管理规定和办法,让教职工做到有法可依,有章可循。信研院分工会在 2008 年初建立"教职工之家"。经院务会讨论,拨款在 700 多平方米的地下一层布置了专用的教工之家活动场地,备有 6 张乒乓球球台及健身器材,还购买了篮球、足球、瑜伽垫、跳绳等用品供教职工借用,并在楼里房源紧张的情况下专门拨出一间会议室用作教职工之家,鼓励教职员工利用业余时间锻炼身体。信研院逐年加大对工会经费的投入,每年在进行行政工作预算时,都会专门在工会小额经费之外,划拨专门的福利费用于年度工会工作列支,由分工会申报活动预算,将涉及教工的助力职业发展、生活与健康服务、文化与感情建设等工作交由工会来做。

分工会每年慰问生育和生病教职工,经院务会讨论,于 2007 年形成《信研院大病救助基金管理办法(试行)》(见图 5-3),为身患重病的教职工提供大病救助,用以减轻教职工个人大病医疗费用过重的负担,信研院分工会大病基金支出王京老师大病救助金 20 万元。

分工会积极了解教职工需求和意见,及时上传下达,舒缓矛盾。如非事业编制人员子女清华大学附属小学入学问题,及时了解合同制员工困难,向学校工会积极反映情况。在积极沟通协调下,根据学校对优秀科研

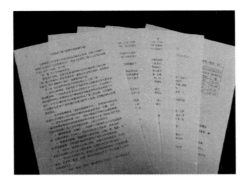

图 5-3 大病医疗管理办法

人员入托入学问题的优惠政策,解决了部分我院优秀科研人员子女入学问题。又如,在学校制订青年教师周转公寓政策过程中,分工会和教代会代表组多次通过座谈、个别沟通等方式,了解青年教师需求,积极协调,解决问题。

信研院工会在编教职工均按照国家和学校要求上齐相关险种,保险工作覆盖面高,以最大限度地保证教职工权益。协助校工会办理女工安康保险,增强女教工抵御大病风险的能力,给患病的女职工带来更有力的经济保障。分工会2017年还积极协助我院王颖同志办理工伤理赔工作。

5.5 积极参加校工会活动、组织多样化分工会活动

5.5.1 积极参加学校教职工运动会及各项体育活动

信研院分工会自成立以来,积极参加校教职工运动会及各项体育项目,并取得优异成绩,表 5-1 为信研院分工会教职工运动会获奖情况,图 5-4 为信研院分工会参加运动会部分照片。

表 5-1 信研院分工会教职工运动会获奖情况

信研院历年参加教职工运动会排名					
序号	年份/年	届次	排名	参加单位个数	取得成绩
1	2005	32	49	54	
2	2006	33	39	52	
3	2007	34	27	49	

续表

序号	年份/年	届次	排名	参加单位个数	取得成绩
4	2008	35	30	58	
5	2009	36	24	57	
6	2010	37	23	55	优秀工会主席邢春晓
7	2011	38	20	61	
8	2012	39	25	60	
9	2013	40	20	57	
10	2014	41	20	61	
11	2015	42	11	61	院系团体总分第五名
12	2016	43	18	61	
13	2017	44	14	56	院系团体总分第五名
14	2018	45	21	55	院系团体总分第六名
15	2019	46	校工会未统计全部排名		

信研院历年参加运动会获奖名单

形式	姓名	项目	名次	届次	年度/年
个人	王婉如	女甲100米	5	33	2006
	杨海军	男甲定点投篮	1		
	梁国清	男甲铅球	6		
	梁国清	男甲跳绳	4		
个人	周媛媛	女甲100米	8	34	2007
	周媛媛	女甲跳远	5		
	梁国清	男乙铅球	2		
团体	女甲	4×100米	5		
	男子	拔河	5		
个人	邢春晓	男丙50米抱球跑	4	35	2008
	邢春晓	男丙立定跳远	2		
	张秀军	女甲踢毽	3		
	马彩芳	女乙跳绳	5		
团体	女甲	4×100米	6		
个人	周媛媛	100米女甲	6	36	2009
	邢春晓	50米抱球男丙	3		
	邢春晓	男丙立定跳远	7		
	张秀军	女甲踢毽	2		
	周春晖	男甲跳绳	1		
	梁国清	男乙掷实心球	6		
团体	女甲	4×100米	8		

续表

形式	姓名	项目	名次	届次	年度/年
个人	邢春晓	男丙50米抱球跑	2	37	2010
团体	邢春晓	男丙立定跳远	6	37	2010
	张秀军	女乙踢毽	1		
	闫利国	男乙跳绳	6		
	女乙	4×100米	6		
个人	戴琳	女乙3000米	8	38	2011
	邢春晓	男丙50米抱球跑	2		
	邢春晓	男丙立定跳远	2		
	胡庆成	男乙跳远	6		
	郭涑炜	男丙立定跳远	8		
	张秀军	女乙踢毽	1		
	张勇	男乙跳远	6		
个人	邢春晓	男丙50米抱球跑	4	39	2012
	邢春晓	男丙立定跳远	2		
	张勇	男乙跳远	8		
	蒋蕾	女甲跳远	6		
个人	邢春晓	男丙立定跳远	1	40	2013
	张秀军	女乙踢毽	4		
	闫利国	男甲踢毽	5		
	许汝文	女甲跳远	8		
团体		穿梭接力	7		
个人	邢春晓	男丙50米抱球跑	4	41	2014
	邢春晓	男丙立定跳远	1		
	朱义	男丙立定跳远	6		
	杨明博	男乙跳高	6		
个人	李兆麟	男丙100米	4	42	2015
	闫利国	男乙100米	2		
	曾捷	男甲3000米	5		
	邢春晓	男丙50米抱球跑	3		
	邢春晓	男丙立定跳远	6		
	张少杰	女乙800米	4		
	张秀军	女乙踢毽	4		
	杨明博	男乙跳高	4		
	王小斐	男甲跳远	2		
	许汝文	女甲跳远	8		
	张国栋	男乙跳远	6		
团体	男甲	4×100米	5		

续表

形式	姓名	项目	名次	届次	年度/年
个人	邢春晓	男丙50米抱球跑	3	43	2016
	邢春晓	男丙立定跳远	7		
	郭涑炜	男丁立定跳远	2		
	张秀军	女乙踢毽	4		
	王小斐	男甲踢毽	1		
	胡庆成	男乙跳远	7		
团体	男乙	4×100米	6		
个人	朱翠萍	女乙100米	8	44	2017
	戴琳	女丁1500米	7		
	戴琳	女丁3000米	6		
	邢春晓	男丙50米抱球跑	2		
	邢春晓	男丙立定跳远	3		
	胡庆成	男乙立定跳远	4		
	韩明	男丁立定跳远	1		
	赵光辉	男甲踢毽	6		
	刘建伟	男甲跳高	4		
团体	男乙	4×100米	5		
	男丙	4×100米	8		
个人	韩明	男丁50米抱球跑	4	45	2018
	朱义	男丙立定跳远	4		
	吉吟东	男丁立定跳远	4		
	胡庆成	男乙立定跳远	4		
	杨海军	男甲踢毽	6		
	郭东超	男甲跳高	3		
个人	张勇	100米男丙	8	46	2019
	戴琳	女1500米	5		
	邢春晓	男50米抱球跑	1		
	邢春晓	男立定跳远	3		
	郑方	男立定跳远	2		
	张国栋	男乙踢毽	5		
	杨海军	男丙踢毽	4		
	张秀军	女乙踢毽	6		
	董玮	男乙掷实心球	6		

续表

信研院历年参加团体比赛获奖名单

年度/年	获奖情况
2006	第五届全校义务消防技能比赛,消防技能灭火项目,杨海军获第一名
2009	信研院工会各中心小组乒乓球团体、男女个人比赛
	第十届保龄球比赛,获得小组第六名
2010	信研院教职工乒乓球流动杯团体比赛
2011	百年校庆第四届信研院师生团体乒乓球比赛,数字电视中心获得冠军
	2011年教职工乒乓球比赛,进入16强
2012	第五届信研院师生杯乒乓球团体赛,CPU中心获得冠军
	2012年教职工乒乓球比赛,进入八强,历史最好成绩
2013	十年院庆羽毛球比赛和乒乓球比赛
2014	教职工羽毛球比赛,进入16强,历史最好成绩
	12月组织院里奥林匹克公园健步走
2015	教职工中国象棋比赛,邢春晓第三名
2016	第十二届消防技能运动会,杨海军参加灭火器灭火获得教工组三等奖
	教职工中国象棋比赛,邢春晓获第三名
2017	教职工中国象棋比赛,邢春晓获第四名
2019	教职工篮球比赛,获得亚军,历史最好成绩
	教职工中国象棋比赛,邢春晓获总成绩第四名,教工组第二名

图 5-4　信研院分工会参加运动会留念

5.5.2 积极参加清华大学教职工文艺汇演、手工艺品展、摄影展等多姿多彩文化活动

信研院分工会积极参加校教职工文艺汇演,并取得优异成绩,表 5-2 为信研院分工会教职工运动会获奖情况,图 5-5 为校教职工文艺汇演照片。

表 5-2 信研院分工会教职工运动会获奖情况

序号	年度/年	主题	名次
1	2006	纪念中国共产党成立 85 周年暨红军长征胜利 70 周年	特等奖
2	2007	庆祝十七大歌颂祖国歌颂党	二等奖
3	2008	纪念改革开放 30 周年	特等奖
4	2010	喜迎百年校庆	汇报演出
5	2011	庆祝中国共产党建党 90 周年	特等奖
6	2012	喜迎党的十八大	一等奖
7	2013	行健新百年 共筑中国梦	汇报演出
8	2014	爱国爱家、筑梦清华	优秀奖
9	2015	纪念抗日战争胜利 70 周年"一二九"运动 80 周年	优秀奖
10	2016	庆祝中国共产党成立 95 周年暨清华党组织建立 90 周年	一等奖
11	2017	庆祝党的十九大胜利召开	一等奖
12	2018	纪念改革开放四十周年 建功立业新时代	优秀奖
13	2019	庆祝中华人民共和国成立 70 周年——我和我的祖国	汇报演出

图 5-5 校教职工文艺汇演

积极参加校工会组织的摄影展,多次获得校工会摄影展一等奖。在校工会组织的手工艺品展上,我院许汝文获得"环保创意奖",图 5-6 为获奖奖状。

图 5-6　许汝文获得"环保创意奖"

5.5.3　关心教职工健康,定期组织体检

信研院分工会每年定期组织员工进行身体健康检查,每年进行体检的同时,广泛征求教职工对体检的需求,针对 40 岁以上教职工加大体检的深度和广度,建立有效的教职工健康档案,以便更好地对员工的身体健康状况进行跟踪记录,确保每位员工都能以饱满的热情和健康的体魄投入到工作中。

5.5.4　组织教职工春、秋游活动

信研院分工会自成立以来,每年都组织春、秋游。有红色之旅的井冈山、河北冉庄地道战遗址、河北西柏坡、平谷鱼子山抗战纪念馆、白洋淀、庙上村红色纪念馆等,风景观光游黑龙潭、妫河漂流、野三坡、雁栖湖、天云山、野鸭湖、青龙峡、木兰围场、玉渡山等地,博览会游第九届中国(北京)国际园林博览会、2019 中国北京世界园艺博览会、上海世博会等,古城名胜之旅五台山、正定古城、黄花水长城等地,还有雄安新区、古北水镇、蟹岛、牛栏山等特色之旅等,图 5-7 为部分春、秋游照片。

5.5.5　提高教职工业余生活,参观各种文化艺术展览

为了丰富教职员工的业余生活,提高艺术修养,每年分工会都会组织教职工参观展览,参观了国博"庆祝改革开放 40 周年"展,参观校艺术博

物馆特展"西方绘画500年"和"达芬奇特展"等,广大教职工零距离地感受到了艺术作品的魅力和内涵,深刻地了解了艺术之美,图5-8为部分参观照片。

图 5-7　信研院分工会组织春、秋游

图 5-8　信研院分工会组织参观文化艺术展览

5.5.6　通过内网意见箱及时了解教职工建议和意见

分工会在信研院网页上及时宣传工会活动,将分工会活动、例会等方面信息通过网络发布,分工会积极向学校工会上报分工会活动信息,还在学院每月工作简报、每年年鉴上设立工会活动专栏。此外,还通过微信群、钉钉智能移动办公平台和学院公众号进行工会活动的推送和宣传。

5.5.7　加强职工队伍建设,关心非事编人员职业发展

随着我院非事业编(非事编)员工的增加,分工会把增加组织凝聚力和吸引力作为工作重点以吸纳更多非事编员工加入工会,2017年已有75

名非事编人员加入。

分工会重视维护妇女儿童权益。在年度体检项目中专门增加女教职工体检费用和项目,关心女教职工保健。在"三八妇女节"期间信研院分工会特邀请丰台区妇幼保健院主任医师唐艳为全院女教工做从"如何构建积极心理与幸福人生"为主题的心理健康教育专题讲座。并给女教工赠送贴心小礼物,让女教工时时刻刻感受到工会的温暖。此外,还将分工会的关心延续到教职工子女,在校庆期间特意为会员子女组织科普讲座,组织亲子果园采摘活动等,图5-9为分工会为教职工庆祝生日的照片。

图 5-9　信研院分工会为教职工庆祝生日

以教职工兴趣团队的负责人和各技术中心行政秘书为主体建立工会积极分子队伍,在分工会的年度工作计划框架下,充分在经费、场地等方面支持工会积极分子的工作,并由他们带动更多会员参与工会活动,图5-9为信研院组织的健美操活动现场照片。每年在年度考核后会表彰工会工作积极分子并向学校上报。

图 5-10　信研院组织的健美操活动

5.6 打造有温度的、有特色的教职工之家

建立职工之家要以围绕中心、服务大局为前提,以动员教职工完成教育教学目标任务为核心,以支持行政领导依法行使指挥权为起点,以推动院系的有效长期发展。

对于教师会员,以助力其教学科研工作发展为主,配合教学、科研、人事等部门做好青年教师教学能力提升、研究经验分享等活动。同时,考虑其工作繁忙,难以抽出整块时间参加工会的文体活动,信研院分工会特别在大楼地下一层设立教职工之家活动场地,动员广大教师有效利用工作间隙时间开展体育锻炼,并坚持开展健步活动,大大提高教职工身体素质。

信研院分工会教职工之家近几年不断加大对硬件建设的投入,把"家"建实、建美,建成教职工都欣然愿往的精神家园,图 5-11 为"教职工之家"照片。一方面,院分工会适当加大投入,温馨布置"教职工之家",给活动室增添图书杂志。其次,要在软件建设方面做更多文章,突出特色。除了举办教职工乒乓球等常规赛事之外,还可以开展诸如妇女健康讲座、六一节播放电影等活动;每年年末,还可以举办春节茶话会等大型活动;不同层次、形式多样、丰富多彩的文体活动能够丰富教职工的业余生活,增进相互了解,增强"以院为家,爱院如家"的主人翁意识。

图 5-11 教职工之家

教职工是我院最重要的财富,而和谐的人文环境是教师职业幸福感的基础。我院"教职工之家"建设的核心理念是以人为本,体现人文关怀。工会组织只有明确职责,创新思路,改进工作方式,将"教职工之家"建设

成为温馨和谐之家,才能让教师更好地传道、授业、解惑。

5.7 历年获奖及先进工会小组和个人名单

信研院分工会在2010—2019年连续9年荣获"清华大学优秀分工会"称号;2008年、2009年、2012年分别荣获"清华大学先进分工会"称号;2011年荣获"清华大学分工会特色工作成果"一等奖;2010年、2012年、2014年分别荣获"清华大学分工会特色工作成果"二等奖;2009年、2013年、2017年分别荣获"清华大学分工会特色工作成果"三等奖;2012年信研院分工会被授予"清华大学教职工之家"称号;2017年被授予"北京市教育工会先进教职工之家"称号;2018年被授予"北京市总工会职工暖心驿站"称号,如图5-12所示。

图5-12　清华大学优秀分工会、先进分工会、特色分工会获奖

表5-3为历年校先进工会小组名单,表5-4为历年校、院级工会积极分子名单。

表5-3　历年校先进工会小组名单

序号	年度/年	校先进工会小组
1	2006	WEB与软件技术研究中心
2	2007	信息学院办公室
3	2008	信研院办公室

续表

序号	年度/年	校先进工会小组
4	2009	WEB与软件技术研究中心、语音与语言技术研究中心
5	2010	未来信息技术(FIT)研究中心、数字电视技术研究中心
6	2011	信息学院办公室、无线与移动通信技术研究中心、操作系统与中间件技术研究中心
7	2012	信研院办公室、数字电视技术研究中心、WEB与软件技术研究中心
8	2013	信研院办公室、轨道交通控制技术研究中心
9	2014	数字电视技术研究中心、WEB与软件技术研究中心、信息学院办公室
10	2015	无线与移动通信技术研究中心、语音和语言技术研究中心、信研院办公室
11	2016	信息学院国家实验室联合办公室、数字电视技术研究中心、WEB与软件技术研究中心
12	2017	微处理器与片上系统技术研究中心、无线与移动通信技术研究中心、WEB与软件技术研究中心
13	2018	轨道交通控制技术研究中心、数字电视技术研究中心
14	2019	数字电视技术研究中心、微处理器与片上系统技术研究中心、轨道交通控制技术研究中心

表5-4 历年校、院级工会积极分子名单

序号	年度/年	校工会积极分子	院工会积极分子
1	2004	刘志、王娜	赵黎、鞠大鹏
2	2005	韩明	马彩芳、黄婉如
3	2006	马彩芳、王娜	客文红、林姣、杨海军、王晓鸽
4	2007	梁国清、客文红	孙娟、周媛媛、张勇、林静菡
5	2008	王娜、马彩芳	客文红、朱义、周媛媛、孙娟
6	2009	邢春晓、韩明、周媛媛	客文红、马彩芳、梁国清、孙娟
7	2010	杨海军、王娜、张翠花	蒋蕾、孙娟、李锦秋、朱义
8	2011	王娜、杨海军、周媛媛、蒋蕾	张翠花、李杨、李守勤、客文红、戴琳
9	2012	邢春晓、韩明、张翠花、蒋蕾、周媛媛	李锦秋、许汝文、吴克瑛、朱义、赵光辉
10	2013	杨海军、周媛媛、蒋蕾、许汝文	蔚欣、张翠花、吕勇强、冯建玲、李茹茹
11	2014	张翠花、杨海军、韩明、王娜、蒋蕾	赵光辉、张健、唐腊梅、金爱萍、王晓曦

续表

序号	年度/年	校工会积极分子	院工会积极分子
12	2015	王娜、杨海军、张翠花、周媛媛、蒋蕾	黄春梅、赵光辉、客文红、胡庆成、冯建玲
13	2016	王娜、杨海军、周媛媛、蒋蕾、客文红	梁国清、孙娟、阚淑文、盛明、林静菡
14	2017	梁国清、杨海军、蒋蕾、客文红、孙娟	周媛媛、王兆国、许汝文、赵光辉、盛明、温毅斌
15	2018	周媛媛、蒋蕾、客文红、孙娟、梁国清	杨海军、冯凤霞、许汝文、赵光辉、曾海天、柳嘉
16	2019	周媛媛、蒋蕾、客文红、杨海军、梁国清	孙娟、王海霞、张国栋、张烛微、阚淑文、张健

5.8　历届工会委员会名单

表 5-5　历届工会委员会名单

序号	任职时间/年	主席	副主席	委员
1	2003—2004	郑方	韩明	刘志、王娜、赵黎
2	2005	郑方	韩明	马彩芳、王娜、赵黎
3	2006—2007	邢春晓	韩明	马彩芳、王娜、梁国清、客文红、林皎
4	2008	邢春晓	韩明	马彩芳、王娜、梁国清、客文红、周媛媛（代）
5	2009—2015	邢春晓	韩明	蒋蕾、王娜、杨海军、周媛媛、张翠花
6	2016	邢春晓	吕勇强	蒋蕾、王娜、杨海军、周媛媛、客文红、梁国清、孙娟
7	2017—2019	邢春晓	吕勇强	蒋蕾、周媛媛（代）、杨海军、客文红、梁国清、孙娟

附录 1
信研院历届院务会/党政联席会

表 A-1　历届院务会/党政联席会名单

序号	任职时间/年	院务会/党政联席会成员
1	2003—2004	院长：龚克（兼） 常务副院长：李军 副院长：王京、吴建平 院长助理：吉吟东、郑方
2	2004—2007	院长：李军 副院长：李星、吉吟东、郑方 院长助理：宋健（2005—2007年）
3	2007—2010	院长：李军 副院长：吉吟东、郑方、宋健 院长助理：曹军威
4	2010—2016	院务委员会主任：李军 院务委员会副主任：吉吟东、郑方、王京、曹军威 院长助理：邢春晓、黄春梅
5	2016年至今	院长：吉吟东 学术委员会主任：王京（2016—2018年） 副院长：邢春晓、曹军威 院长助理：黄春梅、潘长勇

表 A-2　历届院长、副院长名单

序号	任职时间/年	院长	常务副院长/副院长
1	2003—2004	龚克（兼）	李军/王京、吴建平
2	2004—2007	李军	李星、吉吟东、郑方
3	2007—2010	李军	吉吟东、郑方、宋健
4	2010—2013	李军	吉吟东、郑方
5	2013—2016	李军	吉吟东、郑方
6	2016年至今	吉吟东	邢春晓、曹军威

表 A-3 历届党支部支委会名单

序号	任职时间/年	书记	副书记	委员
1	2003—2005	吉吟东	郑 方	汪东升、邢春晓、粟欣
2	2005—2009	汪东升	邢春晓	粟欣、路海明、黄春梅
3	2009—2016	曹军威	邢春晓	粟欣、路海明、黄春梅
4	2016—2019	黄春梅	张勇	粟欣、路海明、董炜
5	2019—2020	邢春晓	张勇	粟欣、王东、董炜
6		黄春梅	阚淑文	徐丽媛、盛明、邢姝

注：2019年9月16日，信研院成立教工第一党支部和教工第二党支部，邢春晓为教工第一党支部书记，黄春梅为教工第二党支部书记。

附录 2
信研院教职工名录

表 B-1 教师名单

序号	工作证号	姓名
1	2003990052	李　军
2	2003990135	梁利平
3	2003990157	王兴军
4	1986990054	王　京
5	1992990101	许希斌
6	1998990030	赵　明
7	2001990223	粟　欣
8	1992990058	薛永林
9	2001990125	周春晖
10	2000990138	肖立民
11	1997990257	汪东升
12	2003990180	邢春晓
13	2002990093	张悠慧
14	1993990044	鞠大鹏
15	2002990116	廖云涛
16	2003990106	赵　黎
17	2003990007	戴桂兰
18	1985990083	吉吟东
19	1999990103	卢增祥
20	2001990128	路海明
21	1998990039	吴君鸣
22	2002990076	李兆麟
23	2004990040	杨维康
24	2004990035	胡曾千
25	1992990135	郑　方
26	1993990085	孙新亚
27	1994990318	姚丹亚
28	2004990092	李云洲

续表

序号	工作证号	姓名
29	2005990009	宋　健
30	2005990042	杨吉江
31	2005990141	张　勇
32	1990990208	唐瑞春
33	2006990119	曹军威
34	2006990045	彭克武
35	2006990131	夏云庆
36	2006990126	陈　震
37	2006990147	王海霞
38	2006990025	赵熠飞
39	2006990099	李　超
40	2006990097	董　炜
41	2006990111	倪祖耀
42	2006990139	刘　轶
43	2007990024	张　彧
44	2004990027	邬晓钧
45	1998990270	周　强
46	2009990019	刘振宇
47	2009990049	吕勇强
48	2009990080	杨　昉
49	2005990045	尹　浩
50	2012990004	王　东
51	1998990126	潘长勇

表 B-2　博士后名单

序号	工作证号	姓名	合作导师	备注
1	2003660123	姚文斌	汪东升	
2	2003660124	李炯亮	汪东升	
3	2004680820	阳书平	杨知行	
4	2004660160	蒋严冰	邢春晓	
5	2004660313	陈志成	杨维康	
6	2005660017	贺　炜	邢春晓	
7	2005660024	王海霞	汪东升	
8	2005660242	高凤荣	邢春晓	
9	2005660243	李　越	邢春晓	
10	2005660277	杨孟辉	杨维康	

续表

序号	工作证号	姓名	合作导师	备注
11	2006660052	门朝光	汪东升	
12	2006660053	唐慧丰	郑方	退站
13	2006660118	孙水发	郑方	回原单位
14	2006670046	王韬	汪东升 杜江凌（企业合作导师）	企业博士后
15	2007660034	付先平	汪东升	退站
16	2007660318	柳艳红	郑方	
17	2007660351	黄梦醒	邢春晓	
18	2008670049	刘圆	汪东升 刘东（企业合作导师）	企业博士后
19	2008660011	孙广路	汪东升、薛一波	
20	2008660400	马辉	路海明	
21	2009660123	王青	邢春晓	
22	2009660124	许有志	杨吉江	
23	2009660319	苏岳龙	邢春晓	
24	2009660320	唐力	汪东升	
25	2010660023	王惊雷	李军	
26	2010660024	何潇	邢春晓	
27	2010660151	朝乐门	邢春晓	
28	2010660152	肖若贵	王京	
29	2010660280	王大伟	汪东升、薛一波	
30	2010660281	王明宇	杨吉江	
31	2010660369	涂国煜	邢春晓	
32	2010660370	朱湘琳	许希斌	
33	2011660078	张桂刚	邢春晓	
34	2011660191	高镇	王京	
35	2011660192	裴颂伟	李兆麟、魏少军	
36	2011660361	谢涛	曹军威	
37	2011660403	周林	杨吉江	
38	2011670106	胡博	邢春晓 张良杰（企业合作导师）	企业博士后
39	2012660025	李崇民	李军	
40	2012660282	阳子婧	曹军威	
41	2012660283	许延祥	曹军威	
42	2012660383	谢朝霞	路海明	
43	2012660384	赵锴	邢春晓	

续表

序号	工作证号	姓名	合作导师	备注
44	2012660385	张 帆	赵 黎	
45	2012660387	焦慧敏	路海明	
46	2012660388	鲍媛媛	汪东升、薛一波	
47	2012660389	姜 永	尹 浩	
48	2012660443	牛 宇	杨吉江	
49	2012660444	高 田	曹军威	
50	2012660476	宋 伟	邢春晓	
51	2012670075	忽朝俭	薛一波 赵 粮（企业合作导师）	企业博士后
52	2013660035	王 超	汪东升	
53	2013660095	黄浩军	尹 浩	
54	2013660269	向 阳	李 军	
55	2013660270	霍国平	吉吟东	
56	2013660275	闫 阳	邢春晓	
57	2013660357	张秀军	邢春晓	
58	2013660423	沈睿芳	吉吟东	
59	2013660453	杨明博	邢春晓	
60	2013660484	梁 野	邢春晓	
61	2013670068	昌文婷	王 京 张 旭（企业合作导师）	企业博士后
62	2013670102	刘文懋	汪东升 赵 粮（企业合作导师）	企业博士后
63	2014660086	张德华	吉吟东	退站
64	2014660087	高子龙	许希斌	
65	2014660089	骆怡航	汪东升	
66	2014660177	明阳阳	邢春晓	
67	2014660350	顾 瑜	李 军	
68	2014660401	王 刚	王 京	
69	2014660465	王良顺	吉吟东	
70	2014660475	袁仲达	吉吟东	
71	2014660502	胡镇峰	邢春晓	
72	2015660067	欧阳鹏	邢春晓	
73	2015660072	王 凯 （2015年进站）	汪东升	
74	2015670048	陈 桓	邢春晓 张良杰（企业合作导师）	企业博士后

续表

序号	工作证号	姓名	合作导师	备注
75	2015660252	赵 辉	吉吟东	
76	2015660253	郭东超	尹 浩	
77	2015660339	兰 强	邢春晓	
78	2015660345	孟令兴	邢春晓	
79	2015670122	顾杜娟	汪东升 叶晓虎(企业合作导师)	企业博士后
80	2015660457	刘建伟	邢春晓	
81	2015660544	胡庆成	李兆麟	自动退站处理
82	2016660005	杨 洁	李 军	
83	2016660041	胡一鸣	尹 浩	退站
84	2016660052	任 光	吉吟东	
85	2016660151	葛 璐	王 京	
86	2016660469	华昊辰	邢春晓	
87	2016670092	张 星	汪东升 赵 粮(企业合作导师)	企业博士后
88	2016670108	宫轲楠	邢春晓 李爱仙(企业合作导师)	企业博士后
89	2016670123	吴子建	汪东升 赵 粮(企业合作导师)	企业博士后
90	2017660012	李通旭	郑 方	
91	2017660042	王占业	李 军	
92	2017660147	孙忠伟	李 军	
93	2017660153	王 凯	尹 浩	(2017年进站)
94	2017660391	张国华	吉吟东	
95	2017660598	谭祺瑞	吉吟东	
96	2017660660	袁振龙	汪东升	
97	2017660680	王兆国	李 军	
98	2017670024	李鑫楠	邢春晓 张良杰(企业合作导师)	企业博士后 退站
99	2017670087	李 成	邢春晓 张良杰(企业合作导师)	企业博士后 自动退站处理
100	2017670101	曾 晶	邢春晓 张良杰(企业合作导师)	企业博士后

续表

序号	工作证号	姓名	合作导师	备注
101	2017670137	刘威歆	李　军 赵　粮（企业合作导师）	企业博士后
102	2018670014	宁义双	邢春晓 张良杰（企业合作导师）	企业博士后
103	2018670013	何　晟	邢春晓 张良杰（企业合作导师）	企业博士后
104	2018660011	殷　波	尹　浩	
105	2018660204	徐晓军	尹　浩	
106	2018660357	李鸿明	吉吟东	
107	2018660358	李蓝天	郑　方	
108	2018660359	汤志远	郑　方	
109	2018660445	马翠艳	邢春晓	
110	2018660469	王　瑛	邢春晓	
111	2018660470	肖泽青	吉吟东	
112	2018660660	王明羽	李兆麟	
113	2018670135	郭　翰	邢春晓 洪振挺（企业合作导师）	企业博士后
114	2018670154	陈　磊	李　军 叶晓虎（企业合作导师）	企业博士后
115	2018670155	张润滋	李　军 刘文懋（企业合作导师）	企业博士后
116	2019670023	付　哲	汪东升 张　铭（企业合作导师）	企业博士后
117	2019670058	薛见新	李　军 叶建伟（企业合作导师）	企业博士后
118	2019670143	马　旭	李　军 郑　波（企业合作导师）	企业博士后
119	2019670173	黄逸昆	邢春晓 洪振挺（企业合作导师）	企业博士后
120	2019660234	翟守超	吉吟东	
121	2019660317	艾崧溥	邢春晓	
122	2019660770	梁　宏	吉吟东	
123	2019660784	王同贺	吉吟东	

表 B-3　职工名单

序号	单位名称	姓名
1	数字电视技术研究中心	阳辉☆、韦日华*、侯志娟*、詹克团*、陈志、韩亮、王剑斌、杨志文、黄德球、王亮卿、郭吉成、杨海军、闫东斌、沙莎、雷明、李玉斌、张亮亮、谢卿、廖燕斌、周兰顺、王小斐、万伟、周莹、周瑗、朱春雷、魏宁、王凯、刘在爽、雷涛、闫利国、武元伟、宋洋、徐汉桥、雷伟龙、赵光辉、张国栋、陈博、王万超、乌峰、贾旭光、李茹茹、韩子夫、温强、李坤龙、郭倩
2	无线与移动通信技术研究中心	韩明☆、廖青*、孟琳*、杨海斌*、丁国鹏*、张秀军、陈海霞、邓晓慧、李忻、侯巍、行雪菊、吴琦、李小军、曹鹏志、杨庆仁、孙利、邱娜、李向东、崔明志、吴雷锋、李威、胡健、汪明、孙昊立、焦曾军、郭兵、王琳、王斌、李劲、杨旭明、刘晓伟、高群毅、孙娟、高能、叶珊珊、陈翔、曾捷、齐心、魏峥、黄敏、犹园、张艳、徐翼、许汝文、李锦超、扈俊刚、刘莉莉、潘文、徐怡达、王莹、李贤文、田志刚、朱熙宇、容丽萍、郭康康、张黎、邢姝、刘蓓、金韦西
3	微处理器与片上系统技术研究中心	薛一波☆、客文红、王翔、亓亚烜、周晋、张初炼、梅涛、苗雨露、黄钦、宋春岭、徐涛、徐丽媛、曾海天、孟焱#
4	操作系统与中间件技术研究中心	陈永生、马远、王珂、张帆、韩庚瑞、姜丽军、王平、宋宇培、王丽娜、李海征、高格英、李英浩、方涛、朱凤、张铎、张灵宁、陈亚敦、王冠清、宋思超、张献朝、袁铮、刘长辉、杜沂峰、许国伟、于科伟、疏小乔、刘宇民
5	WEB与软件技术研究中心	郭涑炜*、李娟、赵庆祥、张明博、高博、周媛媛、朱义、贺秀桥、梁坤乐、刘哲、朱朝阳、戴军、张博、赵洁、王晓虹、赵晓冬、郭丰、陈李平、严超、赵云鹏、邱岩、张健、杨磊、李权、戴春荣、刘宗福、朱翠萍、盛明、蔚欣、徐瑞兵、王秀、赵越、曾春、李毅、白立宏、刘汉玲、庞艳民、张家富、王莉莉、辛华、刘宏双、常少英、祝清华、李铮、孟蕾、王青、沙宁、石彦博、段小微、余昊、韩子琦、周林、曹庆博、田静洋、方玲、宋新福、穆楠、周亚飞、王潇、任睿瑞、何俊权、陈飞、张凯然、

续表

序号	单位名称	姓名
5	WEB与软件技术研究中心	郭海波、崔文勤、蔡贺、曹见芳、赵亮、翟春燕、代青、刘星星、刘红霞、赵涛、冯凤霞、卞睿、张盈涛、曹春凤、宫宏霖、范颖、任鹏、贾新达、刘迪、杜佳宁、王书成、彭晨雨、张卓佳、叶东曙、王子
6	电子封装技术研究中心	王海宁*、周朝雁、温公慧、陈永胜、黄文迎
7	智能交通系统技术研究中心	王耘非、叶振群、董晶
8	语音和语言技术研究中心	张翠花、孟芳、熊乔乔、张卿、李玉梅、杨智冬、钟晓时、赵欢、张之勇、赵梦原、王晓曦、骆天一、张雪薇、彭娅婷、张露、常莹#、张理、罗映楚、张帅、石颖
9	轨道交通技术研究中心	戴琳、单留举、郭伟、李锦秋、魏晓丹、王会会、刘彪、任帅飞
10	能源互联网技术研究中心	张少杰、胡俊峰、林晨、陈建会、张艳荣、陆越、解方方、韩蓄、孙靓、李木子、康通博、谭颖臻、田学龙、谢挺、苗苗、许子馨、蓝婷、杨洁、明阳阳、袁仲达
11	网络大数据技术研究中心	王颖、刘慧瑾、康烁、刘馨、邢宇晓、夏媛媛、张建新、陈海生、杨清竹#、陈洁#、魏鲜明#、郝鑫#、高荣#、闫东亚#、邓茜#、杜晓兰#
12	FIT研究中心	傅建勋*、谌德容*、周园*、季永峰*、董效民、陈振宇、姚瑶、高建芳、吕克逊、刘晓飞、张志明、赵明京、刘菁、黄进亮、王士明、王淼、黄欣、岳云、赵颢、谭兆路、谢灵洁、高建松、雷建、吕文菁、蔡世霞、王娇、李月珍、刘袁、杨晓朦、郭鹏、刘震、邓珂琳、孙健、刘鸿年、包洁妮、刘睿、沈欧邦、阳春光、张瑜明、李逸骏、王芳、金爱萍、郭玲莉、朱海波
13	清华—国光数字媒体研究所	周卫玉、于涛、陈静
14	清华—永新数字互动技术研究所	李明玉、高原、安伟建、温海涛、宁芳、李云松、黄婉如、徐文山、熊勇、李远、张津津、李闯、李磊、冯会晓、李守勤、郑忠恒、李凯凯、黄茂春、王双喜、赵志锋、刘峰敏、李召、邵滔、齐现虎、王振羽、王安、李鑫海、牛亚辉、贾亚欣

续表

序号	单位名称	姓名
15	清华—华录信息技术研究所	王炎*、金克、王铁、王耘樵、马成、谢振东、吴艳、娜赫娅、陈岭、崔忠涛、邓其林
16	清华—天通广应用通信系统研究所	李静、王卫红、田冬莉、张亮、黄祥学、马秉正、徐彧、张超、毕建民、王祥峰、赵卫青、刘景放、于琦、冯永利、王立迁、刘晓静
17	清华—天地融应用电子系统研究所	王新光、林振国、林健永、于雅静、黄渊胜、李兴松、许斌
18	清华—太和数字电视机卡分离研究所	高峰、刘西策、滕晓辉
19	清华—威视数据安全研究所	王巍、张晓强、康朝辉
20	清华—多媒体传输芯片技术研究所	兰军、赖小津、唐光、展晓宇、张晶晶
21	清华—得意声纹处理实验室	谭藤藤
22	清华—金名金融工程研究所	林秀青、高天游、佟长凯、张勇、赵文强、睢志强、马光宇、王永恒、陆线弘、梁军、廖秀珍、于洸、李健兵、孟德萱、李菊、韩军
23	清华—亿品媒体信息技术研究所	吴振陵*、黄文静、张杰、孙睿
24	清华—宇信金融信息技术研究所	陈继春、刘景应、骆海燕
25	清华—Inertrust 数字版权管理联合研究实验室	汤敏娟、杨华兰、孙磊
26	清华—蓝汛内容分发网络研究所	范存珍、孟杉、杜长来、张鹏
27	清华—通号轨道交通自动化研究所	张桐、张垚、李鹏云、张建峰、薛庆芝、林中一、苏亚楠、胡博、杨睿尘、梁龙武、贾鹏、刘慧琴
28	清华—怡文环境技术联合研究所	唐毅、王倩、蒋尚秀、陈兴、吕焕章、焦子路、潘素云、邵锐、徐剑飞、周明和、罗燕、张旭、官宏祥、谭伟洪、张农海、申晓东、张君、王婷婷、王艳、李青、辛鑫、张宏刚、刘德明、马海艳、董瑞、沙昊、朱祖棋、张涛、贾占勇、赵峰、宋炜斌、王珂征、周坤、王旭、闫松伟、梁东华、单力凯、张永明、吕庆水、冯晓庆、刘旭林、王恒伟、王超周述琼、傅杨剑、芦志明、王瑞亭、刘俊峰、赵文锐、

371

续表

序号	单位名称	姓名
28	清华—怡文环境技术联合研究所	刘利营、孙海舟、宋凤娇、张贺、舒展、马俊杰、赖祥林、谷鑫、张敬旺、赵艳梅、石平、余传友、温毅斌、边金松、田炳、陈妮
29	清华—同方智能维护研究所	高宾、刘倩、赵兴海、刘颖、刘韵
30	清华—金电联行金融大数据联合研究中心	涂超、庞桉、叶劲松、陈南南、郑健、姜文波#
31	清华—新北洋感知与加速计算技术联合研究中心	张佳栋、赵亮、王新新、孔德星
32	清华—连云港市教育机器人与机器人教育联合研究中心	张阳
33	清华大学网络行为研究所（挂靠信研院管理）	郭连波、魏凌、赵颖、满诗文、毛新然、张斌、李森、杨斌、孙晓敏、马彩芳、梁靖、凌雪清、杨树刚、孙程、李峥、韩兴、黄硕、史少凡、万国根、刘金鑫
34	清华大学高速铁路技术研究中心（信研院作为参与单位）	邵晓风、常宇彤、平哲、曹景海、杨阳、张东、徐树辉、李东帅、海兰州、张冰、吴虹伯、邸丽艳
35	窦新玉课题组	窦新玉、董雷
36	院机关	黄春梅☆、刘志☆、丁晓玲☆、王彦、刘佳、张颖、李小瑞、梁国清、陈慧君、罗鸣、李政峰、阚淑文、杨卫、李杨、杨倩、翟萌萌、万起光、蒋蕾、杜聪、曹淑平、刘晓苗、任远、孙海洲、孙天娇、魏婷

注：标注☆人员为事业编制人员，标注＊人员为原企业编制人员，标注#人员为劳务派遣人员且未变更过合同类型。

表 B-4　历年校、院先进集体名单

序号	年度/年	校先进集体提名奖	院先进集体
1	2003	无线与移动通信技术研究中心	微处理器与片上系统技术研究中心
2	2004	微处理器与片上系统技术研究中心	信研院联合办公室
3	2005	信研院办公室	数字电视技术研究中心

续表

序号	年度/年	校先进集体提名奖	院先进集体
4	2006	数字电视技术研究中心	未来信息技术研究中心
5	2007	微处理器与片上系统技术研究中心	未来信息技术研究中心
6	2008	WEB与软件技术研究中心	信研院办公室
7	2010	微处理器与片上系统技术研究中心	无线与移动通信技术研究中心
8	2011	无线与移动通信技术研究中心	微处理器与片上系统技术研究中心
9	2012	数字电视技术研究中心	轨道交通控制技术研究中心
10	2013	无线与移动通信技术研究中心	轨道交通控制技术研究中心
11	2014	无线与移动通信技术研究中心	轨道交通控制技术研究中心
12	2015	无线与移动通信技术研究中心	数字电视技术研究中心
13	2016	数字电视技术研究中心	轨道交通控制技术研究中心
14	2017	无线与移动通信技术研究中心	语音和语言技术研究中心 轨道通控制技术研究中心
15	2018	轨道交通控制技术研究中心	数字电视技术研究中心
16	2019	轨道交通控制技术研究中心	语音和语言技术研究中心

表 B-5 历年校、院先进个人名单

序号	年度/年	校先进个人提名奖	院先进个人
1	2003	王京	黄春梅、张悠慧、王兴军、陈海霞、邢春晓
2	2004	许希斌	杨吉江、丁晓玲、张悠慧、张颖、鞠大鹏、孙新亚、孟琳
3	2005	黄春梅	邢春晓、张勇、阚淑文、鞠大鹏、梁国清、路海明
4	2006	邢春晓	阚淑文、李杨、赵黎、李兆麟、粟欣、夏云庆
5	2007	张勇	阚淑文、薛一波、王海霞、翟萌萌、彭克武、戴桂兰
6	2008	黄春梅	薛一波、阚淑文、汪东升、李锦秋、邬晓钧、董炜
7	2010	丁晓玲	杨卫、邬晓钧、夏云庆、陈震、戴琳、杨吉江

续表

序号	年度/年	校先进个人提名奖	院先进个人
8	2011	丁晓玲	阚淑文、孙娟、尹浩、董炜、李超、孙新亚、薛一波
9	2012	尹浩、蒋蕾	黄春梅、李云洲、李超、杨昉、李锦秋、杨海军、戴琳、曾捷、张健
10	2013	杨昉、李杨	潘长勇、薛一波、邢春晓、黄春梅、李兆麟、戴琳、严超、王小斐、田志刚、曾捷
11	2014	王京、周媛媛	薛一波、邢春晓、丁晓玲、戴琳、阚淑文、田志刚、康烁、魏晓丹
12	2015	丁晓玲、阚淑文	董炜、吕勇强、杨昉、客文红、戴琳、严超、郭涑炜
13	2016	吕勇强、阚淑文	杨昉、郑方、李云洲、戴琳、客文红、田志刚、盛明
14	2017	李军、蒋蕾	杨昉、尹浩、张勇、周媛媛、孙娟、客文红、戴琳
15	2018	潘长勇、董炜	汪东升、李云洲、阚淑文、蔚欣、戴琳、彭娅婷、王颖、田志刚
16	2019	黄春梅、孙新亚	粟欣、周媛媛、李杨、客文红、戴琳、孙娟、王小斐

附录 3
信研院历年教育教学情况

表 C-1　历年教师授课情况

序号	开课学期	课程名称	学分	教师姓名	课程类别
1	2004—2017 秋	无线通信发展历程	1	王　京	本科生新生研讨课
2	2004—2007 秋	高性能计算导论	2	王小鸽	本科生课程
3	2004—2006 秋 2005—2019 春	计算机系统结构	3	汪东升 汤志忠 王海霞	本科生专业必修课程
4	2004—2007 秋 2010—2013 秋	软件开发方法	2	王小鸽 张　勇	本科生课程
5	2004—2014 秋 2015—2016 秋	射频通信系统课程设计	3	赵　明	本科生课程
6	2004—2005 秋	微处理器设计	2	李兆麟	本科生课程
7	2004—2019 秋	网络安全	2	李　军	研究生课程
8	2004—2005 秋 2007—2008 春 2009—2010 春	系统分析理论及方法	2	姚丹亚	研究生课程
9	2004—2017 秋 2018—2019 秋	多媒体与网络	2	粟　欣 彭良瑞	研究生课程
10	2004—2005 春	多媒体技术及应用	3	姚丹亚 胡坚明	本科生新生研讨课
11	2004—2005 春	现代通信原理	3	周世东 王　京	本科生课程
12	2004—2005 春	多媒体技术与应用	2	姚丹亚	研究生课程
13	2004—2010 春	智能交通系统概论	2	姚丹亚	研究生专业课
14	2004—2015 春 2016—2019 春	语音信号数字处理	3	郑　方 王　东	研究生课程
15	2004—2005 春 2006—2014 春	CDMA 系统工程	2	粟　欣 肖立民	研究生专业课

375

续表

序号	开课学期	课程名称	学分	教师姓名	课程类别
16	2005—2009 夏	计算机科学技术专业实践	5	汪东升	生产实习课
17	2005—2006 秋	近代数字信号处理	3	薛永林 方 驰	研究生课程
18	2005—2010 春	通信网络设计实例研究	2	宋 健	本科生研讨课
19	2005—2006 春	微计算机系统设计	3	唐瑞春	研究生课程
20	2006—2008 春	存储技术基础	2	汪东升 张悠慧	本科生专业课
21	2007—2008 夏	C++程序设计与训练	3	邬晓钧	信息学院平台课
22	2007—2008 秋	信号处理原理	4	刘 轶 肖 熙	本科生专业课程
23	2007—2008 春	自然语言处理	2	夏云庆	研究生专业选修课
24	2007—2010 春	信号与系统(英)	4	宋 健	本科生专业课
25	2007—2013 春	可信计算平台与可信网络连接	2	陈 震	研究生课程
26	2008—2009 秋 2010—2013 秋	先进计算技术与应用	2	曹军威	研究生专业课
27	2009—2010 秋	英文科技写作与报告	1	夏云庆	研究生课程
28	2009—2010 春	敏捷供需链管理	2	杨吉江	研究生课程
29	2009—2010 春 2011—2012 春	企业网络与系统集成	3	张曾科 吉吟东	研究生课程
30	2009—2012 春	密码学及安全计算	3	陈 震 李 军	本科生课程
31	2010—2012 春	多媒体信息隐藏与内容安全	2	尹 浩	本科生课程
32	2010 夏	计算机程序设计基础	3	李 超	本科生选修课程
33	2011—2012 秋	新一代网络计算与Web服务	3	尹 浩	本科生课程
34	2011—2018 夏	C++程序设计与训练	2	董 炜 何 潇	本科生课程

续表

序号	开课学期	课程名称	学分	教师姓名	课程类别
35	2006—2015 春 2007—2015 秋 2012—2014 夏	互联网安全原理与技术	1	陈 震 李 军	实验室探究课
36	2010—2015 春 2010—2011 秋 2012—2015 秋	密码学与信息安全	1	曹军威 陈 震	实验室探究课
37	2012—2013 秋	分布式和云计算系统	2	黄 铠 曹军威	研究生课程
38	2012—2013 秋 2013—2015 春	凸优化理论及其在通信网络中的应用	2	李云洲	研究生课程
39	2006—2017 秋	移动通信终端设计	2	王 京 钟晓峰	本科生专题研讨课
40	2010—2016 春 2011—2015 秋 2016—2017 秋 2018—2019 秋	C++语言程序设计	3	李 超	本科生课程
41	2012—2017 秋 2018—2019 秋	软件工程	3	董 渊 吕勇强	本科生课程
42	2014—2019 秋	现代通信原理	3	金德鹏 潘长勇	本科生课程
43	2013—2018 秋	数字电视传输系统实验	1	王劲涛 杨 昉	本科生课程
44	2012—2019 秋	通信原理实验	2	潘长勇 王劲涛	本科生课程
45	2005—2006 秋 2007—2008 秋 2009—2010 秋 2011—2019 秋	无线通信工程	2	许希斌 姚 彦 赵 明 肖立民	研究生课程
46	2007—2019 秋	软件项目管理	3	殷人昆 邢春晓 张 勇	研究生课程
47	2011—2019 秋	软件项目管理过程与方法	3	张 勇	研究生课程
48	2007—2017 秋 2018—2019 秋	嵌入式系统设计与实践	2	李兆麟	研究生课程

续表

序号	开课学期	课程名称	学分	教师姓名	课程类别
49	2006—2016 春 2007—2016 秋 2010—2015 夏 2017—2018 秋	宽带无线通信	1	王 京 粟 欣	实验室探究课
50	2006—2007 春 2008—2013 春 2007—2015 秋 2016—2019 秋 2014—2016 春 2018—2019 春	现代嵌入式处理器设计与应用	1	李兆麟	实验室探究课
51	2005—2019 春	网络安全基础	2	李 军	本科生高年级研讨课
52	2006—2019 春	宽带无线数字通信	2	赵 明 周春晖	研究生课程
53	2014—2019 春	大数据科学与应用系列讲座	1	李 军	研究生课程
54	2018—2019 春	大数据科学与应用系列讲座（外地课）	1	李 军	研究生课程
55	2015—2017 秋 2017—2019 春	现代服务理论与行业应用案例	2	杨吉江	研究生课程
56	2013—2014 夏 2013—2016 秋 2012—2016 春 2017—2019 春 2019—2020 秋	社会网络的大数据分析技术	1	薛一波 王兆国	实验室探究课
57	2018—2019 春	大数据技术与应用专题	3	汪东升 陈 震	本科生课程
58	2018—2019 春	区块链原理与实践	2	赵 明 陈 震	本科生课程
59	2019—2020 秋	网络安全前言	3	李 军	研究生课程
60	2019—2020 秋	生理心理感知与智能计算	3	吕勇强 陈 震	本科生课程
61	2019—2020 秋	并行架构处理器设计	3	李兆麟 陈 震	本科生课程

注：教师姓名一栏列出了开课期间所有参讲教师。

表 C-2 SRT 计划获奖情况

序号	年度/年	教师姓名	项目名称	获奖名称
1	2009	李 军、周 晋	P2P Streaming 通讯技术研究	优秀项目二等奖
2	2011	彭克武、杨 昉	BICM-ID 系统星座点映射方式搜索	优秀项目一等奖
3	2012	潘长勇	DTMB 国家标准研究	优秀项目一等奖
4	2013	陈 震	基于云计算的渗透测试与防御系统	优秀项目二等奖
5	2014	陈 震	基于云计算的移动应用分析与处理平台	优秀项目一等奖
6	2015	潘长勇	超级 WiFi 及白频谱技术研究	优秀项目二等奖
7	2016	李 军	云数据中心网络策略管理相关算法研究	优秀项目一等奖
8	2016	潘长勇	基于蓝牙基站定位方案的研究	优秀项目二等奖
9	2017	李 军	云数据中心网络策略管理相关算法研究	优秀项目一等奖
10	2017	陈 震、曹军威	智能硬件与智能系统关键技术	优秀项目二等奖
11	2018	李 军	云数据中心网络策略管理相关算法研究	优秀项目二等奖
12	2018	潘长勇	数字电视接收机在米波频段性能研究	优秀项目二等奖
13	2019	李 超	大数据处理及分析研究实践 II	优秀项目一等奖
14	2019	潘长勇	可见光通信网络协议设计与优化	优秀项目二等奖

表 C-3 清华大学教学成果奖

序号	年度/年	教师姓名（排名）	获奖名称	项目名称
1	2006	汪东升(4)	清华大学教学成果一等奖	计算机专业实践课程的创新与实践

续表

序号	年度/年	教师姓名（排名）	获奖名称	项目名称
2	2006	邢春晓(5)	清华大学教学成果一等奖	基于信息技术的政府管理能力培养——公共管理教育中电子政务类课程与教学实验平台建设
3	2012	潘长勇(1) 阳　辉(4) 杨　昉(5)	清华大学教学成果二等奖	结合重大科研成果，培养创新拔尖人才——数字电视课程教学探索与实践

注：括号内数字表示完成人排名顺序。

表 C-4　教师讲课获奖

序号	年度/年	教师姓名	获奖名称	课程名称
1	2008	汪东升	国家精品课	计算机系统结构
2	2009	鞠大鹏	国家精品课 清华大学精品课程	汇编语音程序设计
3	2009	王　京/ 粟　欣	国家精品课程	实验室科研探究——宽带无线通信
4	2009	陈　震	国家精品课程	实验室科研探究——网络安全原理与技术
5	2009	李兆麟	国家精品课程	实验室科研探究——嵌入式微处理器设计
6	2018	李　超	国家精品在线开放课程	C++语言程序设计

注：部分获奖课程有多名教师参讲，本表仅列出本单位参讲教师姓名。

表 C-5　其他获奖

序号	年度/年	教师姓名	获奖名称
1	2006	姚丹亚	第九届清华大学研究生"良师益友"(优秀导师奖)
2	2007	姚丹亚	清华大学招生工作最佳个人奖
3	2008	邬晓钧	ACM 国际大学生程序设计竞赛全球总决赛银奖
4	2009	邬晓钧	ACM 国际大学生程序设计竞赛全球总决赛金奖 ACM 国际大学生程序设计竞赛教练奖
5	2010	邬晓钧	ACM 国际大学生程序设计竞赛全球总决赛银奖
6	2010	陈　震	清华大学第二十一届学生实验室建设指导奖
7	2012	董　炜	清华大学优秀班(级)主任二等奖
8	2012	潘长勇	清华大学优秀招生教师

续表

序号	年度/年	教师姓名	获奖名称
9	2014	李军	清华大学教书育人先进个人
10	2015	潘长勇	清华大学先进班集体 清华大学优秀班(级)主任二等奖
11	2016	潘长勇	清华大学先进班集体
12		李超	清华大学在线学堂2016年度MOOC教学先锋
13		李超	清华大学第七届青年教师教学大赛(理工科组)二等奖
14	2017	潘长勇	清华大学参加招生工作十年"年功奖"

表 C-6　历年研究生入学名单

序号	学号	姓名	序号	学号	姓名
1	2004210797	赵鹏凯	2	2004210800	张海刚
3	2004210801	卢六翻	4	2004210803	武学彬
5	2004210804	林之初	6	2004210807	高艺
7	2004210808	许云	8	2004210810	张涛涛
9	2004210811	张昊	10	2004210812	周欣
11	2004210813	王易风	12	2004210814	刘涛
13	2004210900	常青云	14	2004210903	解月剑
15	2004210911	陈婧	16	2004210921	田韬
17	2004210926	刘东	18	2004210934	熊伟伟
19	2004210935	刘俊达	20	2004210952	任杰
21	2004210958	赵勇	22	2004210959	王彪
23	2004210968	张小虎	24	2004210980	冯刚
25	2004210982	殷庆轩	26	2004210985	陈晨
27	2004210988	阳昕	28	2004210989	严琪
29	2004210999	石磊	30	2004211182	蒋蔚荣
31	2004211188	梁睿超	32	2004212563	张轩
33	2004212564	王志君	34	2004310529	张辉
35	2004310530	徐波	36	2004210769	马静
37	2004210770	毛炜	38	2004212558	胡坚珉
39	2004210799	张进	40	2004210802	郑银香
41	2004210805	周婷	42	2004210806	苏毅
43	2004210809	郑艳利	44	2004211115	黄少晨
45	2004211151	谢琦	46	2004310367	王鹏
47	2004310368	缪蔚	48	2004210998	李益民
49	2004210997	胡庆成	50	2004210786	戴凤军

续表

序号	学号	姓名	序号	学号	姓名
51	2005210649	夏 亮	52	2005210653	李 坚
53	2005210658	乔 植	54	2005210674	于会游
55	2005210682	辛 艳	56	2005210675	朱正航
57	2005210684	徐 征	58	2005210686	季天雄
59	2005310365	胡 宁	60	2005310366	张 焱
61	2005310367	冯 伟	62	2005310369	李 亮
63	2005210623	吴 青	64	2005210667	赵 康
65	2005210669	牛迪民	66	2005210701	黄 劲
67	2005210706	毛 嵩	68	2005270002	雷伟龙
69	2005270003	王 涛	70	2005210843	路美娟
71	2005210649	王小玲	72	2005210653	顾 瑜
73	2005210658	秦元坤	74	2005210674	宋 旸
75	2005210682	王弘毅	76	2005210675	宋 铭
77	2005210684	李恭琼	78	2005210686	喻 强
79	2005310365	王 曦	80	2005310366	丁 剑
81	2005310367	高玉斌	82	2005310369	肖 影
83	2005210623	张盈盈	84	2005210667	任宏博
85	2005210669	林得苗	86	2005210701	陈再本
87	2005210706	王 晴	88	2005270002	韩 希
89	2005270003	梁 杰	90	2005210843	杜 亮
91	2005210841	周 捷	92	2005310433	陈 飞
93	2005210813	李 栋	94	2005210768	鲍焕军
95	2005210733	周 昕	96	2005210823	王 巍
97	2005212516	张志明	98	2005210759	程祥斌
99	2006310450	张 熙	100	2006310449	李崇民
101	2006210745	袁 园	102	2006210771	曹嘉伟
103	2006210779	朱卫华	104	2006210780	周宗伟
105	2006210795	武越川	106	2006210798	孙林春
107	2006210809	曹 犟	108	2006210815	邬建元
109	2006210822	李子拓	110	2006210629	李 博
111	2006210630	曾 捷	112	2006210631	戚颖杰
113	2006210632	王 悦	114	2006210633	陈 晨
115	2006210634	朱慧琳	116	2006210635	张汉毅
117	2006210636	张 妍	118	2006210637	许 鹏
119	2006210638	沈旭栋	120	2006210639	宋林琦
121	2006210640	伍凌智	122	2006310357	肖青海

续表

序号	学号	姓名	序号	学号	姓名
123	2006310358	丁宗睿	124	2006310359	王海军
125	2006210924	李光华	126	2006310516	何 飞
127	2006210589	万凯航	128	2006210577	张 超
129	2006210958	吴 昊	130	2006210945	燕 翔
131	2006210903	张 引	132	2006210103	左 俊
133	2006211003	李烨挺	134	2006211223	冯 涛
135	2006210997	罗会卿	136	2006210852	王慧芳
137	2007210726	曲 浩	138	2007210765	程 昶
139	2007210760	周 莉	140	2007210810	郝博一
141	2007210755	赵 洋	142	2007210798	曹文晓
143	2007210720	李城龙	144	2007210714	和晋阳
145	2007210705	阎 斌	146	2007310421	郭三川
147	2001210922	王 震	148	2007210860	柯长博
149	2007210889	丁 芒	150	2007210902	邓法超
151	2007210907	李一捷	152	2007210907	龚 勋
153	2007210855	毕 胜	154	2007310463	杨保华
155	2007210617	董 雪	156	2007210618	刘海宁
157	2007210620	殷国炯	158	2007210619	闫峰冰
159	2007210623	李 敏	160	2007210621	王天恒
161	2007210622	彭万里	162	2007210339	闫 阳
163	2007210943	张昕悦	164	2007380010	穆罕默德
165	2007310340	王显峰	166	2007380006	梁承武
167	2007310442	王 刚	168	2007380008	方远香
169	2007210942	洪钦智	170	2007210811	宇 航
171	2007210783	王琳琳	172	2008310364	秦浩浩
173	2008210778	王宏显	174	2008210803	罗灿华
175	2008210805	邓泉松	176	2008210884	苏格林
177	2008210773	侯 珏	178	2008210799	武 健
179	2008210739	翟宇轩	180	2008210793	马骁萧
181	2008210624	刁 梁	182	2008210623	韩 冰
183	2008310360	周 晓	184	2008210626	刘 川
185	2008210627	牛 奔	186	2008210625	于 洋
187	2008210628	陈萍萍	188	2008210948	魏炽频
189	2008210947	何丽峰	190	2008210877	李俊伟
191	2008210912	杜 剑	192	2008210889	张 煦
193	2008210875	黄 浏	194	2008210874	王 程

续表

序号	学号	姓名	序号	学号	姓名
195	2008210884	尚 佳	196	2008310363	赵俊韬
197	2008310542	亓亚炬	198	2008310449	刘根贤
199	2008310450	李国红	200	2008310451	高 鹏
201	2009211192	李圣龙	202	2009310373	李 航
203	2009310372	余 欢	204	2009310371	梁林峰
205	2009210779	刘昊朋	206	2009210813	孙 健
207	2009210807	谭 澄	208	2009210788	王梅林
209	2009210822	关安福	210	2009210826	耿鲁静
211	2009210790	吴义辰	212	2009211123	耿晨曜
213	2009211129	陈 雷	214	2009211132	袁 迪
215	2009211122	王 新	216	2009211143	张魏威
217	2009310560	徐嘉祥	218	2009310559	王 凯
219	2009310437	唐国瑜	220	2009310438	张陈昊
221	2009310456	石 伟	222	2009210952	赵 哲
223	2009210923	陈丽欧	224	2009210913	田洪亮
225	2009210881	徐 阳	226	2009210934	张 超
227	2009210928	黄晓东	228	2010210812	夏 双
229	2010210764	高 旸	230	2010210787	杨文君
231	2010210795	王俊俊	232	2010210780	龚 宬
233	2010210803	何行舟	234	2010210960	陈 皓
235	2010210937	顾 翃	236	2010210956	陈卫征
237	2010210927	郭 瑛	238	2010210955	陈 伟
239	2010210659	郑 熙	240	2010210660	黎靖宇
241	2010310462	徐霄飞	242	2010210662	朱 晋
243	2010211040	刘 昊	244	2010310461	蔡世杰
245	2010310460	颜克茜	246	2010310459	黄 甦
247	2010310655	陈志祥	248	2010310656	谢 峰
249	2010310588	徐 涛	250	2010310498	洪 浩
251	2010310598	王占业	252	2010310605	胡庆成
253	2010310497	刘银山	254	2010310496	朱 锐
255	2011210670	侯晓涛	256	2011210671	王 震
257	2011210672	周 菁	258	2011210673	张 鑫
259	2011210838	马鹏斐	260	2011210790	尹 斐
261	2011210822	胡 倩	262	2011210818	邱 晗
263	2011210810	蒋文俊	264	2011210820	范文良
265	2011210959	王一娇	266	2011210954	唐昕炜

续表

序号	学号	姓名	序号	学号	姓名
267	2011210957	秦　龙	268	2011210949	高　阳
269	2011210948	顾本达	270	2011211028	朱　佳
271	2011310664	邵熠阳	272	2011310665	袁振龙
273	2011310463	肖智清	274	2011310464	李雪茹
275	2011310522	王丽婧	276	2011310566	兰　超
277	2011310567	冯　欢	278	2011310666	王　翔
279	2011310667	万宇鑫	280	2011310552	范琪琳
281	2011310589	别凡虎	282	2011310590	王　军
283	2011310553	乔　波	284	2011310462	王生楚
285	2012310627	田洪亮	286	2012210972	陈　硕
287	2012211042	张秦宏	288	2012310717	王明羽
289	2012310635	张　旭	290	2012210849	尹龔燊
291	2012212855	唐家勇	292	2012212853	何嘉权
293	2012210994	贾　雷	294	2012210716	邱卫华
295	2012210848	李左锋	296	2012210865	刘俊杰
297	2012310699	刘　值	298	2012310597	高　原
299	2012380052	穆拉德	300	2012210719	程波波
301	2012210718	陈国峰	302	2012210717	梁　晨
303	2012310525	米　翔	304	2012210835	刘　超
305	2012310586	范　森	306	2012310585	艾斯卡尔
307	2013210985	柴　华	308	2013210753	张晋华
309	2013210884	高时超	310	2013310623	董加卿
311	2013310622	李　峰	312	2013213457	丁　鹏
313	2013310613	陈信欢	314	2013210846	武永基
315	2013210841	许信辉	316	2013210966	代兴亚
317	2013310649	牛英俊	318	2013211012	刘明明
319	2013210863	阮深沉	320	2013210981	陈　昌
321	2013310691	付　哲	322	2013310580	邵艾然
323	2013210751	赵　辰	324	2013210752	肖驰洋
325	2013210750	程　星	326	2013310519	刘欣欣
327	2013210872	谢仲达	328	2013310572	李蓝天
329	2013210749	王　帅	330	2007310499	李　良
331	2009310514	常　明	332	2014211062	赵兵兵
333	2014210922	张　妍	334	2014210889	姜智文
335	2014211026	何自凭	336	2014211038	张元星
337	2014210773	王萱敬	338	2014210772	刘　玥

续表

序号	学号	姓名	序号	学号	姓名
339	2014210880	乔宇宸	340	2014210888	郑 耿
341	2014210774	王玉锋	342	2014210776	周润耘
343	2014310690	胡效赫	344	2014310614	陈 池
345	2014310585	王佩琪	346	2014310527	李海涵
347	2014310537	陈皇卿	348	2014210775	张 剑
349	2015210753	黄 玉	350	2015210755	林小枫
351	2015210756	李兴光	352	2015210754	高俊男
353	2015210878	王 威	354	2015310634	焦立博
355	2015310633	高 琴	356	2015210855	洪 驰
357	2015211017	孔惟嘉	358	2015310663	陈 华
359	2015211044	刘清晨	360	2015310595	邱朋飞
361	2015210877	李东方	362	2015211153	李云鹏
363	2015211042	杨 骏	364	2015211043	郑文勋
365	2015210911	李亮亮	366	2015310621	许 杰
367	2015210901	张晋玮	368	2015310622	赵康智
369	2015310701	邢 炬	370	2016210819	夏 磊
371	2016210817	袁 梦	372	2016210818	陈璋美
373	2016210820	苏诗豪	374	2016210816	卢杰刚
375	2016210972	侯银星	376	2016211006	张泽浩
377	2016210987	李秀星	378	2016210998	汪 洋
379	2016211131	王 硕	380	2016211148	郝传统
381	2016211143	张韵璇	382	2016211094	黄 威
383	2016211128	厉丹阳	384	2016310625	查 聪
385	2016310589	蔡尚铭	386	2016310730	韩建辉
387	2016310697	吕 青	388	2016380036	阿 里
389	2016310526	刘永鑫	390	2016310582	程星亮
391	2017310764	崔越今	392	2017210824	张镭镧
393	2017210836	王梓仲	394	2017210928	张梦宇
395	2017210854	杨俊晔	396	2017310757	田 冰
397	2017210851	王子豪	398	2017310756	刘凯鑫
399	2017210955	秦钰超	400	2017210944	王嘉正
401	2017210713	孙雅琪	402	2017210711	曾祥晟
403	2017210712	刘少博	404	2018210806	纪彦康
405	2018210979	吴佳成	406	2018210939	赵 旭
407	2018211060	项芳琪	408	2018210980	曹梓杭
409	2018211061	虞 沁	410	2018211047	冯文龙
411	2018210955	白云仁	412	2018210805	侯 鹏

续表

序号	学号	姓名	序号	学号	姓名
413	2018211164	王 超	414	2018210807	张 玥
415	20183800001	周月如	416	2018310885	贾成君
417	2018310895	李一凡	418	2019211118	李同良
419	2019211229	董家富	420	2019211209	秦兆铭
421	2019210965	周子奇	422	2019211222	赵德昌
423	2019211125	陈 宇	424	2019211112	窦佳恒
425	2019211123	徐子涵	426	2019211115	邹 煌
427	2019211117	孙浩然	428	2019210966	刘浩铭

表 C-7 历年研究生获奖情况

序号	年度/年	学号	学生姓名	导师	备注
1	2013	2011211028	朱 佳	刘振宇	硕士研究生
2		2012210714	黄嘉晨	潘长勇	硕士研究生
3		2011210838	马鹏斐	张 勇	硕士研究生
4		2011210673	张 鑫	王 京	硕士研究生
5		2012210972	陈 硕	曹军威	硕士研究生
6		2010310496	朱 锐	王 京	博士研究生
7		2010310532	王琳琳	郑 方	博士研究生
8		2010310605	胡庆成	邢春晓	博士研究生
9	2014	2009310372	余 欢	王 京	博士研究生
10		2011310665	袁振龙	李 军	博士研究生
11		2009310490	崔纪锋	邢春晓	博士研究生
12		2011310464	李雪茹	王 京	博士研究生
13		2012310586	范 淼	郑 方	博士研究生
14		2011210665	范力文	潘长勇	硕士研究生
15		2012210718	陈国峰	肖立民	硕士研究生
16		2012210849	尹龑燊	邢春晓	硕士研究生
17		2012210719	程波波	赵 明	硕士研究生
18		2011210957	秦 龙	吉吟东	硕士研究生
19	2015	2014210889	姜智文	邢春晓	硕士研究生
20		2013210752	肖驰洋	粟 欣	硕士研究生
21		2011310462	王生楚	王 京	博士研究生
22		2010310656	谢 峰	李 军	博士研究生
23		2012310525	米 翔	王 京	博士研究生
24		2011310664	邵熠阳	李 军	博士研究生
25		2013310649	牛英俊	吉吟东	博士研究生

续表

序号	年度/年	学号	学生姓名	导师	备注
26	2016	2013211129	余先宇	刘振宇	硕士研究生
27		2013210841	许信辉	张 勇	硕士研究生
28		2013211012	刘明明	吉吟东	硕士研究生
29		2014210774	王玉锋	李 军	硕士研究生
30		2014210772	刘 玥	彭克武	硕士研究生
31		2013310572	李蓝天	郑 方	博士研究生
32		2013310519	刘欣欣	王 京	博士研究生
33		2013310613	陈信欢	邢春晓	博士研究生
34		2013310623	董加卿	尹 浩	博士研究生
35	2017	2015210754	高俊男	杨 昉	硕士研究生
36		2015210755	林小枫	粟 欣	硕士研究生
37		2014211038	张元星	孙新亚	硕士研究生
38		2014210922	张 妍	邢春晓	硕士研究生
39		2012310717	王明羽	李兆麟	博士研究生
40		2012310635	张 旭	尹 浩	博士研究生
41		2016310527	肖驰洋	王 京	博士研究生
42		2011310522	王丽婧	汪东升	博士研究生
43		2012310627	田洪亮	邢春晓	博士研究生
44	2018	2015210753	黄 玉	王 京	硕士研究生
45		2015210756	李兴光	李云洲	硕士研究生
46		2016210818	陈璋美	彭克武	硕士研究生
47		2016210987	李秀星	张 勇	硕士研究生
48		2015210911	李亮亮	戴桂兰	硕士研究生
49		2015310595	邱朋飞	汪东升	博士研究生
50	2019	2017210713	孙雅琪	杨 昉	硕士研究生
51		2016211148	郝传统	曹军威	硕士研究生
52		2017210854	杨俊晔	张 勇	硕士研究生
53		2016310621	许 杰	邢春晓	博士研究生
54		2015310634	焦立博	尹 浩	博士研究生

后 记

在清华大学迎来建校110周年之际,成立于2003年的信息技术研究院进入北京信息科学与技术国家研究中心,成为有组织的学科交叉研究的国家战略科技力量。信息技术研究院是清华大学科研机制体制创新改革的探索者和先行者,17年来,信息技术研究院的创业者和建设者们心怀"亦余心之所善兮,虽九死其犹未悔"的壮志豪情,在组织学科交叉的科研创新攻关团队,服务国家重大发展战略需求和企业重要发展需要方面,攻坚克难、追求卓越,积极抢占科技竞争和未来发展制高点。

韶华不负争朝夕,一路峥嵘万象新。为了全面记载信息技术研究院的诞生和发展历程,感谢在信研院建设过程中寄予殷殷希望、给与谆谆教诲的各位前辈,纪念在科研创新中抛洒青春和热血、浇筑智慧和汗水的各位同仁,信息技术研究院成立了院史编纂委员会,编写了这本《清华时间简史:信息技术研究院》。主编有(排名不分先后):李军、吉吟东、黄春梅、宋健、郑方,由李军担任组长,共计5人;委员有(排名不分先后):邢春晓、潘长勇、许希斌、曹军威、郑方、尹浩、汪东升、路海明、杨知行、赵明、杨维康、鞠大鹏、董炜、李超、肖立民、薛永林、周强、吕勇强、赵黎、客文红、周媛媛、沙沙、阚淑文、蒋蕾、李杨、任远、魏婷,共计27人。

编写过程中,我们搜集、查阅、梳理了信研院自成立以来至2020年的档案文献和相关材料,展现了信研院在学科交叉科研攻关团队建设,以问题为导向、以需求为牵引开展科研创新攻关,以及科研机制体制创新等方面取得的成就,反思在有组织的科学研究与学科系的合作共赢等方面存在的不足,探索建设世界一流大学和强化国家战略科技力量的路径。

许多老领导、同事们十分热心,提供了照片、文字等重要的历史资料,并提供关键的历史线索进行查证,正是他们的积极参与和帮助,不断激励着编者做好编写工作。在此,感谢所有为我们提供素材的领导、老师们;

感谢清华大学校史馆对本书的大力支持。由于时间仓促,阅历和水平有限,书中收录的资料和表述的观点,难免有疏漏之处,恳请广大读者批评指正!

祝愿清华大学信息技术研究院在历史的时间长轴上,永远辉煌!

编者

2021 年 3 月